HISTOIRE

DROIT USUEL

HISTOIRE
DROIT USUEL

RÉPERTOIRE

des Usages, Coutumes, Règlements administratifs et civils,
en vigueur dans les départements du Nord et du Pas-de-Calais, commentés
et comparés avec la législation moderne

PRÉCÉDÉ

D'UN PRÉCIS HISTORIQUE

SUR L'ORIGINE ET LA TRANSMISSION DE CHACUNE DES PROVINCES INCORPORÉES
DANS CES DEUX DÉPARTEMENTS ET DE

NOTICES PARTICULIÉRES SUR CHAQUE VILLE ET CHAQUE BOURG

suivi

D'ENSEIGNEMENTS UTILES

Pour la direction des affaires publiques et privées (brochés séparément)

PAR

F^ois BERODE

ANCIEN MAIRE ET ANCIEN NOTAIRE A LILLERS, MEMBRE DE LA SOCIÉTÉ
FRANÇAISE D'ARCHÉOLOGIE.

TOME II

LILLE

IMPRIMERIE DE LEFEBVRE-DUCROCQ

Rue Esquermoise, 57.

1865

DEUXIÈME PARTIE

OBSERVATIONS PRÉLIMINAIRES

Un grand nombre de personnes, et parmi elles plusieurs hommes d'affaires, entraînées par l'esprit rénovateur qui dicta la plupart des actes de la révolution de 1789, se persuadèrent que le Code civil avait rompu entièrement avec l'ancienne législation, dont il ne fallait plus se préoccuper, que pour l'appréciation de certains faits accomplis : rejets de haies, égoûts, des toits etc.... Dans cette persuasion, et sans étudier les dispositions du code relatives aux servitudes légales de voisinage, ces personnes crurent que, depuis la promulgation de ce Code, il fallait (pour les plantations par exemple) se conformer aux distances prescrites par l'article 671 du Code civil. C'est une erreur qui est de nature à entraîner de nombreuses contestations, que MM. les Notaires devront prévenir, autant que possible, en ayant soin, dans la rédaction des actes translatifs de biens ruraux, de constater si ces plantations ont été faites sous le régime du Code civil, et d'indiquer dans ce cas à quelle distance elles ont été faites des héritages voisins.

Ces considérations et le désir de faciliter les décisions d'arbitres ou rapports d'experts sur les difficultés relatives aux questions de voisinage, aux réparations locatives et autres du même genre, me décident, quoique la tâche soit difficile, à offrir au public une manipulation des anciennes coutumes et des anciens règlements, appropriée aux dispositions du Code civil qui en conservent l'usage.

Les lois ne pouvant pas avoir d'effets rétroactifs, l'étude des anciens usages devient aussi très utile pour l'appréciation de faits antérieurs aux lois promulguées depuis 1789.

En raison du motif d'utilité générale qui me guide dans ce travail, je sollicite l'indulgence de mes lecteurs.

L'application des anciens règlements et coutumes, en certaines matières, ne peut être mis en doute, un seul exemple:

Les distances indiquées par l'art. 671 *c. c. ne doivent être observées qu'à défaut de règlements particuliers antérieurs ou d'usages constants et reconnus...* Ceci est la lettre.

Quant à l'esprit de la loi, où le trouver mieux que dans l'exposé des motifs, qui ont dirigé les rédacteurs des articles 668, 670 et 671 de ce Code, soumis à la sanction du Corps législatif, exposé présenté par M. le conseiller d'Etat Berlier, qui s'exprimait en ces termes:

« En établissant un droit commun sur les caractères auxquels » on devra reconnaître la mitoyenneté des fossés et des haies, » on l'a fondé sur nos habitudes et sur les usages reçus le plus » universellement.

» Mais la conciliation des usages a été jugée impossible, » lorsqu'il a été question des plantations limitrophes, ou, du » moins, il n'a pas été permis de les assujettir à une mesure » commune et uniforme. Les principes généraux déduits de la » seule équité indiquent suffisamment, sans doute, que le droit » de tout propriétaire cesse là où commencerait un préjudice » pour son voisin; mais à quelle distance de l'héritage voisin » serait-il permis de planter des arbres de haute tige ou

» autres ? sera-ce à un ou deux mètres pour les premiers, à
» un demi-mètre pour les seconds ? et la fixation précise d'une
» distance quelconque est-elle compatible avec les variétés de
» la culture et du sol, sur un territoire aussi étendue que celui
» de la République ?

» Pour ne rien retrancher du légitime exercice de la pro-
» priété, mais pour ne pas blesser non plus les droits du
» voisinage, il a donc fallu se borner à indiquer une distance
» commune, en l'absence de règlements et usages locaux.

» Il n'a pas été moins nécessaire de renvoyer à ces règle-
» ments et usages pour ce qui se rapporte aux contre-murs, ou
» à défaut de contre-murs, aux distances prescrites pour
» certaines constructions que l'on voudrait faire près d'un mur
» voisin, mitoyen ou non. En effet, la loi ne saurait prescrire
» l'emploi de tels ou tels matériaux qui n'existent pas égale-
» ment partout. Un voisin, s'il veut construire une cheminée,
» une forge ou un fourneau, ne peut néanmoins mettre ma
» propriété en danger, et elle y sera selon qu'il employera
» tels matériaux au lieu de tels autres, ou que suivant la
» nature de mes constructions, il en rapprochera plus ou moins
» les siennes.... Il a donc fallu sur tous les points s'en rap-
» porter aux règlements et usages locaux. »

M. le conseiller d'Etat Galli, sur les articles 590 et 593,
s'exprime ainsi : « Vous voyez par là, citoyens législateurs,
» respectées et maintenues partout où il faut, les habitudes, les
» coutumes des peuples. Cette excellente partie de la législa-
» tion est due aux sages réflexions des rédacteurs du projet,
» puisqu'ils ont, dans leurs discours préliminaires, très
» ouvertement manifesté l'intention qu'il y eût une tradition
» suivie d'usages, de maximes, de règles, pour que l'on puisse,
» en certains cas, juger aujourd'hui comme on a déjà jugé
» hier.

29

Les jurisconsultes, qui ont écrit sur ce sujet, reconnaissent la sagesse de ces dispositions.... Je citerai, entre autres, l'opinion de M. Henrion de Pansey, dans son ouvrage sur la compétence des Juges-de-Paix, où il dit : « En France, le » législateur avait abandonné cette matière (distance des plan-» tations de haies et arbres) à la sagesse des cours souveraines, » dont les ressorts différaient par le sol, la culture et les » plantations. Chaque Parlement, prenant conseil des circons-» tances et des localités, avait sur ce point une jurisprudence » qui lui était particulière. Nous avions néanmoins quelques » coutumes qui s'en occupaient; rédigées par des hommes » parfaitement au fait de la culture du pays, elles ne pouvaient » être qu'infiniment sages; aussi les suivait-on littéralement... » Tel était l'état de notre jurisprudence avant la promulgation » du Code. Les auteurs de cet important ouvrage ont senti le » danger de soumettre des lois, qui ont pour objet l'agricul-» ture, à ces idées d'uniformité qui, comme le dit Montes-» quieu, *saisissent quelquefois les grands esprits, mais* » *frappent infailliblement les petits;* et ils ont maintenu » les règlements et les usages que le temps et l'expérience » avaient fait établir et adopter dans les différentes parties du » royaume. »

L'obligation de se conformer aux prescriptions des ancien-nes coutumes n'est donc pas douteuse !... Les divers titres, qui vont suivre cet exposé, établiront les règles qui devront servir de guide dans les différentes matières qui y sont traitées.

TITRE. Ier

Règlements et Coutumes d'où sont tirées les citations indicatives des règles à suivre.

SECTION Ire

Parmi les coutumes que j'ai compulsées, il s'en trouve un grand nombre qui ne contiennent aucunes dispositions utiles à conserver : néanmoins, je crois devoir les citer ici pour mémoire. Ce sont les coutumes de : Arras, ville, cité et bailliage de 1507. — Béthune, ville, banlieue, advouerie et gouvernance. — Bovines. — Bouillon. — Bourgógne, Comté. — Boulogne, ville. — Baralle et Buissy. — Berneville. — Bailleul sire Berthould. — Billy. — Chimay. — Châlons. — Coucy. — Chaulny. — Chauny. — Cysoing. — Commines. — Camphin, seigneurie. — Defresnes-lez-Montauban. — Doullens. — Dainville. — de Beauquesne. — Desvres. — Demencourt. — Wissent. — Dequesque. — Estaples. — Ennetière, en Wèpes. — Equinghehem. — Esquerme. — Estaires, (1) — Fleurbaix et villages voisins. — Feuchy. — Ficheux. — Guisnes. — Gaverelle. — Gorre.

---

(1) « Les archiducs, sur les sollicitations de messire Nicolas de Montmo-
» rency,baron d'Haveskerque, seigneur d'Estaires, considérant que cette ville
» a été d'ancienneté réputée entre les autres du comté de Flandre et douée
» de marchés hebdomadaires, foires franches et autres marques de ville,
» confirmés depuis qu'elle a commencé à se remettre de la ruine d'icelle par
» le feu durant la guerre menée à la maison de Bourgogne par le roi Louis XI,
» en l'an 1476 ; avons décrété la coutume de ladite ville, voulant que pour
» les cas non prévus par icelle,l'on suive les coutumes générales du comté de
» Flandre et à leur défaut le droit écrit. (1) Bruxelles, 2 avril 1605. »

(1) Cette condition est imposée à toutes les coutumes du comté de Flandre.

— Herlies. — Herly. — Hervain. — Hattries. — Haisnes.
— Hamblain. — Lessine. — Landrecies. (¹) — La Bassée. —
Lannoy. — Merville. — Meurchin. — Mons-en-Pévèle. —
Monveaux. — Mons, à cause de Maubeuge qui en ressort. —
Mont-St-Eloi. — Mazingarbe. — Neuville-St-Vaast. —
Noyon-Neufville. — (Nedonchel, Westrehem, Ligny et
Latiremanne). (²) — Ostrincourt. — Pernes. — Ponthieu,
(pays de). — Péronne. — Pont-à-Vendin. — Roclencourt.
— Ribemont, — St-Quentin. — Senlis. — Sedan. — Seclin.
— Salomez, lez La Bassée. — St-Riquier. — St-Vaast. —
Servins, grand et petit. — Telluch. — Thérouanne. —
Tourcoing; — Verdun. — Vimeu. — Vidame de Gerberoie.
— Villers-Castel. — Vis en Artois. — Wahaignies. — St-
Amand et Mortagne. (³)

SECTION IIᵉ.

Pour éviter toutes répétitions inutiles, il est entendu que
l'expression *homologuée*, signifie qu'il y a ordonnance du
souverain prescrivant l'application de la coutume. La date
permettra de connaître le souverain qui a rendu l'ordonnance.

---

(1) Art. 21 de cette coutume. « Le seigneur peut, trois fois par an, mener
» les bourgeois, pendant six jours, contre ses adversaires ; les deux premiers
» jours aux frais des dits bourgeois, et les quatre autres jours aux frais
» d'icelui seigneur. »

(2) Ces quatre villages formaient un enclavement du Boulenais, en Artois;
la coutume de ce petit bailliage a été rédigée par les notables, le 19 novembre 1550. Mais les enclavements de France en Artois ayant été par les traités
soumis à la juridiction du Conseil provincial, Nedonchel fut réuni au bailliage de Lillers et les autres localités au bailliage d'Aire.

(3) L'évêché de Tournai, dont dépendait St-Amand et Mortagne, était une
petite province qui a été longtemps sous la domination française, quoiqu'enclavée dans les pays soumis à la domination de la maison de Bourgogne.
Tournai étant resté aux alliés par le traité d'Utrecht, St-Amand et Mortagne
furent réunis à la châtellenie d'Orchies.

En ce qui concerne les provinces de France :

Louis XIII a régné du 15 mai 1610 au 14 mai 1643.

Louis XIV du 14 mai 1643 au 1er septembre 1715.

Louis XV du 1er septembre 1715 au 27 avril 1774.

Louis XVI du 27 avril 1774 à juin 1791, époque de son arrestation (La royauté a été abolie le 21 septembre 1792).

En ce qui concerne les Pays-Bas :

Philippe d'Autriche, fils de Marie de Bourgogne, du 25 mars 1481 au 25 septembre 1506.

Charles-Quint du 25 septembre 1506 au 25 octobre 1555.

Philippe II du 25 octobre 1555 au 24 novembre 1599.

L'archiduc Albert, mort le 13 juillet 1621, et la princesse Isabelle, sa femme, fille de Philippe II, qu'on désignait sous la dénomination *les archiducs*, ont régné du 24 novembre 1599 à décembre 1633.

Philippe IV de décembre 1633, époque du décès d'Isabelle, au 7 novembre 1659 pour l'Artois cédé (1), et au 17 septembre 1665 pour l'Artois réservé (2).

Charles II a régné du 17 septembre 1665 au 17 septembre 1678 pour l'Artois réservé (Aire et St-Omer), qui depuis cette époque se trouve sous la domination des rois de France, ainsi que la Flandre flamande, la Flandre gallicane et le Hainaut français.

L'ancien Aa séparait la Flandre de l'Artois. Le parlement de Douai avait sous sa juridiction la portion du comté de

---

(1) Par le traité des Pyrénées du 7 novembre 1659, Philippe IV a cédé à la France, savoir : en Artois, Arras, Hesdin, Béthune, Bapaume, Lillers, Thérouanne, le comté de St-Pol ; dans la Flandre, Bourbourg, St-Venant, Lescluse, Gravelines ; dans le Hainaut, Le Quesnoy, Landrecies, Marienbourg, Philippeville, Avesnes, etc.

(2) Qui a été cédé à la France par le traité de Nimègue du 17 septembre 1678.

Flandre attribué à la France, la Flandre gallicane, le Hainaut français et le pays entre la Sambre et la Meuse [1].

Indication des Coutumes.

Aire, bailliage, châtellenie, ville, banlieue, homologuée le 26 septembre 1743.

Auxerre, Abbeville, Amiens, ville, banlieue et prévôté.

Boulenois, 1493, ne donne aucune disposition utile.

Boulenois, comté, publiée le 16 décembre 1495, augmentée sous le titre de : *Coutumes générales de la sénéchaussée et comté de Boulogne*, publiées en 1550 [2].

Biache, Bauvain, Bailleul, Berry, Bourbonnois, Bapaume, ville et bailliage, homologuée le 28 juin 1745.

Bergh-St-Winoc, ville et châtellenie, homologuée le 29 mai 1617 [3].

---

[1] La Flandre gallicane se composait de la ville et châtellenie de Lille, Douai, Orchies et de plusieurs vasselages tels que Seclin, Annappes, Espine, L'apostelle, Esquermes, Phalempin, Herlies, Herquinghehem, La Bassée, Ostricourt, Neuville, paroisse de Phalempin, Mouveaux, Cisoing, Comines, Armentières, Lannoy, Tourcoing, Bovines, Pont-à-Vendin, la seigneurie de la Boutillerie en la paroisse de Fleurbaix et lieux circonvoisins, Ennetières-en-Weppes, Camphin, Haubourdin, Wahagnies et seigneuries auxdits lieux.

[2] Louis XI avait réuni le comté de Boulogne au domaine de la couronne en 1478, avec hommage à Notre-Dame de Boulogne.

Cette coutume indique, comme étant de son ressort, le comté de St-Pol tenu du roi à cause de son château de Desvres, les châtellenies de Fiennes, Thingry, Hucqueliers et Beale. (Le motif en est expliqué à la notice sur St-Pol.)

[3] Grande-Sainte, Petite-Sainte, de Ghivelde, de Zuicote et de Vermoussat-Cappelle (du bailliage de Dunkerque), suivent la coutume de Bergh-St-Vinoc. Dans cette coutume, le pied exprimé est celui de dix pouces.

L'article 1er des coutumes d'Eskelbecq et de Ledinghem, inséré dans la coutume de Bergh, porte que ces communes, étant tenues en fief du comté

Bourbourg, ville et châtellenie, publiée le 13 octobre 1615.

Bussigny, lettre-patente du duc de Lorraine du 1er octobre 1580.

Clermont en Beauvaisis, coutumes générales, bailliage, comté et ressort d'icelui. (En cette coutume, le pied est de onze pouces.)

Clermont en Beauvaisis, bailliage seulement, publiée le 3 août 1571.

Calais, lettres-patentes du 22 mars 1583.

Cambrai, accordée et ordonnée par l'archevêque le 28 avril 1574.

Cassel, Hazebrouck et Watten.

Douai, ville et échevinage, homologuée le 16 septembre 1627.

Enneulin, Eskelbeke et Ledringhem.

Furnes, ville et châtellenie, homologuée le 19 mai 1615.

Hainaut, chartes générales publiées le 5 mars 1619.

Ham, abbaye, homologuée le 9 avril 1570 (comprend Laire, Robecq, Rombly, Linghem, Morlinghem).

Hesdin, ville, bailliage et châtellenie, rédigée en premier lieu en 1243, homologuée le 20 juillet 1627.

Hondschoote, homologuée le 29 mai 1617. Houtekerke.

Laon, bailliage; Lorraine, lettres-patentes du 16 septembre 1594.

Lagorgue, homologuée le 14 mai 1626.

Langle (pays de), homologuée le 25 juin 1570, comprenait

---

de Fauquembergue en Artois, ressortissent du bailliage de St Omer en Artois. Il n'y a que le féodal qui relève de Fauquembergue (bailliage de St-Omer), mais pour le reste il ressort de Bergues en Flandre.

Nota. — Les seigneuries de Pitgam, d'Eskelbecq, de Ledringhem, de Zuytkote, de Houtkerke et la ville d'Hondschoote étaient des vasselages de Bergues.

St-Nicolas, Ste-Mariekerque, St-Omer-Cappelle et St-Folquin, esclissé de la châtellenie de Bourbourg pour être soumis au bailliage de St-Omer.

Lallœu (pays de), homologuée le 28 juin 1745, se composait de Laventie, Fleurbaix, Sailly et Lagorgue.

Lillers, rédigée le 19 septembre 1507, et 18 juillet 1509 (1).

Lille, ville, banlieue et échevinage, lettre-patente du 1er décembre 1533.

Lille, salle, bailliage et châtellenie, publiée en 1567.

Lens, rédigée en 1509.

Metz, lettre-patente de 1609 à 1611.

Marquentière-sur-Mer (pays de Ponthieu).

Montreuil-sur-Mer, prévôté, 1511. Mons, publiée le 15 mars 1534.

Melun, Montargis, Nielles-lez-Boulonnais, Péronne, Montdidier et Roye (la gouvernance), publiée en 1507.

Normandie, Orchies, homologuée le 31 août 1617, publiée le 20 février 1618.

Pernes, ville, Pitgam, Orléans, Orchies, Rheims (2), Richebourg-l'Advoué, rédigée le 1er avril 1670.

Richebourg-St-Vaast, rédigée le 3 décembre 1669.

St-Omer, rédigée le 13 juillet 1509 ; id. le 31 mars 1612.

---

(1) Cette coutume écrite sur parchemin, déposée au greffe du bailliage, a été rédigée par une assemblée de notables, composée du supérieur des Chartreux de Gosnay, du doyen de Lillers, de messire Jean d'Hybert, ou le Hybert, seigneur de la Motte, Enlard de Tramecourt, seigneur de Beaurepaire, des baillis de Rebecq, St-Floris, Robecq et autres notables.

(2) La plupart des coutumes, sans date, ont été adoptées en assemblées de notables présidées par M. le Président de Thou.

St-Omer, ville, banlieue, bailliage, homologuée le 26 septembre 1743 (1), de laquelle il résulte que la châtellenie d'Audruick et pays de Bredenarde se composant d'Audruick, Nortkerke, Zudkerke et Polinchove, la châtellenie de Tournehem et le pays de Langle en ressortent.

St-Pol, le comté, homologuée le 22 mai 1631.

St-Amand-lez-Eaux, règlement des magistrats du 22 juin 1742, homologué par le Parlement de Douai le 7 mars 1743, dont M. de Courmaçeul, juge-de-paix, a eu l'obligeance de donner le texte.

St-Flour, Sens, Tournehem, ville et châtellenie, homologuée le 26 septembre 1743. — Tournehem, ordonnance du seigneur de Beures.

Valois, publiée le 14 septembre 1539. (En cette coutume le pied est de douze pouces), Zuitkote, Flandre.

La coutume générale d'Artois, homologuée le 3 mars 1544.

La coutume de Paris, la loi des douze tables, le droit Romain et une loi de Solon incorporée dans ce droit.

Suivant Maillart, Hébert et autres jurisconsultes, le défaut d'homologation viciait si peu les coutumes écrites, que la plupart en France ne l'étaient pas, entre autres celle de Paris. En effet, depuis 1668, le Conseil d'Artois ainsi que le Parlement ont jugé selon les coutumes locales non-homologuées. (Arrêt du Parlement du 4 juillet 1762, entre autres, qui a été rendu conformément à la coutume de St-Omer non-homologuée).

---

(1) Un article de la coutume de 1612 porte que, pour les cas non-spécifiés, on se règle au bailliage d'Hesdin, et, à son défaut, à la coutume générale de l'Artois.

En Artois et Boulenois, les coutumes locales, pour les matières non-prévues, renvoyaient aux coutumes de leurs bailliages et châtellenies, et, à défaut de celles-ci, à la coutume générale de l'Artois.

Une règle générale de droit dans les pays coutumiers, lorsqu'un cas quelconque n'était pas prévu par la coutume du pays, était de suivre les dispositions des coutumes des pays voisins, dont les usages avaient le plus d'analogie avec le leur (1), et c'était seulement à défaut de celles-ci qu'on avait recours à la coutume de Paris, comme droit commun.

En Flandre, on procédait comme en Artois, sauf qu'à défaut de coutumes locales, de châtellenies, bailliages, de chartes et de coutumes voisines, on suivait les règles du droit Romain comme droit commun (2).

Dans les pays de droit écrit, le droit Romain était aussi le droit commun, à défaut des coutumes locales.

---

(1) Cette règle de droit se trouve consacrée dans la disposition de la coutume de St-Omer, note 3 ci-dessus.

(2) Ceci était prescrit dans les placards approbatifs des coutumes en ces termes : « Le souverain comte de Flandre veut et ordonne qu'au regard de » ce qui n'est pas compris dans les susdits articles, on suivra et observera » la coutume générale et usage du comté de Flandre, et, à leur défaut, les » dispositions du droit commun et écrit. »

Nota. — En 1507, le roi Louis XII ordonna la rédaction des coutumes locales qui n'étaient pas encore écrites, pour être déposées à Amiens, au gros du bailliage. Ces coutumes y furent envoyées et s'y trouvaient en grand nombre avant la révolution de 1789, enfermées au-dessus de l'auditoire du bailliage, sous deux clefs, dont une était conservée par le greffier du bailliage, et l'autre confiée à un officier de ce siège. M. Baligand, notaire honoraire de l'arrondissement de Douai (Nord), possède un manuscrit du XVIIᵉ siècle qui peut être aussi très utile à consulter.

SECTION IIIe.

1° Arrêt du Parlement de Grenoble du 8 novembre 1612, sur les plantations entre voisins, et un règlement du Parlement de Provence sur le même sujet; arrêt du Parlement de Dijon du 3 mai 1578;

2° Ordonnance du 13 août 1669, des eaux et forêts;

3° Arrêt du Conseil du 28 avril 1671, sur la largeur des chemins dans la Normandie, le Perche et Châteauneuf;

4° Edit du 20 décembre 1682, sur les plantations des riverains des chemins dans l'Artois, la Flandre et le Hainaut.

5° Arrêt du Conseil des 29 juin 1706, 14 mai 1724, 26 août 1727, sur les coupes des bois taillis particuliers, en Flandre, Artois et Hainaut;

6° Arrêt du Conseil du 3 mai 1720, qui règle les plantations sur les héritages riverains des grands chemins, etc.

7° Lettre-patente du 11 septembre 1714 qui règle le pâturage dans les forêts royales du Boulenois.

8° Règlement du 14 mars 1741, ouverture de carrières près des chemins;

9° Ordonnance du roi Stanislas, en sa qualité de duc de Lorraine, du 4 septembre 1741, réglant les plantations près des chemins;

10° Arrêt du Parlement du 1er août 1750, réglant les plantations dans l'intérieur des villages et sur les routes aboutissantes; et loi du 15 août 1790 et 28 août 1792;

11° Règlement du Parlement de Normandie du 17 août 1751, qui règle les plantations entre voisins;

12° Arrêt du Parlement de Paris, du 15 juillet 1762, qui fixe la distance pour les plantations entre voisins;

13° Règlement par arrêt du 26 août 1768, pour l'administration des marais de l'Artois ;

14° Arrêt royal de règlement du 5 avril 1772, pour la distance des carrières près des chemins, suivant les prescriptions de l'arrêt du Conseil du 14 mars 1741 et de l'ordonnance du bureau des finances du 29 mars 1754.

15° Ordonnance du trésorier de France, du 2 décembre 1773, qui fixe la distance des moulins près les grands chemins (1).

16° Arrêt du Conseil d'Artois du 13 juillet 1774, sur le même sujet (2) ;

17° Arrêt du Conseil du 6 février 1776, qui fixe définitivement la largeur des chemins publics (3) ;

---

(1) Il est probable que cette ordonnance, citée dans l'enquête du 25 juin 1856, n'existe pas ; on l'a cherchée en vain dans les bureaux des Ponts-et-Chaussées. Cette citation est sans doute le résultat d'une erreur.

(2) Le Conseil provincial d'Artois fut institué par ordonnance de l'empereur Charles-Quint, donnée en la ville d'Inspruck, le 12 mai 1530, après le traité de Cambrai, du 5 août 1529, qui donnait la propriété du comté d'Artois avec dispense d'en faire hommage aux rois de France. Il fut ainsi constitué :

Gouverneur de la province : Adrien de Croy, comte de Rœux.

Président : Jean Cauliez, seigneur d'Aigny.

Chevaliers : Jean Anfiulle, Bauduin de Poix, seigneur de Lignereulle.

Conseillers gradués : Guillaume Hangonard, Jacques Chamboyer, Wallerand de Landas, Louis de Martigny, Charles Crespin, Jean Grenet.

Avocats : Cohert, Couronvel.

Procureurs : Regnaut, Grignart.

Greffier : Antoine Desanters.

Receveur des exploits : Charles de Marcq.

Huissier : Antoine Lombart.

(3) Cet édit fut promulgué sous l'administration de Turgot, que Louis XVI, trop faible pour résister à une intrigue de cour, renvoya dans le courant de la même année en disant avec attendrissement : « C'est dommage, car il » n'y a ici que M. Turgot et moi qui aimions le peuple. » (Administration de Turgot, par M. BILLET, avocat à Arras).

18° Arrêt du Parlement de Flandre du 17 août 1776, du 14 août 1780 et 8 octobre 1782, qui chargent les propriétaires riverains du curage des ruisseaux, courants et fossés;

19° Lettres-patentes du 27 mars 1777, réglant la jouissance des marais de la Flandre gallicane;

20° Lettres-patentes du 13 novembre 1779, qui règlent le partage des marais de l'Artois;

21° Décrets du 4 août 1805 (16 messidor an XIII) et 28 février 1805, et du 15 avril 1811 et 12 mai 1825;

22° Arrêts de la Cour d'Amiens du 31 décembre 1821, et de la Cour de Paris du 2 décembre 1820;

23° Jugement du Tribunal de St-Pol, du 12 février 1853, jugement du Tribunal de Boulogne;

24° L'ouvrage manuscrit du conseiller Hébert, sur la Coutume d'Artois;

25° Le Commentaire de Maillart sur la même Coutume;

26° Le Répertoire de jurisprudence (avant 1789);

37° Desgodets, annoté par l'architecte Goupi et commenté par Lepage, ancien avocat;

28° Les annotations de Paillet sur les cinq Codes;

29° L'enquête faite, le 25 juin 1856, sur les usages locaux du département du Nord;

30° L'intéressant ouvrage de M. Clément, juge-de-paix, où se trouvent classés les renseignements obtenus sur les usages locaux du département du Pas-de-Calais, au moyen des enquêtes administratives faites conformément a la circulaire ministérielle du 15 février 1855.

31° Les ordonnances, arrêts et règlements, sur la police des grands chemins, en date du 26 mai 1705, 28 mai 1714, 17 juin 1721, 4 août 1731, 27 mars 1739, 14 novembre 1724, 13 février 1741, 23 août 1743, 22 juin 1754, 16 dé-

cembre 1759, 19 juillet 1757, 14 novembre 1760, 18 juin
1765, 30 avril 1772, 7 septembre 1755, 2 août 1774, 17
juillet 1781 , 28 floréal an X, 16 décembre 1811, 10 avril
1812, les lois des 24 décembre 1818, 12 mai 1825, 24 décembre 1818, et 21 mai 1836 et les règlements qui s'ensui-
virent, ainsi que les ordonnances des 26 octobre et 19
novembre 1666 (1).

32° Le règlement des magistrats de la ville de Douai, du
28 avril 1718, approuvé par le Parlement de Flandre le 14
mai suivant.

*Coutumes des localités du comté de Flandre, réunies à la
Belgique.*

33° Bruges, d'où relevaient en appel, Bergues, Bourbourg,
Dunkerque, Gravelines, Mardyck (article 7 de la coutume),
avant leur réunion à la France.

34° Le pays du Franc, dont le chemin de Rousselaëre était
la limite.

---

(1) Nous croyons faire plaisir à nos lecteurs en leur donnant les considérations qui ont motivé l'édit de février 1776, qui supprime les corvées et
ordonne la confection des grands chemins à prix d'argent :

« La protection, que nous devons à l'agriculture et la faveur, que nous
« voulons accorder au commerce, nous feront recherchera lier de plus en
» plus par des communications faciles toutes les parties du royaume. Nous
» avons vu avec peine que les travaux de construction et d'entretien des
» chemins sont exécutés au moyen de corvées exigées de nos sujets, même
» de la portion la plus pauvre, sans qu'ils reçoivent aucun salaire pour le
» temps qu'ils y emploient. Enlever forcément le cultivateur à ses travaux,
» c'est toujours lui faire un tort réel... En vain l'on croirait choisir, pour
» lui demander ce travail forcé, des temps où les habitants de la campagne
» sont moins occupés; les opérations de la culture sont si multipliées, si
» variées qu'il n'est aucun temps entièrement sans emploi... Prendre le
» temps des laboureurs sans les payer est un double impôt, et cet impôt est
» hors de toute proportion, lorsqu'il tombe sur le simple journalier.

» Le travail exécuté par corvée est presque toujours mal fait, tandis que
» les ouvriers salariés qui font, de la construction et de la réparation des

35° L'ordonnance de police du pays du Franc, du 6 mai 1682.

36° Nieuport, homologuée le 3 mars 1616.

37° Eccloo et Lembeke, homologuées le 12 décembre 1619.

38° Ordonnance de police d'Eccloo, du 24 mars 1660.

39° Assenêde, homologuée le 12 avril 1619.

40° Bouchaute, châtellenie, homologuée le 21 octobre 1630.

41° Ypres, ville, homologuée le 12 avril 1619.

42° Ypres, châtellenie, homologuée le 18 juin 1535.

43° Poperingue, homologuée le 27 février 1620.

44° Rousselaëre, homologuée le 1er octobre 1624.

45° Disseldonck, Sleideghem, Loweneghem, Waerscoote, Doorezele, Hyefte ; une seule coutume pour toutes, homologuée le 24 décembre 1612.

» chemins, leur métier habituel, exécutent des ouvrages mieux entendus » et plus perfectionnés. »

Lors de la lecture qui en fut faite au Parlement, le procureur-général, tout en louant Sa Majesté sur le bon usage qu'il faisait de son autorité royale, émet le désir, qu'à l'exemple des Romains, on fasse travailler pendant la paix les soldats aux chemins publics.

Ce mode de construction et de réparation aux routes, si utilement expérimenté en Afrique, serait en France un nouveau pas fait en civilisation et donnerait à l'armée un titre de plus à la reconnaissance du pays. Par son concours, on pourrait donner aux chemins la solidité qui fait tant admirer les voies romaines.

Les divers matériaux qui formaient ces voies avaient un mètre d'épaisseur. Ils étaient divisés en trois couches: Une première couche de pierres larges et plates, de dix pouces de hauteur, posées sur un bon ciment, une deuxième couche de petites pierres rondes, de huit pouces d'épaisseur, liées aussi avec du ciment, une troisième couche de terre grasse mêlée avec de la chaux et des gravois délayés.

Les renvois aux coutumes, ordonnances et ouvrages énumérés dans les sections 2 et 3 de ce titre, seront indiqués de la manière suivante :

Les coutumes seront désignées par 'les noms des localités. — ord. de 1669, signifiera : l'ordonnance du 13 août sur les eaux et forêts. — Ord. ordonnance. — Arr. d. C., arrêt du Conseil. — Éd., édit ; — l. p., lettres-patentes ; — règl., règlement ; — arr. d. P. d. P., arrêt du Parlement de Paris ; — règl. d. P. d. N., règlement du Parlement de Normandie ; — ord. d. t., ordonnance du trésorier. — Déc.. décret ; — Héb. Hébert ; — Mail., Maillart ; — Desg., Desgodets ; — Paill., Paillet ; — enq. d. N., enquête du Nord ; — Clém., Clément (ouvrage de) ; — Rép. j. to. pa., Répertoire, jurisprudence, tome, page.

TITRE II

Des Usufruitiers et des Usagers.

§ Iᵉʳ — DES USUFRUITIERS.

Art. 590, C. c. *Si l'usufruit comprend des bois taillis, l'usufruitier est tenu d'observer l'ordre et la quotité des coupes, conformément à l'aménagement ou à l'usage constant des propriétaires ; sans indemnité toutefois en faveur de l'usufruitier ou de ses héritiers pour les coupes ordinaires, soit de taillis, soit de baliveaux, soit de futaie, qu'il n'aurait pas faites pendant la jouissance.*

Les arbres, qu'on peut tirer d'une pépinière sans la dégrader, ne font aussi partie de l'usufruit, qu'à la charge par l'usufruitier de se conformer aux usages des lieux pour le remplacement.

Art. 593. — *Il peut prendre dans le bois des échalas pour les vignes; il peut aussi prendre sur les arbres des produits annuels ou périodiques; le tout, suivant l'usage les lieux ou la coutume du propriétaire.*

Art. 608. — *L'usufruitier est tenu, pendant sa jouissance, 1° de toutes les charges annuelles de l'héritage, telles que les contributions et autres qui, dans l'usage, sont censées charges des fruits; 2° des réparations d'entretien (605), les grosses réparations restent à la charge du propriétaire à moins qu'elles ne proviennent du défaut de réparations d'entretien.*

Ce qu'on entend par taillis, baliveaux et futaies :

Le *taillis* est un bois à pied, à coupes périodiques qui s'exécutent à fleur de terre.

Le *baliveau sur taillis* est celui qui se choisit parmi les plus beaux brins du taillis pour être réservé.

Le *baliveau moderne* est celui qui subsiste après deux exploitations du taillis dans lequel il a été réservé.

L'*arbre de futaie* est celui âgé de trois coupes ordinaires de futaie. Pour s'en assurer, on scie l'arbre horizontalement, chaque cercle qu'on y remarque dénote une année.

« Les troncs et souches des chênes, saules et autres arbres qui ne sont pas montants, dont on a coutume de couper les branches et les jets, et encore ceux qui sont dans les bois, au-dessous de trois ans, suivent le fonds ; mais la dépouille ou les rejets desdits troncs et souches, aussi les rejets des haies et dans le bois de trois ans et au-dessus ne suivent pas le fonds et ne peuvent être estimés. »

Sauf les modifications apportées par le Code forestier, on doit s'en rapporter pour la coupe des bois taillis et futaies à l'ordonnance de 1669, sur les eaux et forêts, dont voici le texte :

Rép. j. to. 26, pa. 352.

Rép. j. to. 6, pa. 303.

Bourg de Bruges, rub. V, art. 3 et 4.

30

Ord. de 1669.
tit. 26, art.1er « Enjoignons à tous nos sujets, sans exception ni différence,
» de régler la coupe de leur bois taillis au moins à dix années,
» avec réserve de seize baliveaux en chacun arpent (1), et
» seront tenus d'en réserver aussi dix ès-ventes ordinaires des
» futaies, pour en disposer néanmoins à leur profit après l'âge
» de 40 ans pour les taillis et de six vingts ans pour la futaie. »
Dix ans étant le minimum déterminé, rien n'empêche de
régler à un plus long terme.

Lille,
salle et chât.
chap. 16, art. 6. Une exception existe en faveur des provinces de Flandre,
Artois et Hainaut, par arrêt du 29 juin 1706, révoqué le 14
mai 1724, mais renouvelé par un autre arrêt du 26 août 1727,
qui permet aux propriétaires qui ont des bois dans ces trois
provinces, de se conformer aux anciens placards et ordonnances de ces pays. Je n'ai pas été assez heureux pour me procurer
ces placards et ordonnances, néanmoins, j'ai trouvé dans la
coutume de la Salle et Châtellenie de Lille, un article qui
peut être considéré comme la règle générale pour l'Artois, la
Flandre flamande et la Flandre gallicane, en voici le texte :

« Un censier peut couper haies faisant clôture, à bouche
» d'homme, et épincer bois montant, à six ans, hallots à tête
» à trois ans, et couper bois à pied à six ans, le tout en temps
» convenable. » Cet article entend-il que les haies doivent
être coupées à six ans ou à la volonté du fermier, ce qui du
reste, ne présente pas d'inconvénients.

Règl. du 17
août 1751. En Normandie, on suit à peu près la même règle pour les
haies qui doivent être tondues tous les six ans du côté du voisin
et réduite à la hauteur de cinq à six pieds.

---

(1) Cette ordonnance fixe la contenance de l'arpent à cent perches de
vingt-deux pieds de douze pouces (cinquante-un ares sept centiares), mesure légale et générale pour tout les bois et forêts, tant de l'Etat que des
particuliers. (Article 14, titre 27).

Les bois saussaies, qui ne sont ni futaies, ni taillis peuvent seulement être étêtés par l'usufruitier. Jur. to. 62, pa. 502.

Les oseraies, suivant arrêts du Parlement des 2 juin 1698, 8 août 1699, 8 mars 1717, sont aussi classés comme bois à coupes ordinaires.

Article 1. « Quiconque a quelque bois à ferme ou qui en a acheté la coupe, lorsqu'il l'a fait faire, il doit laisser le bois en état de bonne semence d'hiver, et aussi délaisser tous les plants et baliveaux de la grosseur de dix pouces et de là au-dessous. » Poperingue. tit. VII.

Article 2. « Les dits bois taillis étant coupés, ils devront être mis hors du bois avant la fête de St-Jean d'été au moins dans les quatorze jours après. »

Article 3. « Le bois de frênes dont le bois est planté doit être coupé avant la fin du mois de mai et cela à peine de désintéresser le propriétaire au dire d'experts. »

Article 4. « Quiconque achète quelque taillis de bois doit le payer en deux paiements égaux, le premier à la St-Jean d'été après la coupe, et l'autre à la St-Bavon suivante (1er octobre) s'il n'était conditionné autrement. »

« Soit que dans son bail l'âge du bois soit déclaré ou non, le fermier n'a pas la faculté de couper le bois dur au-dessous de l'âge de neuf ans et le bois tendre au-dessous de l'âge de sept ans. Dans tous les cas le fermier ne peut laisser pousser ses bois plus de neuf ans. » Bouchaute. rub. X, art.14.16

« A l'égard des pépinières, l'usage est d'enlever les jeunes arbres tous les sept à huit ans, en les remplaçant. » Euq. du N.

Les usages des Flandres et de l'Artois n'ayant aucun rapport de conformité avec ceux du Hainaut et du Cambresis, il me semble convenable de rechercher les renseignements fournis par ces contrées en l'enquête du Nord. Il paraîtrait d'après ce travail qu'à Avesnes, au Quesnoy, à Solre-le-Château et à

Clary, les coupes de bois taillis se font de douze à quinze ans, celles des hallots à neuf ans, ainsi que celles des haies environnant les pâturages ou pacages.

Clément, p. 6

Dans le Pas-de-Calais, les renseignements, fournis à l'enquête de 1855, indiquent sept à dix ans pour les taillis, avec le droit d'abattre un certain nombre de baliveaux, en choisissant de préférence les plus défectueux.

Réper. juris p.
t. 62 p. 502

La jouissance des carrières et des mines, aux termes de l'art 598 du Code civil laisse matière à interprétation. Il peut être utile de connaître les règles de l'ancienne jurisprudence sur ce sujet : « *L'usufruitier ne peut extraire des trous et carrières à tourbes, pierres, craies, sables, argiles, etc., que ce dont il a besoin pour son usage personnel.* (1)

Les divers règlements, ordonnances, coutumes et auteurs que j'ai consultés, ne disent rien des usages qui autorisent les usufruitiers à prendre des échalas pour les vignes ; quant aux charges annuelles de l'héritage, autres que les contributions, elles seront indiquées au titre suivant qui traite des servitudes légales.

Art. 585
C. c.

Tout en évitant de disserter sur les objets prévus par le Code civil, il peut être utile pour éviter des recherches à mes lecteurs d'observer que l'article 585 accorde à l'usufruitier tous les fruits naturels et industriels pendant par branches ou racines au moment où l'usufruit est ouvert, et que ceux qui sont dans le même état au moment où il finit appartiennent au propriétaire, sans récompense de part ni d'autre des labours et semences (sauf les droits du colon partiaire).

---

(1) On ne peut réputer carrière en exploitation, (pour le règlement des indemnités dans le sens de la loi du 16 septembre 1807 numéro 55), que celle qui offre au propriétaire un revenu assuré, soit qu'il exploite régulièrement par lui-même et pour ses besoins, soit qu'il en fasse un objet de commerce, qu'autant que l'exploitation est régulière.

L'art. 318 de la coutume de Cassel voulait, qu'au décès Cassel. art. 318 d'une personne qui avait tenu un douaire, les bois taillis ou rejets de troncs d'arbres de trois ans seulement et au-dessous suivissent le fond et que les rejets et bois taillis âgés de plus de trois ans fussent estimés.

L'usufruit d'un fonds de boutique est un usufruit de choses Paillet, note à l'art. 587. fongibles, translatif de la propriété à l'usufruitier et qui ne laisse au propriétaire d'autres droits que celui de réclamer après l'usufruit, la valeur estimative du fonds de boutique. Mais lorsque l'usufruitier d'un fonds de commerce a manifesté l'intention de conserver et de rendre au propriétaire, ce fonds en nature et qu'il a remplacé les marchandises vendues par d'autres appartenant au même genre de commerce, le propriétaire a le droit de reprendre les marchandises en nature.

§ II. — DES USAGERS.

Suivant les articles 625, 626, 627, 628, 631, 632, 633, 634 et 635 du Code civil, les droits d'usage et d'habitation s'établissent et se perdent comme l'usufruit. On doit en jouir en bon père de famille, donner caution, faire des états et inventaires ; le droit d'habitation se restreint à ce qui est nécessaire pour l'habitation de l'usager et de sa famille, lors même qu'il serait marié depuis la concession de ce droit. Si l'usager absorbe tous les fruits du fonds ou s'il occupe la totalité de la maison, il est assujetti aux frais de culture, aux réparations d'entretien et au paiement des contributions comme l'usufruitier ; s'il ne prend qu'une partie des fruits ou n'occupe qu'une partie de la maison, il contribue au prorata de ce dont il jouit. Dans tous les cas, le droit d'usage ne peut être cédé ni loué à un autre.

629, 630. Si le titre ne s'explique pas sur l'étendue des

droits de l'usager, il ne peut exiger des fruits d'un fonds qu'autant qu'il en faut pour ses besoins, ceux de sa famille et les besoins même des enfants qui lui sont survenus depuis la concession de l'usage.

636. L'usage des bois et forêts est réglé par des lois particulières.

Le mode de jouissance d'un droit d'usage se trouve encore régi, dans les cas non prévus par le Code civil et par le Code forestier, par l'ancienne jurisprudence, aussi bien pour ceux qui ont un droit d'usage dans les domaines de l'Etat que pour ceux qui ont pareil droit dans les propriétés particulières. Les conditions imposées aux usagers étant suffisamment établies dans les notes placées par Paillet à la suite des articles 630 et 636, il suffira pour faciliter l'application des principes et règles inhérents aux droits d'usage, de donner le résumé suivant de ces notes.

L'usager doit s'adresser au propriétaire du fonds qui est tenu, sur sa demande, de lui délivrer les fruits au fur et à mesure, et sur la preuve de ses besoins....

Ce principe est consacré par l'ordonnance de François Ier, de janvier 1529, et l'édit d'Henri III, de janvier 1583, qui font défense aux usagers de prendre aucun bois, sinon par délivrance et avec la permission des officiers forestiers, et ce, en temps et saisons convenables, sous peine d'amende arbitraire et privation de leurs droits d'usage.

Dictionnaire des eaux et forêts de Chaillant, au mot usage.

Quoique ces dispositions soient sans objet pour les fonds de l'ancien domaine de l'Etat, puisque le droit d'y couper du bois a été aboli par l'article 20 de cette ordonnance de 1669, elles reçoivent néanmoins leur application dans les forêts devenues domaniales, soit par les effets de la révolution, soit par l'agrandissement du territoire français, attendu que ces

Papon, liv. 14, tit. III.

Coquille, note à l'art. 12, chap. XVII. Cout. du Nivernais.

forêts sont restées grévées dans les mains du Gouvernement de tous les droits d'usage, qui pesaient sur elles entre les mains de leurs anciens possesseurs, principes consacrés par un arrêt de la Cour suprême du 3 septembre 1808, motivé sur les ordonnances précitées. Ces ordonnances ne s'occupent, il est vrai, que des usages des forêts de l'Etat; toutefois, Paillet s'appuyant sur les anciens jurisconsultes et sur un grand nombre d'arrêts, est d'avis que ces principes n'en sont pas moins applicables aux usagers des forêts et propriétés des particuliers, parce qu'il était reconnu et admis que ces derniers pouvaient se servir à leur profit des règlements faits pour les forêts de l'Etat.

Legrand, note art. 168, cout. de Troyes.

Parl. Paris, 23 février 1731. 7 juillet 1758.

Parl. de Dijon. 27 mars 1744.

Les règles à suivre, pour la jouissance du droit d'usage dans les bois et forêts de l'Etat, du domaine, des communes et des établissements publics, se trouvent déterminées par le Code forestier de 1827, qu'on trouvera en la section VIII du titre 9, ci-après.

TITRE III.

Des servitudes établies par la loi.

Article 650. C. c. Celles établies pour l'utilité publique ou communale ont pour objet le marchepied le long des rivières navigables ou flottables, la construction ou réparation des chemins et autres ouvrages publics ou communaux. Tout ce qui concerne cette espèce de servitude est déterminé par des lois ou des règlements particuliers.

Nota. — La loi des 14-24 floréal an XI, renvoie aux usages locaux pour le curage des cours d'eau, canaux, rivières non navigables et pour l'entretien des digues et ouvrages d'art qui les concernent (¹).

SECTION Iʳᵉ.

Cours d'eau et fossés.

Les textes des différentes coutumes ci-après transcrites établissent suffisamment que le curage et l'entretien des ruisseaux, courants d'eau et fossés sont à la charge des proprié-

---

(1) Les Conseils de Préfecture ne peuvent faire des règlements nouveaux sur le mode de curage, ils doivent se borner à décider les contestations d'après les usages locaux ou les anciens règlements (Conseil d'Etat du 27 mai 1816).

Lorsqu'il n'existe pas d'anciens règlements et que les usages locaux sont contestés entre les riverains, les maires doivent provoquer un règlement d'administration publique.

La loi du 14 floréal an XI ne parle que du curage, des réparations et de l'entretien des digues existantes ; s'il s'agissait de construire des digues nouvelles ou d'entreprendre d'autres travaux, le Gouvernement en constaterait la nécessité sur la proposition du Préfet (Loi du 26 septembre 1807).

Une rivière est-elle navigable par cela seul qu'elle est traversée par un lac? L'administration soutient l'affirmatif, Cormenin partage la même opinion, Garnier prétend le contraire; dans tous les cas, ces rivières ne sont du domaine public que depuis l'endroit où elles sont navigables (L'affirmatif a été consacré par arrêts des 29 septembre 1810 et 4 décembre 1822).

Cons. d'Etat,
10 août 1694,
22 janvier 1824.
Décret du
22 janvier 1824,
art. 1 et 3.

Les bras non navigables, ni flottables d'une rivière, qui a l'un ou l'autre caractère, appartiennent à l'État.

L'État peut rendre navigable une rivière qui ne l'était pas; dans ce cas, il doit être payé aux propriétaires une indemnité proportionnée aux dommages qu'ils éprouvent.

La question de savoir si une rivière est navigable ou non, est de la compétence des Préfets (Décret du 22 janvier 1808. — Cass. le 6 décembre 1820).

Du principe que ces rivières sont dans le domaine public découle cette conséquence, qu'aucune dérivation des eaux, aucun établissement d'usine, aucune entreprise quelconque, sur le lit ou sur les bords de ces rivières ne peut avoir lieu sans une autorisation expresse de l'administration.

La loi du 29 floréal an X dispose: 1° que les contraventions en matière de

taires riverains et de ceux que le ruisseau ou torrent menacerait de ses irruptions, en contribuant chacun aux travaux protecteurs, selon son degré d'intérêt.

« Tous ceux qui ont héritages contigus aux chemins, courants et filets d'eau, sont tenus de les tenir, entretenir avec tous ponts, *plancques* et appuis, à leurs frais et dépens en ayant les plantins si aucun y en a ; sauf la réserve du pont à le Hourduit, le pont de Billy, le pont à la Cloye et le pont de la

Ham, abbaye, art. 11.

Lillers, art. 12.

---

grande voirie (à savoir: les anticipations, dépôts de fumiers ou d'autres objets et toutes espèces de détériorations commises sur les canaux, fleuves et rivières navigables, leurs chemins de hallage, francs bords, fossés et ouvrages d'art), seront constatés par les maires, les ingénieurs des ponts-et-chaussées, leurs conducteurs, les agents de la navigation, les commissaires de police et la gendarmerie ; 2° que les procès-verbaux sur ces contraventions seront adressés au sous-préfet, qui ordonnera, par provision et sauf le recours au préfet, ce que de droit, pour faire cesser les dommages ; 3° que les Conseils de préfecture statueront définitivement sur les contraventions ; 4° que leurs arrêtés seront exécutoires et emporteront hypothèque.

Un décret du 10 avril 1812 déclare applicable aux canaux, rivières navigables et ports maritimes de commerce, le titre neuf du décret du 16 décembre 1811, contenant règlement sur les constructions, les réparations et l'entretien des routes.

Le curage des rivières navigables ou flottables est à la charge de l'État comme l'entretien des grandes routes.

Les propriétaires du terrain sur lequel passent les eaux ne peuvent les absorber de telle manière qu'il en résulte un préjudice notable pour les propriétaires inférieurs. Les juges peuvent user de la faculté, accordée par l'article 645, de limiter le droit d'usage des eaux ; l'autorité administrative, qui a le droit de fixer la hauteur des eaux, a, par suite, celui de déterminer la hauteur des ouvrages que l'on peut faire pour en jouir.

Paillet. note à l'art. 644. C c.

Rejet, 7 avril 1807.

Les actions relatives au curage, soit des fossés, soit des canaux servant à l'irrigation des propriétés où au mouvement des usines, sont de la compétence des juges-de-paix (sans appel jusqu'à la valeur de cent francs et à charge d'appel à quelque valeur que la somme puisse s'élever), pourvu que les droits de propriété ou de servitude ne soient pas contestés.

Art. 5, n° 1, de la loi du 25 mai 1838.

Lorsqu'un cours d'eau est utile au public et à l'industrie, l'administration peut en régler l'usage.

Arr. du 8 octobre 1827.

Chocquellière, lesquels sont entretenus en commun, moyennant quoi les habitants sont francs et quittes en la ville de Lillers, de Travers, Cauhys et autres subsides. « (A cet article 12 de la Coutume de Lillers, se sont opposés Jehan-Bronde, procureur, de Allart, de Tramecourt, Angéline de Divion, François de Lannoy et Jean de Hibert, à cause de leurs héritages contigus et tenant au chemin à l'environ de la rivière qui flue du moulin de M. de Lillers, à Robecq, disant qu'ils ne sont à ce faire, mais est à faire à mondit sieur de Lillers, à qui la chose touche pour le profit particulier de son moulin, pour raison de quoi est procès au bailliage d'Amiens).

Ham. art. 12.
Lillers, 13.

» Chaque an au mois de mai ou de septembre, on publie que chacun relève chemins, ponts, courants et plancques à l'encontre de son héritage, en dedans sept jours et sept nuits en suivant. »

St-Omer, art. 17.

« Ceux, que leurs terres sont voisines et joignantes aux chemins, seront tenus de les entretenir : ils doivent avant la St-Jean-Baptiste, réparer les chemins, relever les becques, fossés, ruisseaux, élaguer et essarter les arbres et haies pour faciliter l'écoulement des eaux. »

Tournehem, art. 5.

« Appartient au mayeur et aux échevins la visitation ou écauwage des chemins, rues et flégards, dans l'étendue de la ville et banlieue, avant la St-Jean-Baptiste (24 juin). »

Richebourg-St-Vaast, art. 16.

« La coutume est telle que l'on publie chaque année les bans de mars afin que chacun ait à nettoyer les rivières et cours d'eau, réédifier les chaussées et chemins, chacun à l'encontre de son héritage pendant sept jours et sept nuits. »

Lens. art. 1er

« Au bailli de Lens et officiers du bailliage appartient la visitation des cours d'eau, ponts, plancques, pierrettes étant sur les flots et flégards audit bailliage, en telle façon que si aucun ou aucune personne, propriétaire, ayant leurs héritages contigus auxdits cours d'eau et autres, sont défaillants et qu'ils n'aient relevé et entretenu les choses susdites en dedans quarante jours, après la publication, paieront une amende de soixante sols parisis. La publication ne se peut faire que le mi-mars soit passé, et quarante jours après la publication, on peut faire la visitation ; et pareillement pour le cours des eaux, quarante jours après les bans d'août, publiés au mi-juillet. »

Le chapitre 134 des chartes du Hainaut porte que les chemins et rivières en ce pays seront entretenus en leur largeur par les possesseurs d'héritages marchissants qui sont tenus d'ouvrir et relever lesdites rivières toutes les fois qu'il sera nécessaire.

« Les magistrats de Bourbourg ont la souveraine inspection des nettoiements et des remplages de la Colme jusqu'à Wat-tendamme, et ils sont *Opper Wattergraven* (inspecteurs en chef) du canal dit Watteringue de la châtellenie, *Auditeurs* pour *ouïr* les comptes du canal, ordonner tous les ouvrages des écluses avec le bailli ou le burgrave, faire la visite dans le canal de la châtellenie, nonobstant que lesdits écluses soient établies dans l'échevinage de Gravelines, sans dresser de verger, ni faire de semonces (Faire acte de seigneurie ou de justice) sur le territoire et l'échevinage de Gravelines. »

Bourbourg, rub. 1, art. 9.

Les souverains des Pays-Bas ont publié plusieurs placards sur les réparations des chemins et ouvrages de ruisseaux, cours d'eau et fossés. Un placard, du 1ᵉʳ mars 1805, ordonne que, chaque année, vers le milieu du mois de mars, on aver-tisse les habitants de se mettre en règle à cet égard... que les chemins dont les réparations sont impossibles soient aban-donnés et remplacés par d'autres à travers les champs voisins en causant aux propriétaires le moins de tort possible. Ce placard, renouvelé par ceux des 17 mars 1507, 24 avril

1510 (¹), 17 mai 1536, 15 février 1555, 3 février 1570, 14 décembre 1588 et 6 mars 1610, exige qu'on borde de pieux les rivières qui côtoient les chemins... que, dans les pays humides et aquatiques, on perce, entre les chemins et les héritages voisins des fossés de cinq pieds de large par le haut et pied et demi par le bas, à cinq pieds de profondeur (ce qui constitue un talus de 35 centimètres par mètre), que du tout, visitation serait faite quarante jours après la publication, etc. (ces travaux à exécuter par les riverains).

Tous ces placards (ordonnance) furent réglementés par un arrêt du Conseil souverain de Tournai, du 8 août 1671, et l'exécution de ce règlement fut prescrite dans son ressort par arrêt du Parlement de Flandre du 20 décembre 1763. Un règlement interprétatif desdits placards, arrêté par le Conseil provincial d'Artois le 14 août 1756, indique le mode de réparation, et, entre autres dispositions, il prescrit que les riverains ne fourniront qu'un jour de travail et que la communauté achèvera par corvée de bras et de chevaux.

Enq. du N.

Trois arrêts du Parlement de Flandre des 14 août 1780, 17 août 1776 et 8 octobre 1782, chargent les propriétaires riverains du curage des ruisseaux.

Boulenais,
tit. 30, art. 177.

On voit par les citations qui précèdent, que les fossés devaient être relevés avant le 24 juin, jour de St-Jean-Baptiste et que le curage des ruisseaux et courants d'eau se faisait habituellement après les bans d'août. La largeur que

---

(1) Une ordonnance de l'empereur Charles-Quint, du 7 avril 1535, exige que les propriétaires de la Flandre gallicane entretiennent les chemins contigus à leurs héritages, à telle largeur qu'ils doivent être et ont été d'ancienneté, et qu'ils percent sur leurs terres, aussi avant qu'elles bordent les chemins publics, des fossés contre lesdits chemins, de cinq pieds de large par le haut, pied et demi par le bas, cinq pieds de profondeur.

doivent avoir ces courants d'eau se trouve indiquée par l'article 177, titre XXX de la Coutume générale du Boulenais ainsi conçu : « La rivière ou cours d'eau, au plus » près du commencement des sourgeons, doit porter la lar- » geur de six à sept pieds (de douze pouces) et en descendant » selon qu'elle s'efforce par source, se doit maintenir en » largeur de dix à douze pieds jusqu'aux grosses rivières et » eaux de nom. »

Oudenarde.

Cet article très-judicieux paraît devoir servir de règle générale pour fixer la largeur des ruisseaux et courants d'eau dans le département du Pas-de-Calais, tandis que la Coutume d'Oudenarde pourrait servir d'enseignement dans les contrées qui faisaient partie du comté de Flandre ; voici comment elle indique la largeur des courants d'eau : « Le moindre fossé » où l'eau courre, que le bailli ne visite pas, trois pieds.—Un » fossé où l'eau courre, dont le bailli a la connaissance et qu'il » faut nettoyer, cinq pieds ; pour tous ruisseaux par lesquels » il y a dans le plat-pays des moulins qui tournent, dix pieds; » et depuis le moulin jusqu'à la vanne pour détourner l'eau, » vingt pieds. »

Richebourg-l'Avoué, art. 14.

Deux dispositions exceptionnelles m'ont paru devoir également être annotées dans cette section à titre de renseignements :

L'une est extraite de la Coutume de Richebourg-l'Advoué (arrondissement de Béthune) : « A Madame..... appartient un » moulin à eau qui a droit sur la rivière jusqu'au pont de » Courbettes, de sorte que si la digue de cette rivière se » rompait, elle peut prendre sous quelque seigneurie que ce » soit pour la raccommoder. »

Mons, ch. 103.

L'autre se trouve dans la Coutume de Mons : « A Condé, » en-dessous du château, là où la Saisne *deschent* en l'Es- » caut, plancques devront être mises pour l'eau, avoir telle

» hauteur que les nefs puissent descendre et monter de la
» Saisne en l'Escaut, et afin que lesdits nefs puissent aller et
» passer sans *desquerquier* de Mons à Tournai. » Ce même
article défend de planter à moins de vingt pieds du cours
desdites rivières.

Ord. de 1669,
tit. XXVIII, art. 7. La règle générale pour les marche-pieds le long des
rivières navigables, se trouve déterminée par l'ordonnance
de 1669 sur les eaux et forêts dont voici le texte :

« Les propriétaires des héritages aboutissant aux rivières
» navigables laisseront le long des bords vingt-quatre pieds
» au moins de place en largeur pour chemin royal et trait de
» chevaux, sans qu'ils puissent planter arbres ni tenir clôture
» ou haies plus près que trente pieds du côté que les bateaux
» se tirent et dix pieds de l'autre bord, à peine de cinq cents
» livres d'amende et confiscation des arbres et d'être les con-
» trevenants contraints à réparer et remettre les chemins en
» état à leurs frais. »

Tit. XXVII,
art. 40. L'article 40, titre 27, de la même ordonnance défend de tirer
sables et autres matériaux à six toises près des rivières
navigables, à peine de cent livres d'amende.

Paillet,
note à l'art. 653,
C. c. La servitude de halage imposée au propriétaire riverain
d'une rivière navigable s'étend sur tout le terrain nécessaire
à la navigation dans toutes les saisons de l'année, et si la
rivière comporte des accroissements habituels par les marées,
la servitude doit être réglée en prenant un terme moyen entre
les eaux basses et l'élévation des hautes marées. Ce n'est
qu'après avoir ainsi déterminé les bords de la rivière aux
Ord. 1681. termes de l'article 1er, titre 7, livre 4, de l'ordonnance de
1681, que l'on doit tracer l'espace libre de dix pieds de
largeur pour le chemin de halage déterminé par l'article 7,
Ord. du 24 déc.
1818. titre 28, de l'ordonnance de 1669. Le propriétaire ne peut
planter des arbres qu'en deça des deux espaces, dont l'un est

réputé bord utile de la rivière et l'autre est affecté au chemin de halage.

___

JURISPRUDENCE ADMINISTRATIVE

A l'autorité administrative seule appartient la répression des délits commis sur les divers canaux navigables. Décret du 8 avril 1809.

Sont dans les attributions des autorités judiciaires toutes les contestations qui intéressent les propriétaires relativement au cours d'eau des rivières non-navigables. L'autorité administrative ne règle que le curage de ces rivières, l'entretien des digues et autres ouvrages correspondants.

Elle n'est pas compétente pour statuer sur le·droit de construire une digue de barrage pratiquée pour la pêche.... Décret du 12 avril 1812. Ainsi une digue de barrage pour la pêche dans un intérêt privé peut être construite sans autorisation du préfet dans une rivière non domaniale, non navigable ou flottable. Un préfet ne peut faire démolir une telle digue pour défaut d'autorisation. Une digue établie dans ces circonstances est un objet ou de justice ou d'administration, selon qu'elle est établie dans l'intérêt d'un riverain ou par mesure de voierie, dans l'intérêt public.

C'est à l'autorité administrative et non aux tribunaux que doivent s'adresser ceux qui auraient à se plaindre du préjudice que la construction d'une digue faite sur un ruisseau par un particulier leur aurait causé, en ce qu'elle aurait élevé le niveau des eaux. Décret du 6 juillet 1813.

Un préfet ne peut permettre d'établir un obstacle quelconque au libre cours des eaux dans une rivière navigable, sans l'autorisation expresse du Gouvernement. (Arrêté du 19 ventôse an 6, ordonnance du 27 décembre 1820.

L'article 640 du Code civil, qui défend aux propriétaires inférieurs toute construction de digues qui empêcherait l'écoulement des eaux, n'a trait qu'aux eaux pluviales ; il ne s'applique pas aux eaux des torrents et des fleuves. Ainsi le propriétaire inférieur a le droit de construire des digues pour se préserver de l'inondation du torrent ou du fleuve qui borde son héritage, encore que ces digues fassent refluer les eaux d'une manière préjudiciable aux voisins. (Cour d'appel d'Aix, 19 mai 1843. (Voir la note à la section 11, titre VI, ci-après).

La propriété d'un moulin entraîne celle du canal des eaux qui le font mouvoir; ainsi, la digue d'un des côtés du canal est réputée adhérente au canal et au moulin ou du moins est réputée servitude au profit du moulin. Cette servitude s'acquiert par trente ans, après quoi le propriétaire du moulin peut faire à la digue toutes les réparations nécessaires. (Code civil, article 690, Cour d'appel de Bordeaux, 24 juillet 1826).

L'article 3 du Code procédure civile, qui autorise le juge de paix à connaître des entreprises sur les cours d'eau commises dans l'année, ne l'autorise pas à connaître d'une action tendant à faire supprimer ou réduire une digue établie et terminée par un propriétaire sur son propre terrain. (Loi du 24 août 1790. Code procédure civil article 3, Cass., 14 mars 1827).

Le propriétaire d'une digue est tenu de l'entretenir de manière à éviter tous dommages aux propriétés voisines, même à celles sur lesquelles repose la digue à titre de servitude. Si donc une crue d'eau ou un cas de force majeure a rompu la digue et endommagé les héritages voisins, le propriétaire de la digue est tenu tout à la fois à la réparation du dommage et à celle de la digue, sinon à rendre les eaux à leur cours naturel par l'enlèvement des matériaux dont la digue est formée. (Code civil 637, 699, 1135, 1148, Cass. 29 novembre 1827).

L'autorité administrative a seule le droit de faire des

règlements pour donner une nouvelle direction aux cours d'eau, fixer la hauteur des déversoirs des moulins, étangs, etc. (Conseil d'Etat, 5 novembre 1823, 10 mars 1820), sauf le recours des intéressés, au Conseil de Préfecture.

Les contraventions aux règlements de police sur les rivières non navigables et autres petits cours d'eau doivent être portées, suivant leurs natures, devant les tribunaux de police ou correctionnels. Les contraventions qui intéressent les propriétaires doivent être jugées par les tribunaux civils, lorsque, par exemple, les eaux d'un moulin étant au-dessus du déversoir inondent les héritages voisins. (Conseil d'Etat du 24 décembre 1823).

Les contestations entre particuliers sur la propriété du lit et l'usage des eaux des courants non navigables ressortent des tribunaux ordinaires, lorsque l'intérêt général n'est pas engagé. (Conseil d'Etat du 18 novembre 1818, 19 décembre 1821, 5 novembre 1823, 10 janvier 1821, 2 août 1816 et 13 juillet 1828.

SECTION II.

Chemins publics. (¹)

§ Iᵉʳ — ANCIENNE LARGEUR DES CHEMINS.

Pour donner une idée exacte de la largeur que devaient avoir anciennement les routes et voies publiques, je donne

---

(1) Il est impossible d'établir sur des titres et des documents authentiques l'origine des voies publiques : toutefois, on peut supposer que nos grandes routes doivent en partie leur origine aux voies admirables par leur étendue et aussi par leur solidité que les Romains, victorieux des Gaulois, percèrent à travers les pays conquis, pour relier entre eux leurs divers campements et faciliter les mouvements de leurs légions.

Depuis cette époque, les gouvernements réguliers, qui se formèrent dans

ci-après les dénominations et les largeurs suivant les coutumes et ordonnances.

1re Catégorie :

Hesdin, 43.

Un chemin royal que l'on dit les chaussées Brunehaut et autres chemins de semblable longueur, 40 pieds de 12 pouces de large.

Boulenais, t. 30, art. 155.

Le chemin royal, 60 pieds de 12 pouces de large.

Montreuil, 54.

Chemins royaux,   id.   id.

St-Omer 1509, art. 29.

Les grands chemins allant de bonnes villes à autres 60 pieds.

Clermont 226.

Le chemin royal doit avoir 64 pieds de 11 pouces.

Valois 197.

Le chemin royal, 36 pieds; en bois, 40 pieds de 12 pouces.

En Bourgogne.

Chemin royal, 30 pieds.

---

ces contrées, construisirent plusieurs routes pour communiquer des grands centres de population avec d'autres villes importantes.

Les chemins d'une moindre importance doivent leur origine, en partie à l'usage constant qu'en firent les habitants d'un terroir quelconque dans leurs rapports avec leurs voisins d'une autre localité ; d'autres furent établis par les chefs de ces peuples qui, en se fixant dans les Gaules par droit de conquête, s'approprièrent de grands domaines. Les seigneurs, maîtres d'étendues de terrains considérables, ne pouvant les mettre en valeur par eux-mêmes, en firent des concessions et y multiplièrent les chemins pour faciliter les communications.

De là vient probablement le droit de justice et de plantation que les seigneurs avaient sur les chemins vicomtiers, et l'habitude, dans les mesurages des terrains limitrophes, de comprendre la moitié des chemins dont le sol a été généralement pris sur les terres voisines sans indemniser les possesseurs, ainsi que cela est constaté par un placard de Philippe d'Autriche, du 1 mars 1505, qui ordonne que les chemins, dont les réparations sont impossibles, seront abandonnés et remplacés par d'autres à travers les champs voisins, après avoir consulté les propriétaires, afin de leur causer le moins de tort possible (ce qui explique le détour que font certains chemins pour éviter de morceler les champs) ; et l'arrêt du Conseil du 28 avril 1671, qui ordonne, en Normandie, de prendre sur les champs voisins pour donner aux chemins la largeur qu'il prescrit.

Le chemin royal, 24 pieds; en bois et forêts, 40 pieds de 12 pouces.

Normandie, perche. arr. d C. 1671.

2ᵉ Catégorie :

Le chemin vicomtier, 30 pieds de 12 pouces

Hesdin, 43,

Le chemin vicomtier, id.

Boulenais, t. 30, art. 156.

Chemin vicomtier allant de villages à autres, 30 pieds.

St-Omer 1509, art. 29.

Chemin : en icelui et autres chemins se doivent recueillir les traverses, 32 pieds de 11 pouces.

Clermont 227.

3ᵉ Catégorie ;

La voie doit avoir 16 pieds de 12 pouces.

Valois 196,

La voie, où on peut chasser bestiaux sans cordelles, doit avoir 16 pieds de 11 pouces.

Clermont 228.

Le châtelain doit avoir 20 pieds de 12 pouces.

Boulenais, 157.

Chemins publics et vicinaux, 16 pieds de 12 pouces.

Normandie, perche, arr. d. C. 1671.

4ᵉ Catégorie :

Le chemin forain doit avoir 15 pieds de 12 pouces.

Hesdin, 43.

Le chemin forain id.

Boulenais 158.

La carrière, où on peut mener charrette l'une après l'autre et bétail en cordelles, 8 pieds de 11 pouces.

Clermont 229

La carrière, 8 pieds de 12 pouces de large.

Valois. 195.

Le chemin de traverse, id.

Normandie, perche, arr. d. C. 1671,

5ᵉ Catégorie :

Le chemin volontaire, dit issue de ville, 12 pieds de roi.

Hesdin, 43.

Le chemin volontaire, id. 11 pieds de 12 pouces.

Boulenais 59.

6ᵉ Catégorie :

La sente, sur laquelle on peut seulement aller à cheval et à pied et peut se couvrir d'une herse, a 5 pieds de 12 pouces.

Hesdin, 43.

La sente, id.

Boulenais, 100.

Le sentier a 4 pieds de 12 pouces.

Valois, 194.

Le sentier, où on ne doit pas mener charrette, 4 pieds de 11 pouces.

Clermont, 230.

7ᵉ Catégorie :

Hesdin, 43. La piedsente; on peut seulement y aller à pied et on y peut mettre planches et sautoirs, 2 pieds 1/2 de 12 pouces.

Boulenais, 161. La piedsente, id. (1)

Sous l'ancienne jurisprudence, aussi bien que sous le régime actuel, les chemins étaient imprescriptibles, de sorte que l'Etat, les départements ou les communes ne doivent d'indemnité aux propriétaires riverains en cas d'élargissement d'une route quelconque, qu'autant qu'on lui donne une plus grande largeur que celle qu'elle avait dans le principe. Les diverses catégories qui précèdent peuvent guider les parties intéressées sur leurs droits respectifs.

Ord. 1669, tit. 28 art. 1ᵉʳ. Après ces coutumes, vinrent les ordonnances, arrêts et règlements émanés de l'autorité du souverain; ainsi l'ordonnance des eaux et forêts de 1669, s'exprime en ces termes :

« En toutes les forêts de passage, où il y a et doit avoir » grand chemin royal servant aux coches, carosses, messagers » et roulliers de villes à autres, les grandes routes auront au

---

(1) Sentiers et chemins d'exploitation dans le département du Nord.

Dans les environs de Lille : sentiers, cinquante centimètres à un mètre cinquante centimètres de largeur.

Les carrières ou chemins d'exploitation, deux mètres à deux mètres soixante-dix centimètres de largeur.

Dans les environs d'Armentières : Les piedsentes ont de quatre à cinq pieds ; les sentiers, de deux pieds et demi à trois pieds ; les carrières, huit pieds de onze pouces.

Enq. d. N. page 72.

Oudenarde, rub. XIV, art. 21. Un chemin commun ou du pas de l'homme doit être au moins large de trois pieds, un chemin conduisant à une église ou au marché doit être large de cinq pieds, celui de conduite par où l'on mène une vache par la laisse (longé) ou par lequel un cheval de selle passe, aura dix pieds. Le chemin d'un pont ou d'une porte cochère est de vingt-un pieds, un grand chemin d'une ville à une autre est de quarante-deux pieds, le chemin pour une porte commune par où l'on puisse passer avec des fruits en gerbes doit avoir quatorze pieds, quelquefois plus, jamais moins.

» moins soixante et douze pieds de largeur, et où elles se
» trouveraient en avoir davantage, elles seront conservées en
» leur entier.

» S'il était jugé nécessaire de faire de nouvelles routes, les
» grands-maîtres feront leurs procès-verbaux d'alignement.
Art. 2.

» Dans les six mois de la publication des présentes, tous
» bois, épines et broussailles qui se trouveront dans l'espace
» soixante pieds ès-grands chemins, tant de nos forêts que de
» celles du clergé, des communes, des seigneurs et particuliers,
» seront essartés et coupés, en sorte que le chemin soit libre
» et plus *seur*, le tout aux frais des propriétaires ou posses-
» seurs. » (¹)
Art. 3.

Un arrêt du Conseil, rendu pour les provinces de Normandie, des pays de Perche et Châteauneuf en Thimerais, explicatif
d'un arrêt du 18 juillet 1670, « ordonne que les chemins
» royaux aient vingt-quatre pieds de largeur, les chemins
» publics vicinaux seize pieds, ceux de traverse huit pieds,
» lesquelles largeurs seront prises des deux côtés sur les terres
» voisines, avec défense de planter aucun arbre qu'à distance
» de dix pieds; les chemins royaux sont ceux qui conduisent
» de la ville capitale de chaque province aux lieux où il y a
» poste et messagerie royale.
Arr. du C.
du 28 avril 1671.

» L'arrêt du Conseil de 1720 fixe la largeur des grands
» chemins à soixante pieds et celle des autres chemins à
» trente-six pieds.
Arr. du C.
du 3 mai 1720.

Enfin, un arrêt du Conseil du 6 février 1776, établit
quatre catégories de chemins publics et en fixe la largeur de
la manière suivante : (²)
Arr. du C. du 6
février 1776.

---

(1) Un arrêt du Conseil, du 20 novembre 1671, cité par M. Clément, a
décidé que, dans la traversée de la forêt de Senart, l'essartement serait de
soixante pieds à partir du milieu de la route.

(2) Voici en partie le préambule de cet arrêt : « Sa Majesté a reconnu

Art 1er. 	» 1re classe : les grandes routes, qui conduiront de la capitale
» dans les principales villes, doivent avoir quarante-deux
» pieds.

» 2e classe : les routes, par lesquelles les principales villes
» du royaume communiquent entre elles, doivent avoir trente-
» six pieds.

« 3e classe : Les routes, qui ont pour objet la communica-
» tion entre les villes principales d'une même province ou
» d'une province voisine, doivent avoir trente pieds.

» 4e classe : les chemins particuliers entre les petites villes
» et les bourgs, doivent avoir vingt-quatre pieds.

Art. 2, 3. 	» Les fossés, empattements, tallus ou glacis ne sont pas
» compris dans ces largeurs. En général, la largeur des
» fossés est de six pieds dans le haut, trois pieds dans le bas.
» Art. 2, ord. 1720).

Art. 4. 	» Le Roi se réserve de déterminer dans quelle classe
» chacune de ces routes doit être rangée.

Art. 5. 	» Ces règles ne doivent pas être appliquées aux chemins
» percés à travers bois, la largeur reste telle qu'elle est fixée
» par l'ordonnance de 1669.

Art. 6. 	» Dans les pays montagneux, le Roi se réserve de fixer
» une moindre largeur, suivant les renseignements fournis
» par les intendants de ces provinces.

Art 7. 	» Le Roi pourra augmenter, par des arrêts particuliers,
» la largeur des chemins aux abords des villes, sans néan-
» moins qu'elle puisse être étendue au-delà de soixante pieds.

---

que si, en vue de procurer un accès facile aux grandes villes on avait prescrit une largeur considérable aux routes, cette mesure enlevait dans l'intérieur du pays un terrain précieux à l'agriculture; considérations qui la
déterminent à fixer aux grands chemins une largeur moindre que celle qui
leur était précédemment assignée, etc. »

» Les routes ne doivent être bordées de fossés, que dans Art. 8.
» le cas où ils auront été jugés nécessaires pour les garantir
» des emprises des riverains ou pour faciliter l'écoulement
» des eaux.

» Les routes seront plantées d'arbres convenables à la Art. 9.
» nature du sol.

» Le Roi suspend, quant aux routes déjà existantes, l'effet Art. 10.
» des dispositions qui précèdent, il ne doit y être fait aucun
» changement sans l'ordre de Sa Majesté. »

L'arrêt du 3 mai 1720, en ce qui n'est pas dérogé par le Art. 11.
présent arrêt, continuera à être exécuté.

Ainsi, l'article six de cette ordonnance de 1720, qui
règle les plantations sur les terrains limitrophes, se trouve
maintenu, de sorte que cette ordonnance du 6 février 1776 et
les articles un, deux et trois du titre vingt-huit de l'ordonnance du 13 août 1669 sont toujours en vigueur et continuent
à servir de règle générale pour les grandes routes.

(Voir § 3 ci-après, plantations le long des chemins, à qui
on doit s'adresser pour obtenir un alignement.)

Tout voyageur, qui déclorra un champ pour se faire un pas- Code rural, 1791,
tit. 2, art. 51.
sage dans sa route, paiera le dommage et de plus une amende
de la valeur de trois journées de travail, à moins que le juge
ne décide que le chemin était impraticable, auquel cas le
dommage et les frais de clôture seront à la charge de la
commune.

NOTA. Les personnes, qui croiraient devoir s'opposer à l'exécution des travaux le long des chemins d'où il résulterait des dommages pour leurs propriétés, auront à se bien pénétrer des principes contenus dans ce chapitre
et devront agir avec prudence, afin de ne pas se trouver sous le coup de l'article 438 du code pénal, trois mois à deux ans de prison, amende du quart
des dommages et intérêts, seize francs au minimum.

(Voir § 3 de la présente section.)

L'article 32 de cette ordonnance indique la manière d'établir des sautoirs ou autres entraves pour les bestiaux. En voici le texte : « Toutes les levées et les arbres tournants, au travers desquels il y a un passage, doivent être faits de hauteur commode avec des sentiers des deux côtés, dans le milieu trois pieux courts et par un côté une longue branche pour que les passants et principalement ceux qui sont chargés se puissent tenir et passer plus facilement.

« Article 33. Toutes planches sur des fossés ou ruisseaux doivent être au moins larges d'un pied et épaisses de trois pouces, comme aussi il doit y avoir un appui suffisant.

« Chacun a la faculté de creuser des puits dans les chemins du Prince, là où ils ne sont pas incommodes, pour abreuver ses bestiaux sans mal faire, et cela par l'avis et la permission des échevins. »

« Article 9. Chacun tiendra sa terre vers les chemins, fossoyée de largeur de quatorze pouces vers le haut, dix pouces par le bas et profond de douze pouces. »

« Article 17. On posera des chemins de pierres à pied et demi au moins des côtés, si la largeur de la rue le permet. »

« Article 23. Tous puits ou fossés, qui sont le long des rues ou des chemins de traverse, des sentiers, doivent être bouchés par de bonnes et suffisantes haies ou autres choses, à peine de l'amende de trois livres. »

« Article 25. Les égouts faits d'ancienneté doivent aussi être entretenus par les propriétaires des terres voisines, à peine de l'amende de trois livres parisis. »

« Article 26. Les propriétaires des terres voisines des ponts à pieds, sont obligés de les entretenir de planches, d'appuis suffisants que l'on puisse les passer sans péril, commodément à pied, chargé et non chargé, à peine d'une amende de trois livres parisis. »

« Article 27. Les propriétaires des terres voisines des grands ruisseaux, savoir : du Berteen-Meersch jusqu'au pont de pierres, au *Cruys-Straet* que l'on nomme à présent *Het-Schacxken*, en la chapelle de St-Jean, sont tenus de tenir lesdits ruisseaux ouverts de quatre pieds de large et deux pieds et demi de profondeur, depuis le pont de pierres au *Schacxken* jusqu'au pont du moulin à l'eau, six pieds de large et de pareille profondeur de deux pieds et demi, du même pont du moulin à eau jusqu'au *Aelput*, ou fosse aux anguilles, huit pieds de largeur et trois pieds et demi de profondeur, le tout à peine de l'amende de vingt sols parisis. »

« Article 28. Lesdites amendes à recouvrer sur le possesseur ou l'exploiteur de la terre, propriétaire ou fermier, qui doivent faire les réfections et réparations dans les quinze jours après la publication de la calenge. »

« Article 447. Chacun tiendra les terres le long des chemins sujets à visite, bordées de fossés larges de quatorze pouces par le haut, dix pouces par le bas et douze pouces de profondeur. »

Cassel.

« Article 448. On jettera la terre des fossés de chaque côté dans le milieu du chemin et non pas sur sa terre. »

« Article 445. Personne ne pourra planter dans les chemins appartenant au seigneur, ni usurper la possession par des fossés, en bouchant ou autrement, contre l'ancienne largeur et grandeur des chemins sujets à visite.

« Article 462. Sont réputés chemins sujets à visite tous chemins de traverse, rues et autres de quatre pieds, par où l'on a marché à pied et à cheval, et que l'on est habitué à visiter depuis soixante ans. »

§ II. — Classement et largeur des chemins publics.

Les chemins se divisent en trois catégories :

1re. Les routes de l'État appelées généralement impériales ([1]), et les routes départementales ;

2e Les chemins vicinaux de grande communication et d'intérêt commun, classés par arrêtés préfectoraux ;

3c Les chemins non classés, les voies rurales et sentiers servant à l'exploitation des terres.

La largeur des routes de la première catégorie se trouve toujours réglée par les ordonnances rappelées dans le paragraphe 1, de la présente section.

Celle des chemins vicinaux classés est fixée par les préfets, en vertu de l'article 7 de la loi du 21 mai 1836, au moyen du règlement prescrit par l'article 21 de la même loi.

Loi du 21 mai 1836. Par les règlements préfectoraux du 30 janvier 1854, pour le Nord, et du 31 janvier 1855 pour le Pas-de-Calais, le maximum de la largeur, des chemins est fixé à huit mètres, non compris les fossés, pour ceux de grande communication

---

(1) Les départements du Nord et du Pas-de-Calais sont traversés par les routes impériales suivantes :

1re classe : Nº1, de Paris à Calais ; Nº2, de Paris à Maubeuge, à Mons et à Bruxelles.

2me classe : Nº16, de Paris à Dunkerque par Hazebrouck ; N. 17, de Paris à Lille par Cambrai et Douai.

3me classe ; N.25, du Havre à Lille par Paris ; N. 28, de Rouen à St-Omer ; N. 29, de Rouen à Valenciennes ; N. 37, de Château-Thierry à Béthune ; N. 39, de Mézières à Montreuil-sur-Mer ; N. 40, de Calais à Dunkerque et Ypres par Bergues ; N. 41, de St-Pol à Lille et Tournai par La Bassée ; N. 42, de Lille à Boulogne par Cassel ; N. 43, de Bouchain à Calais ; N. 44, de Châlons à Cambrai par Bauavis ; N. 45, de Marles à St-Amand par Landrecies et Valenciennes ; N. 50, d'Arras à Douai ; N. 48, de Valenciennes à Condé par Audenarde ; N. 49, de Valenciennes à Gives et Neuf-Château, par Bavai et Maubeuge.

et à six mètres, non compris les fossés, pour les autres chemins vicinaux, sous la réserve que ceux de ces chemins qui
auraient une largeur plus considérable la conserveraient jusqu'à
décision contraire. A l'entrée des villes, bourgs et villages,
les préfets peuvent donner une plus grande largeur, sur la
proposition de l'agent-voyer, après délibération du conseil
municipal, sur l'avis du maire ou du sous-préfet.

Partout où la nécessité en sera reconnue, les chemins seront
bordés de fossés qui feront partie intégrante du sol du chemin, lesquels fossés auront soixante-quinze centimètres
d'ouverture en gueule, vingt-cinq centimètres au fond, les
talus seront autant que possible à l'angle de quarante-cinq
degrés. Le propriétaire riverain qui voudra ouvrir un fossé
sur son terrain le long d'un chemin, devra en demander
l'alignement à qui de droit. Ce fossé devra être à vingt-cinq
centimètres de la limite du chemin.

Les arrêtés du préfet portant reconnaissance et fixation **Art. 15.**
de la largeur d'un chemin vicinal attribuent définitivement au
chemin, qui devient par ce fait imprescriptible, le sol compris
dans les limites qu'ils déterminent ; dans ce cas, le droit des
propriétaires riverains se résout en une indemnité qui sera
réglée ainsi que cela va être expliqué dans le paragraphe
suivant.

Pour connaître la largeur des chemins de la troisième
catégorie, il faut encore consulter les règles établies par les
anciens règlements rapportés ci devant.

Malheureusement, sous le régime de la loi du 21 mai
1836, l'existence de ces chemins, qui sont généralement
d'une utilité incontestable, est abandonnée aux décisions
quelquefois contradictoires des tribunaux civils, dès le moment
où un propriétaire riverain soulève la question de propriété.
Ces tribunaux se guident le plus souvent sur le degré d'utilité

du chemin en litige, suivant qu'il sert de communication d'un village, hameau ou groupes d'habitations, à un autre village, hameau ou groupes d'habitations, ou que ce chemin (voie rurale à voiture ou à pied) abrège la distance d'un lieu à un autre et se trouve indispensable pour l'exploitation d'une section de terres d'un territoire, ou que la preuve d'une prescription admise par l'ancienne jurisprudence soit administrée.

Cour Imp. de Paris, (1864). Un arrêt (1864) de la première chambre de la cour impériale de Paris a résolu une question d'un grand intérêt pour les propriétaires de terrains traversés, souvent pour les besoins de la petite culture, par des chemins dont l'origine est inconnue et qui existent en fait sans qu'on puisse les justifier en droit. « Cet arrêt décide que les chemins qui traversent des propriétés privées, ne servant pas de communication de village à village ou d'habitation à habitation, ne sont que des chemins ruraux ou d'exploitation, que le propriétaire a le droit de supprimer, de sorte que la commune, qui en a la jouissance depuis un temps immémorial, ne peut s'en prétendre propriétaire, quand même le maire les aurait depuis plus de trente ans classés parmi les chemins ruraux de la commune, et qu'un arrêté du préfet les y aurait maintenus sous la même désignation. »

La rigidité de cette décision est de nature à attirer l'attention des Conseils Généraux dont les membres sont en position d'apprécier la perturbation que la suppression des chemins ruraux occasionnerait dans les communes rurales.

§ III. — Règlement des indemnités dues par suite des travaux publics.

Loi du 24 mai 1836. Art. 15, 17. Les propriétaires dépossédés qui désireront être indemnisés devront adresser au préfet un mémoire exposant les motifs de leur réclamation.

L'indemnité due au propriétaire riverain pour la portion du sol employée à l'élargissement d'un chemin, si elle ne peut être fixée à l'amiable, sera réglée par le juge de paix du canton sur le rapport d'experts nommés, l'un par le sous-préfet, l'autre par le propriétaire réclamant. En cas de discorde le tiers expert sera nommé par le Conseil de Préfecture. Art. 16, et circulaire ministérielle du 14 juin 1864.

L'indemnité due aux propriétaires riverains résultant de travaux d'ouverture et de redressements des chemins vicinaux autorisés par arrêtés préfectoraux, ainsi que les indemnités dues dans les cas prévus par l'article 2 de la loi du 8-11 juin 1864 que l'on trouvera au paragraphe 6, seront réglées par un jury spécial à cet effet. Le tribunal civil de l'arrondissement, en prononçant l'expropriation, désignera quatre personnes pour former le jury et trois jurés supplémentaires. Il désignera pour présider et diriger le jury l'un de ses membres ou le juge de paix du canton, lequel aura voix délibérative en cas de partage. L'administration et la partie intéressée auront respectivement le droit d'exercer une récusation péremptoire.

Le procès-verbal du président emporte la translation définitive de la propriété. Le recours en cassation ne peut avoir lieu que dans les cas prévus et selon les formes déterminées par la loi du 7 juillet 1833.

Les experts, pour se conformer aux prétentions des administrations civiles, admettent habituellement la plus value acquise par le restant de la propriété expropriée, en compensation d'une partie de l'indemnité, par application des articles 54 de la loi du 16 septembre 1807 et 51 de la loi du 3 mai 1841.

Article 17. Les extractions de matériaux, les dépôts ou enlèvements de terre, les occupations temporaires de terrain (1) Loi de 1836.

---

(1) Les terrains occupés pour prendre les matériaux nécessaires aux routes et aux constructions publiques pourront être payés aux propriétaires Loi du 6 septemb. 1807, art. 55.

seront autorisés par arrêté du préfet, lequel désignera les lieux. Cet arrêté sera notifié aux parties intéressées au moins dix jours avant que son exécution puisse être commencée, si l'indemnité ne peut être fixée à l'amiable, elle sera réglée par le Conseil de Préfecture sur le rapport d'experts nommés, l'un par le sous-préfet et l'autre par le propriétaire.... le tiers expert sera nommé par le Conseil de Préfecture (1).

Article 18. L'action en indemnités, pour les terrains pris et pour l'extraction des matériaux, est prescrite par deux ans.

---

comme s'ils avaient été pris pour la route même. Il n'y aura lieu à faire entrer dans l'estimation la valeur des matériaux à extraire que dans le cas où l'on s'emparerait d'une carrière déjà en exploitation ; alors les dits matériaux seront évalués, leur prix courant abstraction faite de l'existence et des besoins de la route pour laquelle ils seraient pris, ou des constructions auxquelles on les destine. (Voir l'article 56 de la loi de 1807, page 504 pour l'expertise).

Nota : Les travaux communaux n'étant pas assimilés aux travaux publics, on ne peut leur appliquer les dispositions de cet article 55. (Conseil d'Etat, 17 décembre 1809.

N'est réputée carrière en exploitation que celle qui offre un revenu assuré, soit que le propriétaire ou détenteur l'exploite pour ses besoins ou qu'il en fasse un objet de commerce. (Décret du 6 septembre 1813).

(1) Les experts devront prêter serment devant le Conseil de préfecture pour l'arrondissement chef-lieu, et devant les sous-préfets pour les autres arrondissements.

Si le propriétaire avait négligé de faire choix d'un expert, il en serait nommé un d'office par le Conseil de préfecture. Si les experts ne sont pas d'accord, le préfet provoquera la nomination d'un tiers expert qui devra également prêter serment.

Les procès-verbaux seront transmis par le sous-préfet au Conseil de préfecture qui statuera sur le règlement de l'indemnité.

Les frais d'expertise seront taxés par le Conseil de préfecture sur mémoire des experts en double minute, dont une sur papier timbré.

Les indemnités seront payées par les communes lorsque les travaux se feront sur des chemins vicinaux de petite communication. Elles seront acquittées, sur mandats du préfet, sur les fonds affectés aux travaux, lorsqu'il s'agira de chemins vicinaux de grande communication.

Article 19. En cas d'abandon d'un chemin vicinal, les propriétaires riverains pourront faire leur soumission et s'en rendre acquéreur à dire d'experts nommés suivant les formes prescrites en l'article 17.

§ IV. — Distances exigées pour certains objets.

« Défendons à toutes personnes d'enlever dans l'étendue et » aux reins de nos forêts, sables, terres, marnes ou argiles, » ni de faire faire de la chaux à cent perches de distance sans » notre permission expresse, sous peine de cinq cents livres » d'amende.

Carrières. Ord. de 1669, t. 27, art. 12.

» Ne seront tirés terres, sables et autres matériaux, à six » toises près des rivières navigables, à peine de cent livres » d'amende.

Art. 40.

» On ne peut creuser pour tirer sable en terre, creuser de » grands fossés ou tirer de la marne, plus proche que vingt » pieds des chemins.

Cout. de Cassel. Hazebrouck, Watten, art. 487.

» Défense de faire trous à argiles, plus près que sept pieds » des chemins et autres terres. »

Tournehem, seigneurie, art. 11.

Suivant le règlement du 14 mars 1741, les carrières de pierres de taille, moëllons, glaise, marne et autres matériaux ne peuvent être ouvertes qu'à trente toises de distance du pied des arbres plantés le long des grands chemins, et à trente-deux toises du bord des chemins non plantés, à moins d'une permission expresse; les galeries ne peuvent être poussées du côté des dits chemins.

Arr. du C. de 1741.

Le règlement royal du 5 avril 1772 défend d'ouvrir carrières de pierres, moëllons, grés et autres matériaux à une distance moindre de trente toises du pieds des arbres plantés le long des grandes routes, et de pousser aucune galerie ou fouille souterraine du côté de la route, qu'il n'y ait

Arr. du C. du 5 avril 1772, art. 1er.

trente toises de distance, soit de la plantation, soit du bord extérieur de la route, ainsi qu'il est prescrit par l'arrêt du Conseil du 14 mars 1741, et par l'ordonnance du bureau des finances du 29 mars 1754. L'article 18 du titre 27 de l'ordonnance de 1669, défend de construire à l'avenir, châteaux, fermes, maisons dans l'enclos, aux rives, et à demi-lieue des forêts de l'Etat, sous peine de confiscation du fonds et des bâtiments. (Sauf les modifications introduites par le code forestier.)

Loi du 21 avril 1810, tit. VIII, sect. 1re.

Article 81. L'exploitation des carrières à ciel ouvert, a lieu sans permission, sous la simple surveillance de la police, avec l'observation des lois ou règlements généraux ou locaux.

Article 82. Quand l'exploitation a lieu par galeries souter-raines, elle est soumise à la surveillance de l'administration. Dans ce cas les travaux seront surveillés par les ingénieurs des mines pour la conservation des édifices et la sûreté du sol.... Si l'exploitation compromet la sûreté publique, la conservation des puits, la solidité des travaux, la sûreté des ouvriers ou des habitations, de la surface, etc.... il y sera pourvu par le préfet, ainsi qu'il est pratiqué en matière de grande voierie et selon les lois.

Pays du Franc.

« Article 64. Personne ne peut extraire des tourbes ou faire cuire des tuiles dans l'étendue de cent verges des digues de la mer à peine de trente livres d'amende. »

Zuytkote, rub. 6.

« Article 3. Personne ne peut creuser aucun puits pour en tirer du sable ou de la glaise, proche des chemins de l'église, proche des sentiers ou autres chemins ou à quarante pieds proche d'aucune maison, si ce n'est qu'il le remplisse dans trois jours, à peine d'amende. »

Les dispositions des arrêts, règlements et ordonnances citées dans le présent paragraphe et le paragraphe premier, qui n'ont pas été remplacées par d'autres dispositions légales restent en vigueur et continuent encore à régir les matières qu'elles traitent.

La distance à laisser entre les moulins à vent et les routes de l'Etat, qui avait été fixée, par un arrêt du Conseil d'Artois de 1774, à deux cents pieds, a été fixée, par un arrêté du préfet du Pas-de-Calais du 10 août 1859, à soixante-dix mètres (deux cent trente-cinq pieds d'Artois) de l'axe de la chaussée. Cet arrêté ne fixe pas de distance pour les carrières. *Arr. du Préfet de 1859.*

La loi du 21 mai 1836 comprend dans sa juridiction, sous la dénomination générale de *chemins vicinaux*, tous les chemins qui n'ont pas été classés par le souverain aux termes de l'article 4 de l'ordonnance du 6 février 1776, et prescrit aux préfets de déterminer par un règlement la largeur desdits chemins, l'ouverture des fossés, les alignements, etc., de sorte que les règlements faits par ces fonctionnaires, en conformité de l'article vingt-un de la dite loi sont parfaitement légaux. Celui du préfet du Pas-de-Calais exige une distance (à partir du bord des chemins) de quinze mètres pour les carrières, marnières et galeries souterraines ; de dix mètres pour les puits et citernes ; de trois mètres pour les argilières, sablonnières et excavations du même genre, les mares publiques et particulières ; d'un mètre pour les caves et fosses d'aisance ; de cinquante mètres (cent soixante-huit pieds d'Artois) pour les moulins à vent. L'arrêt du Conseil d'Artois de 1774 fixait cette distance à cent cinquante pieds d'Artois (quarante-quatre mètres six cent soixante-six millimètres). Il y a lieu de penser que la distance adoptée par le préfet a été prise sur celle fixée par le Conseil d'Artois, mais qu'on a indiqué cinquante mètres parce que dans la pratique populaire on considère le mètre comme valant trois pieds. *Réglement du Pas-de-Calais, 31 janvier 1855.*

Le règlement du préfet du département du Nord défend d'établir aucun four à chaux ou briques à une distance moindre *Réglement du dép. du Nord. Arrêté du 30 septembre 1854.*

de cinquante mètres de la crète extérieure des fossés, à peine de démolition, à moins que ce ne soit dans un terrain clos de murs de deux mètres de hauteur ; d'ériger un moulin à vent à une distance moindre de soixante-dix mètres des chemins vicinaux; de percer carrières, marnières et galeries souterraines à une distance moindre de quinze mètres; puits et citernes, plus près que dix mètres; argilières, sablières, mares et autres excavations, à moins de trois mètres; caves et fossés plus près qu'un mètre. Le tout des bords extérieurs des chemins vicinaux.

Réglement du dép. du Pas-de-Calais, du 31 janvier 1855. Art. 283, 284, 285,

Les alignements et autorisations de construire, reconstruire ou réparer une maison... ouvrir des fossés... planter arbres et haies, le long des chemins vicinaux ordinaires et d'intérêt commun, seront donnés par les maires sur l'avis de l'agent-voyer et avec l'approbation du sous-préfet.

Les mêmes alignements et autorisations, pour faire ces choses le long des chemins de grande communication, ainsi que dans les traversées des bourgs et villages qui sont la continuation de ces chemins, seront donnés par les sous-préfets, sur le rapport des agents-voyers, et avec l'approbation du préfet.

La loi du 4-11 mai 1864 a confirmé et même rendu plus précises les attributions des sous-préfets en cette matière, en voici le texte :

« Article 1er. Sur les routes impériales et départementales, partout où il existe un plan d'alignement régulièrement approuvé, le sous-préfet délivre les alignements conformément à ce plan. »

« Article 2. Le même droit appartient au sous-préfet en ce qui concerne les chemins vicinaux de grande communication, partout où il existe un plan régulièrement approuvé. »

Il résulterait de l'examen des dispositions de cette loi que, partout où il n'y a pas d'alignement régulièrement approuvé, on doit continuer à suivre les règles qui étaient observées précédemment. (Voir encore l'arrêté du préfet du 10 août 1859 à la page 499 ci-après.

Voici, du reste, celles qui sont tracées par le règlement du préfet du Pas-de-Calais :

Toute demande d'alignement doit être présentée en double expédition, dont une sur papier timbré. *Art. 282.*

Les constructions doivent être placées sur la limite légale.

Les toits seront élevés de quatre mètres au-dessus du sol. *Art. 290.*

Les portes ne pourront pas s'ouvrir du côté du chemin.

Les clôtures en terre, gazons ou pierres sèches ne pourront être placées à moins de vingt centimètres du bord extérieur du fossé ou de la limite du chemin. *Art. 291.*

A deux mètres du bord du fossé ou de la limite du chemin on est dispensé de toutes demandes en autorisation. *Art. 281.*

Si, par suite de l'alignement, on donne au chemin une largeur plus grande qu'il avait auparavant, il est dû une indemnité pour le sol incorporé au chemin. Si c'est le propriétaire voisin qui profite d'une partie du sol de ce chemin, il devra payer également une indemnité à la commune. *Art. 289.*

En cas de démolition, on ne peut réclamer d'indemnité qu'autant qu'elles ont lieu par ordre de l'autorité, pour donner une plus grande largeur à la voie publique. *Art. 293.*

Les indemnités sont réglées à dire d'experts conformément aux articles 17 et 19 de la loi du 21 mai 1836. (Voir page 487 ci-devant).

§ V. — DES PLANTATIONS LE LONG DES CHEMINS. (1)

Les propriétaires d'héritages contigus aux chemins publics qui ont encore à réclamer des arbres croissant sur les routes

_____

(1) Voir l'article 448 du Code pénal pour les peines prononcées contre ceux qui les détruisent ; la section 8 titre 7 ci-après pour les peines prononcées contre ceux qui enlèvent des gazons, terres, pierres sur les chemins.

en face de leurs propriétés, à défaut d'autres documents, pourront consulter les indications qui vont suivre et s'édifier jusqu'à un certain point sur le bien-fondé de leurs prétentions.

Coutumes.

P. de Langle, art. 51.

» Chacun peut planter hallots et autres bois croissant à l'encontre de leurs terres, sur les côtés des rues, dedans le pays, et en peuvent, les propriétaires, jouir et profiter chascun en l'endroit de sa terre héritablement, sans que le seigneur puisse demander aucun droit.

Ham, abbaye et seigneurie, art. 11.

» Ceux qui ont héritages contigus aux chemins et courants d'eau, sont tenus de les entretenir avec ponts, plancques et appuys, en ayant les plantins si aucun y en a. (Les planches doivent être larges d'un pied et épaisses de trois pouces. Article 33, ordonnance police d'Eecloo).

Hesdin baill. art. 11 et 46.

» Les seigneurs vicomtiers ont la faculté de planter sur les chemins vicomtiers, hors des enclos et haies du village et à l'endroit de leurs tènements. — Tous les arbres croissants sur flégards de ville, contre haies de bois, saillies hors de bornes, appartiennent au seigneur.

Lallœu, art. 5.

» Tous arbres et plantis, étant sur chemins royaux ou autres chemins et flégards, appartiennent au propriétaire des terres adjacentes, à la charge d'entretenir les chemins.

Lillers baill. art. 5.

» Toutes plantes sur flégard, à l'encontre et à l'opposite d'aucun tènement, compètent et appartiennent à ceux qui possèdent les dits tènements, sauf que rietz et places au milieu des flégards compètent aux seigneurs vicomtiers et ruyers, s'il n'y a fait spécial au contraire. »

Nielle-lez-Boulounais.

« Chaque habitant peut planter sur les flégards et flos à six pieds de son héritage et haies, et peut couper les branches sans pouvoir abattre les corps qui doivent rester pour l'embélissement du village, à moins qu'ils ne tombent par vent ou par pourriture. »

« Les arbres et haies bordant les chemins appartiennent aux propriétaires riverains. »

Richebourg-St-Vaast, art, 20.

« Il est permis à chacun de planter des arbres sur les chemins du prince, proche de ses terres ou sur les places, où ils ne gênent pas et de les ôter quand il leur plaira. »

Disseldonck et autres lieux, art. 49.

« Aux seigneurs hauts-justiciers ou vicomtiers (s'il n'appert du contraire) compètent et appartiennent tous les chemins, flégards, flots, rejets et les arbres ou plants croissants sur iceux et abordants contre et à l'endroit de leurs fiefs et seigneuries, et ce non compris les chemins royaux qui appartiennent aux comtes de Flandre. »

Lille, châtellenie, tit. I⁰ʳ, art. 17.

M. Hébert, dans son Commentaire manuscrit sur la Coutume d'Artois, dit que, dans la plupart des villages du quartier de Béthune et autres pays bas et aquatiques, les propriétaires riverains plantaient les chemins à l'encontre de leurs héritages sur les rives en face d'iceux héritages, mais que les seigneurs vicomtiers plantaient en tous endroits libres et vacants au milieu desdits chemins, mais nullement sur le bord des fossés.

Conseiller Hébert.

« Tous arbres croissants sur flégards et places communes appartiennent au seigneur vicomtier (1). »

Montreuil, art. 41, art. 19 de 1511.

L'édit de 1682, rendu pour l'Artois, les Flandres et le Hainaut, oblige les particuliers à planter sur la crête des fossés et lisières de leurs terres contiguës aux grands chemins, en tous les endroits où il n'y en a pas d'autres, des ormes destinés à la confection des affûts et rouages d'artillerie. Ces arbres

Edit du 20 décembre, 1682.

---

(1) « Le régime féodal étant aboli, le droit de plantation et de propriété des arbres le long des chemins, rues et places publiques, qui était attribué aux seigneurs, n'existe plus ; ces arbres sont reconnus appartenir aux propriétaires riverains, et aux communes pour les terrains vagues et inutiles, sans indemnités envers les seigneurs. » (Voir la loi du 12 mai 1825 ci-après.

Loi du 26 juillet, 15 août 1790.

doivent être à distance égale de huit toises les uns des autres, et il est fait défense de les abattre.

Les articles 17 et 75, titre Ier de la châtellenie de Lille, et les articles 6 et 9 de la gouvernance d'Arras, accordent aux propriétaires voisins des chemins vicomtiers le droit de planter par prévention avec le seigneur.

Nous arrivons en second lieu à une période moins éloignée, c'est celle qui précède l'ordonnance de 1776, laquelle doit encore servir de règle pour les autorisations à donner aux propriétaires qui désirent faire des plantations sur leurs héritages limitrophes des grandes routes.

Deux documents de cette époque méritent d'être cités :

Ord. du duc de Lorraine, du 4 septembre, 1741.

L'ordonnance de 1741, du roi Stanislas de Pologne, duc de Lorraine, prescrit aux propriétaires riverains des grandes routes, en ses États, de planter leurs terrains adjacents auxdites routes, à la distance de 6 pieds de la crête extérieure des fossés, en laissant un espace de 3 toises (mesure de France) entre chaque arbre.

Arr du Parl. du 1er août 1750.

Un arrêt du Parlement, du 1er août 1750, autorise le seigneur à planter dans les rues des villages, de manière qu'il y ait 5 pieds de distance entre les arbres et les héritages voisins, 25 pieds entre les deux rangs parallèles, et 18 pieds d'un arbre à un autre sur la même ligne ; à l'égard de la place du village, il faut 75 pieds de vide entre les deux rangs d'arbre, 5 pieds des bâtiments et 18 pieds d'un arbre à un autre sur la même ligne. Quant aux endroits vagues et inutiles à la voierie, le seigneur peut y planter, comme bon lui semble, mais toujours à la distance de 5 pieds des héritages voisins.

Pour les chemins, hors et aboutissants aux villages (autres que les chemins royaux), le seigneur peut les planter, sans préjudice aux droits des voisins, savoir : deux rangées d'arbres à 18 pieds de distance entre les arbres, et 30 pieds entre les deux rangs parallèles, et une seule rangée d'arbres dans les chemins qui n'auront que 20 pieds. Ces arbres doivent être ébranchés à 15 pieds de hauteur.

Nous avons en troisième lieu à nous occuper du régime qui règle actuellement les plantations, soit sur le sol des routes de grande voierie, soit sur les héritages qui y sont contigus.

La dernière ordonnance (6 février 1776) est la seule qui régisse les diverses routes de l'État, classées conformément à l'article 4 d'icelle. Voici le texte des articles qui s'occupent des plantations :

« Article 9. Les bords des routes seront plantés d'arbres propres au terrain, lorsque la situation et la disposition des routes auront fait juger convenable cette plantation, d'après les mémoires qui auront été envoyés au Conseil à cet égard. » (Cet article est évidemment relatif aux plantations à faire par l'État.)

L'article 11 ordonne l'exécution de l'ordonnance ou arrêt du Conseil du 3 mai 1720, en ce qui n'y est pas dérogé par la dite ordonnance.

Voici l'article 6 de l'ordonnance de 1720, réglementaire des plantations : « Les propriétaires d'héritages tenants et aboutissants aux grands chemins et aux branches d'iceux, seront tenus de les planter d'ormes, hestres, chataigners, arbres fruitiers ou autres, suivant la nature du terrain, à la distance de 30 pieds l'un de l'autre, et à 1 toise au moins du bord extérieur des fossés desdits grands chemins. »

L'article 7 autorise les seigneurs à faire ces plantations à défaut des propriétaires.

Les diverses dispositions qui précèdent ont été modifiées par les lois et décrets ci-après :

Loi du 28 août 1792.

« Tous arbres, existants sur les chemins autres que les routes nationales et sur les rues des bourgs, villes et villages, seront censés appartenir au propriétaire riverain, à moins que les communes ne justifient en avoir acquis la propriété par titre ou possession. »

» Tous arbres, existants sur les places et dans les marais ou autres biens communaux, sont censés appartenir aux communes, sans préjudice des droits que des particuliers non seigneurs pourraient y avoir acquis par titre ou possession ; le tout sans aucune indemnité envers les seigneurs qui les auraient plantés. Dans les lieux où les communes avaient l'usage de s'approprier les arbres épars sur les propriétés des particuliers, ces derniers auront la libre disposition de ces arbres. »

Loi du 9 ventose, an XIII, 28 février 1805,

« Article 1er. Les propriétaires riverains des grandes routes devront planter, sur le terrain appartenant à l'Etat, des arbres qu'ils ne pourront élaguer ou enlever qu'avec l'autorisation du Préfet. »

« Article 5. Dans les grandes routes dont la largeur ne permettra pas de planter sur leur sol, le particulier riverain qui voudra planter des arbres sur son terrain à une distance moindre que celle exigée (6 mètres de la route), sera tenu de demander et d'obtenir l'alignement à suivre de la préfecture du département ; dans ce cas, le propriétaire n'aura besoin d'aucune autorisation particulière pour disposer entièrement des arbres qu'il aura plantés. »

Décret du 16 décembre 1811

« Article 86. Tous les arbres plantés avant la publication du présent décret, le long des routes impériales, sur le terrain de la route, appartiennent à l'Etat, excepté ceux qui auraient été plantés en vertu de la loi du 9 ventôse an XIII. »

« Article 87. Tous les arbres plantés avant la publication des présentes, le long des routes, sur le terrain des propriétés communales et particulières, sont reconnus appartenir aux communes et aux particuliers propriétaires du terrain. »

« Article 88. Toutes les routes impériales non plantées et qui seront susceptibles de l'être sans inconvénient seront plantées par les particuliers ou communes propriétaires riverains de ces routes. »

« Article 89. Ces propriétaires et ces communes auront la propriété des arbres qu'ils auront plantés. »

« Article 90. Les plantations seront faites au moins à la distance d'un mètre du bord extérieur des fossés et suivant l'essence des arbres. »

« Article 91. Les alignements des plantations seront proposés par les ingénieurs des ponts et chaussées et fixés par un arrêté du Préfet, soumis à l'approbation du Ministre. »

« Article 102. L'élagage des arbres plantés sur les routes, conformément aux dispositions du présent titre, sera exécuté sous la direction des ponts-et-chaussées, en vertu d'un arrêté du Préfet qui contiendra les instructions nécessaires sur la manière dont l'élagage sera fait. »

· Enfin, la loi du 12 mai 1825, abandonne aux particuliers la propriété des arbres existants sur le sol des routes royales et départementales, que ces particuliers justifieront avoir légitimement acquis à titre onéreux ou avoir plantés à leurs frais, en exécution des anciens règlements, sous la condition qu'ils ne pourront être abattus ou élagués qu'avec la permission de l'administration. *Loi du 12 mai 1825.*

MM. les ingénieurs des ponts et chaussées ont presque toujours exigé les distances prescrites ci-dessus ; elles m'ont été imposées en 1837 par le génie des ponts et chaussées. Néanmoins, les personnes qui désirent faire des plantations sur leurs terrains, le long des routes de grande voierie, peuvent obtenir un alignement moins rigoureux en adressant *Arrêté du Préfet, du 10 août 1859.*

au Préfet une demande en autorisation, rédigée sur papier timbré, indiquant leurs noms, prénoms, domiciles, les tenants et aboutissants de la pièce de terre et les bornes kilométriques de sa situation.

Il est à désirer que ces fonctionnaires s'écartent le moins possible du mode de plantation déterminé par l'article 6 de l'ordonnance du 3 mai 1720, pour les arbres montants, et qu'ils exigent, pour les haies, les distances prescrites par les coutumes, et, à leur défaut, par l'article 671 du Code civil, avec interdiction de planter des hallots. En suivant ces principes, les chemins n'en seraient que mieux aérés, et les propriétaires se trouveraient dédommagés, par la belle végétation de leurs plantations, de l'obligation d'espacer à une plus grande distance que celle qu'ils admettent habituellement.

Quant aux plantations le long des chemins vicinaux et la distance exigée pour diverses constructions et établissements, les règlements arrêtés par les Préfets, conformément à la loi de mai 1836, les déterminent ainsi (¹) :

Arrêté du
30 janvier 1854.

Dans le département du Nord,

Art. 206.

Les propriétaires riverains ne peuvent faire aucune plantation d'arbres, même dans leurs enclos, sans en avoir obtenu l'autorisation, à moins de 3 mètres de la crête extérieure des fossés.

Dans tous les cas, elles sont réglées ainsi qu'il suit :

Art. 298.

Pour les poiriers, pommiers et autres arbres formant parasol, à 2 mètres 50 centimètres des bords extérieurs des chemins ;

Pour les ormes, les peupliers qui croissent en pyramide et autres arbres montants, 2 mètres ;

----

(1) Voir page 492 ci-devant

Pour les joncs marins et bois taillis, trois mètres.

La distance des arbres entre eux ne pourra être inférieure à huit mètres. Art. 299.

Les haies vives ne peuvent être plantées à moins de cinquante centimètres de la crête extérieure des fossés. Art. 309.

La hauteur des haies ne devra jamais excéder un mètre trente-trois centimètres. Art. 310.

Il est interdit de laisser croître dans les haies qui bordent les chemins vicinaux aucuns baliveaux ou grands arbres. Art. 311.

Dans le département du Pas-de-Calais : Règlement du
31 janvier 1855.
Art. 298, 309,
299.

Les plantations d'arbres ne pourront être faites, savoir : pour les pommiers, poiriers, halots et autres arbres formant parasol, qu'à trois mètres ; pour les ormes, peupliers et autres arbres en forme pyramidale, les joncs marins et bois taillis, qu'à un demi-mètre au moins du bord extérieur du chemin ou du fossé qui en fait partie. Les plantations de haies vives ne pourront également être faites qu'à un demi-mètre. L'espacement des arbres entre eux ne sera pas moindre de dix mètres.

La hauteur des haies ne pourra excéder deux mètres au-dessus du sol ; les haies qui excéderaient cette hauteur devront également être réduites à deux mètres.

Les plantations antérieures à ce règlement, à des distances moindres que celle ci-dessus, pourront être conservées ; mais elles ne pourront être renouvelées que suivant les distances prescrites ci-dessus. Art. 300.

Au-delà de trois mètres du bord extérieur pour les arbres et de deux mètres pour les haies, les propriétaires peuvent planter comme ils le jugent bon sans être tenus de demander aucune autorisation (1). Chaque année avant le 1er mars, les Art. 296, 307.

---

(1) Voir à la page 492 ci-devant la règle à suivre pour les demandes d'alignement et autorisations de planter.

propriétaires riverains devront couper les branches des arbres et haies, qui avanceraient sur les chemins au-delà d'un mètre pour les arbres et d'un demi mètre pour les haies. Les arbres, dont la cîme serait recourbée sur les chemins et y formerait une voûte nuisible par son égout et son ombrage, devront être redressés ou abattus.

Arrêt. Cass.
27 juillet 1827.
4 juillet 1828 et
26 mars 1830.

Lorsque des plantations, constructions et tous autres actes des propriétaires limitrophes aux rues et voies publiques auront été exécutés contrairement aux règlements et aux alignements des autorités compétentes, les tribunaux devront en ordonner la suppression et exiger que les choses soient remises en leur état antérieur ; mais, dans ces matières, les dommages et intérêts prévus par l'article 161 du Code d'instruction civile se trouvent compensés par la destruction des travaux faits au mépris des lois et des règlements.

Prestation.

Un arrêté du préfet du Pas-de-Calais, pour 1862, fixe pour les prestations payables en argent :

Les journées d'hommes à un franc vingt-cinq centimes chaque.

Les journées des chevaux à deux francs chaque.

Celles des bœufs ou mulets à un franc cinquante centimes.

Celles des ânes à cinquante centimes.

Celle d'une voiture à deux roues à un franc.

Id. d'une voiture à quatre roues, à deux francs.

Id. d'une voiture conduite par des vaches à quarante centimes.

Loi du 16
septembre 1807.

Art. 50.

§ VI. — Alignements le long des rues et voies publiques. (1)

« Lorsqu'un propriétaire fait volontairement démolir sa maison ou lorsqu'il est forcé de démolir pour cause de vétusté,

---

(1) Voir page 492 pour les alignements contre les chemins vicinaux.

il·n'a droit à indemnité que pour la valeur du terrain délaissé si l'alignement qui lui est donné par les autorités le force à reculer sa construction. »

» Dans les villes, les alignements pour l'ouverture de nou-velles rues, pour l'élargissement des anciennes qui ne font pas partie d'une grande route, ou pour tous autres objets d'utilité publique, seront donnés par les maires conformément aux plans dont les projets auront été adressés aux préfets et trans-mis avec leur avis au ministre de l'intérieur et arrêtés au Conseil d'Etat; lequel statuera également sur le rapport du ministre de l'intérieur en cas de réclamations de tiers inté-ressés. (¹) »

Art. 52.

» Au cas où, par les alignements arrêtés, un propriétaire pourrait recevoir la faculté d'avancer sur la voie publique, il sera tenu de payer la valeur du terrain qui lui sera cédé. Dans la fixation de cette valeur, les experts auront égard à ce que le plus ou le moins de profondeur du terrain cédé, la nature de la propriété, le reculement du reste du terrain bâti ou non bâti loin de la nouvelle voie, peuvent ajouter ou diminuer de valeur relative pour le propriétaire. Si dans cette circonstance le propriétaire ne voulait pas acquérir, l'administration publi-que est autorisée à le déposséder de l'ensemble de sa propriété, en lui payant la valeur telle qu'elle était avant l'entreprise des travaux. La cession et la revente seront effectuées d'après un

Art. 53.

Loi de 1807.

(1) Par un récent arrêt, le Conseil d'Etat reconnaît que les maires, lors même qu'il n'existe pas de plan d'alignement arrêté par l'autorité supé-rieure, ont le droit de donner un alignement aux propriétaires qui veulent construire le long des rues publiques ; mais, dans ce cas, le maire ne peut que maintenir à la rue sa largeur existante. S'il croit nécessaire d'élargir la voie publique ou de changer l'alignement des façades, il doit faire dres-ser soit un plan partiel soit un plan général, le soumettre à une enquête, convoquer le Conseil municipal pour en délibérer, puis demander l'appro-bation des autorités supérieures à ce compétentes.

décret rendu en Conseil d'Etat sur le rapport du ministre de l'intérieur.

Les dispositions de l'article cinquante-quatre relatives à la compensation à faire entre l'indemnité dûe et la plus value acquise par suite des travaux, sont corroborées par l'article cinquante-un de la loi du 3 mai 1841, sur l'expropriation pour cause d'utilité publique, ainsi conçue : « Si l'exécution des travaux doit procurer une augmentation de valeur immédiate et spécialé au restant de la propriété, cette augmentation sera prise en considération dans l'évaluation du montant de l'indemnité. »

Art. 56. » Les experts pour l'évaluation des indemnités quant aux travaux des villes, sont nommés un par le propriétaire, un autre par le maire de la ville, et le tiers expert par le préfet. Le contrôleur et le directeur des contributions donneront leur avis sur l'expertise, qui sera ensuite soumis au Conseil de Préfecture. Le préfet pourra, dans tous les cas, faire procéder à une nouvelle expertise.

Lois du 24 août 1790. 19-22 juillet 1791 Les mesures préventives à prendre, pour la sécurité des voyageurs ou personnes qui circulent dans les rues et voies publiques de leur commune ainsi que l'exécution des règlements relatifs à la voierie, se trouvant au nombre des objets confiés à la vigilance des maires ; ces fonctionnaires ont légalement le droit d'ordonner toutes démolitions ou réparations, après visites et rapports d'experts, consignés en leurs procès-verbaux. (1) Dans de telles circonstances, si le propriétaire ne déférait pas à la sommation de démolir, il pourrait

---

(1) Ce pouvoir de l'autorité municipale est en partie la reproduction de l'article 6, rubrique 15 de la coutume de Nieuport (Flandre) ainsi conçue : « Lorsqu'une maison ou un mur est en péril de tomber et menace ruine, la maison ou le mur sera visité par experts et le danger réparé aux dépens du tort. »

être poursuivi en vertu de l'article 18, titre Ier, de la loi de juillet 1791 et du numéro 5 de l'article 471 du Code pénal. Les contrevenants s'exposent en outre, en cas d'accidents, aux peines prononcées par les articles 319 et 320 du Code pénal pour les homicides et blessures involontaires.

L'administration peut, de sa propre autorité, faire démolir pour cause de sûreté publique les bâtiments qui sont reconnus en état de vétusté par les experts nommés contradictoirement; dans ce cas, les frais de démolition ne sont pas à la charge des propriétaires, mais ceux-ci ne peuvent réclamer aucune indemnité. *Ord. du 24 mars 1820.*

» Le propriétaire soumis à l'alignement ne peut, en cas de démolition du mur de devant, le réédifier sans autorisation, sous peine d'être contraint à sa démolition ; sauf indemnité si l'alignement ne peut avoir lieu qu'aux dépens de sa propriété. *Cons. d'Etat, 13 avril 1809.*

» Aux préfets seuls appartient le droit de prononcer sur les difficultés soulevées au sujet d'un alignement donné par le maire, sauf recours au ministre de l'intérieur. *Ord. du 1er novembre 1820.*

» En cas de démolition pour cause de sûreté publique les propriétaires devront suivre l'alignement déterminé par les règlements s'il en existe. *Cass. 30 décembre 1826.*

» Dans tous les cas, c'est à l'administration et non aux tribunaux qu'il appartient de décider si un mur tombe en ruine et menace la sûreté publique. *Cass. 28 avril 1827.*

« Article 1er. Toute rue qui est reconnue, dans les formes légales, être le prolongement d'un chemin vicinal, en fait partie intégrante et est soumise aux mêmes lois et règlements. *Loi du 8-11 juin 1864.*

» Article 2. Lorsque l'occupation de terrains bâtis est jugée nécessaire pour l'ouverture, le redressement ou l'élargissement immédiat d'une rue formant le prolongement d'un chemin vicinal, l'expropriation a lieu conformément aux dispositions *de la loi du 3 mai 1841*, combinée avec celles des cinq derniers paragraphes de l'article *16 de la loi du 21 mai 1836*. Il est procédé de la même manière lorsque les terrains bâtis sont situés sur le parcours d'un chemin vicinal en dehors des agglomérations communales. (Voir la circulaire du ministre, page 487 ci-devant).

§ VII. — Principe des pouvoirs attribués aux maires.

L'article 46 de la loi des 19 et 22 juillet 1791 donne aux maires le droit de porter des arrêtés, sauf réformation, s'il y a lieu, par l'administration départementale, lorsqu'il s'agit d'ordonner dans leurs localités des précautions à prendre sur les objets confiés à leur vigilance par la loi des 16 et 24 août 1790; mais, comme les règlements qui statuent dans le cercle des objets placés dans les attributions de la police municipale sont les seuls dont la loi garantisse l'exécution, il faut, pour les connaître, se reporter au texte des lois du 14 décembre 1789 article 50, du 24 août 1790 titre II, du 22 juillet 1791 et autres, dont voici les dispositions sur ce sujet :

Loi du 14 décembre 1789. Art. 50.

« Les fonctions propres au pouvoir municipal, sous la surveillance et l'inspection des assemblées administratives, sont de faire jouir les habitants des avantages d'une bonne police; notamment de la propreté, de la salubrité et de la tranquillité dans les rues, lieux et édifices publics. »

Loi du 24 août 1790, tit. II, art. 3.

Les objets de police confiés à la vigilance et à l'autorité des corps municipaux, sont :

« 1° Tout ce qui intéresse la sûreté et la commodité du passage dans les rues, quais, places et voies publiques ; » ce qui comprend le nettoiement, l'illumination, l'enlèvement des décombrements; la démolition ou la réparation des bâtiments menaçant ruines, l'interdiction de rien exposer aux fenêtres ou autres parties des bâtiments, qui puisse nuire par sa chute, et

celle de rien jeter qui puisse blesser et endommager les passants, ou causer des exhalaisons nuisibles.

» 2° Le soin de réprimer et de punir les délits contre la
tranquillité publique, tels que les rixes et disputes accompagnés
d'ameutements dans les rues, le tumulte excité dans les lieux
d'assemblées publiques, les bruits et attroupements nocturnes
qui troublent le repos des citoyens.

» 3° Le maintien du bon ordre dans les endroits où il se fait
de grands rassemblements d'hommes, tels que les foires, marchés, réjouissances et cérémonies publiques, spectacles, jeux,
cafés, églises et autres lieux publics.

» 4° L'inspection sur la fidélité du débit des denrées qui se
vendent au poids, à l'aune ou à la mesure et sur la salubrité
des comestibles exposés en vente publique.

» 5° Le soin de prévenir par des précautions convenables
et celui de faire passer, par la distribution des secours nécessaires, les accidents et fléaux calamiteux, tels que les incendies,
les épidémies, les épizooties; en provoquant aussi, dans ces
deux derniers cas, l'autorité des administrations de département et d'arrondissement.

» 6° Le soin d'obvier ou de remédier aux événements
fâcheux, qui pourraient être occasionnés par les insensés ou
les furieux laissés en liberté et par la divagation des animaux
malfaisants ou féroces. »

» Les spectacles publics ne pourront être permis et autori- Art. 4.
sés que par les officiers municipaux. Ceux des entrepreneurs
et directeurs actuels qui ont obtenu des autorisations, soit des
gouverneurs des anciennes provinces, soit de toute autre
manière, se pourvoiront devant les officiers municipaux, qui
confirmeront leur jouissance pour le temps qui reste à courir,
à charge d'une redevance envers les pauvres. »

» La taxe des subsistances ne pourra provisoirement avoir Loi du 22 juillet
1791.
Art. 30.

33

lieu dans aucune ville ou commune du royaume que sur le pain et la viande de boucherie, sans qu'il soit permis, en aucun cas, de l'étendre sur le vin, sur le blé, les autres grains, ni autres espèces de denrées ; et ce, sous peine de destitution des officiers municipaux (1).

Art. 46.

» Aucun tribunal de police municipale, ni aucun corps municipal ne pourra faire de règlement ; ce dernier pourra, néanmoins, par délibération, sauf réformation, s'il y a lieu, par l'administration du département, faire des arrêtés sur les objets qui suivent :

» Lorsqu'il s'agira, 1° d'ordonner les précautions locales sur les objets confiés à sa vigilance par les articles trois et quatre du titre deux de la loi du 24 août 1790 ;

» 2° De publier de nouveau les lois et les règlements de police et de rappeler les citoyens à leur observation.

Loi des 5-9 mai 1855.

» Article 15. Les Conseils municipaux s'assemblent en session ordinaire quatre fois l'année, dans les dix premiers jours de février, mai, août et novembre. Le préfet ou le sous-préfet prescrivent les assemblées extraordinaires.

Art. 46.

» Dans les sessions ordinaires, le Conseil municipal s'occupe de toutes les matières qui rentrent dans ses attributions.

» En réunion extraordinaire, il ne peut s'occuper que des objets pour lesquels il est convoqué.

Art. 18.

» Les résolutions sont prises à la majorité des suffrages. La délibération ne peut avoir lieu que lorsque la majorité des membres en exercice assiste à la séance.

---

1 Une décision administrative toute récente engage et autorise les autorités municipales à permettre le débit du pain sans taxe préalable et obligatoire ; sous la condition que les boulangers affichent dans leurs boutiques le prix, suivant qualité, du pain qu'ils débitent.

» Il est voté au scrutin secret, lorsque trois membres présents le réclament ; en cas de partage, la voix du maire est prépondérante.

» Les adjoints pris en dehors du Conseil ont seulement voix consultative.

» Le membre, qui, sans motifs légitimes, manque à trois convocations successives, peut être déclaré démissionnaire. **Art. 20.**

» Les membres, qui ont un intérêt personnel ou comme mandataire à l'objet en délibération, ne peuvent siéger. **Art. 21.**

» Les séances ne sont pas publiques, mais tout habitant ou contribuable de la commune a droit de prendre communication et copie des délibérations, sans déplacement. **Art. 22.**

» Sont nulles, toutes délibérations prises hors des réunions légales. **Art. 24.**

» Le droit exclusif des fuies (espèce de petit colombier) et des colombiers est aboli ; les pigeons seront enfermés aux époques fixées par la communauté (municipalité) ; durant ce temps, ils seront regardés comme gibier, et chacun aura le droit de les tuer sur son terrain. » **Loi du 11 août. 1789.**

Quelques coutumes règlaient le droit de posséder colombier, et quoique le droit exclusif de posséder colombier soit aboli, il est utile pour bien des motifs de connaître le nombre de pigeons qu'un propriétaire ou fermier avait le droit de posséder dans son colombier. L'article 66 de l'ordonnance de police du pays du Franc portait « que personne ne tienne de pigeonniers en volières où il y ait plus de douze paires de pigeons, s'il n'y a des terres jusqu'à trente mesures dans la même paroisse ou dans la prochaine, à peine de six livres parisis d'amende, moitié pour le seigneur, moitié pour le territoire. **Ord. de police, du pays du Franc du 6 mai 1082.**

» Personne ne tiendra colombier, qu'il n'ait quarante mesures de terres labourables, à peine de l'amende de dix livres parisis, **Ypres ville, et Châtellenie ch. 97** parce que personne ne doit tenir volière de pigeons de plus de quatre paires, à peine d'une amende de vingt sols parisis; défense de prendre des pigeons avec des lacets, sous peine de vingt sols parisis.

Personne ne peut tenir volière de pigeons au-dessus de douze paires, si ce n'est sur son fief de grandeur, tant en fief qu'en héritage roturier, de vingt mesures au plus, tenant un à l'autre. »

Voir aux pages 652 et 653, les articles 2 et 3, section V, titre Ier du code rural;

A la page 636, la loi du 25 ventôse, an IV, article 4, relative à l'échenillage;

Page 503, la loi de 1807;— Page 505, la loi du 24 août 1790;

Les officiers municipaux veilleront généralement à la tranquillité publique, à la salubrité et à la sûreté des campagnes; ils seront tenus de faire, au moins une fois l'an, la visite des fours et cheminées, de toutes maisons et de tous bâtiments éloignés de moins de cent toises (deux cents mètres) d'autres habitations. Ces visites seront préalablement annoncées huit jours d'avance; après la visite, ils ordonneront la réparation ou la démolition des fours et cheminées, qui se trouveront dans un état de délabrement, qui pourrait occasionner un incendie ou d'autres accidents. Il pourra y avoir lieu à une amende de un franc à cinq francs, aux termes de l'article 471 du Code pénal.

TITRE IV.

Plantations d'arbres et haies, fossés et bornes.

Article 646 C. c. *Tout propriétaire peut obliger son voisin au bornage de leurs propriétés contiguës. Le bornage se fait à frais communs.*

Articles 666, 667, 668. *Les fossés sont présumés mitoyens, s'il n'y a titre ou marque du contraire : il y a marque de non mitoyenneté, lorsque la levée ou le rejet de la terre se trouve d'un côté seulement ; dans ce cas, le fossé est censé appartenir à celui du côté duquel se trouve le rejet.*

Article 671 C. c. *Il n'est permis de planter des arbres de haute tige, qu'à la distance prescrite par les règlements particuliers actuellement existants ou par les usages constants et reconnus ; et, à défaut de règlements et d'usages, qu'à la distance de deux mètres de la ligne séparative des deux héritages pour les arbres à haute tige et à la distance d'un demi-mètre pour les autres arbres et haies vives.*

SECTION Ire.

Bornes.

Le bornage doit être fait dans l'état de la possession actuelle, et il n'y a lieu à arpentage, pour déterminer où doivent être posées les bornes, qu'en cas de revendication de la part d'un des propriétaires (Orléans, 25 août 1816).

Paillet. note sur l'art. 646.

On ne doit pas confondre la démilitation avec le bornage ; la démilitation indique la ligne séparative, le bornage constate légalement cette ligne séparative. L'action en bornage est utile et doit être accueillie, quand même les propriétés auraient d'autres limites suffisamment indiquées (Cass. 30 décembre 1818) s. t. 19, p. 232.

Toutefois, les propriétaires de terrains contigus peuvent les borner à l'amiable et éviter ainsi les frais, souvent excessifs, des bornages judiciaires ; mais ce bornage amiable ne peut lier que les parties intéressées qui ont consenti à cette opération ; dans ce cas, pour en assurer l'effet et la validité, il convient de procéder en leur présence et d'en dresser procès-verbal, soit devant notaire, soit sous seing-privé, si toutes les parties savent signer. Il est prudent en outre, de placer des témoins au-desssus et à côté des bornes...

Les actions en bornages sont régies par le nouveau droit; néanmoins, dans le cours des opérations qu'elles nécessitent, les arpenteurs géomètres ont à s'occuper de travaux préliminaires, qui exigent la connaissance des dispositions des anciens règlements et coutumes qui indiquaient les règles à suivre pour fixer les limites et les lignes séparatives des héritages contigus et poser les bornes, ainsi que des mesures préservatrices imposées aux laboureurs et propriétaires, afin d'empêcher le déplacement des bornes. Ces dispositions méritent d'être signalées à la sagesse des membres du Conseil d'Etat, chargés de la rédaction d'un projet de code rural.

Bonteiller.
Mornac.
Journel traité du voisinage.
Coquille.
sur nivernais,
tit. 8.

Sous l'ancien régime, les bornes étaient assises en présence des échevins, chacun desquels mettait dans la fosse, soit un caillou, soit un morceau de verre, de métal ou de quelque fragment d'autres objets fabriqués de main d'homme, de manière à ne pas les confondre avec le sol.

Lille et Banlieu,
ch. 21 art. 1.

« Pour mettre bornes et essences entre voisins, on doit évoquer sur les lieux le prévôt de Lille ou son lieutenant, quatre échevins au moins et les héritiers circonvoisins ; *et illic* (là), par ouvriers assermentés et autres, à ce connaissant si métier est, présents lesdits échevins, à la semonce dudit prévôt ou de son lieutenant, faire asseoir et mettre lesdites bornes et essences, en faisant par ledit prévôt ou son lieutenant défense de non-toucher à toutes bornes et essences, ni fouir à un pied près d'icelles, à péril de trois livres d'amende.

Lille Châtellenie,
tit. 27. art. 1-2.

Article 1er. Pour placer bornes, il faut la présence de parteurs ou hommes de partage et mesureurs assermentés.

« Article 2. Anciens fossés, blanches épines, sont réputés essens (séparation) entre héritages circonvoisins.

« Article 7. Les retranchements et claies ne divisent pas la propriété ou le domaine de l'héritage, si ce n'était qu'ils eussent été faits à cette fin et qu'il en apparut.

Gand. rub. 18. Art. 7. 26 Audenarde rub 14. art. 15.

« Article 26. L'on ne prendra pas égard aux coupures des murs cachés sous terre, mais seulement à ce qui est au-dessus de terre, et comme chacun en a joui d'ancienneté, et sous ce prétexte, personne n'en peut retrancher et restreindre à un autre.

» Clôture de haie morte se doit faire de borne à autre et entre deux limites; et s'il y avait bornes diverses en tout entièrement, elles doivent par mesureur juré, être redressées à plomb et à ligne, et encore aucune peut en ses ténements faire ploye, s'il ne le montre par bornes ou autres suffisants enseignements; si haies sont plantées en aucun jardin ou ténement sans bornes, on s'arrête sur les anciennes épines y étant, portant ligne l'une à l'autre, par enseignement de mesureur juré et des anciens, qui ont et peuvent avoir connaissance desdites épines.

Hesdin Baillage. art. 45.

Hesdin Baillage.

» Toutes terres à labour, étant entre ou contre bois, se peuvent ahænner (labourer) jusqu'aux vraies houches, à savoir: anciennes épines, hètres ou autres bois portant ligne l'un à l'autre; et s'il y avait apparence de fossés, ceux où les rejets des fossés seraient trouvés, aussi bien contre terres labourables que bois, peuvent prendre à leur droit lesdits fossés et tous bois y croissants; mais s'il y avait rejet autant à un côté qu'à l'autre desdits fossés, on doit prendre l'entre deux au milieu desdits fossés.

art. 50.

» Pour redresser une haie lorsqu'il y a des bornes, on doit se fonder sur les anciennes épines portant ligne de l'une à l'autre.

Boulonnais. 1550. art. 172.

» S'il n'y a aucune division entre bois et labourables sans bornes, les terres se doivent labourer jusqu'à pied et demi des

Art. 173.

vraies houches, on se doit fonder sur les anciennes épines, hêtres ou autres bois portant ligne de l'un à l'autre.

Art. 174.

» Si aucunes divisions sont entre bois, sans bornes, sans fossés, et il y eut haies anciennes d'aucun bois sans âge, savoir : grosses épines, hêtres, charmes et autres bois, on se doit fonder sur celles qui portent plus droite ligne de l'un à l'autre, et doivent être icelles haies par moitié à chacune des parties.

» En ce qui concerne les bois, forêts et autres domaines, les pieds corniers qui servaient de bornes, devaient être marqués sur les deux faces qui regardaient la vente, des marteaux du roi, des grands maîtres des eaux et forêts ou de l'arpenteur.

Plusieurs coutumes contenaient des dispositions pour mettre les bornes à l'abri de tout déplacement, savoir :

Cassel.
art. 445.

» Défense de creuser et fouir plus proche que de deux pieds et demi des bornes.

St-Omer.
1509. art. 26.

» Défense de hauwer ou fouir à pied et demi près des bornes ou épines réputées bornes, à peine d'une amende de soixante sols parisis.

Ypres.
ch. 95 art. 2.

» Défense de fouir plus près que trois pieds des bornes à peine d'amende de trois livres parisis.

Bailleul
rub. 29. art. 6.

» Défense de creuser plus près que trois pieds, ou planter plus près que deux pieds des bornes (amende de trois livres parisis).

Tournehem
Seigneurie.
art. 23.

» Nul ne peut hauwer ou fouir qu'à pied et demi d'une borne ou étang.

456 Code-pénal.

» Quiconque aura déplacé ou supprimé une borne ou pied cornier ou autres arbres, plantés ou reconnus pour établir les limites entre différents héritages, sera puni d'un emprisonnement qui ne pourra être au-dessous d'un mois, ni excéder une année et d'une amende égale au quart des restitutions et des dommages et intérêts qui, dans aucun cas, ne pourront être au-dessous de cinquante francs. »

Les articles 3 et 8 du code de procédure civile attribuaient aux juges-de-paix les actions pour déplacement de bornes, considérées comme actions possessoires. Depuis, l'article 6, nº 2, de la loi de 1838, range les actions en bornage parmi celles qui sont de la compétence des juges-de-paix... toutefois, s'il y a lieu à arpentage par suite de revendication de terrain, la contestation doit être portée devant les tribunaux civils ; il en serait de même si la propriété était contestée. (Dans tous les cas, il y a droit à appel).

Loi du
25 mai 1838.

SECTION II
Fossés entre héritages voisins.

Les articles 666, 667 et 668 du c. c.. indiquent les marques auxquelles on reconnaît la mitoyenneté ou la non-mitoyenneté des fossés ; de sorte que les indications qui vont suivre n'ont pas d'autre but que d'aider les arpenteurs et les experts à reconnaître, pour les fossés percés anciennement, à qui appartiennent, d'après l'état des lieux et la situation des terrains, ceux qui sont l'objet de difficultés entre voisins.

A l'égard des fossés non-mitoyens, la règle la plus générale était que celui qui voulait se clore par un fossé, devait le creuser sur son terrain et laisser un pied et demi au-delà, entre le talus du fossé et l'héritage voisin.

Parl. de Paris
1751

Cette maxime est consacrée par un arrêt de règlement du Parlement de Paris du 17 août 1751, article 13 ; et suivant ce même arrêt, si la terre voisine était en labour, il fallait laisser deux pieds de séparation au-delà du creux.

M. Solon dans son traité des servitudes nº 267 ; Fournel en son traité du voisinage 2, 2, au mot fossé ; de Molombe, dans son excellent commentaire du c. c. tome XI, nº 464 ; établissent le principe de la manière la plus formelle.— Il faut au fossé un franc bord, dont la largeur varie suivant les coutumes; plusieurs exigent, comme le droit romain, une étendue égale ou proportionnelle à la profondeur du fossé.

Cassel 466

L'article 446 de la coutume de Cassel défendait d'endommager les haies ou terres d'autrui par des creux ou fossés à peine d'amende. (Cette défense exige implicitement une espace entre le creux du fossé et le terrain voisin.

Bouleuais art. 173 Clermout ch. 19 art. 9 Lorraine tit. 14. art. 13. Berry. tit. 1. art. 22. Nivernais. cha. 25 art. 1er. Cambrai. tit. 16 art. 17. Metz tit. 13. art. 21. Rheims. art. 369.

Un grand nombre de coutumes, celle de Paris en tête, proclamaient qu'à moins de titres contraires, le fossé était présumé appartenir à celui sur le terrain duquel se trouvait le rejet ou jet de terre provenant du curage d'icelui.

Si l'état du fossé est tel qu'on ne peut distinguer à qui il appartient, il doit être adjugé au propriétaire du fonds qui a le plus besoin de se clore; exemple: un jardin, une vigne et un pré ont plus besoin de clôture qu'une terre labourable. S'il se trouve entre deux fonds ayant également besoin de clôture, le fossé doit être réputé mitoyen.

Diverses coutumes contiennent aussi des dispositions qui peuvent éclairer les tribunaux, lorsqu'ils ont à se prononcer sur les prétentions de propriété exclusive d'un fossé.

Pays du Franc. art. 53.

» A l'égard des fossés qui sont dans le pays, savoir: par lesquels quelques métairies ou fiefs sont enfermés, qui suivent tous entiers lesdites métairies ou fiefs contre d'autres terres et héritages, mais jusques à l'autre côté de la chaussée et tout ce qui est sur la chaussée, jusque dans le fossé de l'autre côté ; ce qui croît dans la dernière extrémité du bord et qui y prend racine, suivra ladite métairie et le fief. Mais les fossés qui sont entre les métairies et les fiefs ou entre des héritages de pareille nature et qualité, on les mesurera en prenant la moitié de chacun côté, et pareillement des fossés qui sont le long des grands chemins.

Gaud. rub. 18. art. 9.

» Les fossés qui servent de séparation d'héritages doivent être tenus pour communs et sont nettoyés et entretenus comme tels, si ce n'était qui parut au contraire et que la terre eut été toujours et de tout temps jetée d'un côté seulement, pour marque que la propriété appartenait à ce même côté; et où le côté serait un fief, le fossé suit le fief, s'il n'y avait aussi titre au contraire.

» Quant un fief est enclos de fossés à l'encontre d'héritage renteux, tenu dudit fief, tels que fossés à eau de mare, sont censés et réputés compléter et être membres dudit fief. *Lille Châtellenie. tit. 1. art. 69.*

Quant aux fossés mitoyens , un grand nombre de coutumes, particulièrement celles citées ci-dessus, Paris, Boulenais, Clermont, Lorraine, Cambrai, Metz et Reims admettaient que le fossé devait être réputé mitoyen, lorsque le jet des terres provenant du curage se trouvait des deux côtés.

Sous la coutume de Bergues chacun, dans le Pays-Bas, est tenu de clore son voisin, savoir : vers le chemin de Loos, vers le sud, ses prairies, contre prairies, et contre les terres ensemencées, les prairies seulement; du chemin de Loos, vers le nord, on doit s'affranchir l'un l'autre par des fossés, s'il est possible, à frais communs. *Bergues. rub. 15 art. 3.*

» Les fossés et digues sont mitoyens s'il n'y a apparence du contraire. *Art. 13.*

» Une levée entre deux héritages doit être large de deux pieds et demi et une chaussée de deux pieds et demi , soit ensemble cinq pieds, et celui à qui la levée appartient est obligé de la boucher, afin qu'il soit affranchi à l'égard de son voisin. *Alost. rub. X. art. 10.*

Par une disposition de la coutume de la seigneurie de Pitgam, lorsqu'on voulait faire fossé, le propriétaire de la terre voisine était tenu de livrer un pied et demi de son fond dans les terres hautes et deux pieds et demi dans les terres basses. Le fossé se faisait après un avertissement de six semaines... Celui qui le faisait prenait les terres qui en provenaient. » *Pitgam. rub. 8. art. 1er.*

Hondschoote, rub. XI art. 5.

Sous la coutume locale de Hondschoote, « chacun est obligé de clore moitié par moitié aussi bien contre terre à semer que contre prairies. »

Ord. 1669. tit. 27. art. 4.

L'ordonnance des eaux et forêts exige que les riverains, possédant bois joignant les forêts et buissons de l'Etat, les séparent d'icelles par des fossés ayant quatre pieds de largeur et cinq de profondeur, qu'ils entretiendront en cet état, à peine de réunion.

Enfin le règlement des magistrats de Bergh, du 24 avril 1717, fixe, pour les mares d'eau, quatre pieds de dix pouces de franchise au-delà des eaux d'hiver. La coutume de Paris, article 217, défend de faire fosses à eaux ou cloaques, s'il n'y a six pieds de distance en tous sens, des murs appartenant au voisin ou mitoyen.

SECTION III.

Arbres à haute tige (1) (A).

DISTANCE D'AVEC LES HÉRITAGES VOISINS.

Henrion de Pansey. Rep. jurisp.

Le droit romain, observé dans le midi de la France, conforme à une loi de Solon importée à Rome par les décemvirs,

---

(1) Dénomination générale :

Arbres, haies, buissons, c'est le bois sur pied encore vivant.

Dénominations spéciales :

Haut bois, bois montant, futaie, c'est le bois à haute tige.

Bois à bâtir, bois à brûler, c'est le bois abattu.

Le bois mort, c'est le bois sec.

Le mort-bois est celui qui ne porte pas fruits, tels que le bois-blanc, tremble, saule, charme, bouleau, etc.

Le rabougris, c'est le bois à basse tige.

Les halots sont les arbres étêlés à 2 mètres du sol.

(A) Voir pour les peines prononcées contre ceux qui abattent ou détruisent les arbres sur pieds. Les articles 445, 446, 447, 448 du code pénal.

exigeait neuf pieds de distance entre les oliviers et les figuiers et le fond voisin, et cinq pieds entre le même fond et les autres arbres: cette doctrine a été, au surplus, consacrée par un arrêt du Parlement de Provence. La loi des douze tables indique également une distance de cinq pieds.

Un arrêt du Parlement de Grenoble, du 8 novembre 1612, défend de planter aucun arbre plus près que six pieds de terre à labour, jardin, verger ou vigne des voisins, et plus près que trois toises des bâtiments, maisons, granges, étables, à peine de deux cents livres d'amende.

Parl. de Grenoble arr. 1612. Ch. assemblée.

Un règlement du Parlement de Normandie exige sept pieds de distance de l'héritage voisin pour les poiriers, les pommiers et autres arbres.

Règl. du 17 août 1751. art. 5.

La coutume d'Orléans porte qu'il n'est loisible de planter ormes, noyers et chênes, au vignoble d'Orléans, plus près des vignes de son voisin que de quatre toises. Dans les autres lieux de cette coutume et à l'égard des autres arbres, soit dans le vignoble soit ailleurs, on suit le droit commun qui exige une distance de cinq pieds.

Orléans.

La coutume de Limoges exige quatre toises de distance près des vignes.

Limoges.

L'ancien statut, dans le ressort du Parlement d'Aix, fixe la distance des plantations à cinq pieds et demi du fonds voisin.

Aix.

Le Parlement de Paris, qui d'abord n'avait pas adopté une distance fixe et se prononçait par appréciation des circonstances, a fini par consacrer pour règle uniforme une distance de cinq pieds entre les plantations et l'héritage voisin. L'application de ce règlement a été reconnue par un arrêt de la cour impériale d'Amiens du 21 décembre 1821, qui constate qu'en Picardie, l'usage était de planter les arbres à haute tige à cinq pieds des héritages voisins, et

Arr. du 1er août 1750. et 15 juill. 1762.

par un jugement du tribunal civil de St-Pol (plaidoirie de Me Billet), du 12 février 1853, qui admet la même règle à Bavincourt, canton d'Avesnes-le-Comte.

Le tribunal civil de Boulogne a rangé les tétards ou halots, qui dépassent deux mètres de hauteur, dans la catégorie des arbres à haute tige, et a exigé deux mètres de distance.

Dans l'arrondissement de Lille (Flandre Gallicane), l'usage était de planter les arbres à haute tige à trois pieds de onze pouces (quatre-vingt-dix centimètres) du voisin. Ainsi jugé par la cour de Douai, le 9 juin 1847. Cet arrêt de la cour de Douai, rendu à la suite d'une enquête, consacre la même distance, entre les arbres montants et les héritages voisins, que celle déterminée par l'article 3 de l'ordonnance de police d'Eccloo du 24 mars 1660 et par l'article 18, rub. x de la juridiction de la ville d'Alost, ainsi conçus : L'on ne peut planter d'arbres plus près du fonds d'un voisin que trois pieds ; et s'il arrivait que quelqu'un ait planté plus près ou que les arbres fussent crus d'eux-mêmes, le voisin aurait droit de la moitié desdits arbres, ou il pourrait les faire ôter ou les ôter si bon lui semblait.

» Si, à la ville, quelqu'un plantait ou laissait croître quelques arbres, qui endommageraient notoirement les lieux à sécher ou autres commodités de son voisin, ils seront ôtés à l'arbitrage de la loi.

Plusieurs arrêts ont exigé de couper les branches des arbres voisins des héritages d'autrui jusqu'à la hauteur de quinze pieds.

Quant aux branches qui s'étendent sur l'héritage voisin, le code c. n'accorde pas au propriétaire de celui-ci, comme pour les racines, le droit de les couper, parce qu'il faudrait pour cela entrer sur le terrain de l'autre ; ce qu'il serait dangereux de permettre ; il lui donne seulement une action, afin de

Douai.
arrêt. 9 juin 1747

Ord. police
d'Eccloo.
24 mars
1660.
Alost Rub X.
Art. 18.

Bailleul.
rub. 21. art. 24.

Parl. de Dijon.
3 mai 1578.
Parl. de Paris.
4 août 1750.
Paillet, note sur
l'art. 672
Cass. 15 février
1811

contraindre le propriétaire de l'arbre à couper ces branches.

Les actions relatives à l'élagage des arbres et haies sont de la compétence des juges-de-paix (Article 5, n° 1 de la loi du 25 mai 1838).

L'article 31, rub. 15, de Bergues, défend de planter bois montants, plus près que cent verges d'un moulin au grain; mais cette disposition a été supprimée par lettres-patentes du 13 août 1776, enregistrées au Parlement de Flandre, le 8 novembre 1776.

L'ordonnance de 1669, article 6, titre 27, défend de planter bois plus près que cent perches des forêts de l'Etat, sous peine de cinq cents livres d'amende. Voir à la page la section VIII, titre IX, (code forestier). *Ord. 1669.*

L'article 7, titre 28, défend de planter arbres, clôtures ou haies, le long des rivières navigables, plus près que trente pieds du côté que les bateaux se tirent, et dix pieds de l'autre bord, sous peine de cinq cents livres d'amende.

Voici, en outre, les renseignements qui ont été constatés en l'enquête du 25 juin 1856 dans le département du Nord. Dans le ressort de la châtellenie de Lille, la distance en usage serait celle déterminée par l'arrêt de la Cour de Douai ci-devant rappelé (3 pieds de 11 pouces). Dans la Flandre fla-mande, le Hainaut et le Cambrésis, à défaut de coutumes et règlements écrits, on a généralement adopté la distance de deux mètres prescrite par l'article 671 du Code civil.

Pour vérifier si les plantations sont à distances convenables, *Desgodets.* on mesure en ligne droite l'espace qui se trouve entre le milieu de l'arbre et la ligne séparative des deux héritages.

Les avis sont partagés sur la question de savoir si les halots doivent être considérés comme arbres à haute tige et plantés à la même distance que ceux-ci... Il est avéré que ces arbres, par leurs branches, ombragent davantage les terrains

voisins et, par suite, causent un tort au moins aussi considérable que les arbres à haute tige, tels que les ormes par
exemple, et que les racines sont également préjudiciables... Ces
motifs ont déjà déterminé plusieurs tribunaux à exiger la même
distance que pour les arbres montants... Il serait à désirer
que le code rural, qui est actuellement à l'étude, prescrivit
impérieusement la distance de deux mètres au moins.

D'après toutes les citations qui précèdent, les usages suivis dans les provinces d'Artois, Flandre flamande, Flandre
Gallicane, Hainaut et Cambrésis, sur les plantations d'arbres
montants, ne paraissent pas offrir les conditions désirées par
l'article 671, ou, en d'autres termes, il n'est pas bien avéré
qu'il existe sur cette matière des règlements particuliers ou
usages assez constants et reconnus... Les arrêts du Parlement
de Paris de 1750 et 1762 peuvent-ils être considérés comme
le droit commun dans ces provinces qui, probablement, avant
cette époque, n'avaient pas de jurisprudence bien constatée,
puisqu'aucun jurisconsulte ne cite une série quelconque d'arrêts, soit du Parlement de Flandre, soit du Conseil général
d'Artois, établissant l'usage de laisser cinq pieds de distance
entre les arbres montant et les fonds voisins? Ce sont, sans
aucun doute, ces considérations qui ont déterminé la plupart des
propriétaires à laisser une distance de deux mètres, conformément à l'article 671 du Code civil, et qui doivent avoir une
grande influence sur les décisions judiciaires à intervenir sur
cette matière.

Ces arrêts du Parlement de Paris ont une toute autre portée dans les autres provinces de France, où il n'y avait pas
de coutumes ou règlements particuliers. L'arrêt de la Cour
d'Amiens du 21 décembre 1821 en a fait une juste application
en adoptant la distance de cinq pieds de douze pouces.

Quant à l'intervalle à laisser entre chaque arbre sur la même

ligne, l'espace adopté, quoique non-déterminé par les coutumes
écrites, paraît sans aucun doute avoir été de dix-huit pieds.
Un arrêt du Parlement du 1er août 1750, ci-dessus rappelé,
l'ordonnance de 1744 du roi Stanislas, duc de Lorraine
exigent cette distance. M. Billet, avocat à Arras, m'a attesté
cet usage, qui est aussi indiqué par Roussel de Bouret en
son traité sur les coutumes générales d'Artois (Clément,
page 66'..) Néanmoins, dans l'état actuel de notre législation,
la solution des difficultés qui surgiraient à cet égard est abandonnée à l'appréciation des tribunaux qui auraient à se prononcer d'après le principe que tout propriétaire, en usant de
son fond, ne peut porter préjudice à son voisin... Un arrêt
du Parlement, du 4 février 1554, avait pratiqué cette maxime
en jugeant qu'un voisin ne pouvait construire de manière à
boucher la vue de son voisin et lui ôter toute clarté ; cette
maxime est aussi consacrée par l'article 1382 du code civil,
qui prononce que tout fait quelconque de l'homme qui cause
préjudice à autrui entraîne des dommages et intérêts. Il serait
bien à désirer que, pour prévenir toutes contestations à ce
sujet, le code rural projeté réparat cette omission de l'article
671.

La hauteur à laquelle les branches doivent être coupées
est fixée à quinze pieds de douze pouces du sol par plusieurs
arrêts. (Arrêt du Parlement de Dijon, du 3 mai 1578. —
Arrêt du Parlement de Paris, du 1er août 1750). Il y a
exception pour les arbres des forêts qui sont régies par des
lois spéciales (1).

_____

(1) Les actions relatives à l'élagage des arbres ou haies, sont de la compétence des juges de paix (article 5, N. 1, loi du 25 mai 1838) sans appel
jusqu'à cent francs.

D'après un récent arrêt de la cour de cassation, la distinction   Février 1861

34

SECTION IV.

Arbres à basses-tiges et haies.

§ I. — HAIES MITOYENNES.

L'article 670 du Code civil admet en principe que « toute haie qui sépare des héritages voisins est réputée mitoyenne, à moins qu'il n'y ait titre ou possession suffisante au contraire. »

Néanmoins, à cause du principe de non-rétroactivité, il est utile de connaître l'ancienne jurisprudence sur ce sujet en ce qui concerne les haies plantées avant la promulgation du Code civil. Voici du reste, les règles qui étaient le plus généralement adoptées;

La haie plantée sur un fossé appartient au propriétaire de l'héritage que cette haie sépare du fossé, soit que ce fosé lui appartienne, soit qu'il soit mitoyen ou qu'il appartienne au voisin.

Rep. d. jurisp. Loiselle, Coquille. de la Thamassière. Maillart. Nivernais. ch. 25 art. 1er Berry, tit. 10, art. 22.

---

des arbres à haute tige ou à basse tige et par suite la distance à laquelle il est permis de les planter, par rapport à la propriété voisine, se détermine d'après la nature et l'essence des arbres et non d'après leur mode de plantation, de culture ou d'aménagement. La distance fixée par la loi pour la plantation des arbres à haute tige doit être observée et le droit d'exiger que ceux plantés plus près soient arrachés appartient au voisin, encore bien qu'il s'agirait d'arbres incorporés dans une haie et destinés à être maintenus à la hauteur ordinaire des haies. Un usage local pourrait sans doute autoriser la plantation et la conservation des haies composées en parties d'arbres qui, par leur nature et leur essence devraient être considérés comme arbres à haute tige, mais cet usage n'est invocable qu'autant qu'il est formel, constant et reconnu, et ce serait à tort et en violation des articles 671 et 672 c. c. que le juge refuserait d'ordonner l'abattage d'arbres à haute tige incorporés dans une haie plantée à un demi-mètre seulement de l'héritage voisin, en se fondant sur ce qu'il serait d'usage dans le pays de tolérer de semblables plantations tant qu'elles ne causent aucun préjudice.

(Cassation d'un jugement rendu le 14 juillet 1859, par le tribunal civil de Compiègne, Leduc contre Lebet.

Si l'état de la haie est tel qu'on ne peut distinguer à qui elle appartient, elle doit être adjugée au profit du fonds qui a le plus besoin de clôture ; ainsi, un jardin, une vigne, un pré ont plus besoin de clôture qu'un champ à labour.

Si la haie se trouve entre deux héritages ayant également besoin de clôture, elle doit être réputée mitoyenne et entretenue à frais communs.

« Chaque voisin doit clôture à sa main droite à l'encontre de son voisin, sauf à l'encontre des édifices de son voisin ; mais clôture en fond ou debout, ou de main droite contre main droite, ou de main gauche contre main gauche, se doit faire chacun par moitié, s'il n'y a titre au contraire. » *Cambrai, tit. 18, art. 6.*

« Lorsqu'une prairie est divisée, on est tenu de clore moitié par moitié à frais communs à proportion de la longueur des terrains respectifs et chacun est obligé d'entretenir ses haies et les boucher ainsi qu'il convient. » *Bailleul. rub. 28, art. 9.*

« On ne peut ôter haies ayant plus de dix ans. » *Art. 8.*

« Dans la ville de Bergh et dans celle d'Hondschoote, on doit se clore par des murs communs avec de la terre d'une brique et demie et en chaux de l'épaisseur d'une brique, avec des claies, avec des haies vives ou autres choses convenables. » *Bergh-Saint-Winoc, rubr. 15, Art. 4,*

« Les arbres au milieu des petits fossés, des petits rideaux, des haies ou autres clôtures sont communs, nonobstant que l'un ou l'autre les ait plantés. Les murs, haies ou digues séparatifs sont à frais communs et doivent être entretenus en commun et refaits s'il en est besoin. » *Bergh-Saint-Winoc. rubr. 15, art. 14.*

« Chacun est obligé de clore moitié par moitié aussi bien contre terre à semer que contre prairies. » *Hondschoote, rub. XI, art. 5.*

« Article 1. Un chacun, soit fermier ou autre, est tenu de clore contre son voisin, celui à qui sont les terres voisines, prairies contre prairies chacun par moitié, et celui auquel appartient la prairie tenant à terre en labour doit clore seul. » *Eskelberke rub. V art. 1*

Lille,
ch. 21 art. 5.

« Article 5. L'héritier (propriétaire) d'une maison ou héritage ne s'enclot pas s'il ne veut, contre son voisin. »

Gand.
rub. 18, art. 6.

« Article 6. Personne n'est tenu de fermer et clore les extrémités de son héritage, s'il ne veut, si ce n'est que d'ancienneté il y eut eu clôture et fermeture en commun, auquel cas un voisin peut être contraint à pareille réparation et clôture. »

Lille châtellenie
titre 27. art 3

« Article 3. L'héritier de fief, maison ou héritage ne s'enclot pas s'il ne veut contre son voisin. »

« Ces diverses coutumes n'indiquaient pas le mode de jouissance des haies mitoyennes, mais il est constant et généralement reconnu que l'usage était de planter les haies sur la ligne séparative et de les diviser en deux parties ; alors chacun avait son bout, l'entretenait et jouissait des arbres montants qui y croissaient (1). Bergues toutefois faisait exception. Mon confrère et ami de la Royère m'assure que, dans les lieux qui étaient régis par la coutume de Bergh, les voisins plantaient à la distance voulue et qu'ensuite les bouts de chacun se réunissaient au moyen d'un crochet. Dans le Cambresis, il ne peut y avoir de doute, chaque voisin avait son bout à sa main droite.

On voit, d'après les citations qui précèdent, que la mitoyenneté des haies n'était pas de présomption légale, dans le sens absolu de l'article 670 du Code civil, notamment dans les lieux régis par des coutumes ou usages adoptés de coutumes voisines prescrivant une distance pour ces sortes de plantations; — que cette présomption légale de mitoyenneté n'était que relative dans les lieux régis par la coutume de Bergh, parce que cette coutume laissait le choix à chacun de contraindre son voisin à clôture commune ou de faire cette clôture sur son terrain en laissant rejet; — que la présomption de mitoyenneté

---

(1) Voir l'arrêt de la Cour de Cassation page 523 ci-devant.

existait entièrement dans les lieux régis par la coutume de Cambrai, puisqu'elle disposait que chacun devait clôture à sa main droite, à l'encontre de l'héritage de son voisin. Je termine en faisant observer qu'on ne peut faire cesser l'indivision d'une haie mitoyenne et se soustraire à son entretien qu'en abandonnant sa part de mitoyenneté, par le motif qu'en détruisant une partie de la clôture qui a été faite dans un intérêt commun, on cause un préjudice notable à son voisin: (1) mais l'abandon d'une part de haie n'entraîne pas pour cela la cession d'un rejet à prendre sur le terrain de celui qui fait le délaissement. Ce principe est consacré par la coutume de Bailleul en ces termes :

« Personne ne pourra ôter aucune haie ayant subsisté pendant dix ans ou plus, si ce n'est du consentement du propriétaire voisin, à peine de dix-huit livres parisis d'amende, et la haie sera réparée à ses dépens. »

Desgodets.

Bailleul.
rub. 21. art 24.

§ II. — HAIES NON MITOYENNES (2).

Les termes de l'article six cent soixante-onze du Code civil, qui ne fixe la distance d'un demi mètre qu'à défaut de règlement particulier ou d'usages constants et reconnus ; les motifs développés au Corps Législatif par M. Berlier, conseiller d'Etat, (lors de la discussion de cet article), où il déclare que les auteurs du projet ne se sont bornés à indiquer une distance uniforme qu'en l'absence de règlements ou d'usages locaux; l'opinion des divers jurisconsultes; les arrêts et les jugements précités ne laissent aucun doute sur l'obligation où se trouvent les tribunaux de faire l'application des anciens règlements

---

(1) Et aussi par analogie avec l'article 656 du c. c.

(2) Un mois à une année de prison et une amende qui sera égale au quart des restitutions et des dommages et intérêts, qui dans aucun cas ne pourra être en-dessous de cinquante francs, contre celui qui aura coupé ou arraché des haies vives ou sèches servant de limites entre divers héritages.

Art. 456.
c.-p.

et coutumes écrits ou reconnus dans les lieux où ils avaient force de loi. C'est à cette fin que les dispositions relatives aux haies non mitoyennes sont ci-après transcrites :

Orléans,
art. 259.

« Défense de planter les haies plus près d'un pied et demi de l'héritage voisin, cette haie doit être d'épines blanches et non d'épines noires. »

Audenarde.
rub. XVII

« Dans les haies où il y a quelques vieilles souches d'épines blanches, celui qui a droit dans ces haies ne peut prétendre de droit plus étendu que d'un pied et demi pour prendre la hauteur; et celui qui a la terre auprès peut déraciner de son fonds jusqu'à un pied et demi des dites anciennes souches de haies. »

Régl. d. Parl.
d. N.,
art. 10

« Le règlement du parlement de Normandie du 19 août 1751, porte que les haies à pied ne pourront être plantées qu'à pied et demi du voisin, qu'elles seront tondues au moins tous les six ans et réduites à la hauteur de cinq à six pieds au plus, sans qu'il soit permis d'y laisser croître baliveaux ou grands arbres. »

Hesdin, art. 44.

« Quiconque veut planter haies vives, doit laisser, pour le respect d'icelles, dedans ses bornes et sur le sien, vers le vent de mer, un pied et demi et au-dessus dudit vent de mer, deux pieds et demi, soit contre chemins, soit contre tènements ou terres appartenant à autrui. »

St-Omer baill.,
art. 18.

« Si quelqu'un veut entourer ses héritages de haies, il doit laisser du côté d'Orient et de Midi deux pieds et demi entre son héritage et celui de son voisin, et du côté d'Occident et de Septentrion un pied et demi (mesure d'Artois. En Artois le pied était de onze pouces). »

Aire,
chât. et baill.,
art. 68.

« Si quelqu'un veut entourer ses héritages de haies, il doit laisser du côté d'Orient et de Midi deux pieds et demi entre son héritage et celui de son voisin, et du côté d'Occident et de Septentrion un pied et demi (mesure d'Artois). »

« Si aucun veut planter haies contre chemins, doit laisser pour rejet par dedans les bornes, vers le vent de la mer, pied et demi, et au-dessus d'iceux vents, deux pieds et demi. » 1493 et 1559 Boulenois, art. 166.

« Si aucuns veulent planter jardins ou manoirs l'un contre l'autre, ils doivent laisser rejets comme dessus est dit; s'ils font clôture de mortes haies, cela se doit faire de bornes à autres; s'il y a borne renversée, cela se doit faire à plomb et à ligne. » Art. 168.

« Si aucuns veulent planter jardins, haies ou enclos contre terres labourables, ils doivent à tous rejets par dedans leurs bornes, deux pieds et demi. » Art. 169.

« Si aucuns font enclos ou allongement de village ou de jardins, ils doivent le clore entièrement de liste et de bout vers terres à labour, de vives haies ou mortes, par dedans les bornes de deux pieds et demi. » Art. 171

« Quiconque jouit, soit propriétaire ou fermier, de quelque prairie aboutissant à une houblonnière ou à une terre labourable, est tenu de faire clore ladite prairie suffisamment et ainsi qu'il convient, à ses dépens ; quoiqu'il fût même que les haies ne lui appartinssent pas, au moyen de quoi le propriétaire desdites haies ne perdra pas la propriété qui lui appartient, ni les profits et les émondements de ces mêmes haies. Celui qui les bouchera pourra se servir des brins ou branches desdites haies, au moins de dégâts qu'il est possible. » Poperingue, tit. 6, art. 27.

L'article quatre cent quarante-six défend d'endommager les haies d'autrui par des creux ou des fossés. Ce qui fait présumer qu'elles étaient plantées à distance sans quoi la loi n'avait aucun motif de les protéger : en effet, le voisin, dans la supposition contraire, avait bien le droit d'arrêter, par une coupure faite au pied de la haie, les racines qui lui causaient un dommage réel. Cassel. art. 446.

« Celui qui veut planter houches ou haies autour de son bois ou ailleurs à l'encontre de son voisin, doit laisser pied et demi Montreuil, 1511, art. 13. Art. 30.

contre les vents de mer, et contre les vents d'amont deux pieds. »

Bergh-Saint-Winoc
rub. 15, art. 4.

« Dans la ville de Bergh et celle d'Hondschoote, on doit se clore avec des murs, etc., ou avec des haies vives ou autres choses convenables. »

Art. 5.

« Néanmoins, si quelqu'un ne souhaite pas agiter son voisin, il doit, pour haies vives, laisser un pied et demi d'espace entre lui et son voisin du côté du nord et deux pieds du côté du sud (pieds de dix pouces) (1). »

Après avoir recherché et constaté les distances exigées par les anciennes coutumes ayant force de loi avant la rédaction de l'article six cent soixante-onze, et dont l'exécution est maintenue par lui, il est nécessaire de désigner, aussi précisément que possible, les localités qui étaient régies par ces coutumes. Pour atteindre ce but, nous nous occuperons en premier lieu des pays qui composent le département du Pas-de-Calais, et en second lieu de ceux qui composent le département du Nord. Dans les autres provinces où les dispositions spéciales des coutumes et règlements sont en harmonie avec

---

(1) M. de la Royère, ancien notaire à Bergues, m'avait dit que l'expression *nord* signifiait nord et levant, et que l'expression *midi* voulait dire midi et couchant. Lui ayant fait part de mes doutes à ce sujet, il m'a dit de nouveau que le règlement du magistrat de Bergh, du 21 août 1717, assimilait l'est au nord et l'ouest au midi. L'Enquête du Nord, page 33, donne, dans les mêmes termes, l'assimilation faite par le règlement du 21 avril. Néanmoins dans la pratique, il a été interprêté que, au-dessus du vent de mer, signifiait vent soufflant d'orient et du midi... Suivant l'expression du laboureur, depuis trois heures du matin jusqu'à trois heures après midi. C'est ainsi que cela a été compris et pratiqué, entre autres, par MM. Clément et Paternelle, juges de paix, MM. Billet avocat à Arras, de Baillencourt, père, architecte, (octogénaire), Deger, architecte à Béthune et Bieswal, juge de paix à Hazebrouck. Cette interprétation se trouve du reste corroborée par les coutumes d'Aire et de St-Omer.

les prescriptions du Code civil, il paraît tout-à-fait naturel et légal de se conformer aux distances fixées par l'article 671.

PAS-DE-CALAIS.

Il ne peut y avoir aucun doute pour les provinces qui étaient régies directement par les coutumes ci-dessus citées, ainsi :

Les localités qui composaient le bailliage, châtellenie, ville, banlieue et échevinage d'Aire, suivaient la coutume d'Aire (1).

Les localités qui composaient le bailliage d'Amiens établi à Montreuil-sur-mer, ainsi que celles du bailliage d'Ardres, qui en ressortissait, suivaient la coutume de Montreuil pour les objets non prévus par les coutumes locales, et à défaut de cette coutume, se réglait sur celle d'Amiens, avec appel au Parlement de Paris.

Les localités qui composaient la sénéchaussée et le comté de Boulenais, suivaient la coutume dudit Boulenais, dont le premier article déclare que le comté de St-Pol, les châtellenies de Fiennes, Thingry, Hucqueliers, et Besle en ressortissaient, ainsi que l'enclave de Nédonchel, Westrehem, Ligny, et la Tiremande, en Artois (2). L'origine de cette prétention du

---

(1) Hébert, sur les coutumes d'Artois : « Aucuns villages étant trop » éloignés du chef-lieu de leurs bailliages auraient voulu se soumettre à » la juridiction d'un autre bailliage plus à la main : ainsi, Blessy, Witter- » nesse, Quernes et Liettre, voisins du bailliage d'Aire, auraient voulu être » soumis à ce bailliage ; mais il a été jugé le 2 décembre 1702 qu'ils devaient » continuer à être soumis aux bailliages dont ils étaient respectivement » tenus. »

(2) On trouve sur plusieurs propriétés des bornes placées en dehors des haies qui indiquent que, à l'époque de leurs plantations, on avait laissé du côté du Levant et du Midi, deux pieds et demi pour le rejet desdites haies. A ma connaissance, M. Castelin, maire de Cauchy à la Tour, arrondissement de Béthune, ancien comté de St-Pol, possède une propriété qui se trouve dans ces conditions. Il m'a été attesté par un arpenteur et praticien

Boulenais au comté de St-Pol se trouve expliquée à la notice historique du comté de St-Pol qui était, néanmoins, resté indépendant du comté de Boulogne.

Les localités qui composaient le bailliage, châtellenie, ville, banlieue et échevinage de St-Omer suivaient la coutume du bailliage de St-Omer qui désignait, comme étant de son ressort, le pays de Langle, la châtellenie de Tournehem, celle d'Audruicq et pays de Bredenarde, la châtellenie d'Eperlecques, la seigneurie de Renty et le comté de Fauquembergues, qui avait une enclave en Flandre, ainsi qu'il est constaté par la coutume particulière d'Eskelbeke et de Ledringhem, laquelle déclare que ces deux villages sont du ressort du bailliage de St-Omer, parce qu'ils sont tenus en fief du comté de Fauquembergues (1).

Enfin les localités qui composaient la châtellenie et bailliage d'Hesdin, la ville, banlieue et échevinage suivaient la coutume dudit Hesdin.

A l'égard des localités et bailliages qui n'avaient pas dans leurs coutumes de dispositions relatives aux plantations, ils étaient soumis à la règle générale dont nous avons déjà parlé, qui était de se conformer aux règles et usages prescrits par les coutumes des pays voisins avec lesquels ils avaient le plus d'analogie, et, à leur défaut, à la coutume générale d'Artois ; mais comme dans l'espèce cette dernière coutume ne s'occupait en rien des servitudes et devoirs réciproques de voisinage, il était naturel que les coutumes d'Hesdin et du Boulenais servissent de droit commun en Artois... Cette opinion est

que le comté de St-Pol suivait la coutume d'Hesdin dans les cas non prévus par sa propre coutume.

(1) Suivant Maillart : Il n'y a, d'Artois, que le féodal qui relève de Fauquembergues, le reste est de Cassel, en Flandre.

corroborée par un article de la coutume de St-Omer, vérifiée le 31 mars 1612, qui dit que, pour les cas non prévus, on se règle au bailliage d'Hesdin, et, à son défaut, à la coutume générale d'Artois... C'est du reste ce que la pratique a consacré : ainsi, il est de notoriété publique (1), et des actes privés et authentiques l'attestent au besoin, que la coutume d'Hesdin était observée, à défaut de dispositions locales sur les plantations, dans la régale de Thérouanne; la châtellenie de Lillers, l'advouerie et gouvernance de Béthune, le bailliage de Lens, le ressort de la gouvernance d'Arras et dans le bailliage de Bapaume.

DÉPARTEMENT DU NORD.

Les localités du bailliage et châtellenie de Bergh-St-Winoc, ville, banlieue et échevinage doivent se conformer lorsqu'ils font plantations de haies, aux distances prescrites par l'article cinq, rubrique quinze de la coutume de Bergue; mais, comme les usages de la Flandre flamande, de la Flandre gallicane, du Hainaut français et du Cambrésis n'avaient aucuns rapports de conformité entre eux, la coutume de Bergues ne pouvait servir de règle générale dans d'autres pays que la Flandre flamande.

Les diverses coutumes de la Flandre gallicane, dont les châtellenies de Lille, Douai et Orchies faisaient partie, de même que les chartes générales du Hainaut du 5 mars 1619, n'ayant aucunes dispositions pour régler les plantations de haies entre

---

(1) MM. Baillencourt et Deger architectes à Béthune, Berode-Delaleau, ancien géomètre à Lillers, Billet, avocat à Arras, Clément et Paternelle, juges de paix, dont j'ai déjà invoqué les témoignages, ont eu, en différentes circonstances, occasion de consacrer cet usage constant et reconnu dans ces pays.

héritages voisins, ces provinces paraissent devoir se trouver sous la juridiction des règles prescrites par l'article six cent soixante-onze du Code civil. C'est aussi dans ce sens que se font ces sortes de plantations dans les diverses localités de ces pays, ainsi qu'il a été constaté par l'enquête sur les usages du Nord, du 25 juin 1856, corroborés par une note qu'a bien voulu me faire parvenir M. le juge de paix de St-Amand.

La coutume du Cambrésis, qui rendait la clôture mitoyenne obligatoire, ne devait pas prescrire de distance entre les haies et les fonds voisins; aussi garde-t-elle le silence à ce sujet.

L'enquête du 25 juin 1856 (d'accord en cela avec M. Pley, avocat, ancien chef du parquet de Cambrai, qui habite cette ville depuis plus de trente ans,) atteste que dans le Cambrésis on se règle généralement sur les distances indiquées par ledit article six cent soixante-onze du Code civil.

Fruits tombés sur l'héritage voisin. L'article 672 du Code civil qui permet d'exiger la coupe des branches qui avancent sur l'héritage voisin, ne détermine rien sur la propriété des fruits. Le silence de cette loi sur ce sujet nous oblige à rechercher les règles de l'ancien droit:

Le droit romain permet au propriétaire de l'arbre d'aller ramasser les fruits tombés sur l'héritage voisin, pourvu qu'il le fasse dans l'espace de trois jours.

L'article 193 de la coutume de Bassigny veut que la moitié des fruits appartienne au propriétaire de l'arbre et l'autre moitié au propriétaire du fonds dans lequel ils sont tombés.

Dans la coutume de Paris, l'usage est d'accorder les fruits des branches à celui qui est propriétaire de l'héritage sur lequel ils pendent.

M. de Perchembault, sur la coutume de Bretagne, dit que l'usage, dans cette province, est que les fruits sont au propriétaire de l'arbre et les feuilles au propriétaire du fonds où elles tombent.

Basnage dit que, sur cette matière, la jurisprudence n'est pas certaine en Normandie : un arrêt du 22 mars 1629 ordonne que les fruits soient partagés par moitié ; un autre arrêt du 2 août 1669 adjuge au voisin tous les fruits tombés sur son héritage. Ce jurisconsulte donne la préférence au premier arrêt.

Ferrière assure qu'il est d'usage qu'un voisin, qui souffre que les branches couvrent son héritage, a droit d'en prendre les fruits.

Coquile prétend, que dans le Nivernais, celui à qui appartient l'arbre monte dessus pour cueillir les fruits, mais ce qui tombe sur l'héritage voisin appartient à ce dernier.

Si un arbre sépare deux héritages, chacun des voisins recueille les fruits des branches qui pendent sur son terrain.

La coutume du Boulenais donne les fruits des arbres qui sont sur les grands chemins et places publiques aux habitants des villages et paroisses où ils sont situés, et leur permet d'en user à leur gré.

Mais, suivant le règlement fait pour les eaux et forêts au mois de janvier 1583, les fruits des arbres qui sont sur les bords des chemins doivent appartenir aux propriétaires des terres voisines.

« Article 32. Celui qui a des arbres à fruits dont les bran- *Bergues, rub. XV, art. 32.* ches pendent au-dessus l'héritage de son voisin doit couper les branches qui pendent par-dessus ou abandonner au profit de son voisin la moitié de tous les fruits qui pendent ainsi par-dessus ; au choix et à la volonté de son voisin. »

« Article 4. Toutes branches d'arbres étant au-dessus du *Eccloo, ord. art. 4.* fonds d'un autre, le voisin peut les faire ôter. Si ce sont des arbres à fruits, il peut cueillir les fruits pendant sur son côté. »

La faculté, que quelques statuts locaux accordaient à un *Paillet. note sur l'art. 672 c. c.* voisin d'aller sur le terrain de l'autre cueillir et ramasser les

fruits des branches qui s'y étendaient, n'est pas conservée par
l'article six cent soixante-onze (Cass. 31 décembre 1810),
les anciennes coutumes, statuts et usages n'étant conservés
que pour les objets exprimés par la loi.

TITRE V.

Des murs mitoyens et des contre-murs.

SECTION Ire.
Des murs mitoyens.

§ 1. — INDICES DE MITOYENNETÉ.

« Article 655 et 654 du Code Civil : *Tout mur de séparation entre héritages est présumé mitoyen, s'il n'y a titre
ou marque du contraire* (1). *Il y a marque de non mitoyenneté, lorsque la sommité du mur est droite et à plomb de
son parement d'un côté et présente de l'autre un plan
incliné ; lors encore qu'il n'y a que d'un côté ou un chaperon ou des filets et corbeaux de pierres qui auraient été mis
en bâtissant le mur. Dans ces cas, le mur est censé apparte-*

Pailliet
note sur l'art.
653. c. c.

(1) Entr'autres indices, jusqu'au point où deux bâtiments de hauteur
inégale, pourront profiter tous deux du mur commun la partie du mur qui
excède la sommité du bâtiment le plus bas est évidemment propre en
totalité au maître du bâtiment le plus élevé. La présomption de mitoyenneté
cède aux titres contraires, mais non à la simple possession annale, à moins
qu'elle remonte à un temps assez long pour opérer la prescription ; toutefois dans les campagnes où la clôture mitoyenne n'est pas ou n'était pas
obligatoire et où un seul des propriétaires voisins avait intérêt à ériger
une clôture, elle est censée avoir été construite en entier par celui qui en
avait besoin.

nir au propriétaire du côté duquel sont l'égout, les corbeaux et filets de pierres (¹).

Les décisions à intervenir sur les difficultés entre voisins, pour des murs construits sous l'empire de ces articles, seront prononcées d'après leurs dispositions.

Mais pour régler les difficultés qui peuvent surgir au sujet de murs construits antérieurement au Code civil, il convient de consulter les anciennes coutumes ou anciens usages relatifs aux murs établis entre héritages voisins ; en voici quelques textes :

« Lorsque des corbeaux de pierres saillants sont arrondis en dessous, ils attestent que le mur est commun, tandis que si les corbeaux sont arrondis en dessus, il en résulte que le mur n'est mitoyen que jusqu'à la hauteur de ces marques. » *Orléans, art. 241.*

» Corbeaux mis d'ancienneté ou fenêtre à demi-mur font démontrance que le mur est mitoyen. » (Il est probable qu'il fallait que ces fenêtres fussent des deux côtés). *Buissiny, tit. 16, art. 182.*

Dans plusieurs autres localités de l'Artois, entre autres dans la châtellenie de Lillers, ces fenêtres à demi-mur nommées chapelettes, font preuve que le mur appartient à celui du côté duquel elles se trouvent, et que ce mur est mitoyen s'il y a des chapelettes des deux côtés. *En Artois.*

Bois posé dessus ou dedans, ancres et bornes, qui poussent hors des murs, corbeaux de pierres, fenêtres à demi-mur, carnaux, petits pilliers de maçonnerie mis pour l'entretien du mur... ou par autres semblables marques mises de chacun côté... sommiers posés d'un côté et de l'autre côté *Bergues. art. 9, 10, 11.*

---

(1) Quand un mur servant de clôture à deux héritages est non mitoyen, le voisin qui n'y a pas de droit ne peut en faire aucun usage. Il est obligé de le respecter autant que s'il était très-éloigné de lui ; non-seulement il ne peut y appliquer aucun bâtiment, il ne peut pas même y appliquer des treillages ou des espaliers, ni tout autre objet, quoique ce mur touche sans moyen son héritage *Paillet. note sur l'art. 654. c. c. Desgodets, tome 1er page 58.*

des carnaux, indiquent qu'un mur est mitoyen; si ces marques ne sont que d'un seul côté, c'est marque de non mitoyenneté.

Calais.
art. 200.
Paris.
art. 214.

« Filets doivent être faits accompagnés de pierres, savoir : des deux côtés pour attester la mitoyenneté, et du côté seulement de celui à qui appartient le mur, s'il n'est pas mitoyen, le tout à moins de titre contraire. »

Tournai
tit. XVIII

« Article 2. Toutes murailles faisant séparation de deux maisons ou héritages qui n'ont retaux d'un côté ni d'autre ou qui en ont d'un chacun côté, et aussi celles qui ont beddes (demi-fenêtre), de chacun côté, faites avec lesdites murailles, non-passant le milieu d'icelles, sont par la coutume tenus et réputés moiturières (mitoyennes). »

« Article 3. Quand desdites murailles il y a retaux de l'un des côtés seulement, elles appartiennent à celui du lez duquel n'est ledit retaux et n'y a celui au lez duquel est icelui seul retaux aucun droit. »

« Article 4. Quand en un mur sont entées cheminées ou autres buses construites avec ledit mur de l'un des côtés seulement, tel mur est tenu et réputé appartenir à celui du lez et côté duquel lesdites buses et cheminées sont entées et édifiées, et si, en icelui mur y avait buses ou cheminées construites comme dit est, de chacun côté d'icelui mur, tel mur serait tenu et réputé moiturier ; n'était qu'esdits cas, par autres plus évidents renseignements ou par lettraiges (lettres), il apparut du contraire. »

« Article 6. Quand un mur appartenant à l'un des héritages, n'y a, où sont de l'autre côté assis corbeaux à l'endroit des planchers d'icelui, ce signifie que celui auquel appartient l'héritage tenant ledit mur du lez des corbeaux a seulement droit de herbergue audit mur et peut sur lesdits corbeaux asseoir planchers, murailles ou autres édifices, sans toutefois les enter dans ledit mur. »

« Article 7. Moyennant ledit droit de herbergue, celui auquel icelui droit appartient est sujet à recevoir les eaux de sondit voisin, auquel appartient ledit mur, si son héritage est à ce apte et disposé. »

« Article 4. La communauté en murs est reconnue par d'anciennes pierres en saillie, par des fenêtres ou lucarnes qui sont des deux côtés et par d'autres semblables marques; et, où il y aurait seulement des marques d'un côté, l'on tiendrait le mur appartenir au côté où elles sont faites. »

Nieuport.
rub. XV, art. 4.

« Article 19. Là où l'on trouve en des murs, du côté de l'héritage de quelqu'un, des pierres de marque, des corbeaux, des jambages, des chasses, des sommiers ou marques de vieilles cheminées, ces sortes de marques dénotent le mur commun, s'il n'était trouvé au contraire par contrat ou autrement. »

Ypres.
rub. XVI art. 19

Ipres.

Les vieux petits pilliers, maçonneries ou épaulements mis de côté et d'autre, pour l'entretien de quelque mur, marquent que le mur est commun, si ce n'est qu'il apparaisse au contraire.

Gand.
rub. VIII. ari. 8

Les coutumes de Bruges, ville, article 4 et 55, titre 22, de Bergues, rub. XV articles 6 et 7, règlent l'entretien des murs mitoyens et les travaux qu'on y peut exécuter; mais il devient superflu de les donner, puisque ces objets sont réglés par les articles 655 et 656 du code civil, desquels il résulte que la réparation et la reconstruction des murs mitoyens sont à la charge de tous ceux qui y ont droit proportionnellement aux droits de chacun, mais que les co-propriétaires peuvent se dispenser de contribuer aux réparations et reconstructions en abandonnant le droit de mitoyenneté, pourvu que le mur ne soutienne pas un bâtiment qui lui appartienne; et par l'article 657 qui donne, à tout co-propriétaire, le droit de bâtir contre un mur mitoyen et d'y faire placer des poutres ou solives dans toute l'épaisseur du mur à cinquante-quatre millimètres

655. 656. c. c.

657. c c.

(deux pouces) près; sans préjudice du droit qu'a le voisin de faire réduire à l'ébauchoir la poutre jusqu'à la moitié du mur, dans le cas où il voudrait lui-même asseoir des poutres dans le même lieu ou y adosser une cheminée.

604. c. c. Lorsque les différents étages d'une maison appartiennent à divers propriétaires, les réparations et reconstructions, si elles ne sont pas réglées par titres, doivent être faites ainsi qu'il suit: Les gros murs et le toit sont à la charge de tous proportionnellement à la valeur des étages. Le propriétaire de chaque étage fait le plancher sur lequel il marche. Ils font les parties de l'escalier qui conduisent aux étages qui leur appartiennent.

665. c. c. Lorsqu'on reconstruit un mur mitoyen ou une maison, les servitudes se continuent sans toutefois qu'elles puissent être aggravées, pourvu que la reconstruction se fasse avant que la prescription soit acquise.

Dans certains pays, le mur mitoyen était de droit et obligatoire, ainsi que nous le verrons dans le paragraphe 2 ci-après, qui traite de la hauteur des murs mitoyens.

§ II. — HAUTEUR ET EXHAUSSEMENT DES MURS.

Article 533. d. c. c. Chacun peut contraindre son voisin, dans les villes et faubourgs, à clôture mitoyenne entre héritages contigus (1). *La hauteur en sera fixée suivant les*

Procès-verbal tom. 3. p 250 et Malleville.

(1) Le voisin qui ne veut pas contribuer aux frais de clôture peut s'en dispenser en cédant la moitié de la place sur laquelle la clôture doit être assise et en renonçant à la mitoyenneté. Cette faculté fut reconnue par le conseil d'Etat lors de la discussion du code. Ceci est conforme à l'article 636 qui permet de se dispenser de contribuer aux réparations et reconstructions, en abandonnant la mitoyenneté du mur, malgré l'opinion contraire professée par Pothier, Pardessus et Delvincourt; car cette opinion adoptée par le conseil d'Etat est d'autant plus décisive qu'elle est conforme aux vrais principes.

règlements particuliers ou les usages constants et reconnus ; et à défaut d'usages et règlements, à dix pieds dans les villes de cinquante mille âmes et au-dessus, et à huit pieds dans les autres.

Article 658. Tout propriétaire peut faire exhausser le mur mitoyen en payant la dépense à ce nécessaire, entretenant l'exhaussement et payant en outre une indemnité pour la surcharge du mur mitoyen.

Article 659. Si le mur mitoyen n'est pas en état de supporter l'exhaussement, celui qui veut l'exhausser doit le faire construire en entier à ses frais, et l'excédant d'épaisseur doit se prendre de son côté.

Article 660. Le voisin peut acquérir la mitoyenneté de l'exhaussement en payant la moitié de la dépense et du sol supplémentaire

Article 661. Celui qui joint un mur peut le rendre mitoyen en payant la moitié de la valeur de la portion qu'il veut rendre mitoyen et la moitié de la valeur du sol (1).

Il suffit de comparer les articles 674 et 663 d. c. c. pour être convaincu qu'ils ont été rédigés dans le même esprit : dans l'un comme dans l'autre, on n'indique une distance quelconque du fonds voisin ou une hauteur relative qu'à défaut de règlements particuliers ou d'usages constants et reconnus.

Pour satisfaire à cette prescription de l'article 663, je vais

---

(1) Pour jouir de la faculté d'acquérir la mitoyenneté du mur immédiatement contigu à un héritage voisin, on ne distingue pas si le mur a été construit avant ou après la promulgation du code ; ainsi, un voisin peut forcer l'autre à lui vendre cette mitoyenneté dans le seul dessein de faire boucher des ouvertures faites dans ce mur, même antérieurement au code mais si ce code permet à l'un des voisins de contraindre l'autre à vendre la mitoyenneté, il ne permet pas à celui-ci de forcer l'autre à l'acquérir.

Paillet.
uote sm l'art.
664. c. c.

donner les diverses dispositions des anciennes coutumes qui
règlent les usages à suivre dans les constructions des murs
de clôture.

Règl. de la ville
de Douai du 28
avril 1718 adopté
par la ville de St-
Amand le 22 juin
1742.
« Article 2. Tous propriétaires de bâtiments, dont les murailles de séparation ne sont que de pailleux ou de planches,
seront obligés à l'avenir de faire toutes lesdites clôtures et
séparations d'une muraille mitoyenne de l'épaisseur d'une
brique et demie, sans le pouvoir diminuer en quelque endroit,
pour y pratiquer, dans la dite épaisseur, des cheminées ou autres
commodités; et si quelqu'un, dès à présent, s'y trouve exposé
à quelques dangereux inconvénients par tels pailleux ou séparations de planches, il pourra se pourvoir pardevant nous pour, sur
un seul procès-verbal de visite, y être pourvu sans frais. »

« Article 3. S'il se trouvait deux séparations de planches ou
pailleux adossées, elles seront toutes deux à l'avenir démolies et
les propriétaires tenus de faire une muraille de brique et
demie à frais communs avec la même faculté qu'à l'article
précédent, et en cas de dangers ou inconvénients dès à présent ; ce qui sera exécuté ainsi que le contenu en l'article
précédent, à peine de cent florins d'amende. »

« Article 4. L'expérience ayant fait connaître plusieurs inconvénients que causent les vides qui sont entre deux bâtiments;
nous défendons, à tous propriétaires de maisons qui se
joignent, de faire murailles contre murailles, et à ceux qui en
ont de les faire rebâtir ou raccommoder sans avoir obtenu notre
permission expresse ou par écrit, laquelle nous n'accorderons
que sur procès-verbal qui sera dressé à cet effet. »

« Article 6. Toutes les murailles et séparations ne pourront
être faites à l'avenir de moindre épaisseur que de brique et
demie, et en cas que l'un des propriétaires voudrait la faire de
deux briques et plus, il le pourra faire sur son terrain, payant
seul ce qui excédera une brique et demie. »

« Article 7. Les murailles de séparation entre cour et jardin qui sont mitoyennes ou qui le seront par achat de la moitié d'icelles, suivant la faculté accordée par l'article 5 (cet article 5 étant remplacé par l'article 661 d. c. c. n'a pas été copié) pourront être élevées à frais communs à la hauteur de dix pieds au moins hors de terre, à prendre à la superficie des rues où les maisons sont situées, à la seule réquisition de l'un des propriétaires desdites maisons. »

« Article 8. Pourra aussi, l'un des propriétaires d'héritages voisins non renfermés de murailles, obliger l'autre propriétaire à une muraille mitoyenne de séparation conformément à l'article 7. »

« Article 11. Toutes murailles portant sommiers en-dedans les édifices ne pourront être moindres de brique et demie d'épaisseur. »

« Pour éviter les inconvénients qui sont advenus, tant en la ville et cité d'Arras qu'en nos autres pays de pardeça, pour y avoir la plupart des maisons été bâties en bois ; pour remédier à l'avenir à cet inconvénient ès-ville et cité d'Arras, restant encore la plupart des maisons construites en bois et fort caducques ; serait trouvé expédient de statuer, que dorénavant ne fut permis à personne de bâtir ni rebâtir à neuf, sinon que les murs qui seraient faits entre deux maisons et sur rues soient faits de pierres ou de briques avec abolissement des saillies, qui vraisemblablement ont été par ci-devant emprises et usurpées sur les rues avec grande incommodité et difformité d'icelles, sous peine d'une amende de vingt carolus contre les contrevenants, et de la démolition des ouvrages.

Arras, placard de Philippe II 23 mai 1583.

Les articles 1, 2, 6 et 7 du chapitre XII de cette ordonnance se trouvent remplacés par les dispositions du code civil ; néanmoins, il est utile de les reproduire pour faire

Douai, ord. des magistr. confirmée par le souverain le 16 septembre 1627.

connaître l'origine des constructions de ce genre qui peuvent encore exister. En voici le texte :

« Article 1er. Si un propriétaire veut établir fenêtres, fentes et bahoches pour avoir vue sur son voisin, il est tenu d'élever lesdites vues de sept pieds de hauteur du pavement au plancher et garnir de treilles de fer et vitres dormantes lesdites vues. »

« Article 2. Il est permis à un propriétaire d'ériger et élever les combles à telle hauteur que bon lui semble contre l'héritage de son voisin, sans que ledit voisin puisse audit propriétaire donner empêchement pour cause de ces vues et portements d'eau, dont le voisin aurait joui sur l'héritage d'icelui propriétaire, n'était que ledit voisin eut lettre au contraire. »

« Article 6. En cas de débat de réfection, l'héritier ou propriétaire est tenu de livrer seuils, étaux, gros poteaux, entretoises, gîtes, pennes, colonnes, poutres, bracons, baux, montants, ventrières, sur chevrons, limons de montée, pannes, combles, baux, faites, nocquerres, façon de puits, tous étanchons pour rejoindre et reboutier pierres et tous gros fers, etc., etc. »

« Article 7. Quant aux réparations et ouvrages qui se font entre deux héritages voisins et contigus, si la paroi séparant et faisant la clôture auxdits héritages est située sur l'un d'eux, le propriétaire d'icelui héritage doit à ses dépens payer et mettre en orme, les seuils, pannes, étaux, loyens que l'on dit gros membres, mais tout ce qui touche les poteaux, paillotages, vollages, jet, lattes, placquages, cloux et autres choses que l'on dit clôture, se paie par les propriétaires desdits deux héritages contigus, moitié par moitié, aussi avant que la paroi fait clôture auxdits propriétaires. »

Clermont Balliage ch. 19, art. 3. « Clôtures de cheix et jardins se font à frais communs et peuvent les voisins se contraindre l'un l'autre ; si l'un des deux a seul fait faire en présence de deux témoins, il a action en paiement de la moitié de la clôture contre le voisin. »

« Articles 52 et 53. Murs, clôtures, glands, haies vives seront
tenus à dépens communs, et, quand l'un ou l'autre le requiert,
les étouper (clôre) et affranchir de murs, glands, haies vives
ou épines et les réparer et entretenir en commun ; et, où ladite
clôture appartient à l'un ou l'autre des voisins, ils seront entretenus par leurs propriétaires. »

Lagorgue,
rub. 6.

« Article 54. Entre les héritages de deux voisins où il y a
murs et glands, iceux seront réparés et entretenus selon le
renseing de piliers, pilots, pierres et autres signes y trouvés et
ce, si avant qu'ils enseigneront du côté de chacun héritage ne fut
que par contract ou autre enseignement fut trouvé le contraire. »

Les articles 5 et 6 titre XVI de la coutume d'Ypres, sont en
tout conformes aux articles 54, 52 et 53 de La Gorgue ci-dessus.

Ypres.

« Tous murs séparant cours ou jardins sont réputés mitoyens
s'il n'y a titre ou marque au contraire. »

Metz,
tit. 13, art. 13.
Rheims,
art. 355.

D'après l'article 274 de la coutume de Laon, on peut contraindre le voisin à murailles jusqu'à neuf pieds de hauteur
du rez-de-chaussée.

Laon,
art. 274.

« Tous murs qui sont entre les voisins et dans la séparation
doivent être tenus pour communs, c'est pourquoi un chacun
peut être contraint d'aider à les réparer et entretenir s'il n'y
a lettres, marques ou autres choses au contraire. »

Nieuport,
rub. XV, art. 3.

« Chacun peut contraindre à faire un mur mitoyen jusqu'à
la hauteur de neuf pieds du sol, compris le chaperon. »

Calais,
art. 195.

« La hauteur du mur mitoyen est fixée à douze pieds du sol
en cité et ville, et neuf pieds dans le faubourg. »

Rheims,
art. 361.

« On peut faire cave à ses dépens jusqu'au rez-de-chaussée ;
et au-dessus le voisin contribue, à savoir : douze pieds en cité
et ville, et neuf pieds hors cité. »

art. 375.

« Chacun en la ville est tenu d'affranchir son héritage, du
côté et au bout plus proche du milieu du marché, par mur
de hauteur de huit pieds au-dessus de terre, et plus loin que
cent cinquante pieds il pourra en être quitte par des haies
vives suffisantes. »

Bailleul,
(Flaudre)
art. 7.

art. 10.
art. 13.

« Un chacun a droit au marché ou sur la rue de placer son mur sur la moitié du terrain de son voisin, s'il n'y a pas encore de mur. Tout cela aura lieu aussi en mur avec des égouts. »

Orléans,
ch. 13, art. 234.

« Le mur mitoyen doit avoir neuf pieds de hauteur, savoir: deux pieds en terre, d'un pied et demi d'épaisseur et sept pieds au-dessus du sol. »

Bergues,
rub. 15, art. 4.

« Dans la ville de Bergues et dans celle d'Hondschoote, on doit se clore par des murs communs avec de la terre d'une brique et demie et en chaux de l'épaisseur d'une brique, avec du cheis, des haies vives ou autres choses convenables. »

art. 6.

« Aucun construisant contre l'héritage voisin un mur sur lequel il voudrait bâtir dans la suite, avec des scailles ou des tuiles, doit laisser un demi-pied entre deux. »

art. 7.

« En faisant un simple mur il doit laisser pour que les pierres débordant, ne s'étendent pas sous l'héritage voisin. »

Bergues,
rub. 15 art. 8

« Article 8. Les murs de séparation sont tenus pour communs au moins jusqu'à neuf pieds de hauteur, deux en terre et sept au-dessus du sol, à moins de condition ou marque du contraire (le pied de Flandre est de dix pouces). »

Melun
art. 197

« Le mur mitoyen doit avoir en ville et faubourgs hauteur de neuf pieds entre cours, huit pieds entre jardins. »

Paris
art. 209

« Dans les villes et faubourgs de la prévôté et vicomté de Paris, les murs de clôture doivent avoir dix pieds (pieds de douze pouces) de hauteur compris chaperon. »

Hesdin ville,
art. 21

« Les héritages situés en ladite ville se doivent fermer de murs entre les voisins, chacun par moitié, à dépens communs, à la hauteur de sept pieds hors de terre (pied de douze pouces probablement). »

Suivent, à titre de renseignements, les hauteurs qui ont été recueillies dans les enquêtes administratives faites en 1856, qui indiquent dans le Pas-de-Calais :

Clément
page 51

Pour St-Omer une hauteur de dix à douze pieds d'Artois, pour Montreuil huit pieds de roi, pour Aubigny huit pieds de dix pouces, pour Arras et Bapaume la hauteur prescrite par le code civil (663).

Dans le département du Nord :

Pour Douai une hauteur de dix pieds de onze pouces, et pour Armentières dix pieds de douze pouces. enquête du Nord
p. 31

La manière de mesurer la hauteur lorsque les deux terrains contigus ne sont pas au même niveau est enseignée par Desgodets et Goupy, qui disent qu'il faut mesurer la hauteur du mur à partir du sol le plus élevé. Desgodets
et Goupy

Un certain nombre de coutumes obligeaient les propriétaires d'héritages à supporter les incommodités résultant des travaux de constructions et de réparations effectués par leurs voisins. La connaissance de leurs dispositions sur ce sujet peut servir à éclairer les magistrats qui auront à se prononcer sur des difficultés de ce genre.

« Celui qui veut maçonner, édifier ou faire des réparations joignant les héritages de ses voisins, peut faire son échafaud et le mettre dessus et par-dessus lesdits héritages de ces mêmes voisins et au travers, comme aussi de la maison s'il en est besoin, pour avoir le passage pour ce qui est dit ci-devant ; si tant est qu'il ne le puisse faire de son héritage ; pourvu qu'il récompense le voisin des dommages et de l'ordure de l'ouvrage venant aussi à ses frais. » Bergues,
rub. 15, art. 30.

« Chacun doit souffrir que son voisin fasse les réparations telles que besoin par-dessus son héritage, pourvu qu'on lui répare et rétablisse le dommage qui y sera fait. » Nieuport,
rub. 15, art. 5.

« Quand quelqu'un, pour les réparations nécessaires de sa maison, doit avoir la commodité de la maison ou de l'héritage de son voisin, celui-ci devra le souffrir, en réparant ce qui est rompu avec dommages et intérêts. » Ypres,
rub. 16. art. 16.

« Les locataires et les autres qui ont la jouissance sont sujets à l'incommodité des réparations nécessaires pendant leurs termes, sans récompense, comme aussi sont obligés de supporter tous les voisins, pourvu qu'on leur répare et refasse les dommages, tels qu'ils pourraient être arrivés. » Bailleul,
rub. 21, art. 15.

« Celui qui veut travailler de nouveau ou qui veut réparer Art. 16.

ses édifices peut faire son échafaudage sur et par-dessus l'héritage de ses voisins, et prendre le passage pour cela par les bâtiments et héritages d'iceux voisins ; le tout en cas qu'il en soit besoin et en les mettant hors dommage. »

Rousselare,
rub. 18, art. 11.
« Quand quelqu'un, pour les réparations de sa maison, a besoin de la commodité de la maison de son voisin, celui-ci devra le souffrir, pourvu qu'il lui répare tout ce qui est rompu avec les dommages et intérêts comme ci-devant. »

Lagorgues,
rub. 6, art. 61.
« Un voisin doit accommoder l'autre pour les réfections nécessaires de maison, moyennant toutefois réparation de ce que pour cela sera rompu, avec tous dépens, dommages et intérêts. »

Metz,
tit. 16, art. 1er.
« Tout propriétaire peut bâtir dessus son terrain et élever son bâtiment aussi haut qu'il lui plaît en laissant à son voisin le tour du ventillon, s'il y a bâtiment joignant »

Art. 20,
« Quand quelqu'un fait édifier ou réparer son héritage, le voisin d'icelui est tenu de donner et prêter patience de ce faire, étant averti au préalable, à la charge par celui qui bâtit de réparer et amender ce qu'il aura démoli ou détérioré. »

Règl. de
St-Amand,
de 1742, art. 9.
« En cas que l'un des deux propriétaires d'une muraille de séparation aurait besoin d'élever au-dessus de dix pieds, il devra faire de toute l'épaisseur de ladite muraille, à ses frais, sans répétition de la moitié de la dépense contre son co-propriétaire ; mais si celui-ci venait à se servir de ladite muraille, il sera tenu de rembourser alors la moitié de la dépense à celui qui l'aura haussé au-delà de dix pieds, à proportion qu'il s'en servira. »

Art. 10.
« Pour exciter les habitants de cette ville à rebâtir et améliorer leurs maisons, nous avons résolu de leur procurer toutes sortes de facilités, auquel effet nous ordonnons que tous propriétaires et locataires des maisons voisines, en tant que les choses les regarderont, seront tenus de laisser un passage libre à celui qui ferait bâtir pour élever les murailles mi-

toyennes de séparation à la hauteur nécessaire, soit, en retirant leurs poutres, gîtes, gouttières, plattes queues et autres choses qui empêchent l'élévation des murs mitoyens, sans que lesdits propriétaires des maisons voisines puissent prétendre, pour raison de ce, aucun dédommagement non plus que pour remettre leurs maisons en état. »

« En pignons ou murs communs pourra chacun rompre et percer pour y maçonner ou ancrer sommiers, gittes et autres bois ou pierres à la commodité de sa maison, à ses dépens, en réparant tout ce qu'il y pourra avoir rompu; sauf qu'il ne pourra mettre ouvrage de bois contre ou dedans les cheminées, ni autre part où il y aurait péril de feu. »

Lagorgues. rub. VI, art. 54.

» Bien entendu que le mur soit fort assez pour supporter l'ouvrage nouveau sans intérêts de son voisin; autrement celui qui voudra ouvrer devra faire assurer de son côté ledit mur depuis la fondation jusqu'en haut pour supporter ledit ouvrage. »

Art. 55.

» Où il y a pignon ou mur penchant en danger apparent de choir et faire dommage, le propriétaire sera contraint par la loi (le Magistrat) ou à la plainte des voisins de faire réparer ou redresser ledit mur. »

Art. 56.

Les dispositions qui précèdent se trouvent abrogées par les articles 657, 658 et 659 du Code civil qui indiquent les règles à suivre lors de l'exhaussement d'un mur mitoyen; néanmoins comme ces dispositions donnent des enseignements plus étendus que le Code civil, je les ai également transcrites pour l'utilité des experts et des juges qui auront à se prononcer sur cette matière.

Il se présente souvent des contestations entre voisins sur la solidité d'un mur que l'un voudrait faire démolir, et l'autre conserver tel qu'il se trouve. L'opinion de Desgodets sur ce sujet, est que pour condamner un mur à être démoli, il faut qu'il soit hors de son aplomb de plus de la moitié de son épaisseur; il ajoute que cette règle est généralement suivie pour les murs de clôture qui portent des bâtiments mais qu'on n'est pas si exigeant pour les murs de clôture qu'on laisse subsister tant qu'ils ne menacent pas d'une ruine complète.

Paris.
art. 203.

« Les maçons ne peuvent toucher à un mur mitoyen pour le démolir, percer, réédifier, sans y appeler les voisins qui y ont intérêt, par une simple signification seulement, et ce, à peine de tous dépens, dommages et intérêts, et rétablissement dudit mur; le maçon contrevenant serait responsable de tout ce qui serait cassé, rompu ou endommagé chez le voisin, en perçant et démolissant ou en travaillant au dit mur. Ces dispositions se trouvent aux yeux de Paillet au nombre de ces règlements de police que la loi n'a pas abrogés, et qui donneraient droit à des poursuites contre les contrevenants.

662, c. c.

On ne peut pratiquer au mur mitoyen aucun enfoncement, ni y appuyer aucun ouvrage sans le consentement du co-propriétaire. En cas de refus, on fait régler par experts les moyens nécessaires pour que le nouvel ouvrage ne soit pas nuisible au droit dudit co-propriétaire.

Desgodets.
tome 1, p. 80.
Art. 661, c. c.

Le voisin a le droit de rendre mitoyen la portion seulement du mur dont il a besoin; mais pour appuyer une cheminée, on doit calculer la largeur des conduits comme ayant un pied de plus de chaque côté, sur toute la hauteur; c'est ce que les constructeurs appellent le pied d'aile. La direction de la cheminée doit être déterminée par experts, qui doivent considérer que l'élévation verticale fatigue moins que les conduits dévoyés.

658, c. c.
660.
Paillet.
note sur l'art.
657. c. c.

L'article 658 du Code civil sur l'exhaussement est tellement impératif, qu'il suffit de faire remarquer que pour l'indemnité de surcharge, il est d'usage de payer le sixième de ce qu'a coûté l'exhaussement, dont l'entretien est en entier à la charge de celui qui l'a fait construire.

Paris,
arr. du 4 mai 1813.

L'exhaussement d'un mur mitoyen peut devenir mitoyen

comme le mur lui-même. Néanmoins, si le propriétaire d'un mur non mitoyen ou d'un exhaussement non mitoyen avait pratiqué dans le mur des constructions qu'il avait droit d'y faire, celui qui achète la mitoyenneté pour tirer parti de ce mur doit indemniser l'autre propriétaire du tort qu'il éprouve dans ses constructions. Il n'est pas dû d'indemnités, en raison des simples embarras, ou gêne causés par l'exhaussement.

Ces indemnités sont dues par le motif que les dommages sont le résultat des travaux que le voisin a fait faire pour son utilité, au moyen de son immixtion dans la propriété dudit mur.

Un jugement du tribunal civil de la Seine, confirmé par la Cour d'Appel de Paris le 11 novembre 1862, a décidé que, dans le cas où le mur mitoyen est bon et en état de soutenir l'ancienne maison, mais n'est pas assez épais ni assez solide pour supporter l'exhaussement et la nouvelle construction, et qu'il doit, par ce motif, être refait en totalité, la dépense doit être à la charge de celui seul qui veut l'exhaussement et la nouvelle construction, puisque c'est à lui seul que ce travail est utile.

Lorsqu'un propriétaire d'un bâtiment, en vendant une partie de ce bâtiment, cède aussi la mitoyenneté du mur de séparation sans réserver les jours qui y sont pratiqués, l'acquéreur est censé avoir acquis le droit de mitoyenneté dans toute son étendue ; il peut faire fermer les jours.

Un propriétaire qui veut, en vertu de l'article 661 du Code civil, acheter la mitoyenneté d'un mur *joignant sans moyen* son héritage doit manifester son intention au propriétaire du mur par un acte d'huissier et offrir par le même acte une somme qu'il croit équivalente à la valeur de la moitié du terrain et du mur existant dessus, sauf à augmenter ou à diminuer ladite somme à dire d'experts.

SECTION II.

Des Contre-Murs.

Art. 674. C. c. Celui qui fait creuser un puits ou une fosse d'aisance près d'un mur mitoyen ou non, celui qui veut y construire cheminées ou âtres, forges, four ou fourneau, y adosser une étable, ou établir contre ce mur, un magasin de sel ou amas de matières corrosives, est obligé à laisser la distance prescrite par les règlements et usages particuliers sur ces objets, ou à faire les ouvrages prescrits par les mêmes règlements et usages pour éviter de nuire au voisin.

Des termes de cet article, découle nécessairement le besoin de connaître les coutumes et usages écrits qui doivent servir de règles aux experts chargés par les tribunaux de vérifier en cas de contestation, si le voisin dont on se plaint a pris toutes les précautions exigées par les règlements et usages pour éviter de nuire au plaignant. Nous donnons, à cet effet, les documents que nous avons trouvé sur cette matière. Toutefois, il est bon de savoir que dans les localités où il n'existait pas de coutumes, règlements ou usages constants et reconnus sur cette matière, on avait recours à la coutume de Paris qui était considérée comme le droit commun. (1)

§ I. — PUITS OU FOSSES D'AISANCES ET AUTRES EXCAVATIONS.

Calais,
art. 177.

« Qui veut faire aisance, puits contre un mur mitoyen doit faire contre-mur d'un pied d'épaisseur, et où il y a de chaque

---

(1) Le numèro 3, de l'article 6, de la loi du 25 mai 1888 range, parmi celles qui sont de la compétence des juges de paix ; les actions relatives aux constructions et travaux énoncés en l'article 674 du Code civil, pourvu que la propriété, la mitoyenneté ou les titres qui les établissent ne soient pas contestés. (Sauf appel).

côté puits ou bien puits d'un côté et aisance de l'autre, suffit qu'il y ait quatre pieds de maçonnerie d'épaisseur entre deux, comprenant l'épaisseur des murs d'une part et d'autre; mais entre deux puits suffisent trois pieds pour le moins. » (Pieds de douze pouces). »

« Qui fait dalles (fosses) à recevoir les eaux, ou aisances contre mur mitoyen doit faire contre-mur d'un pied d'épaisseur pour garantir le mur mitoyen. » *Clermont, art. 221.*

« Pour puits contre le mur voisin ou mitoyen, il faut contre-mur d'un pied et demi. » *Melun, art. 208.*

« Pour puits contre des puits voisins, il faut un contre-mur de trois pieds. » *Art. 209.*

« Personne ne peut faire contre le mur mitoyen, citerne, puits, privez, à moins qu'il n'entretienne un mur entre les deux faits, afin qu'il n'arrive aucun dommage au voisin. » *Bergh-Saint-Winoc, rub. 15, art. 20.*

« Pour faire privez, ordes, fosses, fours, fumiers, égouts, etc., il faut contre le mur mitoyen un autre mur bon et suffisant pour le garantir. Si on fait puits ou citernes, on doit laisser ledit mur franc et entier. » *Lorraine, t. 14, art. 10.*

« On ne peut faire ni dresser privez, égouts d'eau de cuisine ou autres semblables immondices, proche le puits de son voisin, qu'il n'y ait huit pieds de distance entre deux et y soit fait contre-mur aussi bas que les fondements des fosses et égouts. » *Art. 12.*

« On ne peut faire retrait, aisance, contre un mur commun, sans y faire contre-mur de pierres, de chaux, d'un pied d'épaisseur. » *Bussiny. art. 184.*

« On ne peut faire latrine contre héritage de voisin, s'il n'y a distance ou muraille d'un pied et demi d'épaisseur entre deux. » *Cambrai, tit. 18, art. 2.*

« Celui qui veut faire puits, privez ou autres aisances nuisibles contre mur mitoyen est tenu de faire contre-mur en cet endroit de l'épaisseur d'un pied et la main. » *Metz, t. 13, art. 16.*

Laon,
art. 269.

« Pour latrines ou aisements près d'un mur mitoyen, il faut un contre-mur de grosses murailles d'un pied d'*espois* et non de *blocailles,* et à distance de dix pieds pour le moins du puits voisin, si puits y a. »

Rheims.
art. 367.

« Quiconque peut faire puits, aisance, ordes, fosses, soulcis et autres choses licites, pourvu que les dites choses soient distantes de dix pieds du puits de son voisin, en y faisant à ses dépens bons et suffisants contre-murs du fond en comble de deux pieds d'épaisseur pour le moins. »

Amiens,
art 166.

« Nul ne peut faire fosses à latrines ou retraits qu'il n'y ait, du côté du voisin, deux pieds et demi de franche terre. »

Bailleul,
art. 22 23.

« Privez ou autres semblables doivent être à trois pieds de l'héritage voisin ou lieux publics. Aussi les étables à porcs et autres semblables. »

Orléans,
ch, 13, art. 243.

« Pour fosses d'aisance, puits, il faut contre-mur, d'un pied et demi d'épaisseur et seront percés en sorte que la plus grande crue des eaux n'y puisse atteindre, pour éviter que l'eau n'entraîne les ordures dans les puits voisins. »

art. 246.

« Puits, latrines, égouts doivent être percés à neuf pieds de distance d'un puits voisin. »

Bergues
rub. 15. art. 26

« Tous privez ou ruisseaux communs doivent être nettoyés et vidés par les voisins à frais communs, une fois par l'héritage de l'un et une autre fois par celui de l'autre, s'il n'y avait justes titres au contraire, ou que le ruisseau fût rempli par le fait d'un seul, ayant bâti, maçonné ou couvert. Et les

Art. 27.

privez communs étant nettoyés à frais communs, si l'un des voisins les bouchait aussitôt après, sans y aller davantage ou y laisser aller, il n'est pas tenu au temps à venir d'aider à le vider à ses frais, ou le laisser vider par son héritage ou par sa maison. »

Art. 28.

« Par-dessus cela, les privez étant vidés, l'un des voisins ne voulant demeurer plus longtemps en commun, il peut maçonner et fermer la moitié de la cave par un mur d'entre-deux et commode. »

« Celui qui a un privez proche de la cave, de la chambre de la maison où de l'héritage d'autrui, lorsqu'il est plein, qu'il pourrait incommoder le voisin, le propriétaire du privez peut être contraint à le faire vider. » Art. 29.

« L'on ne peut faire creuser et établir aucuns puits, retraits, privés, pour y mettre du fumier et des vilenies, qu'à cinq pieds francs de l'héritage de son voisin, duement affranchi et jonché ou couvert de paille, à peine de six livres parisis d'amende. Et néanmoins, si, par vilenie des dits puits, quelques buses de plomb, caves ou égouts de la ville ou de son voisinage fussent corrompus, bouchés ou étrécis, il est tenu de les ôter et réparer à ses frais et en payant par-dessus cela les dommages et intérêts. » Rousselaëre rub. 18, art. 8.

« Si le retrait ou le puits à fumier devenait si plein que la vilenie découle par-dessus dans l'héritage d'autrui, ou dans la rue, ce serait à peine de dix livres parisis d'amende. » art. 9

« Par la coutume n'est loisible à personne de faire édifier retraits ou fosses d'averesses à trois pieds près l'héritage de son voisin, à peine de les faire remplir ou tellement réparer qu'ils ne portent dommages ni aucun intérêt au voisin ni à son héritage. » Tournai, tit. XVIII, art. 5.

« Qui veut faire aisances de privez ou puits contre un mur mitoyen, il doit faire contre-mur d'un pied d'épaisseur, et, où il y a, de chacun côté, puits d'un côté et aisances de l'autre, il suffit qu'il y ait quatre pieds de maçonnerie d'épaisseur entre deux, comprenant les épaisseurs des murs d'une part et d'autre, mais entre deux puits, suffisent trois pieds pour le moins. » Paris, Art. 191.

« Nul ne peut faire fossés à eaux ni cloaques, s'il n'y a six pieds de distance en tous sens des murs appartenant au voisin ou mitoyen. » Art. 217.

« Les tuyaux de descentes des fosses d'aisance doivent être

Desgodets.

Pailiet.
note à l'art 674
c. c.

Abbeville
Art. 53

Calais,
art. 203.

Bergues.

Loi du 11
septembre 1792

Décret du 7 mars
1808.

séparés du mur voisin par un contre-mur d'un pied d'épais-seur, si ce tuyau est en maçonnerie; s'il est en métal ou en terre cuite, il doit être isolé du mur voisin et entouré d'une chemise de plâtre d'un pouce et demi au moins d'épaisseur. »

Le diamètre intérieur du tuyau ne pourra être moindre de trente centimètres; il sera en outre établi parallèlement au tuyau de chute un tuyau d'évent, lequel sera conduit jusqu'à la hauteur des souches de cheminées, si elles sont plus éle-vées. (L'ordonnance, qui prescrit ces mesures et d'autres pour la construction de fosses d'aisance à Paris, est donnée entière-ment à la note ajoutée par Paillet à l'article 674 du Code civil.)

« Nul ne peut faire en soutènement fosses et basses chambres, à moins qu'il ne laisse de sa terre, entre la fosse et l'héritage voisin, deux pieds et demi de vide, ferme terre. »

« Nul ne peut faire fossés à eau ou cloaques, s'il n'y a six pieds de distance en tous sens des murs voisins ou mitoyens. »

Un règlement des magistrats de Bergues du 21 avril 1717 exige pour les mares d'eau un franc bord de quatre pieds de dix pouces, au-delà des eaux d'hiver.

Lorsque des étangs, d'après l'avis des gens de l'art, peuvent occasionner des maladies épidémiques ou sont sus-ceptibles d'inonder les propriétes inférieures, les administra-tions des départements peuvent en ordonner la destruction sur la demande des municipalités.

Défense de creuser des puits ou d'élever des habitations plus proches que cent mètres des nouveaux cimetières, trans-férés hors des communes en vertu de lois et règlements (1). Les

---

Art. 9.
Loi du 6-15 mai
1791.
Art. 8.
Du décrèt du 13
prairial an 12
(11 juin 1804)

(1) Les cimetières supprimés ne peuvent être mis dans le commerce que dix années après les dernières inhumations.

« Aussitôt que les nouveaux emplacements seront disposés à recevoir les inhumations, les cimetières existants seront fermés et resteront dans l'état où ils se trouveront sans que l'on en puisse faire usage pendant cinq ans. »

puits existant pourront, après visite contradictoire d'experts, être comblés en vertu d'un arrêté du préfet sur la demande de la police locale. Paillet note sur l'art. 674 c. c.

Quand le puits que l'on veut faire est à la proximité soit d'un mur qui sépare deux héritages, soit d'une cave ou d'un autre puits placé sur le terrain du voisin, on doit, en construisant le puits, établir un contre-mur pour garantir ou le mur de séparation ou la cave du voisin, ou son puits de tous les dommages que pourrait causer l'infiltration des eaux : ce contre-mur doit être fondé plus bas que le sol du puits et doit monter jusqu'au niveau du terrain. Le plus sûr moyen pour empêcher l'infiltration des eaux est de faire ce contre-mur circulairement ; il convient aussi de lier le mur et le contre-mur, pour qu'ils ne fassent qu'un seul corps de maçonnerie. Desgodets.

Voici, à titre de renseignement, ce qui a été constaté sur cette matière en l'enquête du Nord de 1856 : Enq. d. N. p. 36.

Dans le canton de Marchiennes le contre-mur est de quatorze pouces ; les puits se creusent à la limite de la propriété.

A Orchies on exige pour les fosses d'aisance un contre-mur de vingt-deux à vingt-quatre pouces, compris le mur mitoyen, le tout lié ensemble.

Dans l'arrondissement de Valenciennes, les contre-murs sont de dix-huit pouces.

A Cambrai les fosses d'aisance ne peuvent s'établir qu'à dix pieds des puits voisins.

§ II. — VOUTES DE CAVES.

Quoique la coutume de Paris n'oblige pas à faire un contre-mur pour soutenir la voûte d'une cave, l'usage est de prévenir Desgodets.

la poussée qu'opère une voûte, dont la naissance touche au mur mitoyen ; pour cela, on fait un contre-mur qui soutient l'effort de la voûte.

Ce contre-mur doit régner dans toute la longueur de la portion du mur qu'on veut protéger. Quant à son épaisseur, on sait qu'un plein cintre pousse moins qu'une voûte surbaissée. Il convient donc de faire un contre-mur d'un pied d'épaisseur pour les voûtes telles qu'on les fait ordinairement ; mais lorsqu'il s'agit d'une voûte d'un grand diamètre ou plus surbaissée, il faudrait une plus forte épaisseur.

§ III. — CHEMINÉES.

Calais, art. 175.

« Qui fait cheminée doit faire contre un mur de tuillots de demi-pied d'épaisseur. »

Clermont, art. 219.

» Pour faire cheminée contre un mur mitoyen, il faut contre-mur de tuilleaux ou de plastre de demi-pied d'épaisseur et hauteur suffisante. »

Rheims, art. 371.

« Cette coutume autorise à prendre creux du tiers pour édifier cheminée. »

Metz, tit. 3, art. 1ᵉʳ

« Muraille mitoyenne peut être creusée jusqu'à la moitié de son épaisseur pour y dresser tuyau de cheminées, armoires et autres choses semblables. » (Ces deux derniers articles sont donnés à titre de renseignements, l'article 662 du code civil les ayant abrogés implicitement).

Berghe-Saint-Winocq, rub. 15, art. 20

« Les pilles de bois doivent être à cinq pieds de tous toits. »

Art. 21.

» Il ne peut être placé nuls bois dans les cheminées. »

Art. 22.

» Les tuyaux des cheminées doivent avoir cinq pieds au-dessus des toits, en sorte que les voisins ne souffrent aucun intérêt de la fumée, des étincelles et autres pareils inconvénients. »

Les coutumes d'Eskelbecques, rub. 5, article 2., Bailleul, rub. 21, article 19, contiennent les mêmes dispositions.

Elles font en outre défense, avec La Gorgue rub. 6, article 54, Ypres, rub. 16, article 8, de placer sommiers, gittes et autres bois dans les cheminées.

« Qui veut faire cheminées et âtres contre un mur mitoyen, doit faire contre-mur ou autre chose suffisante de demi-pied d'épaisseur (1). »

Paris, art. 189.

Suivant Desgodets, ce mur sera établi jusqu'à la hauteur du manteau, en perdant insensiblement de son épaisseur... On peut le remplacer au moyen d'une plaque en fer fondu mise à la distance d'un pouce du mur.

Desgodets.

Le corps de cheminée ne peut être enfoncé dans l'épaisseur du mur mitoyen ; il est défendu de faire entrer des pièces de bois dans un corps de cheminée ; le chassis qui soutient la saillie qui forme le manteau doit être en fer ; l'âtre des cheminées ne peut être posé au-dessus d'une pièce de bois, de sorte que l'âtre est ordinairement placé sur une voûte.

M. Clément cite l'article 7 du règlement du conseil d'Artois de 1780, qui exige que les cheminées de forges soient élevées de trois pieds de roi au-dessus du toit. Nous aurons occasion de revenir sur ce règlement en l'article suivant :

Règl. du 17 mars 1780, art. 7.

§ IV. — FORGES, FOURS, FOURNEAUX.

« Qui veut faire four, forges, fourneaux, doit laisser demi-pied,

Calais, art. 176.

---

(1) L'âtre est la plaque sur laquelle est placé le combustible ; à droite et à gauche, se trouvent deux jambages dont la partie supérieure est marquée par une saillie nommée le manteau, qui sert à porter une tablette ; le devant de cette saillie, ainsi que les faces des jambages sont revêtus d'un chambranle. Le corps de la cheminée est la portion du tuyau par où s'échappe la fumée ; le contre-cœur est le mur qui forme le fond de la cheminée et que l'on couvre ordinairement d'une plaque de fer fondu.

de vide et intervalle entre le mur du four, forge ou fourneau et le mur mitoyen, et doit être ledit mur du four, forge ou fourneau d'un demi-pied d'épaisseur. »

Clermont, art. 225.

» Entre four d'un boulanger et le mur mitoyen doit avoir demi-pied de ruelle d'espace, ou autrement qui le vaille, pour le garantir de la chaleur et du feu dudit four. »

Sens, art. 106.

« Pour four, forge, fourneau, il faut contre-mur d'un pied. »

Clermont baill. art. 4.

« Entre four et un mur mitoyen doit y avoir espace pour obvier au danger du feu. »

Lagorgues, rub. 6, art. 59.

« Pour four à cuire ou fournaise contre le mur voisin ou mitoyen, il faut un mur d'une brique d'épaisseur, et contre paroi de terre deux briques d'épaisseur. »

Lorraine, tit. 14, art. 10.

« Pour fours et autres semblables contre le mur mitoyen, il faut un autre mur bon et suffisant pour le garantir. »

Cambrai, tit. 10, art. 3.

« On ne peut faire four contre héritage du voisin s'il n'y a distance ou muraille d'un pied et demi d'épaisseur entre deux. »

Metz, tit. 13, art. 16.

« Celui qui veut faire four, forges ou fourneaux contre mur mitoyen est tenu de faire contre-murs en cet endroit de l'épaisseur d'un pied et la main. »

Rheims, art. 368.

« Four d'un boulanger, forge d'un maréchal, joignant un mur mitoyen, doit avoir un contre-mur d'un pied d'épaisseur pour le moins. »

Bailleul, (Flandre), rub. 21. art. 18.

» Fours, fournoirs ou autres à péril d'incendie ne peuvent être placés qu'à demi-pied du mur voisin lorsqu'il est en pierres, autrement la distance est d'un pied, dans lequel espace personne ne pourra non plus mettre ou ériger aucun ouvrage de bois. »

Montargis, ch. 10. art. 247.

« Pour four, forges ou fourneaux, il faut laisser un demi-pied de vide du côté du mur mitoyen ou appartenant à autrui. »

« Personne ne fera aucun four pour cuire le pain, ou fourneau contre le mur de son voisin, qu'en maçonnant contre le
même mur l'épaisseur d'une brique dans le nouvel ouvrage
dudit four ou fourneau, et contre l'âtre ou le cœur l'épaisseur de deux briques.

Rousselaëre, rub. 18. art. 6.

« Personne ne pourra dorénavant faire aucuns fours pour
cuire ou fournaises contre le mur ou paroi de son voisin,
qu'en maçonnant contre le même mur l'épaisseur d'une
brique dans le nouvel ouvrage dudit four et contre la paroi
de terre ou d'ais, l'épaisseur de deux briques. »

Ipres, rub. 16. art. 14.

» Pour four, forge, fourneaux, il faut contre-mur d'un
pied. »

Melun. art. 207.

» Pour faire fours, forges ou fourneaux contre un mur voisin ou mitoyen, il faut un contre-mur de deux pieds. »

Auxerre, art. 89.

« Pour fours, forges ou fourneaux contre un mur voisin ou
mitoyen, il faut un pied franc entre lesdits fours, forges,
fourneaux et le mur voisin. »

Berry, t. XI, art. 12.

« Pour four, forges ou fourneaux contre mur voisin ou mitoyen, il faut un demi-pied de vide. »

Bourbonnais chap. 31. aat, 511

A Nevers, on exigeait un contre-mur d'un demi-pied et
autant de ruelle ; à Blois, un demi-pied et un empan, à Sedan,
à Troyes, un pied et demi ; dans les coutumes de Bar et de
Châlons, deux pieds ; et presque partout, en outre, un
intervalle vide de six pouces qu'on nommait le *tour du
chat*.

« Qui veut faire forges, fours ou fourneaux contre le mur
mitoyen doit laisser demi-pied de vide et intervalle entre deux
du mur, du four ou forge, et doit être ledit mur d'un pied
d'épaisseur. »

Paris. art. 190.

»Les contre-murs doivent s'étendre dans toute la largeur et
la hauteur de la forge, du four ou du fourneau, et l'espace
vide ne doit pas être fermé aux extrémités afin que l'air puisse

circuler librement ; les tuyaux par où la fumée doit s'échapper seront isolés du mur voisin. »

Comme pour tous les autres cas non-prévus par les coutumes locales, cet article de la coutume de Paris est le droit commun.

Le règlement du Conseil d'Artois de 1780 porte :

» Article 6. Toutes les forges seront construites en murs de briques et de pierres et seront séparées par des pignons de tous bâtiments voisins.

» Article 7. Le foyer sera en briques, maçonné au bon mortier, ainsi que les cheminées qui seront élevées de trois pieds de roi au-dessus du toit, lequel sera de tuiles ou pannes ainsi que celui des auvents. »

» Article 8. Les forges actuellement existantes seront couvertes en tuiles ou pannes, et les cheminées construites suivant l'article ci-dessus, en dedans six mois ; sinon, le délai passé, l'usage en sera interdit à peine d'amende de cinquante livres. »

Le répertoire de jurisprudence dit que, pour les fours des potiers ou autres, où le feu est très ardent ou se continue plusieurs jours, on exige un vide d'un pied au lieu d'un demi-pied, et pour les forges de ceux qui travaillent sur le fer, outre cet intervalle, on exige encore un contre-mur.

§ V. — ÉTABLES, ÉCURIES ET AUTRES CHOSES SEMBLABLES.

« Qui fait étable contre un mur mitoyen doit faire un contre-mur de huit pouces d'épaisseur jusqu'au rez de la mangeoire. »

« Pour faire étable contre mur mitoyen, il faut contre-mur d'un demi-pied d'épaisseur jusqu'au rez de la mangeoire. »

« Privez, étables à porcs ou semblables, doit être à distance de l'héritage voisin ou des lieux publics. »

« Qui fait étable contre un mur mitoyen, il doit faire contre-mur de huit pouces d'épaisseur, de hauteur jusqu'au rez de la mangeoire. »

Paris, art. 138.

Suivant Desgodets, le contre-mur doit régner dans toute la longueur de l'étable avec l'épaisseur et hauteur prescrites par la coutume du pays, et s'il n'y en a pas, il n'y aurait aucun inconvénient à suivre celle de Paris, qui indique, comme on vient de le voir, une épaisseur de huit pouces, ce qui suffit si on emploie de bons matériaux ; quant à la hauteur, elle doit être jusqu'à la mangeoire, lors même que la mangeoire ne serait pas placée du côté du mur mitoyen, et pour que la précaution du contre-mur soit utile, il faut en outre trois pieds de fondation lorsque l'étable n'est pas pavée à chaux et à ciment, et au moins un pied de fondation lorsque l'étable est pavée à chaux et à ciment.

§ VI. — MAGASINS DE SELS, AMAS DE MATIÈRES CORROSIVES (1).

« Qui veut faire aisances nuisibles contre mur mitoyen est tenu de faire contre-mur en cet endroit, de l'épaisseur d'un pied et la main. »

Metz, tit. 13, art. 16.

« Personne ne peut faire contre le mur mitoyen citerne, etc., ni placer piles de bois, fumiers, boués, fanges ou autres donnant humidité, à moins qu'il n'entretienne un mur entre les deux faits, afin qu'il n'arrive aucun dommage au voisin. »

Bergh-Saint-Winoc. rub. 15, art. 20.

« Les piles de bois doivent être à cinq pieds de tous toits. »

---

(1) Les bestiaux morts seront enfouis dans la journée à un mètre trente centimètres (quatre pieds) de profondeur par le propriétaire et dans son terrain, ou voituré à l'endroit désigné par la municipalité pour y être également enfoui, sous peine par le délinquant de payer une amende de la valeur d'une journée de travail et les frais de transport et d'enfouissement.

Loi du 28 septembre 6 octobre 1791 [Code rural] art. 13, titre 2

La coutume de Paris n'indique aucune précaution spéciale pour les magasins de sel ou amas de matières corrosives. Les deux articles des coutumes de Metz et de Bergh ne les désignent qu'en termes généraux; toutefois cette dernière désigne les fumiers, boues, fanges.

L'opinion de Desgodets est d'une grande autorité en ces matières. Voici les travaux préservatifs qu'il indique pour garantir le mur mitoyen ou le mur du voisin :

Si on fait un magasin de sel ou de morue salée, ou autres choses semblables, tous les architectes veulent que le contre-mur, fait en bons matériaux, ait un pied d'épaisseur avec la même longueur et la même hauteur que le mur mitoyen, et avec une fondation de trois pieds de profondeur.

Quand on entasse du fumier près d'un mur mitoyen ou à autrui, on doit le garantir par un contre-mur pour empêcher les fumiers d'altérer ce mur et ses fondations. Le contre-mur doit avoir au moins huit pouces d'épaisseur, s'étendre en longueur et en hauteur autant que la masse du fumier et avoir deux pieds de fondation.

Les mêmes précautions doivent être prises pour amas de toutes autres matières corrosives.

Pour faire passer de l'eau par un aqueduc le long d'un mur mitoyen, il faut faire un contre-mur d'une épaisseur suffisante pour que l'eau ne puisse pas pénétrer jusqu'à ce mur.

Pour faire couler de l'eau à la superficie le long d'un mur mitoyen, il faut le garantir par un revers de pavé bien cimenté.

Les personnes qui ont droit à un passage à voitures doivent placer des bornes pour garantir les murs voisins; si ce passage est trop étroit pour y placer des bornes, on garantit les murs voisins au moyen de bandes de fer placées à la hauteur des essieux.

§ VII. — OBJETS DIVERS.

« Pour jetter terres contre un mur mitoyen ou autre, on doit faire contre-mur d'épaisseur suffisante pour garantir ce mur. » Clermont, art. 223.

« Si on a terrassé contre le mur du voisin, il faut faire contre-mur. » Lorraine, tit. 14, art. 11.

« Le voisin, qui a de son côté la terre de son héritage plus haute que l'héritage du voisin, est tenu d'avoir de son côté contre-mur de la hauteur de ses terres pour les retenir. » Cambrai, tit. 18, art. 5.

D'après Desgodets, l'épaisseur du contre-mur doit être prise sur le terrain de celui qui est tenu de l'établir. Cette construction doit régner en longueur et en hauteur dans toute l'étendue des terres supérieures qu'elle est destinée à retenir (il est entendu que ces travaux sont aux frais du propriétaire du terrain supérieur). Toujours suivant Desgodets, l'épaisseur du contre-mur doit être de six pouces, lorsque les terres supérieures ne sont élevées que d'un pied; si la hauteur est plus considérable, jusqu'à trois pieds, l'épaisseur est de douze pouces; on augmente ensuite l'épaisseur en partant du bas, à raison de deux pouces par chaque pied qui excède en hauteur les trois premiers pieds. Desgodets.

« Qui veut faire labourer terrain contre le mur d'autrui doit faire contre-mur d'un demi-pied d'épaisseur, et s'il a terres jectisses, un pied d'épaisseur. » Calais. art. 158.

» Qui veut faire labourer un terrain qui joint un mur mitoyen ou autre doit faire contre-mur d'épaisseur suffisante pour garantir le fondement de ce mur. » Clermont, Art. 222.

« Celui qui a place, jardin ou autre lieu vide, qui joint immédiatement au mur d'autrui ou à mur mitoyen et y veut faire labourer et fumer, il est tenu de faire contre-mur de demi-pied d'épaisseur, et s'il y a terres jectisses, il est tenu de faire contre-mur d'un pied d'épaisseur. » Paris. Art. 192.

Desgodets.

Néanmoins, il était admis qu'on pouvait éviter la construction de ce contre-mur en laissant un espace de trois pieds de terre ferme le long du mur mitoyen ou à autrui, sans le labourer ou remuer à la bêche ou autres instruments aratoires.

Répertoire de jurisp. t. 15 p. 430.

On n'exige pas non plus de contre-murs dans les petits jardins, les propriétaires s'en déchargent réciproquement, à moins qu'on ne veuille planter des espaliers le long des murs ; et encore si leurs racines dégradaient les murs, les propriétaires des arbres n'en seraient pas moins tenus de réparer le dommage.

Si on rapporte des terres de l'autre côté d'un mur mitoyen ou à autrui, pour mettre le sol à la même hauteur que le terrain naturel, il ne faut de contre-mur qu'autant que les terres rapportées sont remuées pour la culture. Si les terres rapportées sont plus élevées que le terrain de l'autre côté du mur, il faut contre-mur sur un fond solide avec l'épaisseur indiquée par Desgodets, à la page qui précède.

Quand le mur de séparation sert à porter un édifice avec des caves au-dessous et que le voisin de l'autre côté a des terres rapportées plus élevées que l'ancien terrain, le propriétaire des édifices doit soutenir le terrain de son voisin au-dessous du terrain solide. Le propriétaire des terres rapportées ne doit soutenir que depuis le fond solide. Il n'est même pas d'usage de faire contre-mur le long des caves, parce que les terres sont suffisamment soutenues par le butement des voûtes, à moins que ces terres n'occasionnent de l'humidité ; dans ce cas, le contre-mur doit être d'épaisseur suffisante pour empêcher cette humidité.

Arrêts du 27 août 1639 et 30 avril 1644.

Si on élève des rues et que les propriétaires, pour se mettre au niveau, emploient chez eux des terres rapportées, ils doivent faire des contre-murs pour conserver les murs de séparation et les préserver de l'humidité.

Aux connaissances nécessaires pour ériger près des héritages voisins les constructions dont on a besoin, il n'est pas inutile d'adjoindre l'énumération des peines prononcées par le code pénal contre ceux qui portent atteinte aux constructions d'autrui et aux siennes propres.

« Article 434. Quiconque aura volontairement mis le feu à des édifices, magasins, chantiers et autres lieux habités ou servant à l'habitation, qu'ils appartiennent ou n'appartiennent pas à l'incendiaire, sera puni de mort. *Loi du 13 mai 1863. Modifiant le code pénal.*

» Lorsque ces édifices, etc., ne sont ni habités ni à usage d'habitation, l'incendiaire sera puni de la peine des travaux forcés à perpétuité.

» Lorsque l'incendiaire, quoique propriétaire de ces objets, aura volontairement causé un préjudice à autrui, il sera puni des travaux forcés à temps. Sera puni de la même peine celui qui aura mis le feu sur l'ordre du propriétaire.

« Celui qui aura incendié l'un des objets ci-dessus énumérés, en mettant volontairement le feu à des objets appartenant soit à lui, soit à autrui, sera puni de la même peine que s'il avait directement mis le feu.

» Dans tous les cas, si l'incendie a occasionné la mort d'une ou plusieurs personnes se trouvant dans les lieux incendiés au moment où il a éclaté, la peine sera la mort.

» Article 437. Quiconque aura volontairement détruit ou renversé, en tout ou en partie, des édifices, ponts, digues, chaussées ou autres constructions qu'il savait appartenir à autrui, sera puni de la réclusion et d'une amende qui ne pourra excéder le quart des restitutions et indemnités ni être au-dessous de cent francs.

« S'il y a eu homicide ou blessures, le coupable sera, dans le premier cas, puni de mort, et, dans le second, puni de la peine des travaux forcés à temps.

« Article 463. En cas d'admission de circonstances atté
nuantes, les travaux forcés à perpétuité ou les travaux forcés
à temps remplaceront la peine de mort, les travaux forcés à
temps ou la réclusion remplaceront les travaux forcés à perpétuité.

« Les travaux forcés à temps seront remplacés par la
réclusion ou par les dispositions de l'article 401 sans pouvoir
réduire la durée de l'emprisonnement en dessous d'un an.

SECTION III.

Des vues sur la propriété de son voisin.

*Article 675 du Code civil. L'un des voisins ne peut, sans
le consentement de l'autre, pratiquer dans le mur mitoyen
aucune fenêtre ou ouverture en quelque manière que ce
soit même à verre dormant.*

*« Article 676 du Code civil. Le propriétaire d'un mur
non mitoyen joignant immédiatement l'héritage d'autrui
peut pratiquer dans ce mur des jours ou fenêtres à fer
maillé et verre dormant. Ces fenêtres doivent être garnies
d'un treillis de fer dont les mailles auront un décimètre
(trois pouces, hui lignes) d'ouverture au plus, et d'un
chassis à verre dormant.*

*» Article 677 du Code civil. Ces fenêtres ou jours ne peu-
vent être établis qu'à vingt-six décimètres (huit pieds) au-
dessus du plancher ou sol de la chambre qu'on veut
éclairer, si c'est à rez de chaussée, et à dix-neuf décimètres
(six pieds) au-dessus du plancher pour les étages supérieurs.*

*» Articles 678 et 679 du Code civil. On ne peut avoir de
vues droites qu'à dix-neuf décimètres (six pieds) et des
vues de côté qu'à six décimètres (deux pieds) de distance
de l'héritage voisin. »*

Ces dispositions du Code civil régissent les vues légales depuis le moment de leur promulgation, mais elles ne peuvent avoir aucun effet rétroactif. Ce principe a été mis en pratique par la Cour de Cassation, lorsqu'elle a décidé par arrêt du 9 août 1813 que les articles 676, 677 et suivants du Code civil ne s'appliquent pas au cas où il y a possession et prescription contraire. Il devient donc nécessaire de rechercher dans l'ancienne jurisprudence les dispositions des coutumes qui traitaient de cette matière; voici quelques documents qui y sont relatifs.

« Chacun peut faire des fenêtres dans le mur qui lui appartient, là où il lui plait et prendre l'air par là, au cas qu'il n'y ait pas de droit de servitude au contraire; bien entendu que lorsque ces fenêtres sont faites au-dessous de la hauteur d'un homme ou qu'elles viennent sur l'héritage d'un autre, elles doivent être grillées de fer et garnies de verre ainsi qu'il convient. » *Bruges-ville, tit. 22 art. 2.*

« Celui qui a des fenêtres ou le jour sur l'héritage d'autres personnes, soit par titre, soit sans titre, il sera tenu d'affranchir les dites fenêtres avec des barres de fer et des vitres, sans les pouvoir ouvrir que de son côté, à moins de convention ou stipulation contraire. » *Ipres-ville, rub. XVI. art. 17.*

« Celui qui de nouveau voudra prendre le jour sur l'héritage d'autres personnes, il devra faire les fenêtres sept pieds de haut de la terre ou plus haut et au dessus de la hauteur de l'homme, avec des vitres, et assurer avec des barres de fer comme il est dit ci-devant, sans néanmoins acquérir par là le droit de servitude. » *Art. 18.*

« Un chacun peut faire des fenêtres en son propre mur et où bon lui semble, et en tirer du jour pourvu que les dites fenêtres soient hautes de sept pieds et non pas moins. » *Nieuport, rub. XV. art 1er,*

« Cette coutume exige également sept pieds de hauteur du sol, verres dormants et treillis de fer. » *Rousselaëre. rub. XVIII, art. 12*

La coutume de Douai, chapitre XII, article 1er, et celle d'Orchies chapitre X, article 1er, exigent les mêmes précautions, en sorte que par icelles fenêtres on puisse seulement profiter des vues sans causer autres dommages à son voisin.

« L'on peut prendre du jour sur l'héritage de son voisin, à la hauteur de huit pieds de la terre, par des vitres ou treillis arrêtés, sans saillies et non autrement. »

« Néanmoins personne n'acquiert par là le droit d'empêcher à son voisin l'élévation de ses bâtiments ainsi qu'il le trouverait bon, quoiqu'il y eut même une possession immémoriale. »

« Nul ne peut faire fenêtre regardant directement sur son voisin, non plus en parois et murailles que sur les toits et couvertures bâties de plat, que les dits parois et couvertures ne soient sept pieds arrière de l'héritage voisin, s'il n'y a fait spécial au contraire. »

« Les articles 200 et 201 de la coutume de Paris ne permettaient de faire fenêtre ou trou pour voir en quelque manière que ce soit en un mur non mitoyen, joignant sans moyen l'héritage d'autrui qu'à neuf pieds du sol pour le premier étage et à sept pieds pour les autres étages. Ces ouvertures devaient être garnies de treillis en fer dont les trous ne pouvaient avoir que quatre pouces en tous sens et des verres dormants (c'est-à-dire des verres attachés, scellés en plâtre qu'on ne pouvait ouvrir).

Les coutumes de Clermont en Beauvoisis, article 218, Laon, article 262, Mantes, article 95, Reims, article 260, Valois, articles 125 et 126 prescrivent également neuf et sept pieds suivant les étages.

Toutes les autres coutumes qui se sont expliquées sur ce sujet, exigent une moindre hauteur, ainsi : Auxerre, article 105, Barre, articles 177, Châlons, article 136 et 137, Melun, article 190 et Sens, article 101, veulent huit pieds au rez-de-

Marginal notes (left column):

Douai et Orchies.

Bailleul.
rub. 21 art. 8

Art. 9.

Hesdin-ville,
art. 19.

Paris,
art. 200, 201.

chaussée et sept pieds aux étages supérieurs. Nantes et
Rennes exigent sept pieds et demi à tous les étages; Anjou,
article 455, Berry, titre onze, article 13, Maine, article 467,
Chartres, article 80, Dreux, article 68, Château-Neuf, article
95, Normandie, article 616, fixent sept pieds à tous les étages. Maux, article 76 et Sedan, articles 282 et 290, prescrivent sept pieds aux bas étages et six pieds aux chambres.

La coutume de Calais, article 186, fixe la hauteur à cinq pieds
trois pouces au premier étage, si cet étage a neuf pieds et
au-dessous, et à six pieds, si l'étage a dix pieds; quant aux
autres étages, il suffit de cinq pieds, (à verre dormant).

Les coutumes de Montargis, Orléans, Auxerre, Melun,
Bar, Châlons, Laon, Nantes, Meaux, Normandie, Berri
exigeaient, comme celle de Paris, des treillis en verre dormant. D'autres, comme celles d'Anjou, Chartres, Chateau-Neuf,
Dreux, Grand-Perche, Maine, Nantes et Rennes, ne prescrivaient que des verres dormants.

Quant aux vues droites et celles obliques à hauteur d'appui,
les coutumes de Paris, article 211 et de Calais, article 188,
exigeaient, savoir : six pieds de distance de l'héritage voisin
pour les vues droites, et deux pieds pour celles de côté. Ces
distances étaient généralement adoptées dans les provinces.
Néanmoins, quelques coutumes y faisaient exception, ainsi :
les articles 356 et 357 de Reims autorisent un propriétaire
à établir vues, clairés et fenêtres vers son voisin, pourvu que
l'égout de son toit tombe sur le sien; dans ce cas, le voisin ne
pouvait bâtir à l'endroit d'icelles vues plus près que deux pieds
et demi. Celle de Lorraine, titre quatre, article premier, porte
que chacun peut dresser vues sur soi, n'y eut-il de l'héritage
voisin plus que le tour du ventillon (tour de contrevent) et le
voisin peut bâtir en face, laissant le tour du ventillon libre.

Les coutumes d'Anjou, article 455, et du Maine, article

37

463, permettent de faire vues sur soi, n'y eut-il que demi pied à y voir (demi pied du sien). Celle du Grand-Perche exige un pied de distance, celle de Normandie, article 246, deux pieds (d'après Berrault). Il paraîtrait, en outre, certain que dans le pays de droit écrit on n'observait pas sur cette matière la loi de Zénon, qui exige douze pieds , mais qu'on suivait la coutume de Paris.

Les coutumes du comté de Flandre et de la Flandre gallicane ne prescrivaient aucune distance pour l'établissement de vues et fenêtres vers l'héritage voisin. Mais, pour le même motif sans doute, ces mêmes coutumes autorisaient les voisins à construire sur leurs fonds sans avoir égard à aucunes fenêtres ou lumières d'un autre, qui par là pourraient être obscurcies, si ce n'était qu'il eût droit de servitude pour lesdites vues. C'est dans ce sens que s'expriment les coutumes de (Bruges-ville, titre XII, article 3; Bergues, rubrique XV, article 2; Nieuport-ville, rubrique 15, article 2; Lille-ville, chapitre 24, article 4; Douai, chapitre XII, article 2; Orchies, chapitre 10, article 2; La Gorgue, rubrique VI, article 49; Ypres, rubrique XVI, article 2).

Desgodets, tome 1ᵉʳ, page 58.

Le propriétaire à qui appartient le mur mitoyen a le droit exclusif de s'en servir. Le voisin ne peut pas même y appuyer un treillage ni tout autre objet, quoique ce mur touche sans moyen son héritage.

p. 206

La distance de deux pieds de l'héritage voisin pour les vues de côté n'est pas nécessaire, lorsque l'on fait un mur en aile de deux pieds de saillie formant angle droit avec la face du mur où il s'agit de percer des vues obliques.

p. 198

Les distances exigées par les articles 678 et 679 ne sont pas obligatoires, si la fenêtre ou l'ouverture est en face d'un mur qui empêche de voir dans l'héritage du voisin. Il en est de même si les deux héritages sont séparés par une voie publique.

Si c'est un balcon ou une galerie, la distance se compte p. 197 de la ligne extérieure de la construction saillante.

S'il y a un mur mitoyen sur la limite des deux héritages, la moitié du mur mitoyen est comprise dans la distance.

Mais, comme des vues, telles qu'elles soient, ne peuvent pas être ouvertes ou établies dans un mur commun sans le consentement des co-propriétaires, il en résulte que celui, qui a acheté, en vertu de l'article 661, la mitoyenneté d'un mur joignant son héritage, a le droit de faire supprimer les vues légales existant dans ce mur.

Outre les vues légales et celles de servitudes ordinaires il y a encore les vues de prospect ou d'aspect, qui ont pour objet deprocurer un coup d'œil et des points de vues agréables, jusqu'à une certaine distance ou largeur, dans laquelle les voisins ne peuvent ni bâtir, ni planter, ni rien placer qui puisse borner la vue.

Voir à la page 544 qui précède les règles qui régissent les murs mitoyens.

TITRE VI.

Des servitudes, du tour de l'échelle et de l'égout des toits.

SECTION Ire.

Des servitudes et du tour de l'échelle

§ Ier — DES SERVITUDES.

Parmi les servitudes telles qu'égouts des toits, tours d'échelles, écoulements d'eaux provenant de fonds voisins, les unes ont pour origine la destination du père de famille ou des conventions souscrites entre les parties ; d'autres (les passages d'eau) peuvent résulter de la règle générale (art. 640 c.

c.) que les fonds inférieurs doivent recevoir les eaux qui découlent des terrains supérieurs.

La destination du père de famille qui, aux termes des art. 692 et 693 du code civil, vaut titre à l'égard des servitudes continues et apparentes, lorsqu'il est prouvé que les deux fonds contigus ont appartenu au même propriétaire et que c'est par lui que les choses ont été mises dans l'état duquel résulte la servitude, cette destination, dis-je, n'était pas admise sous l'ancienne jurisprudence par toutes les coutumes ; cette non similitude des coutumes doit embarrasser les experts, ainsi que les tribunaux qui ont à se prononcer sur les difficultés qui naissent à l'égard des servitudes d'existence ancienne, sans titres à l'appui. Pour faciliter là solution de ces difficultés, j'ai recherché dans un grand nombre de coutumes et je donne ci-après les dispositions qui traitent de cette matière. Ces dispositions se divisent en trois catégories :

Première catégorie :

Paris.
Art. 215.

« Quand un père de famille met hors ses mains partie de sa maison, il doit spécialement déclarer quelles servitudes il retient sur l'héritage qu'il met hors ses mains, ou quelles il constitue sur le sien ; et les faut nommément et spécialement déclarer, tant pour l'endroit, grandeur, hauteur, mesure, qu'espèce de servitude ; autrement toutes constitutions générales de servitudes, sans les déclarer comme dessus, ne valent·

Paris, 216.
Orléans, 227,
Calais, 204.
Metz,
it. XIII, art. 22

«La destination du père de famille vaut titre, quand elle est ou a été par écrit et non autrement. »

Cette catégorie n'admet la destination du père de famille que par titre et stipulation spéciale.

Deuxième catégorie :

Lodunois,
ch. 21. art. 1er
Normandie,
art. 607.
Touraine, 212

Les trois coutumes ci-contre admettent la destination du père de famille sans preuves écrites, mais seulement en cas de partage et notamment pour les vues et les égouts.

Troisième catégorie :

Les coutumes de Dourdan, Etampes, Melun, Montfort-Lamaurie, Reims et Sedan admettent la destination du père de famille dans tous les cas, sans exiger de preuves écrites.

Dourdem, 72.
Étampes, 73.
Melun, 189.
Montfort, 84
Rheims, 350.
Sédan, 379.

JURISPRUDENCE

La preuve qu'il y a destination du père de famille ne peut se faire par témoins que pour les partages ou aliénations faites postérieurement au code civil; en ce qui concerne ceux antérieurs, il faut se conformer aux coutumes sous l'empire desquelles ils ont été faits.

Paillet,
note à l'art.
693. c. c.

Quand une servitude est reconnue provenir de la destination du père de famille, aucun des deux propriétaires ne peut, en changeant l'état des lieux, en aggraver, ni diminuer l'usage.

Paris,
24 juillet 1810.
Colmar.
arr. 11 août 1809.

Le propriétaire dont le fonds est inondé par un étang, même sans crues extraordinaires, n'est pas fondé à réclamer ni qu'il y soit porté remède, ni qu'il lui soit accordé des indemnités; si le fonds inondé provient du propriétaire de l'étang, s'il a été vendu tel qu'il se comportait et si, depuis la vente, il n'a pas été fait d'innovation à l'état primitif des lieux, alors il y a destination du père de famille. (Angers, 20 janvier 1813) P. tome 39, p. 465. — S. tome 15, p. 65.

Paillet,
note à l'art.
692, c. c.

Suivant l'opinion des anciens jurisconsultes, la destination du père de famille se prouvait tant par titres que par témoins. Les coutumes de Calais, de Paris et de Clermont faisaient exception à cette règle en ces termes:

Prescription.

« Vues, égouts ou autres servitudes ne peuvent s'acquérir par prescription même centenaire. »

Calais, 172.
Paris, 186
idem 215.

Voici du reste le texte de la coutume de Paris:

« Article 186. Droit de servitude ne s'acquiert par longue jouissance, quelle qu'elle soit, sans titre. »

« Article 215. Lorsqu'un père de famille met hors ses mains partie de sa maison, il doit spécialement déclarer quelles servitudes il retient sur l'héritage qu'il met hors ses mains, ou quelles il constitue sur le sien..... Autrement toutes constitutions générales de servitudes sans les déclarer comme dessus ne valent. »

« Article 216. Destination de père de famille vaut titre, quand elle est ou a été par écrit et non autrement. »

Clermont: 216.
S¹-Omer-ville,
art. 30.
St-Omer-baill.
art. 21.
Aire,
art 18.

Les servitudes ne peuvent s'acquérir, soit par titre, soit par possession suffisante à prescription ; et se perdent et s'éteignent de même ; et quant à l'usage desdites servitudes, on se conforme aux us et coutumes de la vicomté de Paris.

Les coutumes de Bruges, ville, titre 2, article 1er, d'Orchie, ville, chapitre VIII, article 2. — Bergues, rub. XIV, article 3 et rub. XV, article 1er. — Eecloo et Lembecke, rub. IX, article 3, disent qu'on ne peut acquérir servitudes par autres moyens que par convention et par contrat passé en justice entre les parties ou par possession immémoriale.

Lille-ville,
art 9. ch. VI.

Par ladite coutume, possession et prescription n'ont lieu pour cours d'eau, vues ou autres servitudes entre circonvoisins, s'il n'appert par lettres ou autrement.

Douai,
ch. V, art. 4.
Orchie,
ch. IV, art. 8.

« Pour valablement acquérir droit de servitude sur héritage situé en ladite ville et échevinage de Douai, soit de vues, portement d'eau, passage ou autre espèce de servitude, il est requis que ledit droit de servitude soit suffisamment consenti, accordé, reconnu et passé par-devant les échevins de ladite ville, au nombre de deux au moins entre les parties auxquelles ce touche, et que ce, en soient faites levées et montré lettres, données desdits échevins. »

Ch. IX art. 2.

Par ladite coutume d'Orchies, prescription (sauf l'immémoriale) n'a lieu en matière de portements d'eau, vues, passages ou autres servitudes, cerque-ménage (bornage) et servage, ne fut qu'il en apparut par lettres passées et données par l'échevin de ladite ville.

« Article 1er. Par quelque laps de temps que ce soit, quoiqu'il fut immémorial, personne aucune ne peut en saisiner l'héritage d'autrui, ni sur icelui acquérir droit de servitudes, et ne lui donne sa possession aucun droit sur icelui, s'il n'y est fondé de juste titre, dont il est tenu de faire apparoir document par lettres passées devant les échevins ou autrement suffisamment. »

Tournai, Ville-Banlieu, tit. XXII.

» Article 1er. Tous héritages non féodaux sont de leur nature libres et francs de toutes servitudes, rentes et autres charges, à moins qu'il en appert le contraire. »

Tit. XVIII.

» De servitudes urbaines qui tombent dans, sur ou à cause de maisons ou clôture d'un autre ; comme sont la vue des fenêtres, de lucarnes, de gouttières, d'égouts, ruisseaux et d'autres choses semblables; il n'échet pas de prescription par le laps de temps, sans titre, mais il en est appointé en enquête et jugé après visite convenable des échevins et d'autres ouvriers qu'il plaît aux échevins de nommer, selon les marques, les enseignements, les lettres, actes et mémoires qu'il y en a. »

Rousselaëre. rub. XXIII, art. 3.

Un délibéré de l'avocat Rasson, donné à Aire le 30 septembre 1784, prouve qu'en Artois, à cause du silence de la coutume générale sur la destination du père de famille, on suivait la coutume de Paris. Voici ce délibéré :

Artois,

« Le conseil soussigné, qui a vu copie du contrat de vente du 1er juillet 1783, estime que, conformément à l'article 215 de la coutume de Paris, icelui qui vend une partie de sa maison doit spécialement déclarer quelles servitudes il retient sur l'héritage vendu, et que, suivant l'article 216, la destination du père de famille ne vaut titre que quand elle est par écrit; que le sieur Demarthes, en vendant au sieur Ivain la cour désignée au mémoire par la lettre F, ne s'étant pas conservé de servitude sur cette cour pour la partie B, qu'il se réservait, il n'y a pas de servitude, et qu'ainsi toutes fenêtres et autres servitudes doivent être bouchées et ôtées, et que la cour F, ne doit pas de passage à la maison B.»

Calais, 172.
Clermont, 216.

« Vues, égouts ou autres servitudes ne peuvent s'acquérir par prescription même centenaire. »

Furnes,.
tit. 36, art. 2,

« On obtient contre les personnes privées le droit de servitudes rurales, continuelles ou égales, où le fait de l'homme n'est pas nécessaire, comme de cours d'eau et autres semblables, par la possession paisible et de bonne foi de trente ans, même sans titres; et de servitudes rurales discontinuelles où le fait de l'homme concourre, comme d'avoir le chemin ou la conduite à pied, à cheval ou en chariot par dedans l'héritage ou l'eau d'autrui avec des bestiaux ou autrement, de pouvoir aller quérir, par dedans le fonds d'autrui, de l'eau, du sable, de la marne, de l'argile ou pareilles choses, elles seront prescrites par le temps de quarante ans, sauf la bonne foi, comme ci-dessus. »

art 3.

« Les servitudes urbaines qui tombent dans ou à cause des maisons ou par demeures d'autrui, comme vues de fenêtres, de lucarnes, de gouttières, d'égouts d'eau, de ruisseau ou de semblables choses, il n'en échet pas de prescription par le cours de temps, seulement sans titres; mais l'on suit, l'on juge et l'on appointe cela, selon qu'enseignent les marques, les enseignements, les lettres, les mémoires s'il y en a. »

Ces dispositions sont reproduites par les coutumes d'Oudenarde, rub., XI articles 4, 5 et 6; de Courtrai, rub. XI, articles 2 et 3; de Gand, rub. XVIII articles 1, 2, 4 et 17; de Rousselaëre, rub. XVIII, articles 1, 2 et 3.

Dans certaines coutumes, le temps de la prescription était différend suivant les diverses sortes de prescription: telles sont celle d'Alost, rub. IX, articles 1, 2 et 3, rub., XVI article 2; celle d'Amiens, articles 160, 161 et 165.

Plusieurs coutumes, ainsi que je le constate par les citations qui suivent, admettaient la prescription en cette matière.

« La possession d'un immeuble, d'un droit réel ou personnel, corporel ou incorporel, est acquise avec titre ou sans
titre par vingt ans entre présents majeurs de vingt-cinq ans,
par trente ans entre absents. »

Artois.
art. 72.

« La prescription est de vingt ans entre présents et absents. »

« La prescription est de vingt ans entre présents et absents. »

« La prescription est de vingt ans entre présents et trente
ans entre absents. »

Boulenais,
art. 120.
Ponthieu,
art. 15.
Valencienne,
art. 93.

« La prescription est de trente ans entre présents et absents. »

Vermandois,
art. 145.

« Toutes rentes, actions et droits corporels et incorporels
personnels, réels (1), servitudes urbaines et rurales se prescrivent entre âgés et non privilégiés, supposé qu'on ne fasse
apparoir de titres, par l'espace de trente ans continuellement
et paisiblement. »

Lagorgues
rub. V, art. 43.

« Le droit de servitude, que l'on nomme continuelle, sera
prescrit par le temps de trente ans, mais celle que l'on nomme
discontinuelle ne sera pas prescrite que par un temps immémorial. »

Bonchaute,
Châtellenie,
rub. XV. 2.
Eecloo,
rub. 8, art. 3.

« Par le temps de trente ans le droit de servitude continuel
ou égal est prescrit et de la discontinuelle en dedans
cinquante ans. »

Asseuede,
rub. XII, art. 2.

« Toutes prescriptions de servitudes, soit continues ou discontinues, sont réglées selon les dispositions du droit écrit et
commun. »

Nieuport,
rub. XV, art. 9.

---

(1) On entend par droits réels, les droits qui sont imposés sur les héritages, comme cens, rentes foncières, servitudes, hypothèques et autres
semblables.

Les servitudes réelles sont celles qui sont dues par un fonds à un autre fonds.

NOTA : En Artois les titres de chevalier, de baron, de marquis, de comte
et de duc ne se prescrivaient pas par la possession même centenaire. Il fallait un titre émanant du souverain.

Art. 2. « En ce qui concerne les servitudes rurales discontinuelles où le fait de l'homme concoure, comme de chemins, de passage, de sable, ou d'autres choses à prendre dedans ou au travers du fonds d'autrui, elles se règlent selon le droit écrit. »

La jurisprudence ancienne atteste qu'en dehors du ressort des diverses coutumes contenant des dispositions relatives aux diverses servitudes continues et apparentes, on s'en rapportait généralement à la coutume de Paris (sauf dans les parties de la Flandre où on suivait le droit écrit). Quant aux servitudes *discontinues* apparentes ou non apparentes, quoique depuis la promulgation du Code civil elles ne puissent, suivant l'article 691, s'établir que par titres, il nous a paru utile de donner de la publicité aux dispositions ci-dessus, qui admettent la prescription pour ces sortes de servitudes, puisque ce même article 691, par respect pour le principe de non rétroactivité, ordonne de respecter les servitudes de cette nature déjà acquises par la possession dans les pays où elles pouvaient s'acquérir de cette manière.

§ II. — Tour d'échelle.

Le tour d'échelle, qui est rangé dans la classe des servitudes discontinues et non apparentes, n'existait pas sans titres. Suivant une règle du droit ancien, celui qui, construisant un mur, voulait laisser entre son mur et le terrain voisin, un espace pour le tour de l'échelle devait le signifier au propriétaire voisin, prendre alignement avec lui et en dresser un acte pour conserver ses droits ultérieurs. Ces précautions, dont il est inutile de faire ressortir l'utilité, devraient encore être prises maintenant. (1)

Paillet.
note sur l'art 691.

(1) L'action possessoire n'est pas recevable lorsque la possession ne peut pas faire acquérir la prescription, ainsi la possession annale d'une servitude

La coutume de Reims fait exception au droit commun. L'article 378 porte : « S'il est besoin de recouvrir un toit ou la goutte tombe sur son voisin, tel voisin est tenu de bailler place pour dresser les échelles et ne pourra l'empêcher. »

Un acte de notoriété du Châtelet de Paris, délivré le 23 août 1701, donne au tour de l'échelle trois pieds à compter du pied du mur en faveur duquel il est établi.

Clément, en son *Essai sur les usages locaux*, dit que dans les campagnes de l'Artois le tour de l'échelle est de cinq pieds. Toutefois si cette opinion n'est fondée sur aucuns documents, il serait prudent d'adopter la distance indiquée par l'acte du Châtelet de Paris.

SECTION II.

Egout des toits.

Article 15, Titre 2, Code rural : *Personne ne peut inonder l'héritage de son voisin, ni lui transmettre volontairement les eaux d'une manière nuisible, sous peine de payer le dommage et une amende qui ne pourra excéder la somme du dédommagement.*

Art. 681 du Code civil. *Tout propriétaire doit établir ses toits de manière que les eaux pluviales s'écoulent sur son terrain ou sur la voie publique ; il ne peut les verser sur le fonds de son voisin.* (1)

---

discontinue ou continue non apparente ne peut donner lieu à l'action possessoire lorsqu'elle ne dérive pas d'un titre.

L'article 691 du Code civil, portant qu'on ne peut contester aujourd'hui les servitudes discontinues anciennement acquises par longue possession, ne s'applique pas au cas où la possession aurait eu lieu eu vertu d'un statut ou usage local, interdisant toute résistance au propriétaire de l'héritage assujetti.

Cassation, 31 octobre 1810.

Paillet.

(1) L'article 681 ne restreint en rien le principe posé par l'article 640, que le fonds inférieur doit recevoir les eaux qui découlent naturellement d'un terrain plus élevé ; car il pourrait se faire qu'avant la construction du bâtiment dont le toit déverse ses eaux du côté du voisin, les eaux du ciel ou de sources naturelles découlaient naturellement sur l'héritage de ce

Cet article ne renvoie pas, il est vrai, aux anciens règlements et usages locaux; néanmoins, pour le pratiquer, il est indispensable que les experts, chargés par les tribunaux de visiter les lieux en cas de contestation, aient connaissance des précautions qui étaient, sous l'ancien régime, exigées pour que les eaux des toits ne tombassent pas sur les héritages contigus et ne pussent nuire aux voisins.

L'étude de ces anciens règlements et des usages locaux est aussi très utile pour apprécier l'espace, nommé vulgairement rejet, laissé entre les fonds voisins et les bâtiments qui devaient verser leurs eaux de ce côté; car il arrive souvent qu'à la suite de la démolition d'un vieux bâtiment, il y a contestation sur la quantité du terrain à reprendre. A ce sujet, il est bon de faire remarquer que dans toutes les localités où la destination de père de famille ne se présumait pas et où la prescription, en pareils cas, n'était pas admise, il y avait présomption légale que les possesseurs de ces bâtiments ou leurs auteurs avaient dû laisser, en les construisant, le rejet voulu par l'usage des lieux. Cette opinion que j'avance ici est partagée par Clément, (page 104 ,) qui cite un arrêt de la

---

dernier, d'où il s'en suivrait qu'il dut encore supporter cette servitude.

Néanmoins, pour que ce dernier soit obligé de recevoir les eaux de ce toit, il est indispensable que le mode de transmission n'aggrave pas la servitude naturelle, d'où il s'en suit que les règles établies par les usages et coutumes, cités en cette section, doivent être scrupuleusement observées pour éviter de nuire aux voisins.

Paillet, dans une note sur l'article 640, discute une difficulté sur laquelle le Code est muet et qui ne peut être résolue que par les lois romaines (§ 23 *de là loi de aqua et aquœ, pluv. arc*). « Il existait dans l'héritage supérieur une digue qui y retenait les eaux pluviales. Cette digue a été détruite soit par la force des eaux, soit par le propriétaire de cet héritage. Dans ces circonstances le propriétaire du fonds inférieur ne peut pas le contraindre à le rétablir, mais il peut le faire à ses frais, à moins que le propriétaire du terrain supérieur ne prouve que la digue lui était nuisible. »

Cour de Douai du 28 août 1841, consacrant cette maxime.

Il résulte du même raisonnement une distinction à admettre dans les lieux régis par les coutumes des deux dernières catégories indiquées dans la section qui précède.

Voici le texte des différentes coutumes sur cette matière :

« Quiconque veut édifier et asseoir maison sur flégard peut le faire au rez de ses bornes et limites, sans de son tènement, délaisser aucune chose du lez dudit flégard s'il ne lui plait. » Hesdin, baill. art. 47.

« Mais en maisons ou autres amazements qui se font et édifient de pan les uns contre les autres et entre parties, l'on doit laisser, pour dégoustière, en couverture d'estrain, deux pieds et demi, et en couverture de tuile pied et demy. » Art. 48.

« Quiconque veut édifier maisons et les mettre de pan les unes contre les autres doit laisser, pour dégoustière, en couverture de tuile un pied portant onze pouces, à l'encontre du tènement de son voisin Hesdin-ville, art. 17.

« Et si entre lesdits tènements il y a un nocq servant à recevoir les eaux procédantes tant d'un côté que de l'autre, ledit nocq se doit entretenir à communs dépens, par ceux à qui les maisons appartiennent. » Air. 18.

« Si aucun veut asseoir maison à l'encontre des chemins ou flégards, il doit asseoir auprès deux bornes, et autre maison, étant l'une contre l'autre, il doit laisser gouttière de deux pieds et demi à couverture d'estrain et un pied et demi à couverture de tuile. » (Par gouttière on entendait probablement rejet). Boulenois, 1550, art. 467.

« Lorsque quelqu'un sur aucun héritage brûlé aboutissant contre un autre héritage non bâti, celui qui bâtira le premier pourra faire un pignon ou mur avec toit pendant en la juste séparation des fonds et en demander la récompense lorsque l'autre bâtira aussi, au dire de gens à ce connoissant. » Hondschoote, rub. VII.

« Si aucun veut édifier sur son tènement une paroi ou Marquenterre, (en Ponthieu).

autre édifice, il faut qu'il laisse en dehors de son édifice si grand espace de sa terre que les eaux de sa maison ou édifice puissent dégoutter sur son héritage, sans qu'il porte aucun préjudice à son voisin »

Lagorgues, art. 57, rub. 6.

« Qui veut bâtir ne peut poser son mur ou paroi plus près de celui de son voisin que de vingt-deux pouces, tellement que chacun a onze pouces pour sa gouttière quant aux toits de tuiles, et au double pour ceux de paille. »

rub. 6, art. 58.

« Mais s'il fait un mur ou paroi droit, ou qu'il mette une nocquière sans dégouttière, le pourra faire à onze pouces. »

Metz, tit. 13, art. 1er.

« Tout propriétaire peut bâtir dessus son terrain et élever son bâtiment aussi haut qu'il lui plaît, en laissant à son voisin le tour du ventillon, s'il y a bâtiment joignant. (Espace nécessaire pour ouvrir les contrevents). »

Bergh-Saint-Winoc, rubr. 15, art. 6.

« Aucun construisant contre l'héritage voisin un mur sur lequel il voudrait bâtir dans la suite avec escailles et tuiles, doit laisser un demi pied entre deux (pied de dix pouces).

Bergues art. 12.

« Les gouttières qui tombent du toit d'escailles ou de tuiles prouvent que le propriétaire a un demi pied d'héritage en dehors de ses murs; un pied, si c'est un toit de paille. »

Art. 18.

« Chacun est tenu de faire conduire ses eaux sur son terrain, sauf titre contraire. »

Bailleul. rub. 21, art. 17.

« Est fait défense de bâtir des saillies ou appentis au-dessus de l'héritage de son voisin, ni poser ses bâtiments plus avant que le marché ou vers la rue, que selon l'ancienne possession.

Iprcs, rub. XVI, art. 11,

« Celui qui veut bâtir ou maçonner de nouveau joignant la maison de son voisin, faisant des parois ou des murs servant à la seule maison, il ne pourra les poser plus proche de la paroi ou du mur de son voisin que de vingt-deux pouces, de sorte que chacun aura onze pouces pour la chute de sa gouttière.

Art. 12

« Au cas qu'il fît un mur ou paroi en pignon, ou qu'il couchat un tuyau sans égouts, il le pourra faire à onze pouces près du mur ou paroi de son voisin. »

« Si quelqu'un voulait avantageusement ou commodément travailler dans ou contre un mur ou paroi de son voisin, il le pourra faire en payant la moitié de la valeur dudit mur ou paroi, au dire de gens, ouvriers, par serment, et en payant tous frais provenant de son travail. » Art. 13

« Personne ne bâtira, ne maçonnera, ne mettra, ni fera gouttières, ruisseaux, piscines ou réservoirs, subsistant, tombant sur, contre, dedans ou au travers l'héritage appartenant à la ville ou à son voisin, ni ne mettra auvent par lequel l'eau pourrait tomber au préjudice de son voisin, à moins de le faire tomber sur son propre fonds et héritage. » Rousselaëre, rub. XVIII art. 4

« Celui qui veut faire pignon ou mur à l'encontre de la maison de son voisin, ne pourra poser plus près du mur ou pignon de son voisin, qu'en laissant la franchise de chacune gouttière et de le réparer ainsi qu'il convient. » Art. 5.

« Personne ne peut faire gouttière, issues d'eau, au travers l'héritage de son voisin, ni faire aucun toit par lequel l'eau peut tomber aux griefs des voisins, à moins de convention spéciale. (Ypres, rubrique XVI, article 3). Lagorgues, rub. 6, art. 50.

« Quiconque a un égout sur son voisin doit y mettre un treillis en fer dans le trou de son mur ou de l'héritage où l'eau passe à petits trous et faire un mortier devant le treillis du côté dont l'eau vient. Bergues, rub. 15, art. 19.

« En faisant un simple mur avec le chaume, il doit laisser espace pour que les pierres débordant ne s'étendent pas sous l'héritage du voisin. » Art. 7.

« Un propriétaire qui a droit d'issue d'eau en l'héritage de son voisin, doit placer une grille de fer, ayant ouverture de l'épaisseur de trois pièces de patagons (la coutume d'Orchies indique la grosseur de trois grains de froment) pour empêcher les ordures de passer. » Douai, ch. 12, art. 5.

L'article 8 a été modifié par l'ordonnance des magistrats Art. 8.

de Douai , du 16 septembre 1627, de la manière suivante :

« Si sur l'héritage et charpentage de la maison est mise et assise une nocquerre portant les eaux du comble de la maison de son voisin, telle personne est tenue de souffrir, si bon ne lui semble ou qu'il le veuille souffrir ; icelui voisin ce requérant est tenu de payer les deux tiers de la coutance et retenue d'icelle nocquerre et de tout labeur à ce servant en quoi que ce soit, s'il n'y a lettre ou fait spécial au contraire. Mais, si cette nocquerre était mise sur l'héritage tant de l'un que de l'autre et que le comble de l'héritage de chacun soient pareils et égaux , aussi grand l'un que l'autre, coutance se ferait par moitié, et si l'un des combles est plus grand que l'autre et qu'elle ait à porter plus d'eau et avoir plus grand cours et issue par icelle nocquerre que n'était l'autre partie, son voisin; les maîtres dessevreurs et cercques maneurs sermentés des héritages de la ville y adviseront, modéreront et ordonneront, comme trouveront convenir. »

Tournai,
tit. 88 art. 6-7.

« La coutume de Tournai en son titre XVIII, articles 6 et 7 dont copie littérale se trouve à la page 539 ci-dessus, donne l'origine et les droits qu'enseignent les corbeaux faisant saillie, placés à l'endroit des planchers dans un mur supportant des bâtiments, dont les eaux s'écoulent sur le terrain limitrophe à ces constructions. Ces corbeaux autorisaient les constructeurs à déverser les eaux de leurs bâtiments sur l'héritage voisin, si ce terrain était à ce *apte* et *disposé;* mais en compensation ils donnaient droit à ce voisin d'asseoir, sur ces corbeaux, planchers, murailles et autres édifices, sans toutefois les enter dans ledit mur. [1]

---

[1] Cela explique pourquoi le sieur Saguet, sur la place de Béthune et le sieur Brassart, rue du Fresnes à Lillers, reçoivent les eaux de bâtiments voisins dont les murs sont garnis de corbeaux en saillie sur les terrains des sieurs Saguet et Brassart.

Pour connaître la coutume faisant loi et devant être suivie dans un lieu quelconque, en ce qui a rapport aux rejets des bâtiments et aux égouts des toits, il suffit de se reporter aux règles et renseignements qui ont été donnés sur les ressorts des diverses coutumes de l'Artois, des Flandres flamande et gallicane, du Hainaut et du Cambrésis au § 2, section IV du titre IV ci-dessus page 530.

Il a été, en outre, recueilli des renseignements utiles par les enquêtes administratives que j'ai déjà eu occasion de citer, et que je crois devoir reproduire.

Dans le Pas-de-Calais :

Un mur non-mitoyen, ayant deux égouts à son chaperon, doit avoir sept pouces de rejet. *Clément, page 105.*

Les murets en terre, couverts en paille, sept pouces.

Les pignons soutenant les ailes d'un toit en chaume, sept pouces, et quatorze pouces s'il y a des fascines.

Pour placer des ancres faisant saillie, deux pouces.

Dans le canton de Cambrin et communes voisines, le rejet est de douze pouces pour les toits en chaume, et de six pouces pour les toits en dur.

Dans le département du Nord :

Arrondissement de Douai : Pour toiture en chaume, rejet de deux pieds et demi de onze pouces ; pour ceux en dur, un pied et demi. *Enq. d. N. du 25 juin 1850.*

Canton de Marchiennes : Pour toits en chaume, mêmes distances que dans l'arrondissement de Douai, réduites à neuf pouces pour les toits en tuiles et en ardoises.

Arrondissement de Valenciennes : Lorsque l'égout du toit effectue sans gouttières, il est d'usage de considérer le terrain comme dépendant du bâtiment à dix-huit pouces, à partir de la muraille.

Arrondissement de Cambrai : Pour les toits en chaume, un

rejet de dix-huit pouces; pour ceux en pannes, tuiles ou ardoises, douze pouces.

Canton de Solesmes : Pour toits en chaume, pied et demi d'Artois; pour les autres, demi pied.

TITRE VII.

Louage des choses.

SECTION 1re.

Congés.

Articles 1736, 1744, 1745, 1748 et 1762.

Le Code civil renvoie aux délais fixés par l'usage des lieux pour donner congé : 1º lorsque le bail a été fait sans écrit; 2º pour fixer l'indemnité à payer au locataire d'une maison, appartement et boutique, lorsqu'il a été convenu par le bail qu'en cas de vente l'acquéreur pourrait l'expulser en le prévenant de son intention d'user de cette faculté ; et 3º lorsqu'il a été convenu dans le contrat de louage que le bailleur pourrait venir occuper la maison louée.

La plupart des coutumes sont muettes sur ce sujet; néanmoins, quelques-unes ont indiqué ces délais. En voici les textes :

St-Omer, Ville, banlieue, échevinage, art. 24

« Les locataires sans baux à loyer ou avec baux à loyer,

NOTA. L'article 2 de la loi du 25 mai 1838 range parmi celles qui sont de la compétence des juges de paix, les actions en indemnités réclamées par le locataire ou fermier, pour non jouissance du fait du propriétaire, lorsque le droit à une indemnité n'est pas contesté (sans appel jusqu'à la valeur de cent francs et à charge d'appel jusqu'à quinze cents francs).

Idem pour les actions intentées en vertu des articles 1732 et 1735 du Code civil pour dégradation du fait de l'occupeur (article 2).

Idem pour les congés (article 3).

sans termes préfix, de maisons, granges et héritages situés en la ville de St-Omer et ses faubourgs, ou d'héritages amazés sans terres à labour, ou autres maisons et héritages situés en la banlieue, s'ils veulent se désister de leur occupation, sont tenus le dénoncer au bailleur en dedans la veille de la nativité de St-Jean-Baptiste ou de la fête de Noël échéant en la dernière demi-année ; et pareillement si le bailleur ne veut que le louage dure plus longtemps, il doit dénoncer au locataire dans les mêmes termes, sinon ledit louage continuera entre eux pour le même temps qu'auparavant, si ledit temps est en-dessous un an, sinon pour l'année entière. »

« Par us et coutumes de cette ville, l'entrée en jouissance des maisons à titre de loyer est au jour de Noël et au jour de St-Jean-Baptiste. » (24 juin). Aire, ville banlieue, Art. 17.

« Par mêmes us et coutumes, le locataire sans bail ou avec bail sans terme préfix ne peut quitter la maison qu'il tient à loyer qu'en avertissant le propriétaire ou principal locataire, savoir : six mois pour un principal locataire, et trois mois pour un locataire de portion de maison, avant lesdits jours de Noël et de St-Jean-Baptiste ; et, pareillement, ne peut le propriétaire ou principal locataire donner congé qu'en avertissant dans les mêmes termes de trois mois ou de six mois, avant lesdits jours de Noël et de St-Jean-Baptiste. » Art. 18.

« Par mêmes us et coutumes, dans la banlieue, les fermiers ou locataires de maisons, héritages ou terres en auront la jouissance, savoir : des terres et héritages sujets à labour après la dépouille levée, et des maisons et manoirs à la mi-mars en suivant ; et ne pourra, le propriétaire desdites maisons et héritages ou terres, ni locataire ou fermier sans bail ou avec bail sans terme préfix, expulser le locataire ou abandonner le loyer sans s'avertir l'un l'autre six mois auparavant les termes ci-dessus. » Art. 19.

« Qui tient maison à louage, sans terre ou avec, après que le terme est expiré, n'est tenu de vider s'il ne lui est pas fait commandement par justice trois mois auparavant. »

« Il ne peut vider sans le consentement du locataire, s'il ne lui a dénoncé, présents témoins, trois mois auparavant, à peine de payer le prochain terme de trois mois en suivant. »

Les articles cités ci-contre des coutumes de la salle et bailliage de Lille, de la ville et banlieue de Lille donnaient aux propriétaires jusqu'à la Chandeleur pour sommer le fermier, qui avait, depuis l'expiration du bail, labouré et ensemencé, de cesser son exploitation à la charge néanmoins de lui offrir le remboursement des labours et semences.

« Pour éviter la tacite reconduction il faut signifier au fermier de partir et ce, avant qu'il ait labouré ou ensemencé, ou après les avoir ensemencé en dedans le jour et fête de la Chandeleur précédent la dépouille, en offrant audit censier labours, fers et semences. »

« Pour renoncer à la jouissance d'une maison tenue en louage, le conducteur, lorsqu'il en a la faculté soit par l'usage, soit par la convention, est tenu de le signifier au locateur un demi an auparavant ; et si le propriétaire s'est retenu la faculté de reprendre sa maison, il doit, pour jouir de ce droit, le faire savoir et signifier trois mois auparavant. »

« Le fermier occupant sa terre après la fin de son bail, sans qu'il lui ait été donné congé avant la fin de la dernière année, pourra exploiter ladite terre l'année suivante entière aux mêmes conditions que la dernière récolte. »

« Celui qui veut reprendre ou rendre une maison ou un héritage doit le faire savoir trois mois avant la mi-mars, la St-Jean, la St-Bavon et la mi-hiver, et six semaines pour les chambres, et six mois avant pour les maisons de négoce. »

« Celui qui veut habiter lui-même sa maison doit signifier congé six semaines avant un des deux termes de St-Jean et de Noël. » Tournai. tit. 21, art. 6

« Si le propriétaire s'est réservé la faculté de reprendre la maison et héritage, il devra signifier trois mois auparavant son conducteur (locataire). » Douai, ord. du 16 septembre 1627.

« La coutume de St-Flour veut que le congé soit donné six mois avant l'expiration du bail, et celle d'Auxerre quinze jours auparavant. » St-Flour, Auxerre.

Paillet, en ses notes sur l'article 1736 du Code civil, enseigne qu'à Lyon et dans la majeure partie des grandes villes de France, l'usage est de donner congé un demi-terme avant la sortie. Paillet.

Qu'à Paris, pour les locations de la valeur de quatre cents francs inclusivement et en-dessous, il faut six semaines d'intervalle entre le jour du congé et celui de la sortie, outre huit jours de grâce pleins accordés pour faire les réparations locatives et déménagements.

Pour les locations au-dessus de quatre cents francs, il faut trois mois d'intervalle pleins, entre le congé et la sortie.

Pour la location d'une maison entière, d'un corps de logis entier, d'une boutique, d'un logement d'instituteur ou d'un commissaire de police, et d'un moulin, il faut six mois; pour les deux dernières espèces de location, il y a quinze jours de grâce, pleins, pour les réparations locatives et le déménagement.

A défaut de coutumes écrites, on doit, d'après les règles qui ont été indiquées dans le cours de cet ouvrage, supposer que les usages enseignés dans ces coutumes étaient pratiqués dans les localités voisines, qui, quoique n'étant pas de leurs ressorts, avaient néanmoins affinité d'habitudes, de convenances et d'usages avec les lieux régis par ces coutumes; mais comme dans une matière qui présente tant de variétés toutes les indications sont bonnes à recueillir, il me paraît utile de donner ici les renseignements contenus dans les enquêtes administratives des départements du Nord et du Pas-de-Calais.

Dans le Pas-de-Calais : Cette enquête a fourni peu de renseignements sur les délais pour donner congé ; il parait constant, néanmoins, que les époques usitées d'entrée et de sortie, sauf les exceptions indiquées ci-devant, sont les 15 mars et 1er octobre ; quant aux délais pour donner congé, M. Clément, page 126, dit qu'à Arras et à St-Pol un congé donné trois mois avant la sortie parait suffire. Il cite au surplus un document qui vaut mieux que des attestations. Il résulterait d'un arrêt du tribunal civil de Boulogne du premier prairial an XIV, que :

1° Dans le Boulonais, les délais de congé étaient de trois mois pour les locations de cent francs et au-dessous ; de six mois pour celles au-dessus de cent francs ; d'un an pour les fermes et habitations avec terres à labour.

2° Dans le Calaisis, ces délais étaient de six mois pour une maison ou deux tiers de maison ; de trois mois pour un appartement et même une boutique, si la location était pour un, deux ou trois ans ; de deux mois si la location était pour six mois et d'un mois pour les locataires en-dessous de six mois.

3° Que dans les localités qui composaient le bailliage d'Amiens établi à Montreuil-sur-Mer, on devait suivre les mêmes délais que dans le Boulonais.

Dans le Nord : A défaut des coutumes, dont une seule, celle de Cambrai, ci-dessus citée, possède une disposition sur cette matière, voici les indications recueillies en l'enquête de 1856.

Clément, page 126.

Suivant l'usage de Douai, le délai des congés est de six

mois, à partir de la St-Jean ou de Noël (Cour de Douai, 12 juin 1840).

A Lille, six mois avant la sortie; néanmoins le tribunal de première instance admet le délai de trois mois pour les locations à l'année; six semaines pour les locations de trois mois; quinze jours pour celles au mois : Enq. d. N.

Dans les autres localités :

Six mois pour les locations à l'année dans les cantons d'Arleux, Cassel, Hazebrouck, Dunkerque; et pour les maisons de commerce seulement, dans les cantons du Câteau, Bergues, Bailleul, Merville et Steenworde;

Trois mois pour les locations à l'année, à six mois ou à trois mois, dans les cantons du Câteau, de Clary, du Carnière, de Tourcoing et de Bourbourg-Campagne;

Trois mois pour les locations à l'année dans les cantons d'Avesnes, Bavai, Landrecies, Maubeuge; Le Quesnoy, Trélon, Arleux, Lille, Valenciennes, Marcoing, Seclin, La Bassée, Lannoy, Haubourdin, Werwick (sud), Bailleul, Dunkerque, Merville, Bergues, Steenworde, Hondschoote et Wormoudt;

Six semaines pour les locations à l'année dans les cantons de Bourbourg (ville), Cysoing, Quesnoy-sur-Deûle, Bouchain, Pont-à-Marcq, Roubaix, Armentières, Lannoy-Campagne et Marchiennes;

Six semaines pour les locations de six mois, de trois mois, dans les cantons d'Armentières, de Seclin, Lannoy-Campagne, Le Quesnoy, et pour les locations de trois mois dans les cantons d'Avesnes, Arleux, Lille, Douai, Orchies, Roubaix et Dunkerque.

Pour les délais moindres de six semaines, voir ledit Recueil des usages du Nord du 25 juin 1856.

SECTION II.

Durée des baux sans écrits.

Article 1757 *c. c. Le bail des meubles fournis pour garnir une maison entière, un corps de logis entier, une boutique ou tous autres appartements, est censé fait pour la durée ordinaire des baux de maisons, corps de logis, boutiques ou autres appartements, suivant l'usage des lieux.*

Article 1758 *c. c. Le bail d'un appartement meublé est censé fait à l'année, quand il a été fait à tant par an;*

Au mois, quand il a été fait à tant par mois;

Au jour, s'il a été fait à tant par jour.

Si rien ne constate ces choses, la location est censée faite suivant l'usage des lieux.

St-Omer, ville, banlieue, échevinage, art. 24.

Suivant l'article 24 de la coutume de St-Omer (ville), « les baux à loyer sans termes préfix de maisons, granges et héritages, en la ville de St-Omer et en ses faubourgs, ou héritages amazés sans terres à labour, ou autres maisons et héritages, situés en la banlieue, s'il n'y a eu congé de part et d'autre continuent pour l'année entière. »

« S'il y avait un temps fixé, la location continue pour le même temps. »

Des termes de cet article, il résulte que la durée des locations de maison sans bail écrit était année pour année.

Rheims, art. 390.

Des termes de l'article 390 de la coutume de Reims, on doit tirer la même induction, pour la durée des baux de maisons, sans écrits.

Bergh, rub. 7, art., 9, 10.

Il résulte également de la coutume de Bergh-St-Winoc, article 9, rubrique 7, que la durée de ces baux est d'une année pour les biens ruraux et des maisons en dehors de la ville, et de six mois pour les maisons dans la ville.

Lille, vile, banlieue

La coutume de Lille (ville), banlieue et échevinage, indique quatre termes de paiement pour les loyers de maison, par-delà les quatre ponts, et deux termes en dedans lesdits quatre ponts, ce qui fait présumer que la durée des baux sans écrits était de trois mois dans la première catégorie, et de six mois dans la deuxième. et échevimage, ch. 15, art. 3. Cambrai. art. 1er, art. 4, tit. 19.

Celle de Cambrai indique quatre termes; d'où il résulterait une durée de trois mois pour les baux à loyer sans écrits.

En nous occupant de la durée des baux sans écrits, il me parait logique d'indiquer en même temps les époques d'entrée en jouissance déterminées par les diverses coutumes, ainsi :

A St-Omer et à Aire, les entrées et sorties sont fixées à la Nativité de St-Jean-Baptiste et à la fête de Noël. St-Omer, vil'e, art. 24. Aire, ville, art. 17.

A Lille, par-delà les quatre ponts, à la Saint-Remy, à la fête de Noël, au jour de Pâques, à St-Pierre et St-Paul; Lille, ville, ch. 15, art. 3,

En dedans les quatre ponts, à la fête de Noël, à St-Pierre et St-Paul.

A Cambrai, à la fête de Noël, à l'Annonciation de la Vierge, à la Nativité de St-Jean-Baptiste et à la St-Remy (Le Câteau suit le même usage.) Cambrai, tit. 19, art. 4.

A Reims, l'année commence à la Nativité de St-Jean Baptiste. Rheims, art. 390.

A Furnes, « tous fermiers doivent déloger au mois de mai, » ce qui indique suffisamment que l'entrée en jouissance a lieu à cette époque. A Furnes, tit., 33 art. 7.

A Bailleul, pour les terres à semer, à St-Bavon (St-Remy); Bailleul rubr. 48 art. 7.

à la fête de Noël, pour les prés et pâturages ;

au 1er mai, pour les maisons et terres conjoints ;

à la mi-mars, pour les maisons; mais où censes et terres labourables sont ensemble, le fermier jouira jusqu'au 1er mai. Bourbourg, rub. 16 art. 8.

« Lorsqu'il n'y a pas de jour fixé par le bail pour le paiement, il est entendu échoir au jour de St-Martin, pour les terres, et à chacune demi-année pour les maisons dans la ville. »

A Bergh, l'entrée et la sortie sont fixées à la mi-mars pour les maisons et pâturages, et pour les terres à labour semées de blé, à la St-Bavon (St-Remy).

A l'égard des maisons de la ville, au 1er avril et à St-Bavon (1er octobre), et au 1er avril pour les maisons en dehors.

Aux prescriptions légales qui précèdent, il convient d'ajouter les renseignements fournis par les enquêtes du Pas-de-Calais du 5 décembre 1855, et du département du Nord du 25 juin 1856, en ce qu'elles n'ont rien de contraire à ce qui est réglé par les coutumes écrites.

1° DÉPARTEMENT DU PAS-DE-CALAIS.
Durée des beaux sans écrits.

Un an pour les maisons de ville, bourgs et villages, d'un loyer au-dessus de cent francs ; six mois, si le loyer n'excède pas cette somme ; trois mois pour appartements garnis ; un mois pour une chambre.

Termes d'entrée et de sortie.

Ils sont indiqués au 15 mars et au 15 septembre. (Ce dernier jour n'est pas exact, car tous les baux fixent généralement le 1er octobre (St-Remy).

2° DÉPARTEMNT DU NORD.
Durée des baux sans écrits.

Un an dans la banlieue de Lille, canton St-Amand, Avesnes, Landrecies, Le Quesnoy, Solre-le-Château, Bouchain, Gravelines, Bavai, Valenciennes, La Bassée, Roubaix, pour les maisons d'habitation.

Généralement les habitations d'ouvriers et les petits appartements sont au mois.

Entrée en jouissance.

Dans le canton de St-Amand, à la St-Jean et à la Noël.

Dans le canton de Roubaix, au 1ᵉʳ octobre et au 1ᵉʳ avril.

Id.   de Bourbourg, à Pâques et à St-Michel.

SECTION III.

Règles particulières aux baux des biens communaux.

Ces baux sont accordés par les maires avec l'autorisation du préfet par voie d'adjudication publique (Conseil d'Etat, 8 brumaire an II); ils ne peuvent dépasser une durée de neuf ans consécutifs. (Ordonnance du 7 octobre 1818).

Il convient que le maire soit assisté d'un ou deux membres délégués par le conseil municipal.

Le bail à ferme, conformément à l'article 1ᵉʳ du décret du 28 août 1807 et l'article 4 de l'ordonnance du 7 octobre 1818, doit être passé devant notaire après que l'adjudication, préalablement faite par le maire, a reçu l'approbation du préfet. (Décision ministérielle du 18 décembre 1822).

Les formalités préalables sont : la rédaction du cahier des charges, lequel, après avoir été soumis au conseil municipal est présenté à l'approbation du sous-préfet. Après cette approbation, le maire procède à l'adjudication qui est ensuite soumise à l'homologation du préfet. Le ministère d'un notaire n'est pas indispensable pour les baux à loyer comme pour les baux à ferme.

La modération ou la résiliation du bail ne peut être accordée qu'avec le consentement du Conseil municipal, et, s'il y a des des contestations sur l'interprétation des clauses du bail, la connaissance en appartient à l'autorité administrative ; les contestations autres que l'interprétation du bail rentrent dans le domaine de l'ordre judiciaire (Décret du 3 juillet 1806, arrêt de la Cour de Cassation du 2 décembre 1806).

Quant aux choses que les maires prennent à bail, les conditions en sont soumises au préfet qui en autorise la communication au Conseil municipal; sur le vu de cette délibération et sur l'avis du sous-préfet, le préfet autorise le maire à souscrire le bail. La minute de cet acte est soumise à l'homologation du préfet, et doit être enregistrée dans le délai de vingt jours à compter de celui où il est retourné au maire, accompagné de l'approbation préfectorale. Toutefois le délai de vingt jours pour l'enregistrement courrait de la date du bail si cet acte ne contenait pas la clause : *le bail n'aura d'exécution qu'autant qu'il sera approuvé par le préfet;* il en serait de même si le notaire n'inscrivait pas en marge de son répertoire : *soumis à l'approbation du préfet.* Sans ces précautions il y aurait double droit après l'expiration de ce délai de vingt jours. (Décision ministérielle des 12 et 19 décembre 1803).

Cette même décision accorde aussi un délai de vingt jours pour tous les actes administratifs des maires, soumis à la formalité de l'enregistrement.

D'après un avis du ministre de la justice de septembre 1804, les baux, passés dans les formes légales par les maires, confèrent le droit d'hypothèque et l'exécution parée de même que les actes notariés et les jugements. (Un avis du Conseil d'Etat du 25 juillet 1807 confirme ces dispositions).

SECTION IV.

Tacite reconduction.

Règles communes aux baux des maisons et à ceux des biens ruraux.

Article 1736 C. c. *Si le bail a été fait sans écrit, l'une des parties ne pourra donner congé à l'autre qu'en observant les délais fixés par l'usage des lieux.*

Articles 1737, 1738. *Le bail cesse de plein droit à l'expiration du terme fixé, lorsqu'il a été fait par écrit, sans qu'il soit nécessaire de donner congé : néanmoins, si le* preneur reste et est laissé en possession, il s'opère un nouveau bail dont l'effet est réglé par l'article relatif aux locations faites sans écrits. Mais lorsqu'il y a un congé signifié, le preneur, quoiqu'il ait continué sa jouissance, ne peut invoquer la tacite reconduction.

Règles particulières aux baux des maisons.

Article 1759. C. c. *Si le locataire d'une maison ou d'un appartement continue sa jouissance après l'expiration du bail par écrit, sans opposition de la part du bailleur, il sera censé les occuper aux mêmes conditions, pour le terme fixé par l'usage des lieux et ne pourra plus en sortir ni en être expulsé qu'après un congé donné suivant le délai fixé par l'usage des lieux.*

Règles particulières aux baux de biens ruraux.

Articles 1774, 1775, 1776 C. c. *Le bail des héritages ruraux, quoique fait sans écrit, cesse de plein droit à l'expiration du temps pour lequel il est censé fait. Néanmoins si, à l'expiration du bail, le preneur reste et est laissé en possession, il s'opère un nouveau bail qui suit la règle des baux sans écrits qui pose en principe que, s'il s'agit d'un fonds rural, il dure le temps nécessaire pour recueillir les fruits,* savoir: *un an pour les fonds dont les fruits se recueillent en entier dans le courant de l'année, et autant d'années qu'il y a de soles pour les terres labourables qui se divisent par soles ou saisons.*

De la combinaison de ces diverses dispositions, il paraît incontestable que :

1° Si un bail de maison a été fait sans écrit, il faut nécessairement, pour éviter l'effet de la tacite reconduction, donner congé dans les délais d'usage, aux termes de l'article 1736 du code civil.

2º S'il y a un bail écrit pour la location d'une maison, il faut supposer que l'article 1739 doit s'entendre également pour les baux de maisons réglés par l'article 1759, et que, dans la pratique, il faut expliquer conjointement ces deux articles. Dans ces circonstances, il est prudent d'observer, dans la signification du congé, les délais fixés par l'usage des lieux, afin de ne laisser au locataire aucun prétexte de prétendre à la tacite reconduction.

3º Pour les baux écrits de biens ruraux, la détermination du propriétaire de faire cesser le bail n'a pas besoin d'être formulée par un congé en forme; il lui suffit, dans ce cas, de manifester cette intention par un acte quelconque connu du fermier et qu'il ne puisse ignorer, tel qu'apposition d'affiches annonçant la vente ou la location de ces biens, travaux faits dans les champs aussitôt après l'enlèvement des récoltes ou autres choses et faits analogues, assez évidents pour porter la conviction dans l'esprit du juge.

Toutefois, ce qui abonde ne nuit pas : un congé donné avant l'expiration du bail est le moyen le plus certain d'éviter toutes difficultés. Cet acte extra-judiciaire n'ayant pas d'autre but que de faire connaître au fermier la détermination du propriétaire, il n'y a aucun délai à observer, il suffit qu'il soit signifié avant le terme de sortie.

4º Les baux sans écrits (article 1775) cessent également de plein droit, mais avec cette différence que cet article ne dispense pas, comme le fait l'article 1737, de l'obligation de signifier congé; de cette différence de rédaction découle naturellement la nécessité de signifier congé pour éviter la tacite reconduction déterminée par l'article 1776; mais sans être tenu pour cela de se conformer aux délais prescrits par l'usage des lieux, les fermiers n'ayant aucuns motifs sérieux pour exiger ces délais, puisque la loi dispose formellement que ces sortes de baux cessent de plein droit à l'expiration du temps pour lequel ils sont censés faits, et que les fermiers ne peuvent invoquer la tacite reconduction qu'autant qu'ils restent et sont laissés en possession...

A cette opinion, on peut, il est vrai, opposer les termes de l'article 1736, compris dans la section des règles communes aux baux des maisons et des biens ruraux ; mais, comme dans la section des règles particulières aux baux à loyer il n'y a pas de dispositions spéciales relatives aux locations sans écrits de maisons, tandis qu'il y en a une toute spéciale à la section des règles particulières aux baux sans écrits de biens ruraux, on doit en conclure que cet article 1736 a été particulièrement rédigé pour régler les baux de maisons ; il n'y a aucune autre manière de le concilier avec l'article 1775. Cette interprétation coïncide parfaitement avec le procès-verbal de la discussion de l'article 1736 au Conseil d'Etat, de laquelle il résulte que c'est uniquement pour les baux de maisons qu'il a été proposé et adopté.

Le code civil ayant suffisamment établi les effets de la tacite reconduction et les circonstances où elle peut être invoquée, en ce qui a rapport aux baux de biens ruraux, il ne reste à consulter les anciennes coutumes et usages des lieux que pour ce qui a trait aux baux à loyer (aux habitations). Voici sur ce sujet les textes des diverses coutumes qui traitent cette matière :

Les articles des coutumes d'Aire et de St-Omer qui contiennent des dispositions sur la tacite reconduction sont transcrits textuellement à la section Ire du présent titre.

St-Omer.
Aire.

« Les louages des maisons et héritages par delà les Quatre-Ponts se payent à quatre termes à la St-Remy, Noël, Pâques, St-Pierre et St-Paul.

Lille, ville,
ch. 15, art. 3.

« En dedans lesdits Quatre-Ponts à deux termes, Noël, St-Pierre et St-Paul.

Lagorgue,
rub. 9. art. 83.

» Si, après l'expiration de la ferme, le fermier demeure en possession sans qu'il lui ait été donné congé avant l'échéance de l'expiration, il continuera l'année commencée au même prix et conditions de la ferme précédente. »

Bergh-Saint-
Winoc,
rub. 7, art. 10.

»A l'égard des maisons dans la ville, les locataires sont tenus à la fin de leur louage, en étant sommés à cet effet au plus tard après le terme de Pâques, le mardi d'après le Quasimodo et après le terme de St-Bavon, en dedans les huit jours suivants... Mais, n'étant pas sommés, ils peuvent continuer dans la jouissance desdites maisons dans les prix précédents pour le temps d'une demi-année à l'égard des maisons dans la ville et d'un an pour les maisons situées en dehors et les terres à labour. »

Cambrai,
t. 19, art. 4.

» Les quatre termes ordinaires pour l'échéance des loyers sont les fêtes de Noël, l'Annonciation de la Vierge, la Nativité de St-Jean-Baptiste et la St-Remy (1er octobre). »

Art. 1er

» Qui tient maison à louage sans terres ou avec, après que le terme est passé, n'est tenu de vider les lieux s'il ne lui est fait commandement par justice trois mois auparavant. »

Douai,
ch. IV, art. 5.

« Le conducteur (locataire) ayant pris à louage maison et héritage en cette ville et échevinage pour l'espace de trois, six ou neuf ans, suivant la coutume de ladite ville, a la faculté

Douai.

de renoncer à ce louage moyennant le signifier au locateur un demi-an avant l'expiration des trois, six ou neuf ans; et si le locateur s'est retenu la faculté de reprendre sa maison et héritage, il devra le faire savoir et signifier trois mois auparavant à son conducteur. »

Lille et banlieue,
ch. 15, art 10

» Louager d'une maison après son louage passé, ayant paisiblement par forme d'entamement de nouveau louage en ladite maison, par le terme d'un mois, il est tenu de parfaire ledit louage au même prix que par avant, pour une année; et si ne peut l'héritier (propriétaire) contraindre à vider de sa demeure et occupation en payant intérêts comme dessus.

« Quand un censier a labouré et ensemencé aucun héritage Lille, châtellenie,
titre 16, art. 1er après la cense (bail) expirée, il doit jouir de tels héritages et des autres conjointement baillés, trois ans en suivant et continuer aux prix et conditions du bail précédent; à moins que le propriétaire lui ait signifié de partir avant qu'il ait labouré ou ensemencé; ou après les avoir ensemencés en dedans le jour et fête de Chandeleur, prendre la dépouille, en offrant audit censier labours, fers et semences. »

« Le fermier, de terres, laissé en jouissance sans nouveau Eccloo,
rub. V, art. 7, 8. bail, peut exploiter les mêmes terres pendant une année. A l'égard des maisons, le locataire qui y est resté après la fin de son bail sans avoir reçu ou donné congé peut y demeurer pendant six mois pour le même loyer. »

« Bien entendu que si le propriétaire venait à garder le silence Poperingue
titre 6, art. 3. à l'expiration du bail et que le fermier exploite sans frais un nouveau bail, le bail précédent est entendu être prorogé tacitement pour une année. »

« Il y a lieu à tacite reconduction lorsque le locataire est de- Orléans,
art 420. meuré huit jours depuis l'expiration du bail sans que le locateur lui ait pendant la huitaine signifié de déloger. »

« Si un locataire a habité et tenu une maison jusqu'au jour Rheims,
art. 390. de St-Jean-Baptiste (auquel jour commence à Reims l'an de louage de maison) et que ledit locataire continue outre le jour de St-Pierre et St-Paul (29 juin) qui est cinq jours après ledit St-Jean-Baptiste (24 juin), il est censé et réputé avoir repris louage pour tout l'an qui est entamé, au même prix que l'an précédent. »

« Suivant cet article, la tacite reconduction résulte non-seu- Bourbonnais,
ch. 13, art. 24 lement de la continuation de jouissance depuis l'expiration du bail, mais de cela seul qu'aucune des parties n'aura dénoncé à l'autre avant l'expiration, qu'elle n'entendait plus continuer la location; cette dénonciation peut se faire le dernier jour du terme.

La coutume de St-Flour exige que la dénonciation soit faite six mois avant l'expiration du bail.

Celle d'Auxerre quinze jours auparavant.

A l'égard des localités des départements du Nord et du Pas-de-Calais, qui ne sont pas régies par les coutumes ci-dessus, d'après les règles posées aux pages 531 et suivantes de cet ouvrage, il faut, pour se fixer sur les effets de la tacite reconduction, se reporter à la section II, titre VII, page 594.

SECTION V.

Obligations du fermier pendant la jouissance et au moment de la sortie.

Les articles 1728 et 1777 C. c. obligent le fermier à cultiver en bon père de famille, et lors de sa sortie, à laisser à son successeur toutes les facilités convenables pour faire les travaux de culture de l'année suivante, d'après l'usage des lieux·

§ I. — EXPLOITATION DES TERRES.

Les dispositions de quelques coutumes ci-après transcrites m'ont paru de nature à éclairer les magistrats qui auront à se prononcer sur les difficultés qui peuvent naître au sujet de l'application des dispositions de ces deux articles:

Lille, ville, Bailliage, banlieue Châtellenie, ch. 16, art. 9, ch. 16, art. 1ᵉʳ

« Quand un censier a labouré et ensemencé après sa cense expirée, il doit jouir trois ans en suivant aux mêmes prix et conditions du bail précédent, à moins qu'on ne lui ait signifié congé avant qu'il ait labouré et ensemencé, ou après les avoir ensemencé en dedans le jour et fête de la Chandeleur précédent la dépouille, en offrant audit censier le remboursement des frais de labours, fers, engrais et semences. »

Lille, châtellenie, titre 16, art. 5.

« Un censier à bail de neuf ans a droit, en chacune roie de terre, à trois dépouilles de blé, trois dépouilles d'avoisnes et trois ghesquières. »

« L'on ne peut froisser ou mettre hors de sole et de roies, ni déroier terres à labour, sans le consentement de l'héritier, à peine de payer demi-cense (demi-loyer) de tel froissi et déroiement pardessus le rendage. »

Art. 7.

« Nuls fermiers ne peuvent rompre ou semer aucun pâturage ou ancienne prairie dans les trois dernières années de leurs baux, ni laisser sans être cultivées ou non exploitées les terres qu'ils ont à ferme, ou les exploiter hors de leur saison, ou les laisser hors de dépouilles aussi en leur dernière année de leur bail. »

Bergues,
rub. 7, art. 13.

« Pâturages affermés pour gros pâturages ne peuvent être rompus, ni fauchés, ni exploités avec des chevaux ou des poulains, comme pareillement nulles terres hautes ne peuvent être fauchées par les fermiers. »

Art. 14.

« On entend par ré d'août, une nouvelle récolte de mars, de froment et d'orge. »

Furnes,
titre 33, art. 11.

« Personne ne peut, pendant un bail, semer les anciennes prairies ou pâturages en graisse sans le consentement du propriétaire. »

Art. 15.

« Personne n'a la faculté de laisser aller dans les marais ou en autre communes à foin, non bouchées (que dans ce qui est à lui) avant la fête de St-Gilles (1er septembre) et il est tenu de les ôter et retirer à la Noël suivant, à peine d'amende. »

Art. 27.

« On ne peut mettre pâturer dans les communes et marais suivant son occupation à l'avenant d'une vache sur une mesure, une génisse sur une demi-mesure (dix moutons sont comptés pour une vache ou pour un cheval. — Zuitkote, rubrique 3). » [1]

Art. 28.

« Les fermiers ne peuvent, à la dernière récolte de leurs baux, jouir des prairies plus longtemps que jusqu'au premier

Bourbourg,
rub. 16, art. 9

---

(1) Voir pour les bestiaux malades la note au bas de la page au § 2, de la section IX, titre IX et la page 622.

jour de janvier exclusivement, de sorte que le propriétaire ou fermier qui succède peut, après ledit jour, y mettre la main et en faire son profit, et concernant les terres à semer, lorsque les fruits en sont levés. »

« Si le fermier rompait prairies sans le consentement du maître, il serait privé du bail et paierait double loyer, et si c'était à la dernière année du bail, il paierait trois fois autant que porte le bail de la terre rompue. »

« Nuls fermiers ni douairiers ne peuvent semer ni planter des fruits blancs d'hiver là où de semblables fruits ont été recueillis à la moisson précédente, si ce n'était du consentement du propriétaire. »

« Sans le consentement du propriétaire personne ne pourra, pendant son bail, faucher aucunes prairies qui, à son arrivée, n'était à tel usage ni rompre aucune prairie ou pâturage. »

« L'emphythéose qui a construit sans le consentement du propriétaire pourra ôter ses bâtiments en laissant et remettant le tout en son premier état, à moins que le propriétaire préfère les prendre par prisée. »

« Personne n'a la faculté de semer en blé plus du tiers des terres qu'il a à ferme. »

« Les fermiers peuvent à la fin de leurs baux de censes bâties de maisons y demeurer jusqu'à la mi-mars suivant, et en faire paître les fourrages par leurs bestiaux, sans néanmoins pouvoir tirer aucun profit des terres à semer ou des houblonnières après la St-Bavon, au préjudice du fermier qui doit venir. »

« Quiconque laboure les anciennes prairies (ce qui n'est permis à personne que du consentement du propriétaire) et qui en fait une houblonnière, devra à sa sortie délaisser ladite terre plantée de plants de houblon de deux ans au moins ou en faire une prairie deux ans durant, avant la fin de son bail, et néanmoins le plant de houblon sera au profit du propriétaire sans le devoir racheter. »

« Mais si le plant de houblon était planté dans une terre à semer, pourquoi le consentement du propriétaire n'est pas nécessaire, il devrait être repris par le propriétaire suivant l'estimation, pourvu que de quinze mesures de terres à semer il n'en ait planté qu'une de terre à houblon. » Art. 16.

« Le temps de la livraison des houblons est de la veille de la St-Martin jusqu'à la veille de la Ste-Catherine, qui est le 24 novembre (l'un et l'autre inclus). » Tit. 1er, art. 4

« L'on ne peut semer deux semences blanches, l'une après l'autre, dans une terre donnée à ferme, à peine d'être obligé de désintéresser le propriétaire au dire de gens à ce connaissants. » Tit. 6, art. 21.

« Nul fermier ne pourra rompre, labourer et semer aucuns anciens pâturages à engraisser, à paître pour le lait, prés à faucher que l'on n'est pas accoutumé de rompre, ni aussi faucher les pâturages à engraisser ou pour le lait, si ce n'était du consentement du propriétaire et des autres qui y ont droit, à peine de résolution du bail entier s'il plaît au propriétaire, et outre cela de trente livres par mesure à partager entre le pays, le seigneur et le propriétaire, outre les dommages et intérêts. » Pays du Franc. art. 109.

« Les autres censes en terres, qui ne sont pas d'anciennes prairies à engraisser ou pour le lait ou à faucher, l'on en jouira suivant la commodité du quartier, savoir : » Art. 110.

« Au quartier du Nord et du West de ce pays, le fermier pourra seulement rompre les deux parties de trois et sera tenu de laisser l'autre tiers en prairie la moitié de trois ans, et l'autre moitié de six ans. » Pays du Franc.

« Concernant les terres à semer, il sera tenu d'en laisser à la fin du bail un tiers en semences d'hiver, un tiers d'avoisnes et d'orges et un tiers en jachère. » Art. 111.

§ II. — DISPOSITITIONS RELATIVES AUX HAIES, BOIS, TAILLIS ET ARBRES MONTANTS.

Pays du Franc,
Art. 114.

« Le fermier ne peut couper davantage les haies et les troncs de l'âge de neuf ans, ni plus avant que là où il sème, ni laisser aller ses bestiaux sur les terres où ils sont coupés qu'à la fin de trois ans après la coupe sans toucher aux arbres montants, ni aux jeunes jets montants au-dessus de l'âge de neuf ans. »

Art. 115.

« Concernant les saules et autres troncs de bois tendres, le fermier pourra les couper de l'âge de quatre ans et en chacune année le quart. »

Furnes,
titre 33, art. 23.

« Tous fermiers à la fin de leurs baux sont tenus d'offrir et d'abandonner aux propriétaires avant la mi-mars le surplus des taillis qui sont trouvés au-dessus du prix qui y est mis, au dire et selon prisée des personnes, avant qu'ils les fassent couper, à peine d'amende et d'intérêts. »

Art. 24.

« Pareillement, tous fermiers sont tenus à la fin de leurs baux, soit qu'ils reprennent les baux ou non, d'offrir et de livrer aux propriétaires tous les bois durs et tendres par eux plantés et élevés: faute de quoi ils devront suivre le fonds sans pouvoir les couper en aucune façon, à peine d'amende et dommages et intérêts. »

Art. 25.

« Si le propriétaire était en défaut de les accepter pour la prisée, les bois susdits demeureront au profit du fermier, s'il reste, et s'il sort celui qui entre pourra les prendre s'il veut pour la prisée, sinon le fermier qui sort pourra les ôter. »

Bergues.
VII, art. 12.

« Tous fermiers ayant pendant leurs baux laissé croître et monter des arbres, sont obligés de les offrir aux propriétaires à la fin de chacun bail à dire d'experts; au refus par le propriétaire de les vouloir retenir, le fermier en pourra faire son profit; faute par le fermier de faire lesdites offres à la fin de

chacun bail, les arbres resteront croissants au profit du propriétaire. »

« Comme nuls fermiers ne peuvent abattre ou ôter aucuns Art. 15.
taillis de bois qui soient dans les prés, si ce n'est qu'ils les
rompent, et ils doivent tellement affranchir les rejets desdits
taillis de l'atteinte des bestiaux, qu'il n'y soit fait aucun tort
dans les trois années suivantes. »

« Concernant les arbres montants que les fermiers ont plantés Pitgam, rub. IV.
et cultivés, et qu'ils veulent délivrer à leur sortie, sous le nombre
des montants, ils doivent être hors l'empoignure de l'homme,
au moins au-dessus de huit pouces de circonférence à la hauteur de l'homme, et les branches ayant cru au moins pendant
deux ans, pour lesquelles il n'a rien été convenu d'autre, le
fermier aura trois sols de la pièce des troncs et des montants
à dire de gens à ce connaissants. »

« L'on ne peut abattre jusqu'à terre nulle haie d'épines Hondschoote. rub. XI, art. 4.
autour des vergers, des gardes des grands chemins, des
gardes du dehors, à peine de vingts livres parisis et de payer
le dommage. »

« Tous fermiers à la fin de leurs baux sont tenus d'offrir au Art. 7.
propriétaire le surplus des taillis et au prix-courant qui sont
trouvés au-dessus de leur prisée précédente. La prisée en est
faite avant la mi-mars. »

Article 1er « Conformément à l'ancien usage de cette ville, Ordre de police d'Eecloo.
il est ordonné à chacun de refaire et clore ses terres, prés,
pâturages et bois, ainsi qu'il convient, au temps de la mi-mars
de chacune année, à peine d'amende de trois livres parisis. »

« Le fermier ne peut abattre ou couper aucuns jeunes arbres Coutume d'Eecloo rub. 5 art. 12.
montants au-dessus de neuf ans; quand ce serait qu'il les
eut laissés croître pendant le temps de son bail; mais ils
doivent, après lesdites neuf années, appartenir au propriétaire
sans aucune récompense pour le fermier. »

Art. 18.

« Lorsqu'un fermier durant son bail a coupé le bois de haies ou taillis, il ne peut faire pâturer par ses bestiaux sur la terre où ledit bois a été coupé durant le temps de quatre ans. »

Art. 19.

Eecloo, rub. v.

« Qui abat ou coupe quelque bois est tenu de le faire en temps et saison convenables, de sorte qu'il doit avoir tout coupé avant le 1er mai; excepté le bois de pur chêne que l'on peut couper jusqu'à la mi-mai. Le bois coupé doit être ôté hors des bois ou des bords avant la St-Jean suivante (probablement 24 juin, nativité de St-Jean-Baptiste). »

Art 22,

« Lorsque le bail comprend la coupe des troncs de chêne et de bois taillis, le fermier à la fin de son bail les doit laisser de même, sauf la récompense de part ou d'autre, s'il les laisse plus jeunes ou plus âgés. »

Art. 23.

« Le fermier ne peut couper les bois de chêne au-dessous de neuf ans, et les bois tendres au-dessous de sept ans. »

Art. 24.

« S'il laissait croître les bois plus longtemps que neuf ans, il serait, en ce cas, tenu de payer des dommages et intérêts au propriétaire. »

Bouchaute, rub. x, art. 12.

« Lorsque le bois de coupe ou le bois de taillis a été donné à ferme, le fermier ne peut le couper qu'une fois en neuf ans, s'il n'était autrement convenu. »

Art. 14, 16.

« Le fermier, soit que dans son bail l'âge du bois soit déclaré ou non, n'a pas la faculté de couper le bois dur au-dessous de l'âge de neuf ans et le bois tendre de sept ans. Dans tous les cas le fermier ne peut laisser pousser les bois plus de neuf ans. »

Art. 15.

« Le fermier ne peut faire paître dans les bois jusqu'au temps que les rejets soient âgés de trois ans. »

Art. 17.

« La coupe des arbres doit avoir lieu avant le 1er mai, sauf les bois purs de chêne qu'il peut couper jusqu'au mi-mai; le bois coupé doit être enlevé avant la St-Jean. »

Assenède, rub. vii, art. 6.

« Lorsque le bois taillis pardessus lequel la serpe et la hache ont passé, est donné à bail, le fermier ne peut le couper qu'une fois dans le cours de neuf ans, s'il n'était autrement convenu. »

« Le fermier, soit que dans son bail l'âge du bois soit déclaré ou non, il ne peut couper aucun bois dur que de neuf ans et bois tendre que de sept ans. » Art. 9.

« Le fermier ne peut faire paître dans le bois jusqu'au temps que les rejets soient âgés de trois ans, de même qu'il ne peut non plus déraciner ou défricher aucun bois ou doubles côtés et en faire terre à labour, ni mettre les prairies en terre à labour et les semer avec du grain ou autres fruits sans le consentement du maître. » Art. 10.

« Les fermiers ne peuvent planter d'arbres montants que du consentement du propriétaire, quant aux arbres fruitiers utiles sur le bien, ils seront repris par le propriétaire à la fin du bail par prisée, pour laquelle on aura égard au profit des fonds sur lequel ces arbres sont plantés. » Poperingue, rub. VI, art. 9,10

« Pour ce qui est des arbres montants sortis de terre d'eux-mêmes ou qui sont des rejets de vieille souche, le fermier est tenu de les laisser croître au profit des propriétaires et s'ils lui étaient délivrés par estimation il pourra les rendre à la fin de son bail par une pareille prisée. » Art. 11.

« Quiconque a quelque bois à ferme, ou qui en a acheté la coupe, lorsqu'il la fait faire, il doit laisser le bois en état de bonne semence d'hiver et aussi délaisser tous les plants ou ballivaux de la grosseur de dix pouces et de là au-dessus. titre VII, art. 1er

« Lesdits bois taillis étant coupés, ils devront être mis hors du bois avant la fête de St-Jean d'été, au moins dans les quatorze jours après. » Art. 2.

« Le bois de frênes dont le bois est planté doit être coupé avant la fin du mois de mai et cela à peine de désintéresser le propriétaire au dire de gens à ce connaissant. » Art. 3.

Art. 4.

« Quiconque achète quelque taillis de bois, doit le payer en deux paiements égaux, le premier à la St-Jean d'été après la coupe et l'autre à la St-Bavon suivante, s'il n'était autrement conditionné. »

Châtellenie de Lille, titre XVI, art. 6.

« Un censier peut couper haie d'épines ou autres bois faisant clôture, à bouche d'hommes, et épinier bois montants à six ans, halots à tête à trois ans et couper bois à pied à six ans; le tout en temps convenable. »

§ III. — DISPOSITIONS RELATIVES AUX ENGRAIS.

Pays du Franc. art. 117, art. 118

« L'engrais charié où il y a un fruit est réputé pour demi-engrais. Le fumier doit être charié sur les terres de la cense où il a été fait. »

Furnes, titre 33, art. 16.

« Le fermier est tenu de charier le fumier fait en chacun an dans la cense, sur les terres de la cense et nulle part ailleurs. »

Bergues, rub. VII, art 19. art. 20.

« Tous fermiers sont tenus de charier sur les terres de la cense qu'ils ont à ferme, tout le fumier fait à la même cense. Tout fermier sortant doit laisser au même lieu tout le fumier qui y a été fait dans les deux dernières années, en étant récompensé par le propriétaire à dire d'experts. »

Art. 21.

« On ne peut faire des tourbes ou matières à brûler avec du fumier de vache. »

Cambrai, t. 10, art. 5.

« Les fumiers d'une cense ne doivent être employés à fumer que les terres de la cense et ne doivent être transportés autre part. »

Eecloo, art. 15.

« Si le fermier a recueilli deux fruits de son dernier engrais, il n'aura pas de récompense de ce dernier engrais, mais il l'aura s'il a seulement recueilli une fois le fruit, et cela à dire d'experts. »

Bouchaute, rub. 10.

Article 20. « Le fermier ne peut vendre le fumier, lequel doit demeurer sur la terre ou dans la fosse à fumier, comme aussi les pailles recueillies sur le fonds; mais le propriétaire ou le nouveau fermier doit les payer à la sortie de l'ancien fermier. »

Article 7. « Le fumier fait sur un bien doit y demeurer, soit que sur le fonds il y ait un puits à fumier, sans le pouvoir vendre ou aliéner en aucune manière, comme aussi toute la paille des fruits cueillis sur le bien doit y être consommée, et étant consommée à la fin du bail, le maître ou le fermier qui doit entrer, doit la payer et la faire valoir au fermier qui sort, selon le droit du pays. » Assenède,
rub. vii.

Article 23. « Tous les fumiers faits par les fermiers doivent être chariés par eux sur les terres de la cense qu'ils ont à ferme, à peine de six livres parisis d'amende, et d'en payer le dommage au propriétaire. A la fin de leurs baux, les fermiers sont tenus de livrer aux propriétaires, par estimation, tout le fumier qui est resté et qu'ils n'auront pas charié sur les terres, lequel il doit laisser pour une pareille prisée à son nouveau fermier. » Poperingue,
titre vi.

«Le fermier sortant doit laisser à son successeur les logements et autres facilités pour les travaux de l'année suivante. Réciproquement le nouveau fermier doit laisser à son prédécesseur les logements et autres facilités pour la consommation des fourrages et pour les récoltes restant à faire, le tout suivant l'usage des lieux. » Art. 1777 c. c.

« Le fermier sortant doit aussi laisser les pailles et engrais de l'année, s'il les a reçus à son entrée. Dans tous les cas le propriétaire peut les retenir à dire d'experts. » Art. 1778 c. c.

§ IV. — ÉPOQUES D'ÉCHÉANCES DES FERMAGES ET LOYERS (1).

Article 123. « Tous les baux sont censés échoir la moi- Pays du Franc.

---

(1) L'article 3 de la loi du 25 mai 1838 range parmi celles qui sont de la compétence des juges de paix, les actions en paiement de loyers ou de fermages, de congés, de demandes en résiliation de baux pour défaut de

tié à la St-Bavon et l'autre moitié à la Noël, s'il n'en est autrement convenu. »

Bergues,
rub. VII.

Article 17. « Tous les baux à ferme et rentes foncières échéent toujours à la St-Martin (11 novembre) et les louages de maisons dans le plat pays comme aussi dans le vasselage, à la mi-mars, mais dans l'enclos de la ville de Bergues, à Pâques et à la St-Bavon (1er octobre) sauf stipulation contraire. »

Eecloo,
rub. v.

Article 13. « Lorsque par le bail il n'est pas dit quand il commence et quand il finit, l'on entend que ce sera au bail de la St-Bavon, et échéera pour la première année à la St-Remy prochain lorsque le bail se fait au plus tard en février précédent. »

Bourbourg,
rub. 16.

Article 8. « Lorsque les conventions ne contiennent pas de jours précis du paiement, en ce cas il est entendu échoir pour les baux de terre à la St-Martin (11 novembre) et pour les maisons dans la ville à chacun demi-année. »

Échevinage
de Lille.
Ch. 15.

Article 3. « Par la coutume, les louages de maisons et héritages par delà les Quatre-Ponts se paient à quatre termes en l'année, savoir : St-Remy, Noël, Pâques, St-Pierre et St-Paul; et en-dedans les Quatre-Ponts à deux termes, savoir : Noël et St-Pierre et St-Paul. »

---

paiement des loyers ou fermages, d'expulsions de lieux, de demandes en validité de saisie gagerie, pourvu que les loyers et fermages n'excèdent pas à Paris quatre cents francs, partout ailleurs deux cents francs.

Nota. — Pour déterminer le taux des fermages, quand le prix n'est pas en argent, il faut, lorsque les prestations sont appréciables d'après les mercuriales, suivre :

Celles du jour de l'échéance lorsqu'il s'agit du paiement du fermage, celles du mois qui aura précédé la demande dans tous les autres cas.

Et lorsqu'elles ne sont pas appréciables, prendre pour base du revenu le principal de la contribution foncière de l'année courante multiplié par cinq.

Article 4. « Les maisons à prendre ou à rendre par terme selon la coutume échéent à la mi-mars, à la St-Jean, à la St-Bavon et à la mi-hiver, sauf convention contraire. »

§ V. — ÉPOQUES D'ENTRÉE ET DE SORTIE.

Article 7. « Tous fermiers à la fin de leurs baux sont tenus de vider les lieux et d'en sortir, savoir : à la mi-mars pour les maisons et pâturages et à la St-Bavon (1er octobre), après le dernier août de leurs baux, pour les terres à labour qui ont été semées de blé, et des autres aussitôt que les fruits en seront ôtés, en étant requis et judiciairement sommé à cet effet, à peine d'amende et de n'être pas récompensés des labours et semences que dans la suite ils feraient sur les mêmes terres. »

Article 8. « Si un fermier restait malgré cette défense, il paierait double loyer.

Article 10. « A l'égard des maisons dans la ville, les locataires sont tenus d'en sortir aussitôt après la fin de leur louage en étant sommés à cet effet au plus tard après le terme de Pâques, le mardi après le Quasimodo, et après le terme de St-Bavon, en dedans les huit jours suivants et semblablement pour les vasselages, après le terme de la mi-mars ; mais n'étant pas sommés ils peuvent continuer dans la jouissance desdites maisons pour le prix précédent pour le temps d'une demi-année, à l'égard des maisons dans la ville, et d'un an pour les maisons situées au dehors. »

« Article 7. Tous fermiers doivent déloger au mois de mai. Aussi le fermier qui doit entrer peut venir labourer les terres auparavant, si la nature de la terre le requiert. »

« Article 22. Un fermier qui n'a pas de bail de sa cense ou terres, est tenu de retirer et ôter ses bestiaux desdites terres pour faire place au fermier qui doit entrer à la Chandeleur, (2 février) retenant seulement un morceau de terre proche de la cense, grand selon la quantité ou le nombre de bestiaux ou la grandeur de la cense. »

Honschoote.
rub, XI.

« Article 6. Chacun fermier est tenu après la fin de son bail d'en sortir et de s'en désister, savoir : des maisons ou champs, au mois de mai et des maisons sur la chaussée et des prairies à la mi-mars; bien entendu que le fermier qui doit sortir demeurera en la jouissance du verger et des clos jusqu'au mois de mai susdit, et des terres à labour qui ont été semées de froment à la St-Bavon précédent; et des autres aussitôt après que les fruits sont enlevés des champs, s'il en est requis du propriétaire ou du fermier qui doit entrer, à moins qu'il ne prouve avoir encore la ferme. » L'article 1er indique la St-Bavon comme époque d'entrée et de sortie de jouissance des biens donnés à bail.

Châtellenie
d'Ipres,
ch. 89.

Bailleul,
rub. 18.

« Article 7. Tous les louages et les baux dont l'entrée et la sortie ne sont pas exprimées par les contracts seront entendus à entrer et finir, des terres à semer à la St-Bavon, des prés et pâturages à la Noël, des maisons à la mi-mars. Mais où les censes et terres à semer sont louées conjointement, le fermier pourra jouir des bâtiments et édifices jusqu'au 1er mai. »

Bourbourg,
rub. 16.

« Les fermiers ne peuvent à la dernière récolte de leurs baux jouir des prairies plus longtemps que jusqu'au premier jour de janvier exclusivement, de sorte que le propriétaire ou fermier qui succède peut après ledit jour y mettre la main et en faire son profit, et concernant les terres à semer, lorsque les fruits sont enlevés. »

Tournai,
tit. 21.

Des articles 5 et 6 de cette coutume il résulte, que les époques d'entrée et de sortie des héritages et maisons sont le jour de St-Jean et le jour de Noël, et qu'en cas de vente ou que le propriétaire veuille habiter lui même sa maison, on doit signifier congé six semaines avant l'un des deux termes de St-Jean et de Noël.

Un grand nombre de coutumes et règlements font défense de faire paître bêtes à laines et pourceaux dans les pâturages.

Amiens, art. 10. Artois, art. 56, et autres.

Les diverses dispositions qui précèdent peuvent servir de règle pour les localités dont les coutumes sont muettes sur ces matières. Ainsi :

De l'article 5 de la coutume de Lille qui détermine le droit qu'a le fermier d'enlever trois dépouilles de blé, trois dépouilles mars et trois Ghesquière en chacune roye, découle légalement dans les pays à tierces soles le droit d'enlever après l'expiration du bail soit une dépouille de blé, soit une dépouille de mars, suivant qu'il a été privé à son entrée en jouissance soit d'une dépouille de blé, soit d'une dépouille de mars.

Les prescriptions de l'article 6 de la même coutume doivent également être suivies dans les lieux où il n'y a pas de coutumes locales à cet égard.

Les articles 23 et 24 de la coutume de Furnes sont encore de nature à être généralement observés.

L'article 28 de la coutume de Furnes, les articles 29 et 30 de celle de Bergues, l'article 10 de Bourbourg, l'article 3 de celle d'Hondschoote, et la coutume de Cambrai et autres, enseignent, sur des faits déterminés, la pratique des principes posés en l'article 1728 du Code civil, qui exige que le fermier cultive en bon père de famille.

Les indications d'entrée et de sortie peuvent très facilement servir de règle dans les lieux dont les coutumes et le sol ont analogie avec les lieux où ces coutumes existent.

La sagesse des dispositions que contiennent ces diverses coutumes ne laisse aucun doute sur les connaissances pratiques des hommes, parfaitement au fait de la culture du pays, qui les ont rédigées. Elles protègent d'ailleurs si bien les besoins de l'agriculture, qu'elles continuent à être observées dans les provinces qui composent les départements du Nord et du Pas-de-Calais, ainsi que cela est constaté par les deux enquêtes administratives citées ci-devant. Les cultivateurs doivent aussi se pénétrer de l'article 15, titre II de la loi du 10 octobre 1791 qui défend d'inonder l'héritage voisin, et de lui transmettre des eaux d'une manière nuisible, sous peine de dommages-intérêts et d'une amende qui ne pourra excéder la somme du dédommagement.

SECTION VI.

Troupeaux, clôtures, parcours.

Code rural, 28 septembre 6 octobre 1791. tit 1er section IV.

« Article 1. Tout propriétaire est libre d'avoir chez lui telle culture et telle espèce de troupeaux qu'il croit utile à la culture et à l'exploitation de ses terres, et de les y faire pâturer exclusivement, sauf ce qui sera réglé ci-après relativement au parcours et à la vaine pâture. »

« Article 2. La servitude réciproque de paroisse à paroisse, connue sous le nom de parcours et qui entraîne avec elle le droit de vaine pâture, continuera provisoirement d'avoir lieu avec les restrictions déterminées à la présente section, *lorsque cette servitude sera fondée sur un titre ou sur une possession autorisée par les lois et les coutumes;* à tous autres égards elle est abolie. »

« Article 3. Le droit de vaine pâture dans une paroisse, accompagné ou non de la servitude du parcours, ne pourra exister que dans les lieux où il est fondé sur un titre particulier ou autorisé par la loi ou par un usage local immémorial, et à la charge que la vaine pâture n'y sera exercée que conformément aux règles et usages locaux qui ne contrarieront pas les réserves portées par les articles suivants. »

« Article 4. Le droit de clore et de déclore ses héritages résulte essentiellement de celui de propriété et ne peut être contesté à aucun propriétaire. L'assemblée abroge toutes les lois et coutumes qui peuvent contrarier ce droit (1). »

« Article 5. Le droit de parcours et le droit simple de vaine pâture ne pourront en aucun cas empêcher les propriétaires de clore leurs héritages. Un héritage clos ne peut être assujetti au parcours ni à la vaine pâture (2). »

« Article 6. L'héritage sera réputé clos lorsqu'il sera entouré d'un mur de quatre pieds de hauteur avec barrière ou porte, ou lorsqu'il sera exactement fermé et entouré de palissades ou treillages ou d'une haie vive ou sèche faite avec des pieux, ou cordelée avec des branches, ou de toute autre manière de faire les haies en usage dans chaque localité, ou enfin d'un fossé de quatre pieds de large au moins à l'ouverture et de deux pieds de profondeur. »

« Article 7. La clôture affranchira du même droit de vaine pâture réciproque ou non réciproque entre particuliers, si ce droit n'est pas fondé sur un titre ; *toutes les lois et tous les usages contraires sont abolis.* »

« Article 8. Entre particuliers, tout droit de vaine pâture fondé sur un titre, même dans les bois, sera rachetable à dire d'experts, suivant l'avantage que pouvait en retirer celui qui avait ce droit, s'il n'était pas réciproque. On a égard au désavantage qu'un des propriétaires aurait à perdre la réciprocité, si elle existait ; le tout sans préjudice au droit de

---

(1) D'après Desgodets, on ne peut faire cesser l'indivision d'une haie mitoyenne et se soustraire à son entretien qu'en abandonnant sa part de mitoyenneté (par application des principes posés en l'article 656 sur les murs mitoyens).

(2) Le propriétaire qui veut se clore perd son droit au parcours et vaine pâture en proportion du terrain qu'il y soustrait (article 648 du Code civil). Mais un propriétaire d'un fonds asservi, par titre, à un droit de vaine pâture ne peut s'en affranchir en le faisant clore. (Cour de Cassation du 13 décembre 1808. — Rennes 27 mai 1812).

40

cautionnement tant pour les particuliers que pour les communautés, confirmé par l'article 8 du décret des 16 et 17 septembre 1790. »

« Article 9. Dans aucun cas et dans aucun temps le droit de parcours, ni celui de vaine pâture ne pourront s'exercer sur les prairies artificielles et ne pourront avoir lieu sur aucune terre ensemencée ou couverte de quelques productions que ce soit, après la récolte (1). »

« Article 10. Partout où les prairies naturelles sont sujettes au parcours ou à la vaine pâture, ils n'auront lieu provisoirement que dans le temps autorisé par les lois et coutumes, et jamais tant que la première herbe ne sera pas récoltée. »

« Article 11. Le droit dont jouit tout propriétaire de clore ses héritages a lieu, même par rapport aux prairies, dans les paroisses où, sans titre de propriété et seulement par l'usage, elles deviennent communes à tous les habitants, soit aussitôt après la récolte de la première herbe, soit dans tout autre temps déterminé. »

« Article 12. Dans les pays de parcours et de vaine pâture soumis à l'usage du troupeau commun, tout propriétaire ou fermier pourra renoncer à cette communauté et faire garder par troupeau séparé un nombre de têtes de bétail proportionné à l'étendue des terres qu'il exploite dans la paroisse. »

« Article 13. La quantité de bétail, proportionnellement à l'étendue du terrain, sera fixé dans chaque paroisse à tant de

---

(1) La coutume de Bailleul (Flandre) n'admettait pas le droit de vaine pâture. Elle faisait défense : 1° de faire pâturer aucuns bestiaux dans les terres à semer, dans les chaumes, dans les prés à moutons, dans les bois, aulnais, ou autres terres à autrui, 2° de tenir des moutons sur les grands chemins, sur les champs ou ailleurs, si ce n'était dans son enclos et sur le sien, avant le soleil levant et après le soleil couché, au moins une demi-heure après; 3° de laisser manger à ses bestiaux quelques haies, soit d'épines, soit d'aulnes ou autres.

bêtes par arpent d'après les règlements et usages locaux et, à défaut de documents positifs à cet égard, il y sera pourvu par le Conseil municipal. »

« Article 14. Néanmoins, tout chef de famille domicilié qui ne sera ni propriétaire, ni fermier d'aucun des terrains sujets au parcours ou à la vaine pâture, et le propriétaire ou le fermier à qui la modicité de son exploitation n'assurerait pas l'avantage qui va être déterminé, pourront mettre sur lesdits terrains, soit par troupeau séparé, soit en troupeau commun jusqu'au nombre de dix bêtes à laine et une vache avec son veau, sans préjudice aux droits desdites personnes sur les terres communales, s'il y en a dans la paroisse; et sans entendre rien innover aux lois, coutumes et usages locaux de temps immémorial, qui leur accorderaient un plus grand avantage. »

« Article 15. Les propriétaires ou fermiers exploitant des terres sur les paroisses sujettes au parcours ou à la vaine pâture et dans lesquelles ils ne seraient pas domiciliés, auront le même droit de mettre dans le troupeau commun ou de faire garder par troupeau séparé, une quantité de bêtes de bétail proportionnée à l'étendue de leur exploitation et suivant les dispositions de l'article 13 ci-dessus; mais dans aucun cas, ces propriétaires ou fermiers ne pourront céder leurs droits à d'autres. »

« Article 16. Quand un propriétaire de pays de parcours ou de vaine pâture aura clos une partie de sa propriété, le nombre de bêtes de bétail qu'il pourra continuer d'envoyer dans le troupeau commun ou par troupeau séparé sur les terres particulières des habitants de la communauté, sera restreint proportionnellement et suivant les dispositions de l'article 13 de la présente section. » (Voir la note page 619.)

Article 17. La commune, dont le droit de parcours sur une paroisse voisine sera restreint par des clôtures faites de la manière déterminée en l'article 6 de cette section, ne pourra prétendre à cet égard à aucune espèce d'indemnité, même dans le cas où son droit serait fondé sur un titre; mais cette communauté aura le droit de renoncer à la faculté réciproque qui résultait de celui de parcours, entre elle et la paroisse voisine; ce qui aura également lieu, si le droit de parcours s'exerçait sur la propriété d'un particulier. »

« Article 18. Par la nouvelle division du royaume, si quelques sections de paroisses se trouvent réunies à des paroisses soumises à des usages différents des leurs, soit relativement au parcours ou à la vaine pâture, soit relativement au troupeau commun, la plus petite partie dans la réunion suivra la loi de la plus grande et les corps administratifs décideront des contestations qui naîtraient à ce sujet. Cependant, si une propriété n'était pas enclavée dans les autres, et qu'elle ne gênât pas le droit provisoire de parcours ou de vaine pâture auquel elle n'était pas soumise, elle serait exceptée de cette règle. »

« Article 19. Aussitôt qu'un propriétaire aura un troupeau malade, il sera tenu d'en faire la déclaration à la municipalité. Celle-ci assignera sur le terrain du parcours ou de la vaine pâture, si l'un ou l'autre existe dans la paroisse, un espace où le troupeau malade pourra pâturer exclusivement, et le chemin qu'il devra suivre pour se rendre au pâturage. Si ce n'est pas un pays de parcours ou de vaine pâture, le propriétaire sera tenu de ne point faire sortir de ses héritages son troupeau malade. »

« Article 20. Les corps administratifs emploieront constamment les moyens de protection et d'encouragement qui sont en leur pouvoir pour obtenir la multiplication des chevaux, des troupeaux et de tous bestiaux de race étrangère qui seront utiles à l'amélioration de nos espèces, et pour le soutien de tous les établissements de ce genre. »

« Ils encourageront les habitants des campagnes, par des récompensés et suivant les localités, à la destruction des animaux malfaisants qui peuvent ravager les troupeaux, ainsi qu'à la destruction des animaux et des insectes qui peuvent nuire aux récoltes. Ils emploieront particulièrement tous leurs soins pour prévenir et arrêter les épizooties et la contagion de la morve des-chevaux. »

Jurisprudence sur le parcours et la vaine pâture.

Le droit de parcours ou de vaine pâture doit être fondé sur un titre ou sur une possession autorisée par la loi ou par la coutume.

Ainsi le propriétaire d'un fonds asservi par titre à un droit de vaine pâture ne peut s'en affranchir en le faisant clore, tandis que, si cette servitude n'existait qu'en vertu d'une possession autorisée par la coutume ou par la loi, le propriétaire pourrait s'en affranchir en faisant clore son fonds, sous la condition posée par l'article 648 du Code civil. (Cette distinction est consacrée par les arrêts de la Cour de Cassation du 13 décembre 1808 et de la Cour de Rennes du 27 mai 1812.

Le parcours d'une commune à une autre peut être réglé par l'autorité municipale, mais les arrêtés pris dans une commune ne peuvent obliger les habitants de l'autre. Néanmoins, celui qui envoie un nombre de bestiaux excédant celui qui a été fixé doit être puni, lors même que c'est sur l'autre commune qu'il a fait conduire ses bestiaux. (Arrêt de la Cour de Cassation du 5 juillet 1821).

Le droit de vaine pâture réciproque entre tous les propriétaires d'une commune est soumis aux règlements municipaux; il en est de la vaine pâture comme de l'affouage des pâturages, récoltes et fruits communaux; aux termes de l'article 15 de la loi du 28 pluviôse an VIII, lorsqu'il y a un règlement municipal, les habitants doivent s'y conformer; le tribunal de police ne peut se déclarer incompétent. (Arrêt de la Cour de Cassation du 24 avril 1827).

Les contestations entre les communes sur un droit de passage, sont de la compétence des tribunaux civils et non des
conseils de préfecture.(Avis du conseil d'Etat du 21 février 1815.

Le droit de parcours appartient à tous les habitants de la
commune, un habitant seul ne peut exciper de ce droit. Si le
maire n'intervient pour soutenir les droits de cet habitant,
le tribunal de police doit lui appliquer les peines portées par
l'article 26, titre II de la loi de 1791 (article 71). (Arrêts de la
Cour de Cassation des 12 juillet 1816, 16 août 1822, 21
août et 20 novembre 1823, 30 avril 1824).

Pour exercer le droit de parcours, il ne suffit pas d'être
propriétaire d'héritages. Pour en user, il faut être membre de
la communauté qui jouit de ce privilége, en d'autres termes
il faut y être domicilié. (Ainsi jugé par plusieurs arrêts de
Parlement).

Les infractions qui peuvent être commises contre les
dispositions de la loi de 1791 (Code rural) ne peuvent
entraîner aucunes peines, si le parcours n'a été défendu par
aucun règlement municipal, l'article 2, section IV (article 14),
qui prononce l'abolition, en certains cas, n'ayant attaché à
cette disposition aucune sanction pénale. (Arrêt de la Cour de
Cassation du 8 juin 1821). Deux particuliers qui ont un droit
réciproque de parcours sur leurs bois ne peuvent y introduire
des bestiaux avant que ces bois n'aient été déclarés défensables. (Code forestier 119 et 97, pages 667 et 679 ci-après).

Les usägers ne peuvent envoyer leurs bestiaux au parcours
que sous la surveillance d'un pâtre. (Arrêt de la Cour de
Cassation du 22 avril 1824).

Un propriétaire, même en pays de parcours soumis à l'usage
du troupeau commun, peut être autorisé à avoir un pâtre particulier et, par suite, dispensé de concourir au paiement du pâtre
communal. (Arrêt de la Cour de Cassation du 4 juillet 1821.)

Pour pouvoir conduire les troupeaux dans les champs, il

faut que la récolte soit entièrement achevée depuis deux jours; le tribunal ne peut se dispenser de prononcer la peine portée à l'article 22, titre II (article 67) de la loi de 1791 (Code rural) attendu que ce délai est accordé aux indigents pour ramasser les épis. (Arrêt de la Cour de Cassation du 19 brumaire an VIII, 10 novembre 1799).

Le fait de l'une des communes, entre lesquelles existe un droit de parcours réciproque, d'avoir mis en état de clôture et soustrait par là au parcours une partie des fonds sur lesquels ce droit s'exerçait, autorise l'autre commune à demander la suppression totale du droit de parcours réciproque, quelque minime que soit la portion soustraite au parcours; et cela, quand même la commune demanderesse aurait également de son côté soustrait une partie de son territoire à l'exercice du parcours. La loi n'admet pas de compensation en pareil cas. (Cour de Besançon du 20 novembre 1828.)

La faculté de racheter le droit de vaine pâture, fondé sur des titres, ne doit s'entendre que du cas où ces droits appartiennent à des *particuliers;* s'ils étaient établis au profit d'une *commune*, le seul moyen de s'en affranchir serait le *cantonnement*. (Arrêt de la Cour de Cassation du 27 janvier 1829).

Nota : Pour arriver à régler la vaine pâture, il faut : 1° une délibération du Conseil municipal qui, aux termes de l'article 13, section IV, titre 1er du Code rural de 1794, détermine le nombre de bestiaux qu'on peut conduire au pâturage commun à raison de chaque arpent de terre exploité par le fermier; 2° un règlement dressé par arrêté du maire pris en vertu de la délibération du Conseil municipal et des articles 12, 18, 22, 24, 25, 26 du titre II, du Code rural de 1794 et des articles 471, (numéro 14), et 475, (numéro 10) du Code pénal; lequel règlement indiquerait le nombre de bestiaux, conformément à la décision du Conseil municipal, la prohibition du parcours dans les terres closes, prairies artificielles, oseraies pépinières, plants de mûriers, d'oliviers, d'arbres à fruits, etc.; dans les terres ensemencées et non dépouillées de leurs récoltes, et l'autorisation du parcours dans les autres terres, seulement deux jours après l'enlèvement de la récolte,... sous la condition de conduire les chèvres en troupeaux séparés, etc.

SECTION VII.
Réparations locatives.

§ 1. — DES HABITATIONS ET DÉPENDANCES.

« Article 1754 du Code civil. *Les réparations locatives ou de menu entretien sont celles désignées comme telles par l'usage des lieux, et entre autres celles à faire aux âtres, contre-cœurs, chambranles et tablettes de cheminées, au récrépiment du bas des murailles des appartements et autres lieux d'habitation, à la hauteur d'un mètre; aux pavés et carreaux des chambres, lorsqu'il y en a seulement quelques-uns de cassés; aux vitres, à moins qu'elles ne soient cassées par la grêle ou autres accidents extraordinaires et de force majeure; aux portes, croisées, planches de cloison ou de fermeture de boutique, gonds, targettes et serrures.* »

« Article 1755. [*Aucune de ces réparations n'est à la charge du locataire, lorsqu'elles seront occasionnées par vétusté ou par force majeure.* »

Quoique l'article 1756, c. c., n'indique que le curement des puits et celui des fosses d'aisance, comme étant à la charge du bailleur, néanmoins celui-ci est tenu à toutes les réparations autres que celles locatives; et lorsqu'il y en a à exécuter l'occupeur (1724 c. c.) doit les souffrir sans indemnité lorsqu'elles sont urgentes; toutefois, si elles durent plus de quarante jours, le prix de la location sera diminué proportionnellement au temps et à la partie de la chose louée, dont il aura été privé. Le locataire pourra même faire résilier le bail si les réparations sont de telle nature qu'elles rendent inhabitables ce qui est nécessaire au logement du locataire et de sa famille.

« Le fermier doit entretenir aire de plancher, de pieux et de renduits depuis la gouttière d'en bas, à leur charge, pourvu qu'à leur entrée il leur ait été livré en réfection convenable... Le ramonage des cheminées et les vidanges des lieux restent à la charge du propriétaire. Il en est de même dans la ville d'Hondschoote. »

Bergues. rub. 8, art. 29

« Tous les fermiers de censes bâties, de maisons situées hors de la porte, sont tenus d'entretenir à leurs dépens les maisons, les granges, les étables et autres édifices, de poteaux et de planches sans diminution du bail. »

Poperingue, tit. 6, art. 7.

« Les enduits et crépis de maçonnerie faits à vieux murs se toisent à raison de six toises pour une toise de gros mur. »

Paris, art. 229.

L'énumération des objets qui doivent être réparés par les occupeurs est trop étendue pour être admise dans la rédaction d'un code comme celui qui nous régit; il faut, dans de telles circonstances, s'en rapporter aux usages locaux. Ainsi, sont généralement reconnues comme étant à la charge du locataire les réparations à faire aux parquets, aux panneaux ou battants lorsqu'ils sont cassés par violence, aux pavés des grandes cours et des remises quand il s'y trouve quelques pavés hors de place. Dans les écuries, les propriétaires doivent s'attendre à des détériorations provenant du piétinement des chevaux, elles restent donc à leur charge; dans les petites cours où il n'entre pas de voitures, l'occupeur doit remplacer les pavés qui sont cassés et ceux qui manquent. Lorsque les vitres tiennent à des panneaux de plomb, la réparation du plomb reste à la charge du propriétaire; à l'égard des verges de fer qui soutiennent les panneaux de plomb, le locataire est tenu de les remplacer si elles manquent. Le loca-

Desgodets.

taire est responsable des glaces qui garnissent la maison ; les contrevents, volets, chambranles de portes, embrasures de cheminée, lambris et autres menuiseries, sont à la charge du locataire, si elles sont endommagées par sa faute. Le locataire doit remplacer en entier les planches soit d'une porte, cloison, etc., s'il a fait percer un trou de chatière ou autre.

Sont à sa charge, l'entretien des aires, mangeoires, des râteliers, piliers et barres séparant les chevaux, le ramonage des cheminées, le carreau des fourneaux, il doit remplacer les réchauds potagers quand ils sont cassés et leurs grilles quand elles sont brûlées ; l'aire du four et la voûte de briques qui le couvre, les pierres à laver lorsqu'elles sont écornées ou cassées de son fait ; la réparation des grilles à l'orifice des tuyaux ; les poulies des puits et les mains de fer ; les poulies des greniers ; dans les jardins, l'entretien des arbres, arbrisseaux qui doivent être rendus en même espèce et en même nombre, des vases de faïence ou de fer, des caisses et des bancs de bois, des pistons des pompes et au balancier. Il doit aussi entretenir et réparer les lits,

Enq. d.
Pas-de-Calais.

les bancs des écuries, ainsi que les étables, crochets et autres objets qui reçoivent les harnais, les perchoirs des poulaillers, échelles tournantes des colombiers, les aires des granges, les parquets destinés au battage de certaines graines, les chantiers des caves et selliers lorsqu'ils sont emmanchés, les greniers aux foins et fourrages, les pétrins, pelles, fourgons et autres ustensiles de boulangerie, les crépis des murs intérieurs des remises, hangars et bûchers.

Enq. d N.

Le couronnement des toits en paille, le balayage des cheminées et des fours, le faîte et le plâtrage des paillotis, l'entretien de la toiture en chaume.

En règle générale, le locataire ou le fermier doit la réparation des dommages quels qu'ils soient qui proviennent de sa faute et qui ne sont pas le résultat immédiat et prévu de sa jouissance.

§ 2. MOULINS A VENT ET A EAU (1).

« Article 519 C. c. *Les moulins à vent et à eau, fixés sur piliers et faisant partie du bâtiment, sont immeubles par leur nature.*

» Article 145 de la coutume d'Artois : *La croisée, estache, arbre, gayothe, et le gisant d'un moulin à vent sont réputés héritages et le demeurant meubles... Et le moulin à eau, la maison et beffroy, le gisant et le tayère sont réputés héritage et le demeurant meuble.*

Réparations locatives.

L'usage est de faire dresser, avant l'entrée en jouissance, un état des lieux avec estimation des objets nécessaires à l'exploitation du moulin ; pareille opération a lieu à la fin du bail ; le propriétaire et le locataire se paient réciproquement la différence qui existe entre l'une et l'autre de ces estimations, et il est d'usage que tous les objets qui n'ont pas été estimés, sont à la charge du propriétaire. Voici les objets qui doivent être estimés :

Desgodets.

MOULINS A EAU (2).

1° Les palées de ces moulins, qui se composent d'une

---

(1) Dans cette châtellenie, il n'y a nulles franches garennes, fours, ni moulins bannerets (Banal) *(chose à laquelle le seigneur de fief a droit d'assujettir ses vassaux.)* — Lille, tit 1er art 72.

Ce qui tourne d'un moulin est réputé pour meuble et le surplus est nature de fonds. — Tit. VII, art. 9.

(2)« Seront punis d'une amende qui ne pourra excéder le quart des restitutions et dommages et intérêts, ni être au-dessous de cinquante francs, toutes personnes qui, jouissant d'un moulin, usine ou étang, qui, par l'élévation du déversoir de leurs eaux au-dessus de la hauteur déterminée par l'autorité compétente auront inondé les chemins ou les propriétés d'autrui. — 457, c. p.

Si le déversoir n'est pas fixé par l'autorité il n'y a pas d'amende, mais seulement dommages à réclamer par la voie civile. — Cassation 2 février 1816.

rangée de pieux enfoncés les uns après les autres et derrière lesquels sont attachés des planches, ainsi que les palis (espace entouré de palées) formant des espèces de coffres que l'on remplit de pierres pour serrer le canal de l'eau et en activer la rapidité ;

2° Les réparations aux vannes ;

3° Les tournants et travaillants du moulin qui se composent : 1° de l'arbre gisant et ses accessoires ; du rouet avec ses embrasures, bosses, parements, chaussures des chevilles et autres accessoires ; 2° de la volée, garnie de ses petits bras et autres accessoires ; 3° de l'arbre qui est debout avec sa potence et ses frettes, sa souche garnie de sa palette, de ses pars, contre-fiches, embraiements, coins et fermetures ; ce même arbre a pour accessoires, un boutteau avec crettes de fer, une chaussure de fuseaux, des moires, un noyau et sa frette, un hérisson de bois d'orme et ses courbes, embrasure et chaussure de chevilles, une chaise et un palier avec son pars, sa palette, son noyau, ses coins et fermetures ;

4° La lanterne en bois avec ses frettes, sa queue d'aronde, sa chaussure de fuseaux, son fer garni de la fusée, de la nille et de ses quatre bras ;

5° La meule gisante, sa boîte, son tourillon et accessoires, les pièces d'enchevêtrures, les archures et conversaux avec équerre, crochets par haut et par bas, crampons et planches ;

6° La meule courante et ses accessoires ;

7° Les deux trémions, les porte-trémions, le chapeau, l'orgueil et les coins de levée ;

8° La trémie avec ses angets et frayons, ses quatre branches de fer et ses platines ;

9° Et enfin la huche destinée à recevoir les farines, le baille-blé avec ses bajous et petits moulinets, l'arbre du tambour garni d'une gacaunonce avec sa poulie et son boulon.

Dans les moulins pendants, dont la roue peut se hausser et se baisser, les tournants et travaillants comprennent en outre une charpente qui sert à élever ou baisser la roue, qui se compose d'une reille de lotoire avec boulons, rondelles, clavettes de fer, planches siernes, suspotreaux, chevilles de reilles, écharpe et poulie, d'une reille du gros bout d'amont-l'eau, garni de ses boulons, rondelles et clavettes, clous à hune, de sa clef par bas, de son suspotreau par haut, et de ses chevilles de reilles.

D'une reille du gros bout d'aval l'eau, garnie de fer, boulons, rondelles et clavettes, clous à hune, suspotreau et chevilles de reilles.

D'une reille de menu bout d'aval l'eau, garnie comme on l'a dit ci-dessus.

De deux pars, trois arbalétriers du gros bout, de trois arbalétriers du menu bout, de godivelles du gros bout et du menu bout, de chevreciers du gros et du menu bout. (Par gros et menu bout, on entend les deux bouts de l'arbre gisant et qui ne sont pas de même grosseur.)

Outre les tournants et travaillants, les ustensiles et objets mobiliers servant à l'exploitation du moulin, sont à la charge du locataire. Dans un moulin à eau, ce sont ordinairement les câbles, les vérins, les pinces de fer et le treuil garni de ses bras, le câble à lever les meûles, les vingtaines sur les tambours et pour la lotoire, les escaliers pour monter à la trémie, et les treuils servant à suspendre les meûles du moulin, les corbeilles à engrener, un crible de fil de fer, une banne de treillis, les marteaux à rhabiller les meûles, le marteau à pannes, les masses, les ciseaux et la petite échelle à monter la farine.

Pour les moulins établis sur les bateaux ; les locataires, outre l'entretien des objets désignés ci-devant, sont responsables de tous dommages arrivés aux bateaux ainsi qu'au corps même du moulin.

Dans les moulins à vent; les tournants et travaillants, ainsi que les ustensiles sont également à la charge du locataire.

Les tournants et travaillants sont les volants de dehors et leurs toiles, les volants de dedans et l'arbre tournant ; le marbre, le frein, le rouet et le gros fer ; les trois palliés, qui sont le paillé de gros fer, celui du petit collet et celui du heurtoir ; la lanterne, le câble et les quatre pièces d'archures ; les meules courante et gisante, et le cerceau de fer ; le petit fer, la tempure, le pallié du petit fer, la boîte et le tourillon, le babillard, la petite et la grande huche, le bluteau et le moulinet ou engin à monter le blé.

Quant aux ustensiles et objets mobiliers, ils sont ordinairement : les quatre marteaux à rhabiller les meules, une pince ou queue de fer, une corbeille, une mesure, un picotin ou petite mesure et des échelles ; la nille de fer, une armoire de la queue, un trané à peser, une brouette, la garoine ou grouanne, les garoaunes et la rouette, les crocs, les pieux et le câbleau pour l'escalier.

Si le corps d'un moulin à vent éprouvait des dégradations par la force du vent, le locataire en serait responsable, s'il était prouvé qu'il a négligé de tourner le moulin comme il convenait pour éviter l'accident.

Les ustensiles peuvent varier selon les lieux et la nature des moulins : dans tous les cas, ils doivent être rendus par le locataire dans le même état qu'il les a reçus ; c'est pourquoi il est nécessaire de les comprendre dans la prisée qui est faite, avant de mettre le locataire en jouissance.

SECTION VIII.

Peines et amendes pour délits ruraux.

« Article 12. Les dégâts causés par les bestiaux de toute espèce laissés à l'abandon seront payés par les personnes qui en ont la jouissance; si elles sont insolvables, par celles qui en ont la propriété. Le propriétaire qui éprouvera le dommage pourra saisir ces bestiaux et les faire déposer dans les vingt-quatre heures dans le lieu désigné par le maire. Il sera satisfait aux dommages par la vente des bestiaux s'ils ne sont pas réclamés, ou si le dommage n'a pas été payé dans la huitaine du jour du délit. »

Loi du 28 septempre, 6 octobre 1791, tit 2, (code rural).

« Si ce sont des volailles de quelque espèce que ce soit, qui causent le dommage, le propriétaire, le détenteur ou le fermier qui l'éprouvera, pourra les tuer, mais seulement sur les lieux au moment du dégât (1). »

« Article 15. Personne ne pourra inonder l'héritage de son voisin, ni lui transmettre volontairement les eaux d'une manière nuisible, sous peine de payer le dommage et une amende qui ne pourra excéder la somme du dédommagement. »

» Article 18. Dans les lieux qui ne sont sujets ni au parcours, ni à la vaine pâture, il sera payé pour toute chèvre qui sera trouvée sur l'héritage d'autrui contre son gré, une amende

---

(1) Une autre disposition protectrice de l'agriculture porte que les propriétaires et fermiers pour mettre leurs récoltes à l'abri des bêtes fauves, tels que cerfs, daims, biches et chevreuils, ont le droit de tuer avec des armes à feu, celles qui se répandraient dans leurs récoltes. *(Il a été décidé que ce fait ne pouvait être assimilé à un délit de chasse.)*

Art. 15 de la loi du 22-30 avril 1790.

« Tout acte quelconque de l'homme qui cause à autrui un dommage, par son fait, par sa négligence ou par son imprudence, oblige celui par la faute duquel il est arrivé, à le réparer. »

Art. 1382, 183 du code c.

de la valeur d'une journée de travail par le propriétaire de la chèvre (1). »

« Dans le pays de parcours où les chèvres ne sont pas rassemblées et conduites en troupeaux communs, celui qui aura des animaux de cette espèce ne pourra les mener aux champs qu'attachés, sous peine d'une amende de la valeur d'une journée de travail par tête d'animal. En quelque circonstance que ce soit, lorsqu'elles auront fait du dommage aux arbres fruitiers ou autres, aux haies, vignes et jardins, l'amende sera double, sans préjudice du dédommagement dû au propriétaire. »

« Article 19. Les propriétaires ou les fermiers du même canton ne pourront se coaliser pour faire baisser ou fixer à vil prix la journée des ouvriers ou les gages des domestiques, sous peine d'une amende du quart de la contribution mobilière des délinquants et même de la détention, s'il y a lieu. » (Les dispositions des articles 414 et 415 du code pénal ne paraissent pas de nature à abroger cet article 19. En effet, le code pénal ne s'occupe que des coalitions soit de maîtres, soit d'ouvriers en ce qui concerne les manufactures, le commerce et les arts, de sorte que les coalitions soit de la part des maîtres, soit de celle des ouvriers ou domestiques ruraux, se trouvent toujours régies par le code rural de 1791).

Cette appréciation sur les effets des articles précités du code pénal était dans le vrai ; mais depuis le vote des modifi-

---

(1) Prix de la journée de travail (Arrêté du préfet du Pas-de-Calais pour 1861) :

Pour une population de 10,000 âmes et au-dessus 1 fr. 75 c.
id.   de 5000 à 10,000 âmes   1 - 50
id. agglomérée de 1,500 à 5,000 âmes,   1   25
id. en-dessous de 1,500 âmes,   1   »

cations apportées aux articles 414, 415 et 416, dans la séance du corps législatif du 2 mai 1864, les articles 19 et 20 du titre II du code rural ont cessé d'avoir force de loi. (Voir au titre VIII ci-après, louage des ouvriers, page 651.)

« Article 20. Les moissonneurs, les domestiques et ouvriers des champs ne pourront se liguer entre eux pour faire hausser et déterminer le prix des gages ou des salaires, sous peine d'une amende qui ne pourra excéder la valeur de douze journées de travail et en outre la détention de police municipale. »

« Article 25. Le conducteur de bestiaux revenant des foires ou les menant d'un lieu à un autre, même dans les pays de parcours, ne pourra les laisser paccager sur les terres des particuliers, ni sur les communaux, sous peine d'une amende de la valeur de deux journées de travail en outre du dédommagement. L'amende sera égale à la somme du dédommagement, si le dommage est fait sur un terrain ensemencé ou qui n'a pas été dépouillé de sa récolte, ou dans un enclos. A défaut de paiement, les bestiaux pourront être vendus jusqu'à concurrence de l'importance de l'indemnité, de l'amende, et autres frais y relatifs, le conducteur pourra même être condamné à la détention, suivant les circonstances. »

« Article 26. Celui qui gardera ses troupeaux à vue dans les récoltes d'autrui, paiera, outre les dommages, une amende égale au dédommagement et pourra, suivant les circonstances, être condamné à une détention qui n'excédera pas une année. »

« Article 31. Celui qui enlèvera du fumier, de la marne ou autres engrais portés sur les terres, paiera au maximum six journées de travail, outre le dédommagement et pourra être condamné à la détention. L'amende sera de douze journées

41

et la détention pourra être de trois mois si le délinquant a employé lesdits engrais à son profit. »

Code rural.
tit. 2.

« Article 41. Tout voyageur qui déclorra un champ pour se faire un passage dans sa route paiera le dommage et une amende de la valeur de trois journées de travail, à moins que le juge ne décide que le chemin public était impraticable; dans ce cas, les dommages et les frais de clôture seront à la charge de la communauté. » (Dans ce cas les peines prononcées par l'article 147 du code forestier ne sont pas applicables, arr. cass. 16 août 1828.) »

« Article 42. Le voyageur qui, par la rapidité de sa voiture ou de sa monture, tuera ou blessera des bestiaux sur les chemins, sera condamné à une amende égale à la somme du dédommagement dû au propriétaire des bestiaux. »

Code rural,

« Article 44. Les gazons, les terres ou les pierres des chemins publics, ne pourront être enlevés en aucun cas sans l'autorisation du préfet. Les terres ou matériaux appartenant aux communes ne pourront également être enlevés, si ce n'est par suite d'un usage général établi dans la commune pour les besoins de l'agriculture, et non aboli par une délibération du conseil municipal, à peine de dommages et intérêts et d'une amende de trois livres à vingt-quatre livres. Le délinquant pourra en outre être condamné à une détention de police municipale. »

« Article 21. Celui qui achètera des bestiaux hors des foires et marchés, sera tenu de les restituer gratuitement au propriétaire en l'état où ils se trouveront, dans le cas où ils auraient été volés (1). »

2280 c. civil.

(1) Si la chose volée ou perdue a été achetée dans un marché ou à une vente publique, ou chez un marchand vendant des choses pareilles, le propriétaire ne peut se la faire rendre qu'en remboursant le prix (Cet article du code paraît être applicable aux meubles et objets mobiliers analogues et non aux bestiaux).

« Nul agént de l'agriculture, employé avec des bestiaux Tit. 1er, sect. 3, art. 1. au labourage ou à quelque travail que ce soit, occupé à la garde des bestiaux ne pourra être arrêté, sinon pour crime, avant qu'il ait été pourvu à la sûreté desdits animaux et en cas de poursuite criminelle, il y sera également pourvu immédiatement après l'arrestation, et sous la responsabilité de ceux qui l'auront exercé. »

Sera puni d'une amende de un franc à cinq francs celui Loi du 26 ventose an IV. 471 No 8 c. p. qui aura négligé d'écheniller dans les délais prescrits par la loi et les arrêtés préfectoraux. L'échenillage doit être fait chaque année avant le 20 février. Dans la première quinzaine de mars les maires s'assureront que l'échenillage a été fait exactement. Ils le feront exécuter aux dépens de ceux qui auront négligé de le faire. L'exécutoire de dépense sera délivré par le juge-de-paix. Les maires et adjoints des communes seront responsables de leur négligence à ce sujet.

Le code pénal prononce la peine de mort contre celui qui 434. c. p. a mis volontairement le feu aux récoltes soit sur pied, soit abattues, en tas ou en meules, ou à des matières combustibles placées de manière à communiquer le feu à ces choses ou à l'une d'elles. Cet article a été modifié de la manière suivante :

(Loi du 13 mai 1863) : « Travaux forcés à perpétuité pour celui qui aura mis le feu à des forêts, bois, taillis ou récoltes sur pied appartenant à autrui.

« Travaux forcés à temps lorsque ces objets appartiennent à l'incendiaire et que l'incendie cause un préjudice à autrui. Même peine pour celui qui a mis le feu sur l'ordre du propriétaire. Même peine pour celui qui aura mis volontairement le feu soit à des pailles ou récoltes en tas ou en meules, soit à des bois en tas ou en stères... Sera puni de la réclusion, celui qui aura communiqué l'incendie en mettant volontairement le feu à des objets à lui appartenant. (Voir pour les circonstances atténuantes à la page 640 ci-après.)

444, c. p. « La peine de deux ans à cinq ans de prison contre celui qui aura dévasté des récoltes sur pied ou des plants venus naturellement ou faits de main d'hommes. »

449, c. p « La peine de six jours à deux mois de prison contre celui
450, c p. qui aura coupé des grains ou des fourrages à autrui. De vingt jours à quatre mois si ces grains étaient en vert. Si ces délits ont été commis pendant la nuit ou en haine d'un fonctionnaire, la peine sera prononcée au maximum. »

388, c. p. « Sera puni de la réclusion le vol (dans les champs) de chevaux, bêtes de charges, gros et menus bestiaux, instruments aratoires, récoltes ou meules de grains. provenant de récoltes, de bois dans les ventes, de pierres dans les carrières et de poissons en étangs, rivières ou réservoirs. »

451, c. p. « Toute rupture, toute destrutcion d'instruments d'agriculture, de parc de bestiaux, de cabanes de gardiens, sera punie d'un emprisonnement d'un mois au moins et d'un an au plus. »

458, c. p. « Une amende de cinquante francs au moins, de cinq cents francs au plus, lorsque l'incendie aura été causé par la vétusté ou le défaut, soit de réparation, soit de nettoyage des fours, cheminées, forges, maisons ou usines prochaines, ou par des feux allumés dans les champs à moins de cent mètres des maisons, édifices, forêts, bruyères, bois, vergers, plantations, haies, meules, tas de grains, pailles, foins, fourrages ou de tout autre dépôt de matières combustibles, ou par des feux ou lumières, portés ou laissés sans précaution, par des pièces d'artifices allumées ou tirées par négligence ou imprudence. »

471, c. p. « Une amende de un franc à cinq francs contre ceux qui :

«N° 7. Auront laissé dans les champs des coutres de charrue, pinces, barres, barreaux ou autres instruments dont puissent abuser les voleurs et malfaiteurs ; »

«N° 9. Auront cueilli ou mangé sur le lieu même des fruits appartenant à autrui ; »

«N° 10. Auront glané, râtelé ou grapillé dans les champs non encore dépouillés de leurs récoltes, ou avant le moment du lever ou de celui du coucher du soleil ; »

«N° 13. N'étant ni propriétaires, ni usufruitiers, ni locataires, ni fermiers, ni jouissant d'un terrain ou d'un droit de passage, ni leurs préposés, auront passé sur ce terrain ou sur partie de ce terrain, s'il est préparé ou ensemencé.»

« La peine d'emprisonnement pourra en outre être prononcée pendant trois jours au plus contre les contrevenants au N° 10. — En cas de récidive, elle sera toujours prononcée pour toutes les contraventions prévues par l'article 471. » 473 c. p. 474, c. p.

« Une amende de six francs à dix francs inclusivement, sera prononcée contre ceux qui : 475, c. p.

« N° 1. Auront contrevenu aux bans de vendanges ou autres autorisés par les règlements ; »

« N° 9. N'étant propriétaires, ni usufruitiers, ni jouissant d'un terrain ou d'un droit de passage, y sont entrés et y ont passé dans le temps où ce terrain était chargé de grains en tuyaux, de raisins ou autres fruits ; »

« N° 10. Auraient fait ou laissé passer des bestiaux, animaux de trait, de charge ou de monture, sur le terrain d'autrui, ensemencé ou chargé d'une récolte, en quelque saison que ce soit, ou dans un bois taillis appartenant à autrui.»

« La peine d'emprisonnement pendant cinq jours au plus, sera toujours prononcée en cas de récidive.» 478, c. p.

« Une amende de 11 à 15 francs inclusivement contre ceux : 479, c. p.

«N° 2. Qui auront occasionné la mort ou la blessure des

animaux ou bestiaux appartenant à autrui, par l'effet de la divagation des fous ou furieux, ou d'animaux malfaisants ou féroces, ou par la rapidité ou la mauvaise direction ou le chargement excessif des voitures, chevaux, bêtes de traits, de charges ou de montures. »

« Pourra en outre être prononcée la peine d'emprisonnement pendant cinq jours au plus; cette peine aura toujours lieu en cas de récidive. »

405, c. p. « Les jours d'emprisonnement sont des jours complets de vingt-quatre heures. »

483, c. p. « Il y a récidive lorsqu'il a été rendu contre le contrevenant dans les douze mois précédents, un premier jugement pour contravention de police dans le ressort du même tribunal. »

463, c. p.
modifié par la loi
du 13 mai 1863. « Dans le cas d'admission de circonstances atténuantes, la peine des travaux forcés à perpétuité et celle des travaux forcés à temps remplaceront la peine de mort. »

« La peine des travaux forcés à temps et celle de la réclusion remplaceront la peine des travaux forcés à perpétuité. »

« Si la peine est celle de la déportation dans une enceinte fortifiée, on appliquera celle de la déportation simple ou celle de la détention; mais dans les cas prévus par les articles 96 et 97, la peine de déportation simple sera seule appliquée. »

« Si la peine est celle de la déportation, on appliquera la peine de la détention ou celle du bannissement. »

« Si la peine est celle des travaux forcés à temps, on appliquera la peine de la réclusion ou les dispositions de l'article 401, sans pouvoir réduire la durée de l'emprisonnement au dessous de deux ans. »

« Si la peine est celle de la réclusion, de la détention, du bannissement ou de la dégradation civique, on appliquera les dispositions de l'article 401, sans pouvoir réduire la durée de l'emprisonnement au-dessous d'un an. »

« Le maximum d'une peine afflictive sera remplacé par le maximum de la peine ou même la peine inférieure. »

« La peine de l'emprisonnement et celle de l'amende pourront être réduites par les tribunaux correctionnels, savoir :

« Si la peine prononcée par la loi est un emprisonnement dont le minimum ne soit pas inférieur à un an ou à une amende dont le minimum ne soit pas inférieur à cinq cents francs, l'emprisonnement pourra être réduit, sans qu'en aucun cas il puisse être en-dessous des peines de simple police. »

« Dans tous les autres cas, les tribunaux pourront réduire l'emprisonnement même au-dessous de six jours et l'amende même au-dessous de seize francs; ils pourront aussi prononcer séparément l'une ou l'autre de ces peines et même substituer l'amende à l'emprisonnement sans qn'en aucun cas elle puisse être en dessous des peines de simple police. »

TITRE VIII.
Louage des domestiques.

Le domestique est celui qui reçoit des gages et demeure dans la maison de celui qui le paie.

Plusieurs coutumes énuméraient les règles et usages auxquels les maîtres et les domestiques devaient se conformer. Ces devoirs et obligations respectifs sont, pour la plupart, remplacés par les diverses dispositions du code civil; néanmoins, il pourrait se présenter des difficultés qui ne seraient pas prévues par la nouvelle législation; dans ce cas, les ma-

gistrats devraient rechercher, dans les anciens usages consacrés par des règlements, des faits et circonstances analogues
afin de motiver leurs jugements sur des documents sérieux.
Par ces motifs, je crois utile de faire précéder, la législation
actuelle sur le louage des domestiques, d'extraits des anciens
règlements, coutumes et ordonnances qui existaient sur cette
matière.

Furnes,
tit. 34,

« Article 1er. Quand quelques domestiques, valets ou servantes se sont loués et qu'ils ont reçu le denier à Dieu, ou
qu'ils sont venus et entrés en leur service ; ils sont tenus
d'aller en leurs dits services aux jour et heure auxquels ils
sont loués ; et ceux qui sont au service doivent demeurer et
continuer jusqu'au temps convenu, à peine d'amende, et aussi
de perdre leur loyer au profit de leurs maîtres. »

« Article 3. Tous valets et servantes sont tenus d'avertir
leurs maîtres un mois ou deux auparavant leur sortie, à peine
de perdre leur loyer. »

« Article 4. Si le maître, ayant loué quelque domestique,
refuse de le recevoir ou lui donnait congé avant son temps,
sans avoir pour cela aucune raison considérable, il sera tenu
de payer loyer entier. »

Bergues,
rub. VII.

« Article 32. Les domestiques et manœuvriers doivent, au
jour convenu entrer en leur service ou à leur ouvrage. »

« Article 33. Pareillement les maîtres doivent recevoir les
domestiques et manœuvriers ou leur donner congé avant la fin
du temps dont ils sont convenus. Sans cause raisonnable ils
sont obligés de payer le loyer entier. »

« Article 34. Le domestique qui veut changer est tenu de
le déclarer à son maître six semaines avant la fin de son
temps. Le maître qui a l'intention de renvoyer son domestique
doit également le prévenir six semaines avant la fin de son
temps. S'il n'a été fait aucune déclaration de part ni d'autre,

l'on entendra que les domestiques continueront leurs services et que les maîtres veulent les retenir à l'ancien prix. »

« Article 2. Les maîtres qui ne veulent plus être servis de leurs domestiques, ne sont pas tenus de leur déclarer qu'après la fin de leur terme ou louage; comme aussi les domestiques ne sont pas tenus de déclarer auparavant qu'ils ne veulent plus servir. » Hondschoote,
rub. XII.

« Articles 18 et 19. Si quelqu'un se loue à plusieurs personnes, le premier louage aura lieu; lorsque le maître renverra un domestique sans cause légitime, il sera tenu de payer le loyer entier. » Bailleul,
rub. 34.

François Ier, par son ordonnance du mois de décembre 1540, faisait défendre à tout particulier de prendre à son service des gens inconnus et mal famés. Les règlements du roi Charles IX, du 4 février 1567 et du roi Henri III, du 21 novembre 1577, sur la police générale du royaume, font défense à tous serviteurs de laisser leurs maîtres et maîtresses pour aller servir d'autres sans le gré et consentement desdits maîtres et maîtresses, ou pour quelque cause et occasion légitime et raisonnable. Pareilles défenses sont faites à tous particuliers de recevoir un serviteur d'une autre maison, que préalablement ils ne se soient enquis de son maître ou maîtresse, s'ils lui ont donné congé, et pour quelle cause et occasion légitime et raisonnable il sort hors de ladite maison, ou que le serviteur n'en ait certification par écrit, le tout sous peine de vingt livres parisis d'amende. Ils font aussi défense sous les mêmes peines à toutes personnes de suborner serviteurs ou valets étant en service, pour laisser leurs maîtres, et venir à leur service ou à celui d'autres personnes. Rep. de jurisp.
t. 20 p. 112

Les serviteurs ou valets qui ont accoutumé de se louer à temps, à certains prix, seront tenus de fournir l'an entier, s'il plaît à leurs maîtres, sinon qu'ils eussent raison ou occasion légitime de se retirer plus tôt. Pareillement ceux qui seront loués pour un ouvrage à faire, ne se pourront retirer avant l'ouvrage fait, sinon du gré du maître ou maîtresse, ou pour occasion légitime, sous les peines ci-dessus.

Tous serviteurs et servantes se mariant durant leur service sans gré et congé de leurs maîtres, perdront leurs gages et tous bienfaits qu'ils pourraient espérer. Lesdits gages seront appliqués aux pauvres des lieux.

Suivant une ordonnance du lieutenant-général de police du royaume, du 16 octobre 1720, le maître d'un domestique ou servante, loué pour une année, pour un mois ou pour tout autre temps limité, à qui il survient une maladie qui l'a empêché de faire son service pendant une partie un peu considérable du temps pour lequel il s'est engagé, est fondé à lui diminuer une partie du prix convenu, à proportion du temps que la maladie a duré. Il n'en serait pas ainsi s'il ne s'agissait que d'une simple indisposition.

Par la même ordonnance, si un domestique sort de chez son maître avant l'expiration du temps convenu, celui-ci peut le faire condamner à continuer ses services et aux dommages et intérêts résultant de sa sortie. Toutefois, si le domestique avait quitté pour un motif honnête, tel que pour se marier, ou aller assister ses proches parents... les dommages et intérêts seraient évalués moins rigoureusement; il ne serait même tenu à aucuns dommages et intérêts si la cause de sa sortie était motivée sur des mauvais traitements, ou le refus des choses nécessaires à la vie.

Dans les petites villes et particulièrement dans les campagnes, on était plus rigoureux pour l'exécution des règlements qui assujettissaient les domestiques à remplir le temps de leurs engagements. Ainsi dans la province de Bourbonnais, la sénéchaussée de Moulins rendit le 17 juin

1722 une ordonnance qui disposait que les valets et domestiques qui servent à la campagne seraient tenus de rendre service, et leurs maîtres de leur payer leurs gages et salaires pour le temps qui courra depuis le jour de St-Jean-Baptiste jusqu'au jour de St-Martin d'hiver, sous peine de la perte de leurs gages; attendu que les changements de métayers, vignerons et fermes des maisons de campagne ne se font qu'au jour de St-Martin d'hiver. La même ordonnance voulait qu'à l'avenir, conformément à ce qui se pratiquait aux environs des villes de Paris et de Lyon, les valets et domestiques des campagnes ne pourraient se louer qu'audit jour de St-Martin d'hiver, pour une année, avec défense de quitter et abandonner leurs services sous peine de la privation entière de leurs gages, et que ceux qui les prendraient à gages seraient tenus solidairement avec lesdits valets et domestiques aux dommages et intérêts.

Un règlement du Parlement de Normandie, du 26 juin 1722, fait défense aux domestiques de laisser leurs maîtres pour aller en servir d'autres sans leur gré et consentement ou sans cause légitime; et à toutes personnes de recevoir un domestique qui n'ait un certificat par écrit du consentement de son maître précédent, sous peine de trois cents livres d'amende. Ce règlement ordonne que les serviteurs qui ont accoutumé de se louer à temps, à certains prix, seront tenus de servir l'année entière, s'il plaît à leurs maîtres, à moins qu'ils n'aient raison et cause légitime, le tout sous les mêmes peines ci-dessus...

Toutefois d'après la jurisprudence de cette époque, les règles ci-dessus établies au sujet des louages de services pour un temps déterminé n'étaient applicables qu'aux valets et domestiques de fermes, de vignes et de labours; quant aux serviteurs des habitants des villes ou des gentilshommes des campagnes, ils n'étaient censés engagés que pour le temps qu'il plaisait à leurs maîtres de les avoir à leur service. (Ainsi jugé par un arrêt du Parlement du 14 décembre 1764, confirmatif d'un jugement du châtelet de Paris).

Le Code civil, dans plusieurs articles dont je donne ci-dessous les dispositions, s'est également occupé des obligations et devoirs réciproques entre les maîtres et leurs serviteurs domestiques; mais, ces dispositions laissant en litige une infinité de difficultés de détail, je crois utile de donner à mes lecteurs l'opinion de Henrion de Pansey, en son traité sur la compétence des juges de paix, fondée sur les règles puisées dans les anciens règlements et que ce savant jurisconsulte estime devoir être adoptées par les magistrats pour la solution des contestations qui pourraient s'élever entre maîtres et serviteurs; opinion, du reste, qui a été consacrée et mise en pratique par la Cour de Cassation en un arrêt de rejet du 22 frimaire an IX, sur le rapport de M Grandon. Voici comme s'exprime Henrion de Pansey :

« Les contestations relatives aux engagements respectifs entre des gens de travail au mois et à l'année et ceux qui les emploient; entre les maîtres et leurs domestiques ou gens de service; entre les maîtres et leurs ouvriers ou apprentis, (sauf les lois et règlements relatifs à la juridiction des prud'hommes) sont de la compétence des juges de paix aux termes de la loi du 24 août 1790, et de celle du 26 mai 1838. »

« Les serviteurs domestiques sont de deux catégories, ceux qui sont attachés à la personne du maître, tels que les cuisiniers, valets de chambre et laquais et ceux qui sont principalement occupés aux travaux de la campagne. »

« Quant aux premiers, le maître, libre de les renvoyer lorsqu'il le juge bon, ne doit que la partie des gages proportionnelle à la durée de leur service. De même aussi les domestiques peuvent quitter leurs maîtres avant l'expiration de l'année. Il n'en est pas ainsi de ceux qui sont attachés à la culture et aux travaux de la campagne. A défaut de convention particulière, l'usage est de les louer pour un an, et ils ne peuvent quitter leurs maîtres avant l'expiration du terme présumé, ou de celui convenu. De leur côté, les maîtres ne peuvent les renvoyer avant l'expiration des mêmes termes, le tout à peine de vingt livres parisis d'amende et les dommages et intérêts. »

Si donc le domestique a quitté son maître sans motifs raisonnables, celui-ci le traduit devant le juge-de-paix pour le faire condamner à une indemnité que le juge pourra compenser avec tout ou partie des gages dus. Cette indemnité doit être calculée sur ce qu'il en coûtera au maître pour se faire servir le reste du temps que le domestique devait employer à son service. L'amende portée par le règlement de 1567, excédant la valeur de trois journées de travail, le juge-de-paix (d'après l'article 475 c. p.) ne peut la prononcer; il se bornera donc à statuer comme juge civil sur la demande du domestique au paiement de ses gages et du maître, à fin de dommages et intérêts.

Un domestique qui, après avoir loué ses services pour un temps fixé, refuserait d'entrer chez son maître, sera tenu envers lui des mêmes dommages que s'il le quittait avant l'époque convenue. Mais pour que la convention soit regardée comme parfaite, il faut que le domestique ait perçu des arrhes. Dans certains pays, la tradition des arrhes ne consomme l'engagement qu'après vingt-quatre heures; pendant ce délai, il est libre au domestique de les rendre.

Si le maître renvoie le domestique sans motifs justes et raisonnables, celui-ci peut exiger le paiement de ses gages, pour le temps qui reste à courir, et une somme suffisante pour subvenir à sa nourriture pendant le même temps, sauf à déduire sur les aliments ce que le domestique pourrait vraisemblablement gagner ailleurs.

Dispositions du c. c. sur le louage des domestiques.

Code c.
1780, 1781, 109,
1023, 1384, 2101,
2104, 2272.

Article 1780. « On ne peut engager ses services qu'à temps, ou pour une entreprise déterminée. »

Article 1781. « Le maître est cru sur son affirmation pour la quotité des gages, pour le paiement du salaire de l'année échue et pour les à-comptes donnés sur l'année courante. »

Article 109. « Les domestiques majeurs ont le même domicile que celui qu'ils servent. »

Article 1023. « Le legs fait à un domestique n'est pas censé fait en compensation de ses gages. »

Article 1384. « Les maîtres sont responsables des dommages causés par leurs domestiques et préposés dans les fonctoins auxquelles ils les ont employés. (Voir l'article 206 code forestier ci-après.) »

Articles 2101, 2104. « Les gens de service ont privilége sur les meubles et les immeubles pour l'année échue et ce qui leur reste dû sur l'année courante de leurs salaires. »

(Dans une distribution de deniers, ce privilége est colloqué en cinquième ordre sur les valeurs mobilières, récoltes et revenus d'immeubles, et en quatrième ordre sur la valeur des immeubles.)

Article 2272. « L'action des domestiques qui se louent à l'année, pour le paiement de leur salaire, se prescrit par un an. »

386 c. p.

Article 386. « Le vol commis par un domestique ou un homme de service à gages dans la maison de son maître ou dans celle où il l'accompagnait, sera puni de la réclusion (). »

---

(1) Sous l'ancien régime, les peines exceptionnelles attachées à la condition de domesticité s'étendaient à d'autres griefs et étaient très-rigoureuses :

Les domestiques attachés au service de la personne ou du ménage ne peuvent être témoins instrumentaires dans un acte notarié, parce que leur état de domesticité leur fait perdre leurs droits de citoyens français, quoique cependant ils soient admis pour témoins dans un testament par acte public ; attendu que l'article 980 d. c. c. exige seulement que ces témoins soient mâles, majeurs sujets du souverain et jouissant des droits civils. (cour d'appel de Caen 4 décembre 1812).

Obligations entre les ouvriers industriels et leurs maîtres.

Loi du 12 avril 1803. Tit. 2.

« La coalition entre les maîtres pour abaisser injustement les salaires des ouvriers, est punie d'une amende de cent francs. »

«La coalition entre les ouvriers, pour interdire ou faire cesser le travail dans les ateliers, sera punie d'un emprisonnement qui ne pourra excéder trois mois s'il y a eu commencement d'exécution. »

Tit. 3.

Article 12. « Défense de recevoir un ouvrier s'il n'est porteur d'un livret. »

Articles 14 et 15. « Les conventions faites de bonne foi entre les ouvriers et ceux qui les emploient, seront exécutées. L'engagement d'un ouvrier ne peut excéder un an,

---

ainsi un arrêt du 9 septembre 1722, condamne Pierre Cressel, valet de chambre, à être attaché au carcan, à la croix rouge, pour avoir proféré des paroles injurieuses et calomnieuses contre l'honneur et la réputation de la dame N., sa maîtresse.

Un arrêt du mois de mars 1577, condamne à être pendu, un garçon de cabaret, convaincu d'avoir commis adultère sur sa maîtresse endormie. La coutume de Bordeaux punissait de la même peine un domestique qui aurait séduit la fille ou la femme de son maître.

Un arrêt du Parlement du 27 juin 1698, consacre la même jurisprudence. Cependant si le domestique avait été engagé par la femme de son maître à commettre adultère, ou qu'il n'y eut pas une différence considérable entre les conditions, la peine pouvait être celle des galères, ou encore moindre suivant les circonstances.

à moins qu'il ne soit contre-maître, conducteur des autres ouvriers, ou qu'il n'ait un traitement et des conditions stipulées par un acte exprès.

Nota : *Il résulte de ces dispositions que la nécessité de posséder un acte exprès, ne concerne pas les contre-maîtres ou conducteurs d'autres ouvriers ; la convention entre ceux-ci et leurs maîtres peut donc être prouvée soit par les livres et écritures du maître, soit par témoins, soit par serment.*

Loi du 4 mars 1851. Apprentissage

« Le contrat d'apprentissage est fait par acte public ou sous seing privé. Les notaires, secrétaires des conseils de prud'hommes, les greffiers des justice de paix peuvent recevoir ces actes, moyennant deux francs d'honoraire, en sus le timbre et le droit fixe d'un franc pour enregistrement. »

Article 3. « Il contiendra les noms, prénoms, âges, professions des maîtres et des apprentis, et, si l'apprenti est mineur, les noms, prénoms, professions des pères et mères ou du tuteur, et leurs domiciles à tous. »

Article 5. « Aucun maître célibataire ou veuf, nepeut loger comme apprenties des jeunes filles mineures. »

Article 6. « Ne peuvent recevoir d'apprentis les condamnés pour crimes, pour attentats aux mœurs, ou à plus de trois mois de prison, en vertu des articles 388, 401, 405, 406, 407, 408 et 423 du Code pénal. »

Cette incapacité pourra être levée par le préfet, sur l'avis du maire, lorsque le condamné après l'expiration de sa peine aura résidé pendant trois ans dans la même commune.

Article 15. « Le contrat est résolu de plein droit, 1º par la mort de l'une des parties, 2º si l'un des deux est appelé au service militaire, ou subit l'une des condamnations prévues par l'article 6 ci-devant, 3º pour les filles mineures, en cas du décès de l'épouse du maître ou de la femme qui dirigeait la maison au temps de l'entrée en apprentissage. »

« Article 16. Il peut être résolu sur la demande de l'une des parties. En cas 1° d'inexécution des stipulations convenues en l'acte d'apprentissage, 2° d'inconduite habituelle de l'apprenti, 3° de transport de résidence dans une autre commune, 4° de condamnation de l'une des parties à plus d'un mois d'emprisonnement, 5° du mariage de l'apprenti.

» Tout ouvrier travaillant à la semaine, à la quinzaine, au mois ; sera libre de tout engagement lorsqu'après avoir averti son maître le jour de la paie, il aura encore travaillé une semaine, une quinzaine ou un mois. Arrêté du Préfet du Pas-de-Calais 13 février 1833.

» Tout ouvrier travaillant à la pièce ou au cent, sera libre de tout engagement lorsqu'il aura confectionné la tâche habituelle entreprise par lui.

» Le maître ne pourra renvoyer un ouvrier à moins d'infidélité ou de faute grave sans le prévenir, savoir :

» 1° Huit jours, quinze jours ou un mois d'avance, pour l'ouvrier qui travaille à la semaine, à la quinzaine ou au mois.

» 2° En remettant pour la dernière fois la tâche qui lui est habituellement confiée, pour l'ouvrier qui travaille à la pièce, à la douzaine ou au cent. »

Les articles 414, 415, 416 du Code pénal et les articles 19 et 20 du titre II du Code rural de 1791 ont été modifiés par trois nouveaux articles destinés à les remplacer, votés par le Corps législatif en sa séance du 2 mai 1864, ainsi conçu : Coalisation. Loi du 2 mai 1864

« Article 414. Sera puni d'un emprisonnement de six jours à trois ans et d'une amende de seize francs à trois mille francs ou de l'une de ces deux peines seulement quiconque à l'aide de violence ou autres voies de fait, de menaces ou de manœuvres frauduleuses, aura amené, maintenu ou tenté d'amener ou de maintenir une cessation concertée de travail dans le but de forcer la hausse ou la baisse des salaires ou de porter atteinte au libre exercice de l'industrie ou à la liberté du travail. »

« Article 415. Lorsque les frais punis par l'article précédent auront été commis par suite d'un plan concerté, la peine sera de quinze jours à quatre ans de prison et de vingt-cinq francs à cinq mille francs d'amende ; les coupables pourront être mis par l'arrêt ou le jugement sous la surveillance de la haute police pendant deux ans au moins et cinq ans au plus. »

« Article 416. Seront punis à un emprisonnement de six jours à trois mois, et d'une amende de seize francs à trois cents francs, ou de l'une de ces deux peines seulement, tous ouvriers, patrons et entrepreneurs d'ouvrages qui, à l'aide d'amendes, défenses, prescriptions, interdictions prononcées par suite d'un plan concerté, auront porté atteinte au libre exercice de l'industrie ou du travail. »

TITRE IX.

Objets divers.

Il serait superflu de faire figurer, comme ayant force de loi les dispositions des coutumes et règlements qui ont cessé ou cesseront bientôt d'exister, attendu que déja plusieurs lois et décrets traitent des mêmes objets et que bientôt ils seront probablement tous abrogés par les lois que prépare le Conseil d'Etat sur ces matières. Néanmoins, je crois devoir pour compléter ce recueil, offrir au public, comme renseignements, les documents que j'ai pu me procurer sur différents sujets qui peuvent l'intéresser. J'ai fait suivre ces documents des différentes lois qui, depuis, ont traité des mêmes objets.

SECTION Ire.

Dépouilles de blé, avéties.

Ces produits, si utiles pour assurer l'existence et le bien-être des races humaines, sont le résultat de la culture des terres par les hommes des campagnes désignés sous le nom de laboureurs, hommes utiles et laborieux qui ouvrent et déchirent le sein de la terre, l'ensemencent et moissonnent les épis qui renferme le grain dont nous nous nourrissons, après qu'il a été broyé, pulvérisé et a subi cette métamorphose qui lui donne une forme solide connue sous le nom de pain. Le nom de ce citoyen utile par excellence, tire son origine du mot *Laborare*..... qui signifie travailler.

La dénomination *blés* comprend le blé, le seigle, le méteil, l'orge, le scourgeon, l'épeautre ou épautre, le blé de Turquie, le maïs, le millet, le sarrazin, l'avoine.

La dénomination *avéties* comprend les pois, les fèves, la bisaille, la vesce, le lin, le colza, la rabête, la navette, les navets, les carottes, ramolas, les raiforts, les oignons, le tabac, le sainfoin et le trèfle.

« Les blés verds et autres advestures sont réputés catheux et nature de meubles après la mi-mars, et auparavant ce temps ils appartiennent au fonds. »

Artois
art. 141,
St-Pol.
tit. 4, art, 2.

« Tous blés et grains de mars sont nature de fonds, savoir : les blés jusqu'au mi-mars et les mars jusqu'au jour de St-Jean-Baptiste (1). »

Boulenais (1550),
t. 29. art. 139.

« Article 1er. La municipalité pourvoiera à faire serrer la récolte d'un cultivateur absent, infirme ou accidentellement hors d'état de le faire lui-même et qui réclamera ce secours ; elle aura soin que cet acte de fraternité et de protection soit exécuté aux moindres frais. Les ouvriers seront payés sur la récolte de ce cultivateur. »

Code rural,
de 1791 tit. 1er,
section V.

---

(1) 626 c. d. p. La saisie brandon ne peut être faite que dans les six semaines qui précèdent l'époque ordinaire de la maturité des fruits.
La vente doit être annoncée par placards ou affiches huit jours d'avance.

Code rural.

« Article 2. Chaque propriétaire sera libre de faire sa récolte de quelque nature qu'elle soit, avec tout instrument et au moment qu'il lui conviendra, pourvu qu'il ne cause aucun dommage aux propriétaires voisins ; cependant, dans les pays où le ban de vendange est en usage, il pourra être fait à cet égard un règlement chaque année par le conseil municipal de la commune, mais seulement pour les vignes non closes. Les réclamations qui pourraient être faites contre le règlement seront portées devant le préfet, qui y statuera sur l'avis du sous-préfet. »

« Article 3. Nulle autorité ne pourra suspendre ou intervertir les travaux de la campagne dans les opérations de la semence et des récoltes. »

Terres en friche.

Merlin,
Coutumes de
Lepanoux et
Bouge
De Nevers,
Arr. du conseil de
1776.

Les anciens règlements dont les principes doivent toujours être maintenus puisqu'ils dérivent de la nature et sont, pour ainsi dire, inhérents à la création de l'homme, donnent le droit au laboureur, à l'aspect d'une terre en friche, d'armer ses mains d'un fer pour l'ouvrir, la remuer et la rendre fertile ; car, comme la terre appartient encore plus aux hommes en général qu'à un particulier, il n'est pas juste que l'indolence ou l'entêtement d'un propriétaire qui exige des fermiers un rendage tellement exorbitant qu'aucun d'eux ne peut en entreprendre l'exploitation, prive la société d'une portion de richesse et de produits si indispensables à l'existence commune. C'est de la part d'un propriétaire de terres à blé, dit

Fournel.
Lois rurales,
livre 3, S. IV.
Déclaration royale
11 juin 1709.
art. 3.

Fournel dans ses lois rurales, une contravention à l'ordre public et à l'intérêt commun d'en délaisser la culture. Cet auteur cite une déclaration royale du 11 juin 1709, qui porte que dans l'intérêt de l'Etat et à défaut de propriétaire, toute autre personne est autorisée à s'emparer de la culture d'une terre en friche ou délaissée, pour la récolte de l'année seulement et sans que cette exploitation officieuse lui donne aucun droit sur la propriété du fonds, ni sur l'exploitation de l'année suivante. Le bénéfice de cette récolte appartient à celui qui a fait les frais de culture sans qu'il soit tenu de rien rendre au propriétaire ni d'en payer aucune contribution foncière.

Article 21. « Personne ne pourra laisser ses terres vagues et en friche pour son plaisir, ou de sa volonté, ou parce qu'il ne peut les louer assez selon son désir, à peine que lesdites terres seront louées par la loi (la justice... les magistrats) pour le temps de trois ans, après deux proclamations à l'église à jours de dimanche, dont le loyer sera employé au paiement des impôts et autres charges; s'il y a du surplus au profit du propriétaire. »

Bailleul Flandre rub. 31.

Toutefois l'ancienne jurisprudence reconnaissait que si le propriétaire avait de bonnes raisons pour laisser des terres en friche, il pourrait défendre de les labourer pourvu qu'il donnât de la publicité aux motifs qui lui avaient fait prendre cette détermination.

SECTION II.
Des abeilles.

« Si aucun wèpes ou mouches à miel s'envolent de leurs vaisseaux et que celui à qui ils appartiennent, les poursuit jusqu'à ce qu'ils soient assis, iceux wèpes lui demeurent et n'en perd la propriété, ainsi les pourra prendre et enlever, en requérant en dedans les vingt-quatre heures le consentement du seigneur et de ses officiers, etc. »

St-Omer, bailliage, art. 16.
St-Omer ville, art. 30.

« Si aucun wèpes ou mouches à miel s'envolent hors de leurs vaisseaux et se asséent sous la juridiction d'un haut justicier ou vicomtier, sans être poursuivis, par icelui à qui ils

Lille bailliage, tit. I, art. 28.

appartiennent, la moitié d'iceux eps (essaims) appartient à celui qui les trouve, en le signifiant avant les lever audit seigneur auquel l'autre moitié appartient. »

Hesdin. art. 13. « Quiconque s'ingère de prendre et lever mouches à miel, arrêtées et assemblées à quelque arbre ou autre chose, trouvées en la juridiction du seigneur vicomtier, il commet pour chacune fois amende de soixante sols parisis et est tenu de restituer lesdites mouches à miel. »

Montreuil-sur-Mer, art. 30. « Celui à qui appartiennent lesdites mouches à miel qui s'envolent, peut les poursuivre et les reprendre. »

Code rural. » Dans l'état actuel de la législation, les droits du propriétaire sont définitivement fixés par l'article 5, section 3, de la loi du 28 septembre, 6 octobre 1791 ainsi conçu :

« Le propriétaire d'un essaim a le droit de le réclamer et de s'en ressaisir tant qu'il n'a pas cessé de le suivre, autrement l'essaim appartient au propriétaire du terrain sur lequel il s'est fixé. »

L'article 584 du code de procédure, sans entrer dans aucun détail, déclare insaisissables les choses déclarées insaisissables par la loi !... Peut-on ranger dans cette catégorie les objets indiqués par les art. 2, 3, 4 du code rural? Voici toutefois les dispositions de ces articles :

Tit. 1er section IV « Article 2. Aucun engrais, ni ustensile, ni autre meuble utile à l'exploitation des terres, et aucuns bestiaux servant au labourage, ne pourront être saisis ni vendus pour contributions publiques, et ils ne pourront l'être pour aucune cause de dettes, si ce n'est au profit de la personne qui a fourni lesdits effets ou bestiaux, ou pour l'acquittement de la créance du propriétaire envers le fermier, et ce seront toujours les derniers objets saisis en cas d'insuffisance d'autres objets mobiliers. »

« Article 3. La même règle aura lieu pour les ruches et

pour aucune raison, il ne sera permis de troubler les abeilles dans leurs courses et leurs travaux ; en conséquence, même en cas de saisie légitime, une ruche ne pourra être déplacée que dans le mois de décembre, janvier et février. »

« Article 4. Les vers à soie sont de même insaisissables pendant leur travail ainsi que la feuille du mûrier qui leur est nécessaire pendant leur éducation. »

(Nota. Ces articles ont besoin d'être combinés avec les articles 580, 581, 582, 592, 593, 594 d. c. d. p. c. et les articles 517 jusques et compris l'article 525 d. c. c. qui désignent les objets insaisissables.)

Paillet, sur l'art. 2098, c. c.

Par la loi sur les priviléges du Trésor public pour la perception des impôts, du 5 septembre 1807, et l'avis du Conseil d'Etat du 25 février 1808, le privilége du Trésor pour le recouvrement des contributions directes est réglé ainsi qu'il suit, et s'exerce avant tout autre :

1° Pour la contribution foncière de l'année échue et de l'année courante, sur les récoltes, fruits, loyers et revenus des biens immeubles sujets à l'impôt ;

2° Pour l'année échue et l'année courante des contributions mobilières, des portes et fenêtres, des patentes et toute autre contribution directe et personnelle, sur tous les meubles et autres effets mobiliers appartenant aux redevables en quelque lieu qu'ils se trouvent ;

3° Tous fermiers, locataires, receveurs, économes, notaires, commissaires-priseurs et autres dépositaires et débiteurs des deniers provenant du chef des redevables et affectés au privilége du Trésor, seront tenus sur la demande qui leur en sera faite, d'acquitter les impôts sur le montant des fonds qui sont entre leurs mains, appartenant auxdits redevables (1)

Quant aux articles 2 et 3 du code rural, ils se trouvent

_____

(1) Dans tous les cas, les frais de justice sont prélevés auparavant.

confirmés par les articles 592 du code pénal et 524 du code civil... et quoique les vers à soie ne se trouvent pas désignés en cet article 524, il est présumable que les termes de l'article 4 du code rural et l'esprit de la loi doivent les faire ranger parmi les objets admis comme immeubles par destination déclarés insaisissables par ledit art. 592 du code de procédure.

SECTION III.

Trous à marne.

St-Omer,
1509.

« Article 20. Quiconque fait puits à marnes doit le reboucher bien et duement, de manière qu'il n'arrive accident dès l'instant qu'il ôte le trieulle avec lequel il retire la marne. »

Boulenais,
1495.

« Article 59. Amende de soixante sols parisis pour trous à argiles et puits à marne non bouchés.

Montreul,
art. 21.

» Celui qui a puits à marnes doit le boucher dès que l'attachement est ôté.

Péronne,
Montdidier,
Troyes.

» Celui qui fait puits à marnes, même au lieu de passages, est tenu de le remplir et retouper en dedans un mois après l'ouverture.

Artois,
art. 49.

» Amende de soixante sols parisis pour puits à marnes non retoupés, aussitôt après l'enlèvement du tourniquet. »

Il résulte de toutes ces dispositions et des arrêtés préfectoraux sur cet objet, que celui qui laisse un puits à marne ouvert, sans l'entourer d'un mur ou d'une palissade assez solide pour éviter tous accidents, s'expose non-seulement à des poursuites de simple police, mais encore à des dommages et intérêts qui peuvent être très considérables, suivant la nature des blessures de la personne qui aurait été victime de cette imprudence.

SECTION IV.

Nouvelles éteules, glanage.

La défense de faire pâturer les nouvelles éteules avant un délai quelconque a pour but de protéger le glanage et de conserver pour les pauvres l'épi traînant. Ce principe résulte des dispositions ordonnées à cet égard par les anciennes coutumes, dont voici plusieurs textes :

« Article 10-43. Défense de faire pâturer nouvelles éteules. Se nomment nouvelles éteules depuis que les gavelles sont liées jusqu'au troisième jour en suivant, à peine d'amende de soixante sols parisis (1). » St-Omer, 1509 et 1531.

« Article 8. Amendes de nouvelles éteules et puits à marnes non retoupés sont de soixante sols parisis, et se disent nouvelles éteules jusqu'à trois jours après que les ablais sont mis en coigeaux ou digeaux. » St-Pol, tit. 1er.

« Article 59. Amende de soixante sols parisis pour nouvelles éteules de trois jours. » Boulenais.

« Article 20. Défense de faire pâturer en nouvelles éteules, qui se compte depuis que les gavelles sont liées jusqu'au troisième jour suivant. » Montreuil.

« Articles 48, 49 et 50. Le seigneur vicomtier a connaissance des bêtes trouvées ès nouvelles éteules. Amendes de nouvelles éteules sont de vingt sols parisis. Se disent nouvelles éteules jusques trois jours après les ablais emportés hors du champ où ils ont cru. » Artois.

« Article 22. Dans les lieux de parcours ou de vaines pâtures, comme dans ceux où cet usage n'est pas établi, les pâtres, les bergers ne pourront mener les troupeaux d'aucune espèce dans les champs moissonnés et ouverts, que deux jours après la récolte entière, sous peine d'une amende de la valeur d'une journée de travail ; l'amende sera double si les bestiaux d'autrui ont pénétré dans un enclos rural. » Code rural, tit. 2.

Les dispositions qui précèdent ont pour but de conserver le glanage aux pauvres... La coutume de Bailleul en son article Bailleul, art. 6,

---

(1) La livre parisis valait 25 sols tournois ; le sou, 15 deniers.

6 prescrit au contraire des mesures pour protéger les dépouilles contre les abus du glanage !... elle défend de glaner sur les champs d'autrui sans son consentement, avant que toutes gerbes soient enlevées de la pièce, ni aussi en aucune façon pendant la nuit, à peine de vingt sols parisis d'amende.

Ord. police,
d'Eccloo. « Article 42. Personne ne pourra venir sur les champs hors de la moisson pour y ramasser les épis, ou glaner, si ce n'est que les gerbes et javelles soient premièrement mises en dixeaux.

« Article 43. Le maître, le fermier ou autre ne pourra envoyer ses bestiaux sur les champs que vingt-quatre heures après que les gerbes et javelles auront été enlevées et emportées dans la grange, afin que les pauvres en puissent mieux trouver et enlever leurs besoins.

Maillart,
p. 501. « Les laboureurs ne doivent pas faire glaner pour eux ni laisser paître des bestiaux pendant les jours accordés aux pauvres pour glaner. »

A l'appui de cette opinion de Maillart, il existe des arrêts cités par M. Clément, page 219 :

1° Un placard du 12 juillet 1557 pour l'Artois;

2° Une ordonnance du conseil d'Artois du 13 août 1725;

3° Un jugement du conseil d'Artois du 9 août 1780;

4° Un arrêt du Parlement de Flandre du 25 juin 1778;

5° Un arrêt du Parlement de Paris du 11 juillet 1782, et 6° un arrêt du Parlement de Paris du 16 février 1784, qui interdit le *glanage à tous autres qu'aux gens vieux et débilités de membres, petits enfants et autres gens qui n'ont ni force de scier ou de piquer, sous peine d'être punis comme larrons.*

Messieurs les maires devraient donc tenir sévèrement la main à l'exécution de cette dernière ordonnance, et en outre dresser et faire afficher chaque année, ainsi que je l'ai fait pendant mon administration et que le font plusieurs de ces fonctionnaires, la liste des pauvres autorisés à profiter du glanage. Cette dernière mesure empêcherait, d'une part, les cultivateurs de glaner ou de faire glaner à leur profit ou à celui de leurs ouvriers, ce dont ils profitent indirectement, et, d'autre part, en respectant le droit exclusif des pauvres au glanage, elle permettrait d'être plus sévère envers ceux qui se livrent à des vols de récoltes abattues ou sur pied.

Les divers arrêtés qui ont été portés par les préfets sur ce sujet, sont la consécration de ces divers règlements, qui continuent d'être en vigueur.

SECTION V.
De la police rurale.

« Article 1. La police des campagnes est spécialement sous la direction des juges-de-paix et des officiers municipaux et sous la surveillance des gardes-champêtres et de la gendarmerie nationale. »

Code rural, 6 octobre 1791 tit. 2

« Article 2. Tous les délits ci-après mentionnés sont, suivant leur nature, de la compétence des juges-de-paix ou de la municipalité du lieu où ils auront été commis. »

« Article 3. Tout délit rural ci-après mentionné sera punissable d'une amende ou d'une détention soit municipale, soit correctionnelle, ou de détention et d'amendes réunies, suivant les circonstances et la gravité du délit, sans préjudice de l'indemnité qui pourra être due à celui qui aura souffert le dommage; dans tous les cas cette indemnité sera payable par préférence à l'amende. L'indemnité et l'amende sont dues solidairement pour les délinquants. »

« Article 4. Les moindres amendes seront de la valeur d'une journée de travail au taux du pays (1) déterminée par

(1) Prix des journées de travail pour 1861. (Voir la page 684.)

Arrêté du Préfet.

le préfet. Toutes les amendes ordinaires qui n'excèderont pas la somme de trois journées de travail, seront doubles, en cas de récidive dans l'espace d'une année, ou si le délit a été commis avant le lever ou après le coucher du soleil (1) elles seront triples quand les deux circonstances précédentes se trouveront réunies. Elles seront versées dans la caisse de la municipalité du lieu.»

« Article 5. Le défaut de paiement des amendes et dédommagements ou indemnités, n'entraînera la contrainte par corps que vingt-quatre heures après le commandement. La détention remplacera l'amende à l'égard des insolvables, mais sa durée en commutation de peine ne pourra excéder un mois dans les délits pour lesquels cette peine n'est pas prononcée; et dans les cas graves où la détention est jointe à l'amende, elle pourra être prolongée du quart du temps prescrit par la loi. »

« Article 6. Les délits mentionnés en la présente loi qui entraîneraient une détention de plusieurs jours dans les campagnes et plus de huit jours dans les villes, seront jugés par voie de police correctionnelle; les autres le seront par voie de police municipale. » (Voir, pour ces délits, pages 633, 659, 648.) (2)

Nota : Les dispositions ci-dessus ne sont plus applicables qu'aux objets prévus par le Code rural et non remplacés par des articles spéciaux du Code pénal, entre autres les articles

---

Ord. du 22 octobre 1820.

(1) Temps de nuit : du 1er octobre au 31 mars inclus, six heures du soir à six heures du matin; du 1er avril au 30 septembre inclus, neuf heures du soir à quatre heures du matin.

(2) Aux articles du code pénal qui y sont relevés, il faut ajouter l'art. 456, qui prononce un mois à une année de prison et une amende du quart des restitutions et des dommages et intérêts, qui, dans aucun cas, ne pourra être au dessous de 50 fr., contre celui qui aura en tout ou en partie comblé un fossé reconnu pour établir les limites entre différents héritages.

464 et suivants dudit Code qui, aux termes des articles 137, 138 et suivants du Code d'instruction criminelle, sont de la compétence des juges de paix (1).

La responsabilité civile pour les condamnations en correctionnelle ou en simple police est supportée : 1° par les père et mère pour leurs enfants mineurs habitant avec eux ; 2° par les maîtres et les commettants pour leurs domestiques et préposés dans les fonctions auxquelles ils les ont employés ; 3° par les instituteurs et les artisans, du dommage causé par leurs élèves et apprentis pendant le temps qu'ils sont sous leur surveillance.

Art. 74 code pénal. 1384, 1385, c. c.

Les père, mère, instituteurs et artisans sont admis à prouver qu'ils n'ont pu empêcher le fait qui donne lieu à cette responsabilité.

Les domestiques, les ouvriers, voituriers ou autres subordonnés, seront à leur tour responsables de leurs délits envers ceux qui les emploient

Code rural, tit. II, art. 8.

Les officiers municipaux veilleront généralement à la tranquillité, à la salubrité et à la sûreté des campagnes (2).

Ils seront tenus de faire, au moins une fois par an, la visite des fours et cheminées de toutes les maisons et de tous

Art. 9.

---

(1) La prescription relative aux délits ruraux se trouve toujours réglée par l'article 8, section VII du titre I, du Code rural de 1791. Ces délits doivent donc être poursuivis dans le délai d'un mois à partir du jour où le délit a été commis et non pas seulement du jour où il a été connu et constaté. (Arrêts de la Cour de Cassation du 16 floréal an XI, 14 germinal an XIII, 11 avril 1828. Cour d'appel de Bourges, 15 juillet 1830.

(2) L'article 2 d'une ordonnance de la ville d'Eccloo, du 24 mars 1680, témoigne de la sollicitude des magistrats de cette époque. Il est ainsi conçu : Pour empêcher malheur aux petits enfants, ce qui arrive le plus souvent par la négligence et les mauvais soins des père et mère, il est ordonné à un chacun où il y a des enfants en dessous de trois ans de pourvoir leurs portes, de demi-portes par-dessus lesquelles les enfants d'un tel âge ne puissent monter au-dessus, ni se traîner par dessous.

bâtiments éloignés de moins de cent toises (deux cent mètres) d'autres habitations ; ces visites seront préalablement annoncées huit jours d'avance.

Après la visite, ils ordonneront la réparation ou la démolition des fours et cheminées qui se trouveront dans un état de délabrement qui pourrait occasionner un incendie ou d'autres accidents. Il pourra y avoir lieu à une amende au moins de six francs et au plus de vingt-quatre francs.

(Voir à la page 635 pour les gazons, pierres et terres enlevées sur les chemins.)

Des gardes-champêtres.

Nominations, traitements, révocations, etc., etc.

Code rural, art. 39. Pour assurer les propriétés et conserver les récoltes, il pourra être établi des gardes-champêtres dans les municipalités, sous la direction des juges de paix et sous la surveillance des officiers municipaux.

Code d'inst. c. art. 17. Comme officiers de police judiciaire, ils sont sous la surveillance des procureurs du gouvernement.

Arrêté du 12 septembre 1801. Le choix des gardes-champêtres appartient au maire sous l'approbation du Conseil municipal. Le sous-préfet délivre la commission.

Le changement ou la destitution des gardes-champêtres est prononcé par le sous-préfet sur l'avis du maire et du Conseil municipal. L'arrêté du sous-préfet doit être soumis à l'approbation du préfet.

Loi du 3-8 juillet 1793. Article 3. Il doit y avoir au moins un garde-champêtre par commune.

Code rural. art. 40. Dans les municipalités où il y a des gardes établis pour la conservation des bois, ils pourront remplir les deux fonctions.

Loi du 11 frimaire an 7. Les gardes-champêtres seront payés par la commune suivant le prix déterminé par le Conseil municipal.

« Article 43. Les gardes-champêtres seront âgés au moins Code rural.
de vingt-cinq ans, ils seront reconnus pour gens de bonnes
mœurs; ils seront nommés comme il est dit ci-devant. »

» Ils sont assermentés devant le tribunal de leur arrondissement. »

« Art. 42. Dans l'exercice de leurs fonctions, les gardes-
champêtres pourront porter toutes sortes d'armes qui seront
jugées leur être nécessaires, avec autorisation du préfet. »

« Ils auront sur le bras une plaque de métal ou d'étoffe
où seront inscrits ces mots : *La Loi* ! le nom de la commune,
et celui du garde. »

« Ils devront affirmer leurs rapports ou procès-verbaux Lois 23 thermidor an IV et 28 floréal au X.
dans les vingt-quatre heures, soit devant le juge de paix ou
son suppléant, soit devant le maire ou son adjoint. »

« Article 44. Ces procès-verbaux ou rapports, lorsqu'ils Code rural
ne donneront lieu qu'à des réclamations pécuniaires, feront
foi en justice pour tous les délits mentionnés dans la police
rurale, sauf la preuve contraire. »

« Article 7. Ils sont responsables du défaut d'affirmation Code rural. section VII.
et ils sont responsables des dommages dans le cas où ils
négligeraient de faire dans les vingt-quatre heures, les rapports des délits. »

(NOTA. Ceux qui se croiraient dans le cas d'exercer leurs Miroir, t. 4, p. 1076.
secours contre les gardes-champêtres à leurs risques et pé-
rils, peuvent former opposition au paiement de leurs salaires
entre les mains du receveur municipal, sauf aux gardes à faire
lever cette opposition par le juge de paix.)

Les procès-verbaux constatant de simples contraventions Code d'inst. C. art. 15, 20
seront remis au commissaire de police ou au fonctionnaire
qui en remplit les fonctions dans un délai de trois jours au
plus tard. Ceux constatant un délit de nature à mériter une

peine correctionnelle seront remis au procureur du gouvernemeut près les tribunaux de première instance dans le même délai.

Code d'inst.
C. art. 640

L'action publique et l'action civile pour une contravention de police sont prescrites après une année révolue à compter du jour où elle aura été commise; même lorsqu'il y aura eu procès-verbal, saisie, instruction ou poursuite, si dans cet intervalle il n'est pas survenu de condamnation. (Voir la note à la suite de l'article 9, titre II du Code rural de 1791, page 662.)

Procès-verbaux.

Aucune forme particulière n'est indiquée par la loi, néanmoins il est prudent que ces actes contiennent :

« 1º L'année, le jour, mois et heure de leurs rédactions ; 2º les nom, prénoms, qualité, domicile du garde ; 3º la mention qu'il portait le signe distinctif de ses fonctions; 4º les nom, prénoms, qualité, domicile du délinquant ; 5º la désignation de l'endroit particulier où le délit a été commis, ainsi que le jour et l'heure.

Arr cass. 7
novembre 1817.

» Comme officiers de police judiciaire ils peuvent dresser procès-verbal contre leurs parents et alliés.

Loi 30 avril
1790.

» Ces procès-verbaux peuvent être écrits soit par le juge de paix, soit par son greffier, soit par le commissaire de police, le maire ou son adjoint. (Arrêt de la Cour de Lyon du 8 octobre 1825).

» Les procès verbaux rédigés et écrits par des personnes, sans aucunes des qualités ci-dessus ne font pas foi en justice. (Arrêt de la Cour de cassation du 1er juillet 1813).

Loi 13 brunaire,
an VII.

» Les procès-verbaux ainsi que les expéditions et copies doivent être écrits sur papier timbré.

» Ils doivent être enregistrés en débet dans les quatre jours après celui de leur date. Lorsque le quatrième jour tombe un jour férié, le procès-verbal peut être enregistré le cinquième jour après sa date. (Arrêt de la Cour de cassation du 18 février 1820.)

» La peine de nullité prononcée par l'article 34 de la loi du 22 frimaire an VII pour défaut d'enregistrement est seulement applicable aux procès-verbaux qui font foi jusqu'à l'inscription de faux ; elle ne s'applique pas à ceux qui constatent de simples contraventions de police, qui ne font foi que jusqu'à preuve contraire. (Arrêts de la Cour de cassation du 5 mars et 1er septembre 1809, 18 février 1820 et 6 janvier 1824.)

» Lorsque les gardes particuliers sont agréés par le sous-préfet et qu'ils sont assermentés, ils ont les mêmes droits que les gardes-champêtres et leur sont assimilés. (Arrêt de la Cour de cassation du 8 avril 1826 et 6 décembre 1827.) Loi du 3 brumaire an IV, art. 40.

» Les gardes-champêtres entendus en justice, soit comme témoins, soit pour donner des explications sur les faits contenus en leurs procès-verbaux, ont droit aux mêmes taxes que les témoins ordinaires. » Décret du 7 avril 1813.

Attributions.

Les gardes-champêtres ne sont pas officiers de police auxiliaires.... ainsi ils ne peuvent pas recevoir les dénonciations de crimes et délits, lancer des mandats d'amener, etc. Code d'inst. Crim. art. 16.

Les gardes-champêtres comme officiers de police judiciaire sont chargés :

« 1° De rechercher dans leurs communes les délits et les contraventions qui portent atteinte aux propriétés rurales et d'en dresser procès-verbal.

» 2° De suivre les choses enlevées dans les lieux où elles auront été transportées et de les séquestrer sans pouvoir néanmoins s'introduire dans les maisons, ateliers, bâtiments, cours adjacentes, enclos, sans être accompagnés soit du juge de paix ou de son suppléant, soit du commissaire de police,

43

soit du maire ou de son adjoint, qui devront signer le procès-verbal, s'il en est fait.

» 3° D'arrêter et de conduire devant le juge de paix ou devant le maire tout individu surpris en flagrant délit ou qui sera dénoncé par la clameur publique, lorsque ce délit emportera la peine d'emprisonnement ou une plus grave.

» 4° Les gardes-champêtres ont qualité pour constater les contraventions aux arrêtés des maires. (Arrêt de la Cour de cassation du 5 novembre 1825).

» 5° Les détériorations ou anticipations sur les chemins publics. (Arrêt de la Cour de cassation du 1er décembre 1827.)

Code de p. c. art. 598 et 628.

» Les gardes-champêtres doivent être établis gardiens des saisies brandons, sauf les exclusions portées contré les parents ou alliés du saisissant jusqu'au degré de cousin issu de germain inclusivement et contre les domestiques.

Loi 22 mars 1831, art. 3.

» Ils sont chargés par les maires des significations et des citations devant les conseils de discipline de garde nationale.

» Ils sont chargés de constater les délits de chasse et de pêche.

» Ils peuvent constater les fraudes sur le tabac et saisir les objets fraudés ainsi que les chevaux, voitures servant au transport; et constituer prisonniers les fraudeurs et leurs colporteurs. (Lois du 24 décembre 1814, article 48. Article 222 de la loi du 28 avril 1816).

Ord. 19 mars 1817, art. 7.

» Ils recherchent toutes fabrications clandestines de sel ou de liqueur saline, hors de trois lieues de la ligne des côtes. Ils ont leur part des amendes.

Décisions diverses.

» Les gardes-champêtres sont exempts du service de la garde nationale. (Article 12 de la loi du 22 mars 1831).

Code p. art. 462.

» Ils sont jugés par les cours d'appel pour les délits correctionnels qu'ils sont prévenus d'avoir commis; la peine d'emprisonnement sera d'un mois au moins, et d'un tiers au plus en sus de la peine la plus forte appliquée à un autre coupable du même délit. (Arrêt de la Cour de cassation du 16 février 1821).

» Les violences, même avec armes, exercées contre les gardes particuliers ne constituent pas le crime de rébellion.... mais les violences exercées contre eux pendant l'exercice de leurs fonctions sont punies des peines portées aux articles 230, 231 du Code pénal. (Arrêts de la Cour de cassation du 5 mai 1806, 12 mars 1807, 25 août 1808, 25 avril 1809 et 19 juin 1818).

» Si, lorsque les gardes remplissent publiquement quelques actes de leur ministère, les personnes présentes font du tumulte, ils ont le droit d'arrêter les turbulents qui résistent à la sommation qui leur est faite de se retirer. Dans ce cas, ils dressent procès-verbal et envoient les prévenus devant les juges compétents. (Ils donneront et transmettront sur-le-champ, les renseignements et procès-verbaux au procureur du gouvernement.) *Code d'inst. crim. 504, 509, 29.*

» L'outrage fait par parole, gestes ou menaces à tout officier ministériel ou agent de la force publique dans l'exercice ou à l'occasion de l'exercice de ses fonctions sera puni d'une amende de seize francs à deux cents francs. *Code p. art. 224.*

» Tout individu qui, même sans armes et sans qu'il en soit résulté de blessures, aura frappé un officier ministériel ou un agent de la force publique pendant ou à l'occasion de l'exercice de ses fonctions, sera puni d'un mois à six mois de prison; s'il y a effusion de sang, blessure ou maladie, la peine sera la réclusion. Si la mort s'en est suivie dans les quarante jours, le coupable sera puni des travaux forcés à perpétuité. *Code p. 230.* *Code p. 231.*

Les articles 224 et 230 du Code pénal ci-dessus ont été modifiés par la loi d'avril 1863.

SECTION VI.

Loi du 10 juin 854.

Du drainage.

Article 1. « Tout propriétaire qui veut faire assainir son fond par le drainage ou un autre mode de desséchement, peut, moyennant une juste et préalable indemnité, en conduire les eaux souterrainement ou à ciel ouvert à travers les propriétés qui séparent ce fonds d'un cours d'eau ou de toute autre voie d'écoulement... à l'exception des maisons, cours, jardins, parcs et enclos attenant aux habitations qui sont dispensées de cette servitude.

Article 2. » Les propriétaires de fonds voisins ou traversés ont la faculté de se servir des travaux faits en vertu de l'article précédent pour l'écoulement des eaux de leurs fonds, à la charge de supporter une part proportionnelle dans la valeur des travaux dont ils profitent et une part contributive dans l'entretien de ces travaux.

Article 3. « Le règlement des indemnités dues pour l'expropriation est fait conformément aux paragraphes deux et suivants de l'article 16 de la loi du 21 mai 1836, ainsi conçus :

« Le jury chargé de régler l'indemnité se compose de quatre jurés et de trois jurés supplémentaires, choisis par le tribunal sur la liste générale prescrite par l'article 29 de la loi du 7 juillet 1833. Ce même tribunal désigne un de ses membres ou le juge de paix du canton pour présider ce jury. Ce magistrat aura voix délibérative en cas de partage. L'administration et la partie intéressée auront respectivement le droit d'exercer une récusation ; le procès-verbal emportera translation de la propriété ; le recours en cassation ne peut avoir lieu que dans les cas prévus et selon les formes déterminées par la loi du 7 juillet 1833. »

SECTION VII.

Affouages et marais communs.

Maillart, p. 513

« Du principe que les marais sont présumés appartenir aux communautés des lieux où ils se trouvent dérive le droit dont jouissent les habitants d'y faire paître leurs bestiaux et d'y faire palées, gazons, molingues, tourbes et wades.

(Arrêt du grand conseil de Malines du 8 octobre 1541 au sujet du marais de Pont-à-Vendin, au profit des habitants de ce lieu, d'Estever et d'Annay. Arrêt du 27 juin 1621 au profit des habitants de Hangard en Picardie.)

» Les flégards, rietz, le friche, le marjet sont des lieux publics et incultes à l'usage de chacun.

Boulenais, art. 29, 41.

Distinction des biens communaux.

« Article 1er. Par le mot unique *communanx*, on entend spécialement les biens, fonds ou immeubles dont les habitants jouissent en commun. Tels sont les terres vaines et vagues, les gastes, les garrigues, landes, paccages, patis, ajoncs, bruyères, bois communs, hermes, vacans, palus, marais, marécages, montagnes; et l'on donne le nom de *patrimoniaux* à ceux qui se louent, s'afferment ou s'exploitent régulièrement au profit de la commune : tels que les maisons, les halles, les métairies, moulins, usines, prés, terres labourables, les bois aménagés en coupes réglées, et en général tous les biens qui ne peuvent pas être divisés et qui sont loués. Le mobilier des maisons communes est également rangé dans la classe des biens patrimoniaux ainsi que les octrois, droits de péage, de voirie, de foires et marchés, capitaux placés, rentes sur l'Etat et autres créances.

Loi du 10 juin 1793 section IV.

Leur origine.

L'origine de ces biens date de fort loin et se perd dans la nuit des temps. Elle parait découler, selon Henrion de

Pansey, de l'usage où l'on était d'abandonner une certaine étendue de chaque territoire au pâturage des bestiaux d'une même communauté d'habitants. Plus tard, ces mêmes habitants ont pris sur leurs propriétés privées pour se procurer une propriété commune, ou bien, lors du partage des terres, il en a été laissé une partie dans l'indivis. Ailleurs, les seigneurs, pour favoriser l'agriculture, ont donné des portions de leurs domaines aux habitants de leurs fiefs et seigneuries... Quelle que soit cette origine, il est constant que les rois de France ont protégé et défendu les communautés contre les usurpations et les violences des gentilshommes. Ainsi l'ordonnance de Henri III, dite de Blois, de mai 1579, l'édit de Henri IV, de mars 1600, l'ordonnance de Louis XIII de juin 1629, l'édit de Louis XIV d'avril 1667, autorisent les communautés à rentrer dans les biens vendus, pendant les temps de détresse, aux seigneurs ou autres personnes puissantes, qui auraient profité de leur pauvreté pour les dépouiller, et ce, moyennant par les communautés rembourser en dix termes annuels le prix principal de l'aliénation.

SECTION VIII.
Bois et forêts.
§ 1.

Tournehem,
châtellenie.

Article 5. « Les bourgeois et habitants de la ville et banlieue de Tournehem ayant part à la commune de bois de ladite ville, nommé le Carnoy, ne peuvent vendre leur part sous peine d'amende et d'être privés de leur part pour l'année.

Article 6. « Nul habitant ne peut mener le bois de ladite commune hors l'étendue dudit échevinage et banlieue, sous peine de quarante sols parisis d'amende pour la première fois et de déchéance du droit de bourgeoisie en cas de récidive.

Pernes,
Artois.

Un article de la coutume de cette ville donne aux habitants le droit de prendre chaque année dans les bois appar-

tenant au seigneur de Pernes, fagots de neuf palmes de
tour, sept pieds de ville et sept pieds de cotterie du vif bois,
tel qu'il est à coupe, pour huit sols parisis à chacun cent,
prins audit bois et durant certain temps, tant que le droit de
labourée a cours pour l'usée et dépense dudit bourgeois dudit
lieu *(Les bourgeois étaient tenus de leur côté à des corvées
qui ont été abolies par les lois postérieures à 1789.)*

Les habitants ont le droit d'aller couper dans le bois du *Nielles lez-Boulonnais.*
seigneur une botte ou deux de vergues pour recouvrir et cloré
leurs bâtiments. Ladite communauté de Nielles a aussi certaine portion de bois, nommée le bois commun, où chacun
ménage, natif du village ou y ayant héritage depuis l'espace
d'un an, a sa portion et feuille par chacun an.

Les dispositions de l'ordonnance du 13 août 1669 sur les *Ord. du 13 août 1669.*
eaux et forêts étant remplacées par celles du code forestier du
21 mai 1827, il suffit de donner un extrait de cette dernière loi en ce qui touche les glandées, panages, paissons et
autres droits d'usage dans les bois et forêts de l'Etat, des domaines de la couronne, des communes et des établissements publics.

Mais avant de donner les règles établies par le code forestier de 1827 sur le mode de jouissance du droit d'affouage,
il m'a paru convenable de donner les décisions intervenues à
ce sujet antérieurement à ce code et de préciser ce qu'on
entend par droits d'affouage.

Définition.

L'affouage est le droit accordé aux habitants d'une commune de couper du bois dans une forêt ou dans un bois
communal, soit pour leur chauffage, soit pour leurs constructions. Il s'entend aussi de la partie de bois délivrée par
l'administration forestière pour le chauffage des habitants.

Décisions.

Le conseil municipal règle le partage des affouages. S'il *Loi du 17 février 1800, art. 15.*

s'agit de bois de construction, le maire fait préalablement la visite des bâtiments.

Les propriétaires non domiciliés n'ont aucun droit d'affouage. *(Conseil d'Etat, 20 juillet 1807.)*

Un avis du Conseil d'Etat du 12 avril 1808, décide contrairement à la déclaration du 13 juin 1724 et à la loi du 29 nivose an II que le partage des affouages se fera par feux, c'est-à-dire par chef de famille ayant domicile.

Le droit d'affouage est personnel, nul ne peut vendre sa portion de bois façonné ou non; il est même défendu d'en donner aucune partie en paiement pour le sciage et le travail desdits bois *(ordonnance de 1526, cass. 13 octobre 1809)*.

Un décret du 17 janvier 1813 établit en principe que la réunion des paroisses ou communes ne peut porter atteinte aux droits que chacune d'elles avait dans tel ou tel bois, lesquels droits restent distincts. *(décret du 17 janvier 1813, ordonnances du 30 octobre 1815 et 27 mars 1816)*.

Le mode de jouissance des biens communaux dont l'affouage est une partie, ne peut être changé que par une ordonnance du souverain, rendue sur la demande des conseils municipaux, suivie de l'avis du sous-préfet et du préfet *(décret du 31 octobre 1804, avis du Conseil d'Etat du 29 mai 1808)*.

Tout arrêté du conseil de préfecture qui approuve un nouveau mode d'affouage est nul, si ce nouveau mode n'a été antérieurement soumis à la sanction du Conseil d'Etat. *(décrets du 31 octobre 1804 et 7 octobre 1812.)*

Les bois appartenant aux communes étant soumis au même régime que les forêts domaniales, les coupes de bois d'affouage ne peuvent avoir lieu sans qu'au préalable elles n'aient été désignées et autorisées par l'administration forestiée *(loi du 29 septembre 1791, titre II, article 7. — Arrêt du 10 mars 1802.)*

Si les besoins de la commune exigeaient la vente d'une partie des affouages, la délibération du conseil municipal doit être soumise à l'approbation du préfet. *(Décision ministérielle du 8 décembre 1806).*

Lorsque les habitants ont besoin d'une délivrance extraordinaire pour des réparations urgentes, le maire, accompagné de deux conseillers municipaux et de deux charpentiers, fait la visite des bâtiments et dresse un état détaillé desdites opérations. *(Règlement du 4 septembre 1601).*

Les usagers et affouagers sont assimilés aux adjudicataires des ventes pour l'exploitation des bois et la responsabilité des délits *(Règlements des 14 et 25 juin 1602, articles 22 et 25).*

La réunion d'une commune à une autre ne doit pas porter atteinte aux droits respectifs de propriété ou d'affouage des deux communes. *(Décret du 17 février 1813).*

Dans le Boulenais, les droits de pâturage et de panage dans les forêts de l'Etat étaient réglés par lettres-patentes du 11 septembre 1714 (1).

Actuellement on doit se conformer, pour les cas qui y sont prévus, aux dispositions du code forestier du 21 mai 1827 promulgué le 31 juillet suivant. On trouvera ci-après les principales dispositions de ce code, analogues aux sujets qui sont traités ci-devant.

§ 3. CODE FORESTIER.

Sont soumis au régime forestier :

Loi du 21 mai 1827, tit. 1er.

_____

(1) Deux lois votées par le Corps Législatif, le 18 juillet 1860, autorisent la vente d'une portion des forêts de l'Etat pour subvenir à l'établissement de routes forestières, départementales et vicinales pouvant servir à l'exploitation des coupes de bois dans les forêts domaniales, et pour couvrir les frais de reboisement des montagnes.

1° Les bois et forêts de l'Etat, du domaine de la couronne et ceux qui sont possédés à titre d'apanage ou de majorats reversibles à l'Etat; les bois et forêts des commuues et des établissements publics (1).

2° Les bois et forêts indivis entre les propriétaires ci-dessus et les particuliers (2).

Des glandées, panages et paissons (3).

Section VI, art. 53.

Les formalités prescrites par la section 3 du présent titre seront observées par les adjudicataires de glandées, panages et paissons. Toutefois, les amendes infligées par les articles 18 et 19 seront de cent francs à mille francs, et celles encourues par les adjudicataires seront égales au montant du prix des ventes.

Art. 54.

» Il ne pourra être introduit un plus grand nombre de

---

(1) On entend par établissements publics, les hospices, maisons d'éducation, et les corporations soumises à la tutelle du gouvernement.

Coutume du bourg de Bruges du 9 septembre 1667, rub. V, art 3 et 4.

(2) Tous les troncs et souches de chênes, saulx et autres arbres qui ne sont pas montants, dont on a coutume d'abattre et de couper les branches croissant sur les têtes et tous les jets qui s'y trouvent et encore ceux qui sont dans les bois, en-dessous de trois ans suivent le fonds; mais la dépouille ou le rejet desdits arbres et souches et aussi les rejets des haies sur les côtés et dans les bois de trois ans et au-dessus ne suivent pas le fonds et peuvent être estimés.

(3) En règle générale, les conditions pour avoir droit à l'affouage communal sont :

1. D'être français ou naturalisé;

2. D'être habitant, domicilié ou résidant;

3. D'avoir un feu et un ménage particulier dans la commune.

Le panage est un droit que l'on paye au propriétaire d'une forêt pour avoir la permission d'y mettre des porcs qui s'y nourrissent de glands, de faines, etc.

Paillet, note sur l'art. 636, c. c.

Celui qui a des droits de panage dans les bois de l'Etat ou communaux ne peut les y exercer tant que ces bois n'ont pas été déclarés défensables par l'administration forestière (cass. 26 floréal, an XIII). Voir l'article 67 du code forestier.

porcs que celui déterminé, sous peine d'une amende double de celle prononcée par l'article 199. Les porcs seront marqués au moyen d'un fer rouge, sous peine d'une amende de trois francs par animal. Art. 55.

» Le fer sera déposé chez l'agent forestier et l'empreinte sera déposée au greffe du tribunal, sous peine de cinquante francs d'amende.

»L'amende sera celle fixée par l'article 199 pour les porcs trouvés hors des cantons désignés ou des chemins indiqués pour s'y rendre. En cas de récidive le pâtre sera condamné de cinq à quinze jours de prison. Il est défendu d'abattre ou d'emporter des glands, faines ou autres fruits, sous peine de l'amende prononcée par l'article 144. »

Les dispositions prescrites par cette section n'étant exécutoires que jusqu'au 1er septembre 1837, ne sont plus en vigueur. Section VII.

Des droits d'usage dans les bois de l'Etat (1).

« Ne seront admis à exercer un droit d'usage quelconque dans les bois de l'Etat, que ceux dont les droits auront été (avant la promulgation de ce code) reconnus fondés, soit par des actes du gouvernement, soit par des jugements ou arrêts définitifs ou qui seront reconnus tels par suite d'instances administratives ou judiciaires actuellement engagées, ou qui seraient intentées devant les tribunaux, dans le délai de deux Section VIII art. 61.

---

(1) Un droit d'usage est une propriété réelle et immobilière; ainsi le droit d'usage dans une forêt, dont un particulier jouissait en la qualité féodale de garde bourgeois, (Supprimé par les articles 9 et 10 de la loi du 15 août 1790) n'est pas un droit féodal comme le titre dont il dérive. (Rejet 25 août 1807, d. t. p., 565, s. t. 7, p. 489.) Paillet note sur l'art. 636, c. c.

ans, date du jour de la promulgation de la présente loi, par des usagers actuellement en jouissance (¹).

Art. 62.   » Les concessions des droits d'usage dans les forêts de l'Etat sont interdites à l'avenir.

Art. 63.   » Le gouvernement peut affranchir ses forêts de tous droits d'usage, moyennant un cantonnement (²) qui sera réglé de gré à gré et en cas de contestation par les tribunaux.

Art. 64.   » Quant aux autres droits d'usage et aux pâturages glandées et panages dans les mêmes forêts, ils ne pourront être convertis en cantonnement, mais ils pourront être rachetés moyennant des indemnités réglées de gré à gré ou par les tribunaux. Néanmoins, dans les lieux où l'exercice des droits de pâturage est devenu une nécessité , si cette nécessité est contestée par l'administration forestière, les parties se pourvoieront devant le conseil de préfecture, qui statuera après une enquête de commodo et incommodo, sauf le recours au Conseil d'Etat.

Art. 65.   » Dans les forêts qui ne seront pas affranchies au moyen du cantonnement ou de l'indemnité, l'exercice des droits d'usage pourra être réduit par l'administration suivant l'état et la possibilité de la forêt, sauf le recours au conseil de préfecture.

Art. 66.   « La durée de la glandée et du panage ne peut excéder

---

(1) Ces contestations sont de la compétence des tribunaux civils. (Décrets des 23 avril 1807 et 17 avril 1812.)

(2) Le cantonnement en terme d'eaux et forêts est une portion de bois donnée en propriété à des usagers, pour leur tenir lieu du droit d'usage qu'ils avaient dans les bois d'une seigneurie. Par la législation actuelle on entend également par cantonnement un droit de propriété concédé à l'usager, sur une partie des bois, proportionnée aux besoins de ce dernier, lorsque l'étendue de l'immeuble excède ses besoins,

trois mois; l'ouverture en sera fixée chaque année par l'administration forestière. »

« Les usagers ne pourront exercer leurs droits que dans les cantons déclarés défensables, sauf leur recours au conseil de préfecture. » , Art. 67.

» L'administration forestière fixera, d'après les droits des usagers, le nombre de porcs et de bestiaux qui pourront être admis au panage et au pâturage. Le tout sera publié par les soins du maire dans les communes usagères, savoir : pour les pâturages avant le 1er mars, pour la glandée et le panage avant l'époque fixée pour l'ouverture de ce droit. Art. 08.

» Les usagers ne pourront jouir de leurs droits que pour les bestiaux à leur propre usage et non pour ceux dont ils font commerce, à peine d'une amende double de celle prononcée par l'article 199. Art. 70.

» Les chemins pour aller et revenir seront indiqués par les agents forestiers ; il sera fait à frais communs entre les usagers et l'administration, des fossés suffisamment larges et profonds, ou tout autre clôture, pour empêcher les bestiaux de s'introduire dans les bois non défensables. Art. 71.

» Le troupeau de chaque commune ou section de commune devra être conduit par un ou plusieurs pâtres communs choisis par l'autorité municipale, sous peine de deux francs d'amende par tête de bétail conduit par leur propriétaire. Les porcs ou bestiaux formeront un troupeau par chaque commune ou section de commune, sous peine d'une amende de cinq à dix francs contre le pâtre, et d'un emprisonnement de cinq à dix jours en cas de récidive. Les communes et sections de communes sont responsables des délits commis par leur pâtre et des condamnations prononcées contre eux. Art. 72.

, » Les porcs et bestiaux porteront l'empreinte d'une marque Art. 73.

spéciale à chaque commune ou section de commune, sous peine d'une amende de trois francs par tête. Le fer sera déposé chez l'agent forestier, et l'empreinte au greffe du tribunal de première instance, à peine de cinquante francs d'amende.

Art. 75. » Il devra être placé une clochette au cou de chacun des animaux admis au pâturage, à peine de deux francs d'amende pour chaque bétail trouvé sans clochettes.

Art. 76. » Si les porcs ou bestiaux sont trouvés hors des cantons déclarés défensables ou désignés, ou hors des chemins pour s'y rendre, le pâtre pourra être condamné à une amende de trois à trente francs; en cas de récidive, il pourra être condamné à un emprisonnement de cinq à quinze jours.

Art 77. » Si les usagers introduisent un plus grand nombre d'animaux que celui qui aura été fixé, suivant l'article 68, il y aura lieu pour l'excédant à l'application des peines prononcées par l'article 199.

Art. 78. » Il est défendu d'y conduire des chèvres, brebis, ou moutons, à peine d'une amende contre les propriétaires, double de celle de l'article 199; et contre les pâtres, d'une amende de quinze francs, et en cas de récidive d'un emprisonnement de cinq à quinze jours.

» Toutefois, le panage des moutons pourra être autorisé dans certaines localités par ordonnance souveraine.

Art. 79. » Les usagers qui ont droit à des livraisons de bois ne pourront les prendre qu'après que la délivrance leur en aura été faite par les agents forestiers, sous les peines portées au titre XII, pour le bois coupé en délit. Il est fait défense aux
Art. 80. personnes qui ont droit au bois mort et sec, de se servir de crochets ou ferrements, sous peine de trois francs d'amende.

Art. 81. » Lorsque le bois de chauffage se délivre par coupe l'exploitation en est faite, aux frais des usagers, (1) par un entrepreneur spécial choisi par eux et agréé par l'administration.

» Aucun bois ne sera partagé sur pied ni abattu par les usagers, sous peine de confiscation. Les fonctionnaires qui auraient toléré la contravention seront passibles d'une amende de cinquante francs. Art. 82.

» Il est fait défense aux usagers de vendre ou d'échanger les bois qui leur sont délivrés ni de changer leur destination. Art. 83.

L'amende sera de dix francs à cent francs s'il s'agit de bois de chauffage. Pour les autres bois, l'amende sera du double de la valeur des bois, sans qu'elle puisse être en-dessous de cinquante francs. Après deux ans, l'administration peut disposer des bois de construction qui n'ont pas été employés. Art. 84.

» Les usagers ne peuvent abattre ou emporter des glands, faines et autres fruits, sous peine d'une amende double de celle prononcée par l'article 144. Art. 85.

» Les bois et forêts possédés à titre d'apanage ou de majorat, reversibles à l'Etat, sont soumis au régime forestier et par conséquent aux dispositions des sections 1 et 2 du titre III. L'article 62 leur est également applicable. Tti. V, art. 89..

---

(1) Article 2. « Le quart des bois communs sera réservé pour croître en futaie dans les meilleurs fonds et lieux plus commodes. Ord. du 13 août 1669 tit. 25.

Article 3. « Ce qui restera de la réserve étant faite sera réglé en coupes ordinaires de taillis au moins de dix ans, avec marque et retenue de seize baliveaux de l'âge du bois, en chacun arpent.

Article 11. « Les coupes seront faites à tire et aire à fleur de terre, par gens entendus, capables de répondre de la mauvaise exploitation

Article 137. « La réserve sera de quarante à cinquante baliveaux par hectare. Lors de la coupe des quarts de réserve, le nombre des arbres à conserver sera de soixante à cent par hectare. Ord. du 1 août 1827.
Art 127.

Des bois des communes (ᴬ).

Tit. VI, art. 90 « Les bois et forêts des communes et établissements publics, susceptibles d'aménagements, sont soumis au régime forestier (ᴮ).

Art. 91 » Il est fait défense de les défricher sans une autorisation expresse du gouvernement, sous peine de cinq cents à mille cinq cents francs d'amende par hectare (1).

Art. 92. » Les habitants ne peuvent en provoquer le partage, mais s'ils étaient indivis entre plusieurs communes, chacune d'elles peut en provoquer le partage (2).

Art. 93. » Un quart de ces bois et forêts sera mis en réserve lorsque la contenance sera au moins de dix hectares ; cette disposition n'est pas applicable aux bois d'arbres résineux.

Art. 94. » Le choix et le nombre des gardes particuliers, pour la

---

Ord. du 1ᵉʳ août 1827, art. 45. (ᴀ) « Les communes ou établissements publics qui voudront affranchir leurs bois des droits d'usage s'adresseront aux préfets qui soumettront leurs délibérations avec l'avis de l'agent forestier et leurs propres observations au ministre des finances qui, après s'être concerté avec le ministre de l'intérieur, soumetra un projet d'ordonnance au chef de l'Etat.

Ord. du 1ᵉʳ août 1827, art. 139. (ʙ) Il faut pour adjudication de glandée, panage et paisson, l'autorisation du préfet qui devra consulter les conseils municipaux et les administrateurs. Hors le cas de dépérissement des quarts en réserve, l'autorisation de les couper ne sera accordée que pour les causes de nécessité absolue et bien constatée.

Art. 137. La réserve prescrite dans les coupes desdits bois et forêts sera de quarante baliveaux au moins et de cinquante au plus par hectare. Lors de la coupe des quarts de réserve, le nombre des arbres à conserver sera de soixante à cent par hectare.

(1) Voici à titre de renseignements, l'arrêt de cassation du 18 décembre 1821, il décide que l'article 4 de l'ordonnance de 1669 qui défend de couper dans les bois, des futaies, ou des baliveaux sur taillis, s'applique même aux bois plantés uniquement de châtaigniers.

(2) Les bois indivis entre communes sont, comme les terres, partagés par feux.

conservation des bois, sera proposé par le maire, avec l'assentiment du conseil municipal ou par les administrateurs des établissements publics, et approuvé par le préfet qui fixera leur salaire sur la proposition du conseil municipal ou des administrateurs des établissements publics, chargés de les payer. L'administration forestière peut les suspendre, et, s'il y a lieu à destitution, le préfet la prononcera après avoir consulté le conseil municipal ou les administrateurs des établissements publics et l'administration forestière. Ces gardes ne peuvent être traduits en justice pour délits commis dans l'exercice de leurs fonctions qu'en vertu d'une autorisation du gouvernement. » Art. 94.
Art. 95.
Art. 98.
Art. 108.

« Si la proposition relative au choix du garde n'est pas faite dans le mois de la vacance, le préfet y pourvoiera sur la demande de l'administration forestière. » Art. 96.

« Si les communes et les établissements publics se servent du même garde que l'administration forestière, celle-ci aura le choix des gardes, dont le salaire sera payé proportionnellement par chacune des parties intéressées. » Art. 97.

« Les gardes particuliers sont responsables des délits qu'ils n'auraient pas dûment constaté, attendu qu'ils sont assimilés aux gardes des bois de l'Etat et soumis à l'autorité des mêmes agents ; ils prêtent serment en la même forme et leurs procès-verbaux font également foi en justice. » Art. 6, 99.

« Les ventes de bois sont faites à la diligence des agents forestiers, les maires ou administrateurs dûment appelés, sans toutefois que l'absence de ceux-ci entraîne la nullité des opérations. Celles qui seraient faites par lesdits maires ou administrateurs contrairement à ce qui précède donnera lieu contre eux à une amende de trois cents à six mille francs outre les dommages et intérêts. » Art. 100.

« Les ventes ainsi effectuées seront nulles. »

44

Art. 101.

» Les incapacités et défenses prononcées par l'article 21 sont applicables aux maires, adjoints, receveurs des communes et établissements publics. En cas de contravention ils supporteront les peines prononcées par le paragraphe 3 de l'article 21.

Art. 102.

» Il sera fait, avant l'adjudication, réserve en faveur des communes ou établissements publics, suivant les formes prescrites par l'autorité administrative, des bois de chauffage et de construction nécessaires pour leur propre usage. Ces bois réservés ne pourront être vendus ni échangés, sans l'autorisation du préfet, sous peine d'une amende égale à la valeur des bois et de la restitution de ces mêmes bois ou de leur valeur, et de nullité de ces ventes et échanges.

Art. 103.

» Les coupes de bois communaux destinés à être partagés en nature pour l'affouage des habitants ne pourront avoir lieu qu'après que la délivrance en aura été faite par les agents forestiers, suivant les formes prescrites par l'article 84, pour les bois d'affouage délivrés par l'Etat aux communes, le tout sous les peines portées audit article 84 (1).

Art. 104.

» Les actes relatifs aux coupes et aux arbres délivrés en nature, en exécution des deux articles précédents, seront visés pour timbre et enregistrés en débet, et il n'y aura perception des droits que dans le cas de poursuites devant les tribunaux.

----

(1) La question de savoir si le propriétaire d'un fonds situé dans une commune a droit à sa portion d'affouage n'est pas de la compétence administrative, mais bien des tribunaux civils. (Arrêt du 20 septembre 1809.)

Les habitants d'une commune ne peuvent couper individuellement du bois dans leurs forêts communales. (Arrêt de cassation du 27 février 1807.)

Il ne peut être fait de coupe d'aucun bois communal, même pour chauffage, sans qu'il y ait eu délivrance et autorisation de l'administration forestière; car les habitants d'une commune ne sont que de véritables usagers dans les biens communaux (Arrêt de cassation du 9 octobre 1804.)

« S'il n'y a titre ou usage contraire, le partage des bois Art. 105. d'affouage se fera par feux, c'est-à-dire par chef de famille ou de maison ayant domicile réel et fixe dans la commune, et, s'il n'y a également titre ou usage contraire, la valeur des arbres délivrés pour construction ou réparation sera estimée à dire d'experts et payée à la commune (1).

» Pour indemniser le gouvernement des frais d'adminis- Art. 106. tration des bois des communes ou des établissements publics, il sera ajouté chaque année à la contribution foncière établie sur ces bois une somme équivalente à ces frais. L'impor-tance en sera déterminée chaque année par la loi des finances, elle sera répartie au marc le franc de la contribution et sera perçue de la même manière. (2).

» Moyennant les perceptions ci-dessus, toutes les opéra- Art. 107. tions de conservation et de régies seront faites par les agents forestiers. Les poursuites contre les délinquants seront effectuées sans frais par les agents du gouvernement, de même que celles pour les recouvrements d'amende dans l'intérêt de l'Etat.

» Les coupes ordinaires et extraordinaires sont principa- Art. 109. lement affectées au paiement des frais de garde, de la con-tribution foncière et des sommes qui reviennent au trésor, en exécution de l'article 106. Si les coupes sont délivrées en nature pour l'affouage et que les communes n'aient pas d'autres ressources, il sera distrait une portion suffisante des

---

(1) Les conseils de préfecture sont compétents pour régler le mode d'af-fouage des bois sur lesquels les communes ont des droits reconnus (Ordon-nance du 15 juin 1825).

(2) Cet article fait innovation à la législation antérieure en ce qu'il met à la charge de l'Etat les frais de vacation, arpentage, frais d'instance moyennant la perception de l'addition votée chaque année lors de la discus-sion du budget.

coupes pour être vendues aux enchères avant toute distribution, et le prix en être employé au paiement desdites charges.

Il est expressément défendu d'introduire dans les bois, des chèvres, brebis ou moutons, sous _es peines prononcées par l'article 199 ; les pâtres et gardiens subiront les peines portées en l'article 78. Toutefois, le pacage des moutons pourra être autorisé en certaines localités par des ordonnances spéciales.

Art. 111. « La faculté, accordée par l'article 63, d'affranchir les forêts de l'Etat de tous droits d'usage en bois, est applicable aux bois des communes et des établissements publics. »

Art. 112. « Toutes les dispositions de la huitième section du titre III sur l'exercice du droit d'usage dans les bois de l'Etat sont applicables à la jouissance des communes et des établissements publics dans leurs propres bois, ainsi qu'aux droits d'usage dont ces mêmes bois pourraient être grevés, sauf les modifications résultant du présent titre, et à l'exception des articles 61, 73, 74, 83, 84. »

Tit. X.
Section 1.

Police. — Conservation.

Dispositions applicables à la généralité des bois et forêts.

Art. 144. « Toute extraction ou enlèvement, non autorisé, de pierres, sables, minerais, terres ou gazons, tourbes, bruyères, genets, herbages, feuilles, engrais, existant sur le sol des forêts et bois, donnera lieu aux amendes suivantes : dix à trente francs par chaque bête attelée ; cinq à quinze francs par chaque bête de somme, deux à six francs par chaque charge d'homme. »

Art 146. « Quiconque sera trouvé dans les bois et forêts hors des routes avec serpes, cognées, haches, scies et autres instruments analogues, sera condamné à une amende de dix francs

Art. 147. et à la confiscation desdits instruments ; ceux dont les voitures, bestiaux, animaux de charge ou de monture, seront trouvés dans les forêts hors des routes et chemins ordinaires, seront condamnés à une amende de dix francs par chaque voiture dans les bois de dix ans et au-dessus, et de vingt francs dans les bois au-dessous de cet âge, à un franc par chaque cochon, deux francs par chaque bête à laine, trois francs par cheval ou autre bête de somme, quatre francs par chèvre, cinq francs par vache, bœuf ou veau ou autres bêtes non attelées (1). »

---

(1) Article 38. « Les dégâts faits dans les bois taillis des particuliers ou communautés, par des bestiaux ou troupeaux, seront punis de la manière suivante :

» Il sera payé d'amende : pour une bête à laine, une livre; pour une chèvre, deux livres; pour un cheval ou autres bêtes de somme, deux livres; pour un bœuf, une vache, ou un veau, trois livres.

» Si les bois taillis sont dans leurs premières années de croissance, l'amende sera double.

» Si les dégâts sont commis en présence du pâtre et dans les bois taillis de moins de six ans, l'amende sera triple. S'il y a récidive dans l'année l'amende sera double, et s'il y a réunion des deux circonstances précédentes ou récidive avec une des deux circonstances, l'amende sera quadruple.

» Le dédommagement dû au propriétaire sera estimé de gré à gré à dire d'experts.

Article 39. » Conformément au décret sur les fonctions de la gendarmerie, tout dévastateur des bois, des récoltes, ou chasseur masqué pris sur le fait, pourra être saisi par tout gendarme sans aucune réquisition d'officier civil.

» Six jours à six mois de prison par chaque arbre abattu, mutilé, coupé, ou écorché de manière à le faire périr, sans que la peine puisse excéder cinq ans.

» Six jours à deux mois de prison à raison de chaque greffe détruite, sans que la peine puisse excéder deux ans.

» Le minimum de la peine serait de vingt jours, si ces arbres et greffes se trouvaient sur les places, routes, chemins, rues, voies publiques ou vicinales.

» Toutes les peines ci-dessus seront prononcées au maximum, si le fait a été commis, soit pendant la nuit, soit en haine d'un fonctionnaire public et à raison de ses fonctions, soit avec violation de clôture.

Code rural de 1791, tit. 2.

445, 446, code pénal.

447, c. p.

448. c. p.

450, c. p.

Art. 148.　» Il est fait défense de porter ou allumer du feu dans l'intérieur ou à la distance de deux cents mètres des bois et forêts, sous peine de vingt à cent francs d'amende, outre les peines portées par le code pénal en cas d'incendie, et de tous dommages et intérêts.

Art. 149.　» Tous usagers qui, en cas d'incendie, refuseront de porter secours dans les bois soumis à leurs droits d'usage seront traduits en police correctionnelle, privés de leurs droits d'usage pendant un an à cinq ans, et passibles des peines prononcées en l'article 475 du code pénal.

Art. 150.　» Les propriétaires riverains ne peuvent se prévaloir de l'article 472 du c. c. pour l'élagage des lisières desdits bois et forêts, si ces bois ont plus de trente ans. Les élagages exécutés sans le consentement du propriétaire seront punis des peines prononcées par l'article 196.

Section 2.　**Dispositions applicables seulement aux bois et forêts soumis au régime forestier.**

Art. 151.　« Il est défendu d'établir dans l'intérieur et à moins d'un kilomètre des forêts aucun four à chaux ou à plâtre, aucune briqueterie et tuilerie, sans l'autorisation du gouvernement, à peine d'une amende de cent à cinq cents francs et de démolition des établissements.

Art. 152.　» Pareille défense d'établir sans autorisation maison sur porche, loge, baraque ou hangar, sous peine de cinquante francs d'amende et de démolition dans le mois du jugement.

Art. 153.　» Défense de construire sans autorisation maison ou ferme à la distance de cinq cents mètres au moins, sous peine de démolition; il sera statué dans le délai de six mois sur les demandes en autorisation; passé ce délai la construction pourra être effectuée. Les maisons ou fermes qui existent ne seront pas démolies, mais elles ne pourront être réparées, augmentées ou reconstruites sans autorisation. Les dispositions du présent article ne sont pas applicables aux bois et forêts des communes et des établissements publics d'une contenance au-dessous de deux cents cinquante hectares (1).

» Il est défendu d'établir dans les maisons construites dans le rayon déterminé par l'article précédent aucun atelier à façonner les bois, aucun chantier ou magasin pour faire le commerce de bois, sans l'autorisation de l'Etat, sous peine de cinquante francs d'amende et de la confiscation des bois; cette autorisation peut être retirée en cas de condamnation pour délit forestier.

Art. 154.

» On ne peut établir usine à scier du bois à moins de deux kilomètres desdits bois sans l'autorisation du gouvernement, sous peine d'une amende de cent à cinq cents francs et de démolition dans le mois du jugement.

Art. 155.

» Sont exceptés, des dispositions des trois articles qui précèdent, les maisons et usines qui font partie des villes, villages ou hameaux formant une population agglomérée.

Art. 156.

» Les constructions autorisées aux termes des articles 151, 152, 154, 155 sont soumises aux visites des agents forestiers, sans assistance d'un officier public, pourvu qu'ils se présentent au nombre de deux au moins, accompagnés de deux témoins domiciliés dans la commune.

Art. 157.

» Les bois reçus dans les scieries autorisées sont reconnus par l'agent forestier et marqués de son marteau dans

Art. 158.

---

(1) L'article 6, titre XXVII de cette ordonnance défend à toutes personnes de planter bois à cent perches de vingt-deux pieds de douze pouces des forêts de l'Etat, sans une permission expresse du souverain, à peine de cinq cents francs d'amende et de confiscation des bois.

Ord. de 1669.

Il est permis aux infirmes et aux enfants des communes riveraines de ramasser du bois dans les forêts de l'Etat ainsi que dans les forêts de leurs communes.

Ord. du 12 octobre 1821.

les cinq jours de la déclaration qui devra en être faite, à peine de cinquante à trois cents francs d'amende; en cas de récidive l'amende sera double et l'usine pourra être supprimée par le tribunal.

Jurisprudence.

Les dispositions du code forestier laissent subsister pour les établissements publics la prohibition de vendre ou d'échanger, sans autorisation spéciale du préfet, les bois qui leur sont délivrés en nature pour leur propre usage par l'administration forestière ou d'en changer la destination. (Formulaire municipal par Miroir.)

« Les conseils de préfecture ne sont pas compétents pour statuer sur la réclamation d'un droit d'usage formée par un particulier contre une commune; cette demande constitue une question de propriété. (Ordonnance du 26 mars 1823.) »

Loi du 16 septembre 1807. Art 38 et 39. « Lorsqu'il y aura lieu d'ouvrir une route ou des moyens de navigation dont l'objet sera d'exploiter des bois, des forêts, des mines, minières ou de leur fournir un débouché, toutes les propriétés qui devront en profiter contribueront pour la totalité de la dépense dans la proportion des avantages qu'elles devront en recueillir; toutefois le gouvernement pourra accorder, sur les fonds publics, les secours qu'il croira nécessaires, et les propriétaires pourront se libérer dans les formes indiquées aux articles 21, 22, 23 de la loi du 16 septembre 1807, transcrite à la page 708 ci-après. »

§ IV. DÉNOMINATION DES BOIS.

Les bois abroutis sont ceux qui sont broutés par les bestiaux.

Bois arsin, ceux auxquels on a mis le feu.

Bois-blancs, les bois légers, comme le sapin, le saule, le bouleau, le peuplier, le tremble, etc.

Bois de bourdaine, ceux réservés pour la confection du charbon et de la poudre.

Bois de breuil, les taillis enclos de maisons, de haies et dans lesquels on met paître les bestiaux.

Bois de brin, ceux qui proviennent de graines.

Bois cariés, ceux qui ont des nœuds pourris, ou qui sont creux.

Bois de cépée, les rejetons d'arbres formant buissons.

Bois chablis, ceux qui sont abattus ou rompus par les vents.

Bois charmés, ceux qui ont été endommagés au pied ou en d'autres endroits pour les faire périr.

Bois d'équarrissage, ceux qui ont plus de seize centimètres (six pouces) d'équarrissage; en dessous de cette grosseur ils sont du chevron.

Bois à fauçillon, petits bois taillis d'arbrisseaux que l'on peut couper avec une faucille.

Bois de fente, ceux dont on fait des rames, des douves pour les tonneaux, des pelles, du cerceau, des cercles, des lattes, des échalats, etc.

Bois feuillards, cercles à relier les futailles.

Bois à feuilles, sont ceux qui ne sont pas résineux.

Bois résineux, les pins, sapins, mélèses, cèdre et autres dont les feuilles sont en aiguilles.

Bois flottants, ceux dont la pesanteur est moindre que celle de l'eau; les autres se nomment bois fondrières.

Section IX.

Des Marais.

§ 1. — Coutumes locales.

Amiens baill.
art. 80, 104.
Amiens ville
art. 10.

« Les deux coutumes d'Amiens bailliage et d'Amiens ville

défendent de faire paître bêtes à laines dans les marais, à peine de soixante sols parisis d'amende.

Artois, art 56.

» On ne peut mettre en pâture aucune bête à laines ès-marais communs, à peine de soixante sols parisis d'amende.

Ord. 1669, tit. 19, art. 13.

» Défense de mener ou envoyer paître bêtes à laines, chèvres, brebis et moutons ès-landes, bruyères, places vaines et vagues, à peine de trois livres d'amende.

Hesdin baill. art 3.

» Ès-marais et communautés, toute manière de gens, de quel lieu, état qu'ils soient, en passant ou repassant, peuvent sans méfaits, hanter et faire paître les bêtes chevalines, à cornes et ânes, de jour et non autrement, sur peine de confiscation des bêtes ou de soixante sols parisis d'amende.

Art. 4.

» Mais les demeurants ès-villes et villages où sont assis lesdits marais et communautés peuvent tant de jour que de nuit, sans méfaits, avoir et tenir pâturants en iceux marais et communautés, lesdites bêtes chevalines, à cornes et ânes et chacun ménage jusqu'à neuf bêtes à laine et non plus, pour son usage et non pour en faire marchandise, sur peine d'amende, comme ci-dessus.

Art. 5.

» Si pourceaux sont trouvés ès-dits marais et communautés, iceux sont confisqués au droit de mondit sieur comte, ou ceux à qui ils appartiennent sont tenus de payer l'amende de soixante sols parisis, au cas toutefois que lesdits pourceaux ne soient enannelés au growin.

Art. 6.

» Si aucun charie, fauche, pique ou hauwe, ou autrement emprend sur lesdits marais et communautés, sans grâce et congé de mondit seigneur le comte, son bailly ou lieutenant dudit Hesdin, il commet pour chacune fois amende de soixante sols parisis.

Biache, art. 15.

» Peuvent les habitants de Biache, conduire chevaux

poulains, juments, vaches, veaux, ès-pâtures et marais de Vitry, en payant par an deux deniers royaux, le mercredi de Pentecôte ; les habitants qui veulent scier au-dit marais de Vitry sont pareillement tenus de payer deux deniers royaux par chaque personne.

» Au franc marais de Biache, on n'y peut faucher que de la St-Remi au mi-mars, et scier à la faucille depuis le 1er mars jusqu'à la St-Remi.

Art. 16.

» On ne peut mettre dans ces marais des chevaux morveux, farcineux, roigneux ou autres bêtes qui portent fye boulant comme chevaux, juments, vaches, veaux ; les chevaux ne doivent pas être ferrés des pieds de derrière ; il est défendu d'y conduire des brebis et des pourceaux. (1)

Art. 18.

» Aux habitants de ladite paroisse appartient certain marais qui est grand et spacieux, où ils peuvent faire pâturer leurs bestiaux et y prendre à la faulx et à la faucille herbes et bottes et faire tourbes pour leur usage.

Ennculin, art. 8.

---

(1) Tout détenteur ou gardien d'animaux infectés ou soupçonnés d'être infectés de maladies contagieuses, qui n'a pas averti le maire et qui ne les a pas tenu enfermés avant que le maire ait répondu à l'avertissement, encourt la peine de six jours à deux mois de prison et d'une amende de seize à deux cents francs.

Art. 459 c. p.

Celui qui, au mépris des défenses de l'administration, aura laissé les animaux infectés communiquer avec d'autres sera puni de deux à six mois de prison et d'une amende de cent à cinq cents francs.

Art. 460 c. p.

Si de la contravention aux deux articles qui précèdent il en résulte une contagion parmi les autres animaux, la peine sera de deux à cinq ans de prison et d'une amende de cent à mille francs, sans préjudice des peines prononcées par les lois et règlements relatifs aux maladies épizootiques.

Art. 461 c. p.

Dans le cas où ces délits seraient commis par des gardes-champêtres, forestiers ou autres officiers de police, la peine serait d'un emprisonnement au moins d'un mois et en sus d'un tiers au plus de la peine la plus forte encourue par un autre, coupable du même délit.

Art. 462 c. p.

Bouvain,
art. 15.

« Ont les habitants divers marais : premièrement, un qui se nomme le grand marais auquel ils ont la faulx et la dent, et le droit d'y faire paître leurs bestiaux, y prendre l'herbe dont ils ont besoin et y faire tourbes ; mais ne peuvent laisser le foin plus de trois jours et peuvent y planter halots ;

Art. 46.

deuxièmement, un autre marais nommé le petit marais auquel nul ne peut prendre droit s'il n'est résident sur le village dudit Bouvain ; et troisièmement, un autre marais tenant à la coutume de St-Vaast jusqu'à la rivière, là où iceux de Bouvain peuvent faire tourbes, pêches, fauques, et tous autres aisements vers la rivière de Meurchin. »

Art. 17.

« Les droits ci-dessus sont personnels, aussi les habitants ne peuvent rien vendre des produits desdits marais. »

Arr. du baill.
d'Amiens 4
octobre 1510.

« Pour paix et amour entre les manants et habitants de Roquetoire et de Rincq, ayant droit de communiquer ès-pâtures, qu'on dit marais de Wavrans et Chambesny, il a été ordonné au nom de l'archiduc d'Autriche, comte d'Artois, que les habitants ayant droit ne mettront que quatre bêtes, savoir : quatre ânes, quatre bêtes à cornes, ou deux bêtes chevalines et deux bêtes à cornes, sans pouvoir en mettre deux le matin et deux le soir dans la même journée. Défense d'y chasser nuls pourceaux, oisons, brebis et moutons. »

Ord. du 13 août
1669, tit. 25.

« Article 7. Si dans les pâtures, marais, prés et pastis, échus au triage des habitants ou tenus en commun, sans partage, il se trouvait quelqu'endroits inutiles et superflus, dont la communauté pût profiter sans incommoder le pâturage, ils pourront être donnés à ferme, après un résultat d'assemblée faite dans les formes, pour une, deux ou trois années, par adjudication publique, sans frais ; et le prix sera employé aux réparations des paroisses ou autres urgentes affaires de la communauté. »

§ II. — Règlements du souverain.

Marais de la province d'Artois.

« Le Roi en son conseil a jugé à propos de régler l'administration, police et juridiction des marais communaux de la province d'Artois par l'arrêt dont la teneur suit : **Arrêt du conseil du 26 août 1708,**

« La règle des fruits et revenus desdits marais et biens communaux de ladite province continuera d'être faite par les mayeurs, échevins et gens de loi de chaque communauté, conformément à l'article 4 du projet de règlement proposé par les Etats de cette province, conformément à l'arrêt de son conseil du 11 mai 1764. » **Art. 1er**

« La quantité de tourbes nécessaire pour le chauffage des habitants desdites communautés ainsi que la longueur et l'épaisseur desdites tourbes seront, à l'avenir, réglées et fixées chaque année par les gens de loi de chaque communauté... ainsi que le lieu du marais dans lequel la matière à faire les tourbes sera extraite, et le terrain sur lequel elles seront moulées et séchées, sans toutefois que ladite tourbe puisse être extraite plus près que cinquante toises des bords des rivières et canaux navigables et de trois toises des autres rivières, canaux ou ruisseaux. » **Art. 2.**

« Il sera procédé tous les ans, en la forme accoutumée, à l'adjudication au rabais tant de la quantité de tourbes qui aura été fixée par ledit procès-verbal que d'un tiers en sus de ladite quantité, lequel sera destiné au paiement des frais de l'extraction desdites tourbes. » **Art. 3.**

« Une copie de cette adjudication sera remise aux adjudicataires pour qu'ils aient à s'y conformer. » **Art. 4.**

« Ladite extraction sera faite depuis le 1er mai jusqu'au 10 juillet de chaque année; il sera, à ce sujet, inséré une clause expresse au procès-verbal d'adjudication. » **Art. 5.**

Art. 6. » Lorsque lesdites tourbes seront sèches et en état d'être enlevées, la distribution de la quantité extraite pour le chauffage de la communauté, sera faite par lesdits gens de loi à chaque chef de famille ; à l'effet de quoi il en sera fait des lots qui seront tirés au sort par lesdits chefs de famille, en présence desdits gens de loi.

Art. 7. » A l'égard du tiers en sus de la quantité de tourbes nécessaire au chauffage des habitants, il sera vendu et adjugé par lesdits gens de loi au plus offrant, pour le prix être remis aux receveurs desdites communautés et employé au paiement de celui qui aura extrait lesdites tourbes....

Art. 9. » Fait Sa Majesté très-expresses inhibitions et défenses à tous habitants desdites communautés d'extraire à l'avenir la tourbe par eux-mêmes, ou par d'autres, même pour leur usage ; comme aussi de vendre aucunes tourbes, même de celles provenant du tiers en sus de la quantité nécessaire au chauffage d'iceux, à autres qu'à des habitants de ladite province ; leur défend pareillement de faire dans lesdits marais communaux aucunes palées ou plaquettes, le tout à peine de cinquante livres d'amende ou autre plus grande s'il y échoit.

Art. 10. » Ceux desdits marais communaux qui seront propres au pâturage seront divisés par les gens de loi de chacune desdites communautés en trois parties égales, dont deux seron destinées, chaque année, à faire paître les bestiaux, et la troisième alternativement sera réservée, sans que lesdits bestiaux puissent y pâturer, et sans que, sous aucun prétexte, il soit permis aux particuliers desdites communautés de scier ou faucher, pour leur compte, aucunes desdites trois parties.

Art. 11. » Ladite partie réservée sera mise en valeur, et la récolte qui en proviendra sera vendue aux enchères au profit de ladite communauté, pour le prix en provenir être employé à

l'acquit de ses charges et principalement à la nourriture de
ses pauvres.

» Lesdites gens de loi veilleront à l'entretien de ces pâturages,
et, s'il y avait des travaux à faire pour en augmenter le produit, il en sera délibéré en assemblée générale de la communauté.

Art. 12.

· » Il est fait défense à tous et à chacun de mettre leurs
bestiaux dans lesdits marais communaux avant le 1er avril,
ni après le 1er octobre de chaque année, comme aussi d'y en
mettre, en aucun temps, qui appartiennent à d'autres qu'aux
habitants de leur communauté, à peine de six livres d'amende
pour chacun des bestiaux pris en contravention.

Art. 13.

» Il est fait aussi défense de conduire dans lesdits marais et
pâturages des bestiaux attaqués de maladies contagieuses,
à peine de trente livres d'amende pour chacune des bêtes
attaquées desdites maladies. A cet effet, visite sera faite par
un maréchal-expert : sur le vu de son procès-verbal, les
propriétaires de bestiaux gâtés seront tenus de les retirer sur
le champ; faute de quoi, si le cas est urgent, ils seront tirés
hors du pâturage, mis à mort et enterrés aussitôt. (Voir les
notes au bas de la page 693).

Art. 14.

» Défend en outre Sa Majesté, de mettre dans lesdits
marais et pâturages aucuns chevaux entiers, oies, canards,
moutons, porcs ou autres animaux qui puissent nuire à la
reproduction des herbes et aux plantations qui sont ou seront
faites dans lesdits marais pour le profit des communautés, à
peine de cinquante livres d'amende.

Art. 15.

» Pour accélérer les procédures et diminuer les frais,
Sa Majesté commet les sieurs Crépiœul, Stoupy, Gosse, Camp
et le Soing, anciens avocats, pour connaître en première
instance, sauf l'appel en son conseil, de toutes les contestations, etc., etc... »

Art. 16.

§ III. — Partage des marais de la province d'Artois.

Arrêt du Conseil d'Etat du 25 février 1779, qui règlemente le mode de transmission des parts de marais dans la province d'Artois.

« Sur ce qui aurait été représenté au Roi, étant en son Conseil, par les Etats de la province d'Artois que par différents arrêts, Sa Majesté avait permis à plusieurs communautés de ladite province, de défricher et de partager leurs communaux ; que ces partages fondés sur l'humanité et l'utilité publique ne pouvaient produire que les meilleurs effets ; que d'un côté, ils assureront aux pauvres une subsistance et que de l'autre, ils parviendront à procurer un desséchement général, bien nécessaire dans la province, pour la salubrité de l'air ; mais que, pour en retirer tout le fruit il était à propos de rendre inaliénables les parts qui écherront par le sort et *d'empêcher qu'un même chef de famille ou ménage n'en puisse réunir plusieurs à la fois, au préjudice des autres; que cependant cet inconvénient arriverait si Sa Majesté laissait subsister la faculté accordée par lesdits arrêts, de disposer de sa part par dons entre vifs ou testamentaires,* en faveur de qui on jugerait à propos, habitant du lieu ; parce qu'il pouvait se faire que, sous ces *donations,* on fit des conventions, des traités et de véritables ventes ; qu'il était encore nécessaire de n'admettre pour recueillir les parts que les seuls héritiers en ligne directe, et, dans cette ligne, l'aîné des enfants, afin d'éviter la division des parts ; et, dans le cas où il n'y aurait que des héritiers collatéraux, de faire, retourner les parts aux communautés, pour être assignées aux chefs de famille, et, parmi eux, aux plus anciennement domiciliés ; et Sa Majesté voulant, sur ce, pourvoir ; ouï le Rapport du sieur Moreau de Beaumont, conseiller d'Etat ordinaire, et du Conseil royal des finances, le Roi, étant en son Conseil, réformant et interprétant en tant que besoin serait, les arrêts

rendus au profit des différentes communautés de l'Artois concernant le partage de leurs marais communaux a ordonné et ordonne : « que les parts qui écherront ou qui sont échues
» à chaque habitant par l'effet des partages seront inaliéna-
» bles, que nul habitant ne pourra en posséder deux, et que
» l'aîné mâle de chaque famille et, à défaut de mâles, l'aînée
» des femelles seront seuls admis à succéder auxdites parts;
» que dans le cas de mariage entre deux portionnaires, ils seront
» tenus d'opter une des deux parts à eux appartenantes
» pour abdiquer l'autre. Veut Sa Majesté que dans le cas où un
» chef de famille ne laisserait, en décédant, aucun héritier
» direct, la portion de marais dont il aura joui retourne à la
» communauté, pour être assignée aux chefs de famille qui
» n'en posséderont aucune et, parmi eux, aux plus ancienne-
» ment domiciliés dans la communauté; et que si le portion-
» naire a fait quelques impenses et améliorations extraordi-
» naires sur sa portion, ses héritiers seront libres de les
» emporter sans dégrader; si mieux n'aime celui qui sera
» envoyé en possession de la portion, leur en payer la valeur
» suivant l'estimation, comme si elles étaient séparées du
» fonds.

» Ordonne, Sa Majesté, que sur le présent arrêt toutes lettres nécessaires seront expédiées.

» Fait au Conseil d'Etat du Roi, Sa Majesté y étant, tenu à Versailles, le 25 février 1779.

» Signé : le Prince de MONT BARREY (1). »

---

(1) M. Billet, avocat, a publié en 1832 une brochure sur cet arrêt et depuis lors, M. Legrand, avocat à Lille, en a publié une de son côté; mais c'est surtout M. Legentil, juge au Tribunal d'Arras, qui a publié en 1855 un ouvrage complet sur la législation des portions ménagères de marais.

Lettres-patentes ou arrêts du Conseil du 13 novembre 1779, enregistrés au Parlement de Paris le 25 du même mois.

Art. 1er.

« Toutes les terres, prés, marais, landes ou friches appartenant aux communautés de notre province d'Artois seront partagées par portions égales en valeur entre tous les chefs de famille de chaque lieu, mariés ou célibataires, sous la dénomination de chefs de famille ; le curé de la paroisse sera compris, pour jouir seulement pendant son séjour dans sa paroisse, pour retourner à son successeur.

» Distraction néanmoins sera faite au profit du seigneur, du tiers desdites terres, prés, marais, landes et friches qui seront de concessions gratuites et du sixième en faveur de ceux à qui, à raison de ladite concession, il est dû des redevances. »

Il paraîtrait que cette ordonnance du 13 novembre 1779 n'a pas été mise à exécution : les biens communaux partagés depuis cette époque ont été divisés par tête d'habitant en vertu de la loi du 10 juin 1793, abrogée par un décret du 9 brumaire an XIII. Quant aux marais qui ont été partagés avant l'ordonnance précitée, le mode de jouissance et celui de transmission ont été réglementés par un arrêt du Conseil du 25 février 1779 et par l'arrêt du Conseil du 27 mars 1777 ci-dessus transcrits. Quant aux marais non partagés, ils doivent continuer à être administrés suivant les prescriptions des lettres-patentes ou arrêts du Roi, en son Conseil privé du 26 août 1768, dont le texte se trouve en entier à l'alinéa intitulé : *Règlements des Souverains.*

§ IV. — PARTAGE DES MARAIS DE LA FLANDRE GALLICANE.

Arrêt du Conseil du 27 mars 1777, enregistré au Parlement de Douai le 14 novembre suivant.

Art. 1er.

« Tous les prés, marais et pâturages communs des châtellenies de Lille, Douai et Orchies, soit qu'une ou plusieurs communautés d'habitants en jouissent entre elles en commun, seront partagés par portions égales entre tous les ménages existants, par feu, sans distinction d'état, c'est-à-dire de mariage, de viduité ou de célibat. »

« Les seigneurs ne seront admis à prélever le tiers, avant le partage, qu'en renonçant aux cens, redevances, droits de plantations et tous autres qui pourraient être dus pour raison de la concession des marais, sans néanmoins qu'ils puissent être forcés à l'abandon de ces droits, qu'ils pourront conserver en renonçant au triage. » *Art. 2.*

« Avant de procéder au partage, toutes les communautés qui justifieront y avoir droit seront tenues de fournir un état, arrêté dans une assemblée générale, des dettes de chacune d'elles, ainsi que de leurs charges ordinaires, à effet de prélever sur les marais, en raison de leurs droits respectifs, la quantité qu'il sera nécessaire d'affermer ou même d'aliéner pour vingt-cinq, trente-cinq ou quarante-cinq ans, afin de payer les dettes ou remplir les charges avec le produit qu'on en tirera. *Art. 3.*

» Les marais qui formeraient l'objet d'un litige demeureront au même état jusqu'au jugement définitif de la contestation. »

« Avant de procéder au partage, il sera fait par arpenteur juré, choisi par les communautés, mesurage particulier de chacun des marais, avec plans figuratifs de leurs consistances et désignation de la nature, quantité et étendue du marais. » *Art. 4.*

« Lors du mesurage, chaque marais sera divisé en trois portions égales dont l'une écherra par le sort au seigneur pour lui appartenir, en cas que le triage ait lieu. » *Art. 5.*

« Il sera fait, dans chaque communauté, un rôle de tous les ménages ou feux qui la composent; on y comprendra tous les habitants actuels, en état de mariage, de viduité ou de *Art. 6.*

célibat, mâles ou femelles ayant ménage ou feu particulier.
Ce rôle sera remis à l'arpenteur pour faire autant de parts
qu'il y aura de feux ; bien entendu que pour régler chacune
part, il se conformera à la nature et qualité du terrain, en
sorte que le produit puisse en être à peu près égal. Après
quoi toutes les portions seront tirées au sort par chaque
ménage, pour en jouir jusqu'au décès du dernier vivant du
mari ou de la femme, sans qu'aucun ménage puisse jouir de
deux portions. »

Art. 7. « Personne ne pouvant retenir deux portions à la fois, si
deux portionnaires viennent à se marier ensemble, ils seront
tenus d'en abandonner une à leur choix. »

Art. 8. « Au décès du dernier vivant, du mari ou de la femme,
leur portion passera à un autre ménage par ordre d'ancienneté ; et, s'il y en avait de vacantes, elles seraient louées au
profit de la communauté pour trois ans seulement. »

Art. 9. « Si le nombre de feux augmente, les feux surnuméraires
attendront qu'il y ait des portions vacantes, et ils en seront
pourvus par rang d'ancienneté. »

Art. 10. « Pour succéder aux portions qui viendront à vaquer dans
chaque communauté, il faudra en être natif ou avoir épousé
une fille ou veuve qui ait cette qualité et y demeurer avec
elle. »

Art. 11. « Les successeurs aux portions ménagères devront faire
raison, à dire d'experts, aux héritiers de leurs prédécesseurs
de l'avêtie sur terre, ainsi que des engrais, labours et semences, même des sèves et des rejets, s'il y échet. »

Art. 12. « Chaque ménage est tenu de mettre sa portion en valeur
de la manière la plus convenable au terrain. »

Art. 13. « Défense, sous peine de trois cents livres d'amende, d'extraire dorénavant des marais aucune espèce de chauffages,
etc., etc. »

« Chaque portionnaire est tenu de payer, par forme de rente foncière, franc et net argent, à la communauté, à raison d'un demi-havot de blé froment au cent de terre par an, sur le pied de la prisée de la St-Remy de l'épier de Lille, de Douai, d'Orchies, selon la situation des terrains dans l'une des trois châtellenies de Lille; et, faute de paiement, elle sera prise l'année suivante sur les fruits, sans formalités de justice. »

Art. 14.

« Les cantons qui ne seront pas susceptibles d'être aisément partagés ou mis en culture, seront laissés en commun et plantés au profit de la communauté. »

Art. 15.

« La communauté aura seule le droit de planter sur les bords des fossés qu'elle aura fait faire; elle jouira de ces arbres et les fera abattre à son profit et remplacer par d'autres. »

Art. 16.

« Les chemins et fossés que la communauté a faits, ainsi que ceux qu'elle ferait faire par la suite, seront entretenus par les occupeurs riverains dans leurs largeurs et profondeurs, et en bon état. »

Art. 17.

§ V. — Loi du 19 juillet 1860 sur la mise en valeur des marais et terres incultes communaux.

Cette loi pose en principe :

1° L'interdiction formelle du partage de ces biens.

2° Leur vente facultative et non obligatoire.

3° Travaux de mise en valeur exécutés par l'Etat, envers lequel les communes qui n'ont pas assez de ressources pour rembourser le trésor de ses avances pourront se libérer en lui abandonnant la moitié des terrains améliorés.

4° Amodiation (donner à ferme) qui peut être rendue obligatoire par l'autorité supérieure.

5° En cas de dissentiment sur les moyens à employer pour la mise en culture, des enquêtes seront prescrites, les

Conseils municipaux et les Conseils généraux seront consultés, et le jugement définitif sera prononcé par le Conseil d'Etat.

D'après les explications données par M. Baroche, président du Conseil d'Etat, il y a en France cinquante-huit mille hectares de marais et deux millions sept cent mille hectares de biens communaux dont le gouvernement ne fera exécuter le défrichement qu'avec une grande réserve.

Il est bien à désirer que l'Etat persiste dans cette résolution, afin de ne pas ajouter aux difficultés qu'éprouvent les fermiers dans l'exécution des travaux les plus urgents de leurs cultures. Les récoltes incertaines et chèrement achetées des terres incultes communales ne pourraient compenser le déficit qu'éprouveraient les produits des champs, dont la culture serait négligée, si on employait aux travaux de défrichement les bras nécessaires et indispensables aux exploitations agricoles.

§ VI. — Jurisprudence sur les ventes et partages de communaux.

Loi du 15 mars 1790.

« La loi du 15 mars 1790 a enlevé aux seigneurs le droit de s'approprier à l'avenir, par forme de triage, le tiers des marais communaux (*article 30, titre 2*). »

Loi du 28 août 1792.

« La loi du 28 août 1792 (*article 1er*) a révoqué tous les triages, jugements et actes rendus ou faits en conséquence, soit dans les cas, soit hors des cas déterminés par l'ordonnance de 1669, pourvu que les communes exerçassent devant les tribunaux leurs actions en revendication, dans les cinq ans, et elle a statué, par son article 9, que les terres vaines et vagues, même celles dont les communes ne pourraient pas justifier la possession ancienne, sont censées leur appartenir et leur seront adjugées par les tribunaux, si elles forment leur action dans le délai de cinq ans ; à moins que les ci-devant seigneurs ne prouvent par titres ou par possession exclusive, continuée paisiblement pendant quarante ans, qu'ils en ont la propriété.

La loi du 10 juin 1793 a ordonné dans toute la France le partage des marais communaux ainsi que des terres vaines et vagues, tels que landes, paccages, bruyères, bois communs, marais, montagnes, etc.... qui appartiennent de leur nature à la généralité des habitants ; sauf les mines, carrières et autres productions minérales qui excéderaient la valeur du sol qui les recouvre, faisant exception pour les cas où les seigneurs ont titres authentiques d'achats , conformément à l'article 8 de la loi du 28 août 1792, pourvu que ces droits n'émanent pas de la puissance féodale. Ceux qui avaient acquis depuis plus de quarante ans avant le quatre août 1789 étaient maintenus dans leurs propriétés (1). Loi du 10 juin 1793.

Le principe que les marais appartiennent de leur nature aux communes ne concerne que les marais incultes ou vacants; quant à ceux qui étaient en culture et productifs lors de la publication des lois du 28 août 1792 et 10 juin 1793, ils n'appartiennent pas de plein droit aux communes ; elles peuvent seulement les revendiquer, lorsqu'elles prouvent qu'elles les ont anciennement possédés. Arrêts de cassation.

Ceux qui produisent du bois, du foin, des tourbes sont dans la catégorie des marais en culture. (Arrêts de la Cour de

---

(1) Cet article a été déclaré applicable aux tourbières par la circulaire du ministre du 9 et 15 avril 1801.

Le préfet du Nord conformément à cette circulaire a annulé par un arrêté du 28 février 1803, tous les partages des biens communaux dans l'arrondissement de Lille, Douai et Cambrai, sous la condition néanmoins que les détenteurs pourraient provisoirement être laissés en possession, jusqu'à ce que le délaissement fut ordonné par une autre disposition.

Cet arrêté a été confirmé par un décret du 13 décembre 1804.

Cassation des 2 vendémiaire an VIII, 14 vendémiaire an IX, 10 fructidor an XIII et autres).

§ VII.— Tourbières.

Loi du 20 mars 1813.

La loi du 20 mars 1813, qui prescrivait la vente des biens communaux, exceptait de cette mesure les tourbières qui servent à l'usage commun des habitants. Cette exception a été confirmée par une ordonnance du 26 décembre 1814, qui porte que le mode d'exploitation des tourbières sera déterminé par un règlement administratif.

Loi du 28 avril 1810, tit. VIII, section 2.

« Article 83. Les tourbes ne peuvent être exploitées que par le propriétaire du terrain ou de son consentement. »

« Article 84. Tout propriétaire actuellement exploitant ou qui voudra commencer à exploiter des tourbes dans son terrain, ne pourra continuer ou commencer son exploitation à peine de cent francs d'amende, sans en avoir préalablement fait la déclaration à la sous-préfecture et obtenu l'autorisation. »

« Articles 85 et 86. Un règlement administratif auquel les exploitants devront se conformer, déterminera toutes les mesures à prendre pour éviter les inconvénients que l'extraction pourrait faire surgir. »

SECTION X.

Législation sur le desséchement des marais.

Loi du 26 décembre 1790, 5 janvier 1791.

L'Assemblée générale, dans un but de salubrité et d'économie politique, crut devoir subordonner le droit de propriété à l'intérêt général. Partant de ce principe, elle autorisa par une loi, les autorités départementales à s'occuper des moyens de faire dessécher les marais et d'exécuter elles-mêmes ces travaux, si les propriétaires dûment requis se refusaient de les faire.

Loi du 16 septembre 1807.

Une deuxième loi sur cette matière, consacrant les

mêmes principes posa de nouvelles règles afin d'arriver aux mêmes résultats; en voici les principales dispositions :

« Lorsqu'un desséchement sera jugé utile par le gouverne- Art. 1, 2, 3. ment, il le fera exécuter par ses subordonnés ou par des concessionnaires qui devront être, par préférence, les propriétaires ; s'ils s'engagent à l'exécuter dans les délais et suivant les plans adoptés par l'Etat.

» Quel que soit l'entrepreneur du desséchement, le préfet Art. 7, 8. choisira, parmi les propriétaires les plus imposés dans les marais à dessécher, trois syndics au moins, neuf au plus. Et pour procéder aux estimations statuées par la présente loi, ces syndics désigneront un expert, les concessionnaires-entrepreneurs, un expert et le préfet nommera le tiers-expert. Si le desséchement est fait par l'Etat, le préfet nommera le second expert, et le tiers expert sera choisi par le ministre de l'intérieur.

« Le sol du marais sera divisé en plusieurs classes dont le Art. 9. 13, 14 nombre n'excédera pas dix et ne pourra pas être moindre de cinq. L'estimation du sol sera faite eu égard à sa valeur réelle considérée dans sa nature de marais. Le procès-verbal d'expertise sera déposé pendant un mois à la sous-préfecture, où les intéressés pourront en prendre connaissance et déposer leurs observations.

« Aussitôt que les travaux seront terminés, les experts Art. 17. procéderont de concert avec les ingénieurs, à une nouvelle classification et estimation des fonds désséchés, suivant leur valeur nouvelle, dans les formes prescrites pour l'estimation faite antérieurement au desséchement. »

Règles pour le paiement des indemnités. Tit. V.

« Article 19. Aussitôt que l'estimation des fonds desséchés aura été arrêtée, les entrepreneurs du desséchement présenteront à la commission un rôle contenant :

» 1º Les noms, prénoms, domiciles des propriétaires.

» 2º Les classes dans lesquelles ces fonds se trouvent placés ; le tout relevé du plan cadastral.

» 3º L'étendue de ces propriétés.

» 4º L'énonciation de la nouvelle estimation calculée à raison de l'étendue et des classes.

» 5º Le montant de la valeur nouvelle depuis le desséchement, réglé par la seconde estimation et le deuxième classement.

» 6º Enfin la différence entre les deux estimations.

» S'il reste dans le marais des parties du sol qui n'auront pu être desséchées, elles ne donneront lieu à aucune prétention de la part des entrepreneurs du desséchement. »

« Article 20. Le montant de la plus-value obtenue par le desséchement sera divisé entre le propriétaire et le concessionnaire dans les proportions qui auront été fixées par l'acte de concession. Lorsqu'un desséchement aura été fait par l'Etat, sa portion sera la plus value fixée de manière à le rembourser de toutes ses dépenses. Le rôle des indemnités sur la plus value sera arrêté par la commission et rendu exécutoire par le préfet. »

« Article 21. Les propriétaires auront la faculté de se libérer de l'indemnité par eux due en délaissant une portion relative de fonds, calculée sur le pied de la dernière estimation ; dans ce cas, il n'y aura lieu qu'au droit fixe d'un franc pour l'enregistrement de l'acte de vente. »

« Article 22. Si les propriétaires ne veulent pas délaisser de fonds, ils constitueront une rente sur le pied de quatre pour cent, sans retenue ; le capital en sera remboursé à leur volonté même par portions qui ne pourront pas être moindre d'un dixième du capital, lequel sera formé en multipliant la rente par vingt-cinq. »

« Article 23. Les indemnités dues aux concessionnaires ou

au gouvernement à raison de la plus value auront privilége sur la plus value, à la charge de faire transcrire l'acte de concession ou le décret qui ordonne le desséchement au compte de l'Etat dans les bureaux des hypothèques de l'arrondissement ou des arrondissements de la situation des marais desséchés. L'hypothèque inscrite avant le desséchement sera restreinte, au moyen de cette transcription, sur une portion de propriété égale en valeur à sa première valeur estimative faite avant le desséchement. »

« Article 24. Dans le cas où le desséchement d'un marais ne pourrait être opéré par les moyens ci-dessus organisés et dans celui où, soit par les obstacles de la nature, soit par des oppositions persévérantes des propriétaires, on ne pourrait parvenir au desséchement, les propriétaires de la totalité des marais pourront être contraints à délaisser leurs propriétés dans ces marais d'après l'estimation faite dans les formes ci-dessus prescrites. Cette estimation sera soumise au jugement et à l'homologation d'une commission formée à cet effet, et la cession en sera ordonnée sur le rapport du ministre de l'intérieur, par un règlement d'administration publique. »

De la conservation des travaux. Tit. VI.

« Les travaux opérés par le desséchement sont entretenus et gardés par les entrepreneurs jusqu'au jour de leur réception, après quoi les syndics proposeront au préfet un règlement qui fixera les contributions nécessaires pour subvenir aux dépenses, ainsi que l'établissement d'une administration prise parmi les propriétaires et chargée de faire exécuter les travaux nécessaires. »

« La conservation des travaux de desséchement est confiée à l'administration publique et est soumise au régime de la grande voirie. Les délits seront poursuivis devant la police correctionnelle ou devant les cours criminelles, suivant les cas. »

Indemnités pour occupations de terrain.

Une partie des dispositions de ce titre se trouve remplacée par les dispositions de la loi du 3 mai 1841, sur l'expropriation pour cause d'utilité publique; néanmoins, dans la nomenclature des grands travaux publics cités par la loi du 3 mai 1841, les desséchements de marais ne sont pas spécifiés, et, en outre, dans les dispositions finales de cette loi les législateurs n'ont abrogé que les lois du 8 mars 1810 et du 7 juillet 1833; d'où il s'en suit que les dispositions des articles 48, 49, 56, 57, 58, de la loi du 16 septembre 1807, non remplacées par celles de 1841, doivent encore être en vigueur.»

« Article 48. Lorsque, pour exécuter un desséchement, il sera question de supprimer des moulins ou autres usines, de les déplacer, de modifier ou réduire l'élévation de leurs eaux, la nécessité en sera constatée par les ingénieurs des ponts et chaussées, et le prix de l'estimation sera payé par l'Etat lorsqu'il a entrepris les travaux. S'ils sont exécutés par des concessionnaires, ceux-ci devront payer l'indemnité avant qu'on puisse faire cesser le travail desdites usines. Dans l'un et l'autre cas, l'indemnité n'est due qu'autant que le titre de l'établissement ne soumet pas le propriétaire à subir la démolition de son établissement sans indemnité, lorsque cela a lieu pour l'utilité publique. »

« Article 49. Les terrains nécessaires pour l'ouverture des rigoles de desséchement seront payés avant l'entreprise des travaux (1). »

---

(1) Il est probable qu'il faut appliquer à ces sortes d'expropriations, les règles établies par la loi du 3 mai 1841, en ce qui concerne :

« Article 56. Les experts pour l'évaluation des indemnités relatives à une occupation de terrain nécessaire pour l'exécution des travaux de desséchément et autres d'utilité publique seront nommés en ce qui concerne les travaux de grande voirie, l'un par le propriétaire, l'autre par le préfet, le tiers-expert, s'il en est besoin, sera de droit l'ingénieur en chef du département. »

» Lorsqu'il y aura des concessionnaires, un expert sera nommé par le propriétaire, un autre par le concessionnaire et le tiers-expert par le préfet. »

» Quant aux travaux des villes, un expert est nommé par le propriétaire, un autre par le maire de la ville ou de l'arrondissement si c'est Paris, et le tiers expert par le préfet (2). »

« Article 57. Le contrôleur et le directeur des contributions donneront leur avis sur l'expertise qui sera ensuite soumise au Conseil de préfecture. Le préfet pourra dans tous les cas faire procéder à une nouvelle expertise. »

« Article 58. Les indemnités pour plus-value due à raison des travaux de desséchement seront réglées d'après les dispositions de la présente loi. »

---

1. L'obligation de faire connaître les locataires, usufruitiers, usagers, les servitudes existantes. (Article 6).

2. Le mode d'estimation par le jury, articles 29 et suivants compris 54; ainsi que toutes les prescriptions des articles 13, 56 et suivants compris 74.

(2) En administration le mode de nomination des experts n'est pas réglé par le Code civil ni par celui de procédure civile. On suit les règles tracées par la loi du 16 septembre 1807 et par l'ordonnance du 25 juin 1817. Ainsi on laisse aux intéressés le choix de leurs experts et ce n'est qu'à leur refus, et après qu'ils ont été mis en demeure régulièrement, que l'administration les nomme d'office. (Ordonnance du 17 novembre 1819. Voir la loi sur le drainage page 670 ci-devant).

SECTION XI.

Des impôts directs.

Chaque citoyen est intéressé à connaître les règles d'après lesquelles sont établis et répartis les impôts directs; en effet, comme répartiteur, il est consulté sur l'évaluation des divers revenus imposables, et, comme contribuable, il peut avoir à réclamer sur l'importance de ceux qui lui sont attribués.

Les impôts directs sont divisés en quatre catégories, savoir :

1º L'impôt foncier; 2º celui des portes et fenêtres; 3º les contributions personnelles et mobilières; et 4º l'impôt des patentes. Quant aux impôts ou taxes sur les chiens, les voitures de luxe, les prestations pour les chemins et les centimes additionnels de toutes natures, ce sont des impôts et charges transitoires qui peuvent être modifiés ou supprimés d'un instant à l'autre et que chacun peut facilement apprécier.

§ I. — L'IMPOT FONCIER.

Son origine.

Cette contribution a remplacé en 1791 toutes les impositions qui, avant cette époque, frappaient plus ou moins directement les fonds territoriaux. La loi du 3 frimaire an VII (1er décembre 1790), en a posé les bases et fixé les principes. L'instruction annexée à cette loi a déterminé leur application. Cette première loi a été depuis corroborée par celles du 23 novembre 1798, 10 mars 1801, 15 novembre 1807 et 16 mai 1818.

Sa perception.

Loi du 1
décembre 1790.

« L impôt foncier se perçoit en argent; il est payable par tous les propriétaires possesseurs ou usufruitiers de domaines, terres, prés, bois, vignes, pacages, étangs, forges, fourneaux, maisons, et généralement tous autres biens fonds, sans autres exceptions que celles déterminées pour l'encouragement de l'agriculture et pour l'intérêt général de la société.»

Son assiette.

« La contribution foncière est assise sur les propriétés territoriales de toutes natures, bâties ou non; elle représente une partie de leur produit net que le propriétaire remet au gouvernement pour fournir aux charges générales de l'Etat.

» Elle est établie proportionnellement sur toutes les propriétés foncières. »

Lois du 1 décembre 1790 et du 23 novembre 1798.

Sa répartition.

« La répartition est faite entre les départements par le Corps législatif. Entre les·cantons par le Conseil général, entre les communes par le Conseil d'arrondissement, entre les contribuables par les répartiteurs.

Loi du 23 novembre 1798.

» Il sera comme précédemment, imposé cinq centimes au principal de la contribution foncière, personnelle et mobilière pour subvenir aux dépenses des communes, à l'exception de celles qui auront déclaré que cette contribution leur est inutile. »

Loi du 16 mai 1818 art. 31.

Le revenu imposable.

« Le revenu imposable qui sert de base à la répartition de l'impôt est le revenu net calculé sur une moyenne des quinze années antérieures, moins les deux plus fortes et les deux plus faibles. Ce revenu fixé par le cadastre se nomme allivrement cadastral.

Lois du 1 décembre 1790 et du 23 novembre 1798.

» Le revenu net des terres est ce qui reste au propriétaire déduction faite sur le produit brut, des frais de culture, semences, récoltes et d'entretien.

» Les jardins potagers sont évalués sur le prix de leur location possible, prise sur quinze années, moins les deux plus fortes et les deux plus faibles, sans pouvoir être en-dessous des meilleures terres à labour. »

« Les vignes sont évaluées sur leur produit brut pendant quinze années, moins les deux plus fortes et les deux plus faibles. Sur quoi on déduira les frais de culture, récolte, entretien, engrais, pressoir et en sus un quinzième du produit pour frais de dépérissement et de replantation. »

« Le revenu des prairies sera calculé également sur une moyenne du produit prise sur quinze années moins les deux plus fortes et les deux plus faibles, déduction faite des frais d'entretien et de récolte. »

« Les répartiteurs n'auront pas égard dans leur évaluation ni à l'avantage que le propriétaire peut retirer, soit des clôtures végétales, soit des bois montants, ni du tort qu'ils causent au sol. »

Loi du 23 novembre 1798. « Le revenu du bois en coupe réglée sera établi d'après le prix moyen de leurs coupes annuelles, déduction faite des frais d'entretien, de garde et de repeuplement (reboisement). »

« Celui des bois taillis qui ne sont pas en coupes réglées sera établi d'après leur comparaison avec d'autres bois de la commune. Les bois en-dessous de trente ans sont réputés taillis. »

Loi du 23 novembre 1798. « Lorsqu'un terrain est exploité en tourbière on évalue pendant dix ans son revenu au double des années antérieures à son exploitation comme tourbière. »

« Le revenu des étangs permanents s'établit sur le produit de la pêche pendant quinze ans, moins les deux plus fortes et les deux plus faibles, déduction faite des frais d'entretien, de pêche et de repeuplement. »

« Les mines et les carrières sont évaluées à raison de la superficie du terrain occupé pour l'exploitation. »

« Quant aux canaux, le propriétaire fera la déclaration

détailléé des revenus et charges. L'administration s'assurera de l'exactitude de cette déclaration et établira en conséquence le revenu imposable. »

« La propriété bâtie est évaluée en deux parties, d'abord à raison de la superficie qu'elle occupe et cela sur le pied des meilleures terres de la commune (1), et ensuite d'après sa valeur locative, déduction faite de l'estimation de la superficie.

« Cette valeur locative est calculée sur dix années, sous la déduction d'un quart de cette valeur locative pour les maisons d'habitation et d'un tiers pour les usines, forges, moulins, manufactures, bains, en considération du dépérissement et des frais d'entretien et de réparation, et sous la déduction également de l'évaluation donnée à la superficie. »

« Le minimum du revenu d'une maison est, pour la superficie, la valeur des meilleures terres labourables, et pour la maison, une valeur double de la première si elle n'a qu'un rez-de-chaussée, triple si elle a un étage au-dessus, et quadruple si elle a plusieurs étages. Le comble ou toiture de quelque manière qu'il soit disposé n'est pas compté pour un étage. »

« Si une maison appartient à deux propriétaires dont l'un a le rez-de-chaussée et l'autre l'étage supérieur, le rez-de-chaussée est évalué 1° pour la superficie, 2° pour la valeur locative du rez-de-chaussée. L'étage supérieur est évalué à raison de sa valeur locative, sans aucune déduction pour la superficie. »

» Le revenu imposable des maisons et usines sera révisé et renouvelé tous les dix ans. »

Loi du 15 novembre 1807.

Lois des 1er décembre 1790 et 23 novembre 1798.

---

(1) S'il n'y avait pas de terre de première classe dans la commune, on prendrait pour base les terres de première classe des communes voisines dont le sol aurait le plus d'analogie avec le sien.

46

Loi du 10 mars 1801.

» Sont évalués et imposés comme les autres propriétés de même nature :

» 1° Les domaines de l'Etat productifs, autres que les bois.

» 2° Le domaine privé du souverain qui provient soit de donation, soit de succession, soit d'acquisition.

Décision ministér. du 5 juillet 1814.

» 3° Les biens de l'ancienne dotation du Sénat, réunis à la dotation de la couronne, par l'ordonnance du 4 juin 1814.

Loi du 23 septembre 1814.

» 4° Les bois qui cessent de faire partie des domaines de l'Etat, soit à titre de restitution, soit à titre de donation ou de toute autre manière.

Lois de 1790 et 1798.

» 5° Les propriétés appartenant aux communes, autres que les maisons communales et les écoles, les terrains communaux de toutes natures : marais, terres vaines et vagues qui n'ont pas de maîtres ou qui leur ont été abandonnés.

» Les contributions dues pour des terrains qui ne sont communs qu'à certaine portion des habitants d'une commune seront acquittées par ces habitants.

Loi du 23 novembre 1798. art. 110

6° Les biens appartenant aux hospices et établissements publics, autres que les maisons et jardins y attenant.

Loi du 1er décembre 1790 et 23 novembre 1798.

» Les propriétaires de terres vaines ou vagues, landes et bruyères, et de terrains habituellement inondés ou dévastés par les eaux sont imposés sur leurs produits nets de quinze années, moins les deux plus fortes et les deux plus faibles, quelque modiques qu'ils soient, mais jamais au-dessous d'un décime par hectare. Les propriétaires ne peuvent s'affranchir de l'impôt auquel ces terrains sont assujettis qu'en en faisant l'abandon à la commune par une déclaration à la sous-préfecture. La cotisation de ces objets dans les rôles faits antérieurement à l'abandon reste à la charge de l'ancien propriétaire.

» La cotisation des marais desséchés ne peut être augmentée pendant les vingt-cinq ans qui suivent le dessèchement.

» La cotisation des terrains vagues mis en culture ne peut

être augmentée pendant les dix premières années de leur défrichement. Celle des terres vagues mises à usage de bois ne peut être augmentée pendant les trente premières années de leur plantation. L'impôt foncier sera même réduit au quart pendant ces trente ans.

» Les terrains vagues plantés en vignes ou mûriers ne pour-ront être augmentés d'impôts pendant les vingt premières années.

» Pour jouir de ces divers avantages, le propriétaire doit faire une déclaration de ses intentions à la municipalité de la situation de ces terres.

Dispositions applicables aux biens de toutes natures.

« L'évaluation du revenu imposable est faite sans avoir égard aux rentes constituées et foncières, et aux prestations dont les propriétés sont grevées. Les propriétaires débiteurs avant 1790, qui étaient autorisés à faire la retenue des impôts lors existants, feront la retenue à leurs créanciers des impôts actuels proportionnellement à la valeur de la créance et de l'immeuble grevé.

» Les propriétaires débiteurs feront aussi la retenue dans la même proportion sur les rentes et autres prestations fon-cières non supprimées et dont la création est antérieure au 1er décembre 1790, quoique non autorisés à la faire par les anciennes lois et anciens usages. »

Exceptions.

« Ne sont pas susceptibles d'être imposés ou sont exemptés temporairement, savoir :

» 1º Les maisons non-louées pendant une année à partir du 1er janvier, lesquelles ne peuvent être imposées que pour le sol, à la charge par le propriétaire de se conformer aux dispositions réglementaires arrêtées par le Préfet et entre

Loi de 1798.

Lois de 1790 et de 1798.

autres, de faire chaque trimestre la déclaration au percepteur que sa maison n'est pas louée.

« 2° Les bâtiments servant à l'exploitation rurale, tels que granges, écuries, greniers, caves, celliers, pressoirs et autres, destinés soit à loger les bestiaux des fermes et métairies, soit à serrer les récoltes, ne sont pas évalués comme bâtiments; leur superficie seule est évaluée, ainsi que les cours et basses cours, sur le pied des meilleures terres labourables; mais lorsqu'il s'y trouve des parties qui servent au logement des colons, elles doivent être évaluées comme maison d'habitation.

décision minist(r. du 6 janvier 1817.

» 3° Les rues, places publiques, carrefours, fontaines, lieux publics servant aux foires et aux marchés, les ponts où il n'est perçu aucun péage, les grandes routes, les chemins vicinaux, les promenades publiques, boulevards, rivières, ruisseaux, lacs, les roches nues et arides (les promenades publiques appartenant à des particuliers sont évalués comme terrain de pur agrément). »

3 frimaire an 7. 23 novembre 1798.

» 4° Les forêts ou bois de l'Etat ; néanmoins ils doivent être classés pour mémoire afin d'être imposés en cas d'aliénation. »

Lois des 19, 21 ventôse an 9. 10 et 12 mars 1801.

« 5° Les domaines de l'Etat non productifs. »

23 novembre 1798.

« 6° Les biens de la dotation de la Couronne ; excepté ceux qui proviennent de l'ancienne dotation du Sénat. »

décision ministér. du 5 janvier 1817.

» 7° Les bâtiments destinés à un service public, savoir : les palais, châteaux et bâtiments à l'usage du chef de l'Etat, les palais des deux Chambres, les jardins, parcs en dépendant, l'hôtel des Invalides, l'École militaire, l'École polytechnique, la Bibliothèque et le jardin du chef de l'Etat, les bâtiments affectés au logement des ministres, des administrations et de leurs bureaux, les églises et les temples consacrés à un culte, les cimetières, les évêchés, séminaires, presbytères et leurs jardins, les tribunaux, colléges, écoles et maisons d'éduca-

Lois de 1790 et de 1798.

tion, les bibliothèques publiques, musées, jardins botaniques, Décret du 11 août 1808. leurs pépinières et celles faites au compte du gouvernement, les hôtels de préfecture, sous-préfecture et leurs jardins y attenant, les maisons communales, écoles publiques, hospices et jardins y attenant, les dépôts de mendicité, prisons, maisons de détention, les fortifications et glacis, les arsenaux, magasins, casernes et autres établissements militaires, les manufactures de poudre de guerre, manufactures de tabac et autres, au compte du gouvernement, les haras, enfin tous les bâtiments dont la destination a pour objet l'utilité publique.

» (Les propriétés énoncées à l'article ci-dessus qui appartiennent à des particuliers sont imposables d'après les principes qui les concernent respectivement.)

» 8° *Les constructions nouvelles.* Loi de 1798.

» Ainsi les maisons, fabriques, manufactures, forges, moulins, usines et autres édifices nouvellement construits ou reconstruits ne doivent être soumis à la contribution foncière que la troisième année après leur construction; néanmoins, le terrain sur lequel ils sont établis continue d'être cotisé comme il l'était précédemment.

» NOTA. — Sur chaque matrice de rôle de la contribution Loi de 1790. foncière, il est fait mention de l'année où les propriétés qui jouissent de quelques exemptions ou modérations temporaires doivent cesser d'en jouir.

Mutations.

» Lorsqu'une propriété change de main, on doit constater ce changement sur la matrice cadastrale.

» A cet effet, il est ouvert aux mairies un registre sur lequel le maire inscrit les déclarations qui lui sont faites par les nouveaux propriétaires. Ce livre est tenu gratuitement par le secrétaire de la mairie ou par le percepteur.

» Les contribuables sont prévenus par voie d'affiche du jour où le contrôleur doit se rendre à la mairie pour opérer les mutations. »

« Dès que le maire a connaissance de l'itinéraire des contrôleurs, il convoque les répartiteurs. »

§. II. — L'IMPÔT DES PORTES ET FENÊTRES.

Origine.

Art 2 de la loi du 24 novembre 1798.

« Cet impôt a été créé par la loi du 4 frimaire an VII (24 septembre 1798) corroborée par celles des 8 mars et 25 mai 1799, 18 ventôse an VIII (8 mars 1800) 6 prairial an VIII (25 mai 1800), 25 mars 1803, 21 avril 1832. »

Assiette.

Instruction du 13 germinal an 9 (2 avril 1801).

« Il est dû pour chaque porte et fenêtre donnant sur les rues, cours et jardins des maisons, bâtiments, usines, magasins, hangars, boutiques et salles de spectacle. »

« Il porte généralement sur les maisons habitées et sur celles susceptibles de l'être. »

Application.

« Il ne sera compté qu'une seule porte-cochère pour chaque ferme, métairie ou toute autre exploitation rurale. »

« Les portes charretières existant dans les maisons à une, deux, trois, quatre ou cinq ouvertures ne seront comptées et taxées que comme portes ordinaires. »

« Sont imposables les fenêtres dites mansardes et autres ouvertures pratiquées dans la toiture des maisons lorsqu'elles éclairent des appartements habitables. »

Répartition.

« La répartition est faite entre les départements par le corps législatif; — Entre les cantons, par le conseil général; — Entre les communes, par le conseil d'arrondissement; — Entre les contribuables, par les répartiteurs à raison d'une somme déterminée par chaque catégorie d'ouvertures. »

Perception.

» Cet impôt est exigible des propriétaires, usufruitiers, fermiers, locataires, ou autres détenteurs des bâtiments où se trouvent les ouvertures imposées.

» A défaut de paiement, les agents du Trésor peuvent faire saisir et vendre le mobilier des retardataires, vingt-quatre heures après le commandement.

Exceptions.

» Ne sont pas imposables : 1° les portes placées dans l'intérieur de l'escalier et des appartements ; 2° les ouvertures non clôturées par des portes et par des fenêtres ; 3° les portes et fenêtres servant à éclairer ou aérer les granges, bergeries, étables, greniers, caves et autres locaux qui ne servent pas à l'habitation des hommes, ainsi que toutes les ouvertures des combles ou des toitures de la maison qui n'éclairent pas des appartements habitables ; 4° les portes et fenêtres des manufactures, celles des bâtiments employés à un service public, militaire ou d'instruction, celles des hospices.

Instructions du 2 novembre 1798 du 1er février 1799.

Art. 2 de la loi 24 novembre 1798.

Art. 5, 24 novembre 1798

» En cas de difficulté sur ce que l'on doit considérer comme manufacture, il y est statué par le conseil de préfecture.

Art. 4 de la loi du 25 mars 1803.

Nota. — Les propriétaires de manufactures ne sont taxés que pour les fenêtres de leurs habitations personnelles et de celles de leurs concierges et commis.

§ III. — Contribution personnelle et mobilière.

Origine.

Cette contribution a été établie par la loi du 3 nivôse an VII (23 décembre 1798) et la loi du 21 avril 1832.

Assiette.

La taxe mobilière se détermine pour chaque contribuable d'après son loyer d'habitation personnelle et suivant une proportion uniforme qui résulte de la masse des loyers d'habitation comparés à la partie du contingent de la commune restant à répartir, déduction faite du montant des taxes personnelles.

On entend par loyer d'habitation celui qui porte sur les parties de bâtiments servant d'habitation personnelle au contribuable et à sa famille.

Exceptions.

On ne doit pas y comprendre :

1° Les magasins, boutiques et les parties des auberges, usines et ateliers pour raison desquels les détenteurs payent patentes.

2° Les bureaux des fonctionnaires et employés.

3° Les parties des bâtiments qui servent aux élèves dans les maisons d'éducation.

4° Les jardins d'agrément attenant à l'habitation.

Loi du 21 avril 1832.

« Article 8. A partir du 1ᵉʳ janvier 1832 la contribution personnelle sera réunie à la contribution mobilière. Ces deux contributions seront établies par voie de répartition. »

« Article 10. La taxe personnelle se compose de la valeur de trois journées de travail. »

« Le Conseil général fixera le prix moyen de la journée de travail dont le minimum sera de 50 centimes et le maximum 1 franc 50 centimes. »

« Article 9-11. La répartition est faite entre les arrondissements par le Conseil général, entre les communes par les Conseils d'arrondissements, d'après le nombre des contribuables passibles de la taxe personnelle et d'après les valeurs locatives d'habitation ; le tout sur un tableau dressé par le directeur des contributions directes présentant par arrondissement et par commune le nombre des individus passibles de la taxe personnelle et le montant des valeurs locatives de leurs habitations. »

« Article 17. Entre les contribuables la répartition est faite par les répartiteurs assistés du contrôleur, chargés d'établir la matrice du rôle de la contribution personnelle et mobilière, déterminant les loyers qui doivent servir de base. »

« Article 18. Le travail des répartiteurs sera soumis au Conseil municipal qui désignera les habitants qui ne devront être soumis qu'à la taxe personnelle.

« Article 12. La contribution personnelle et mobilière est due par chaque habitant français et par chaque étranger de tout sexe, jouissant de ses droits, et non réputé indigent.

même
Loi de 1832.

» Sont considérés comme jouissant de leurs droits les veuves et les femmes séparées de leurs maris; les garçons et filles majeurs ou mineurs ayant des moyens suffisants d'existence, soit par leur fortune personnelle, soit par la profession qu'ils exercent, lors même qu'ils habitent avec leur père, mère, tuteur ou curateur. »

« Article 13. La taxe personnelle n'est due que dans la commune du domicile réel; la contribution mobilière est due pour toute habitation meublée, située soit dans la commune du domicile réel, soit dans toute autre commune. Si par suite de changement de domicile, un contribuable se trouve imposé dans deux communes, quoique n'ayant qu'une seule habitation, il ne devra la contribution que dans la commune de sa nouvelle résidence. »

« Article 17. Le parties de bâtiments consacrés à l'habitation personnelles devront être seules comprises dans l'évaluation du loyer. »

« Article 14. Les officiers de terre et de mer qui ont des habitations particulières soit pour eux, soit pour leur famille, les officiers sans troupes, les officiers d'état-major, de gendarmerie, les employés de la guerre, de la marine, les préposés des douanes sont imposables à la contribution personnelle et mobilière comme les autres contribuables. »

« Article 15. Les fonctionnaires, employés et ecclésiastiques logés gratuitement dans des bâtiments publics et communaux assujettis ou non à l'impôt foncier, sont imposables d'après la valeur locative des parties de ces bâtiments affectées à leur habitation personnelle. »

« Article 16. Les habitants qui n'occupent que des appartements garnis ne seront assujettis à la contribution mobilière qu'à raison de la valeur locative de leur logement, évalué comme un logement non meublé. »

« Article 19. Les centimes additionnels ne porteront que sur la cotisation mobilière et non sur la taxe personnelle »

« Article 21. La contribution personnelle et mobilière est établie pour l'année entière. On ne fait aucune remise en cas de décès du contribuable. »

« Article 22. En cas de déménagement hors du ressort de la perception, comme en cas de vente volontaire ou forcée, la contribution personnelle et mobilière est exigible pour l'année entière. »

« Les propriétaires ou principaux locataires sont tenus, sous leur responsabilité personnelle, de donner au percepteur avis du déménagement trois jours avant qu'il ait lieu. »

« Article 23. Dans le cas de déménagement furtif, les propriétaires ou principaux locataires deviendront responsables des termes échus de la contribution de leurs locataires, s'ils n'ont pas fait constater dans les trois jours ce déménagement par le maire, le juge de paix ou le commissaire de police. »

» Dans tous les cas, les propriétaires et principaux locataires sont responsables de la contribution des personnes logées par eux en garni et désigné en l'article 15. »

« Suivant l'article 31 de la loi du 16 mai 1848, il sera imposé sur l'impôt mobilier cinq centimes au principal de cette contribution pour subvenir aux frais des communes, à l'exception de celles qui auraient déclaré que ces centimes leur étaient inutiles. »

§ IV. — Impot des patentes.

Cet impôt est perçu conformément aux dispositions des lois du 25 avril 1844, 15 mai 1850, 4 juin 1858 et 23 juin 1862. Le texte complet de ces lois et la nomenclature des professions sujettes à la patente occuperaient trop de place dans un ouvrage aussi concis que celui-ci.

Néanmoins, je vais donner une analyse raisonnée des lois qui régissent cette matière afin que les contribuables puissent au besoin, apprécier par eux-mêmes si les sommes qui leur sont réclamées à titre d'impôts de patente sont en harmonie avec les catégories dans lesquelles on les a classés.

Professions sujettes à la patente.

« Tout individu, français ou étranger, qui exerce en France une industrie, une profession non exemptée par la présente loi, est assujetti à cette contribution. » *Loi de 1844, art. 1er.*

« Tout individu transportant et offrant des marchandises, même pour le compte d'autrui patenté, est tenu à une patente personnelle de colporteur avec balles, avec bêtes de somme ou avec voitures. Les commis des maisons étrangères sont traités comme les voyageurs français chez les mêmes nations. » *Art. 28.* *Art. 19.*

Application des droits fixes.

« Lorsque le recensement d'une commune l'a fait passer dans une classe supérieure, l'augmentation du droit fixe ne sera due que pour moitié pendant les cinq premières années. » *Art. 5.*

Art. 6.
« Dans la banlieue les contribuables paieront le droit d'après le tarif applicable à la population de la commune. »

Art. 7.
« Le patentable ayant plusieurs établissements est imposé au droit fixe entier pour l'établissement donnant lieu au droit fixe le plus élevé; il est imposable pour chacun des autres établissements à la moitié du droit fixe. Ces établissements sont imposés dans les endroits où ils sont situés. »

Loi de 1850.
art. 17.
« Les patentables exerçant plusieurs industries tarifées en raison du nombre d'ouvriers, de machines ou instruments seront imposés d'après ces moyens de production, sans que le droit puisse dépasser le droit fixe le plus élevé. »

Art. 20.
« Les patentables des quatre dernières classes au tableau A, de la loi de 1844 et du tableau D, de la loi de 1850 additionnel, qui travaillent pour leur compte, sans compagnon ni apprenti, ne paieront que la moitié du droit fixe. »

Loi de 1844,
art. 14
« Ceux qui vendent en ambulance des objets non compris dans les exemptions de l'article 13, et les marchands sous échoppe ou en étalage ne paient que la moitié des droits qu'ils paieraient s'ils vendaient en boutique; sont exceptés les bouchers, épiciers et autres ayant un étal permanent, ou des places fixes dans les marchés. »

Loi de 1844,
art. 15.
« Les maris et femmes séparés de biens ne doivent qu'une patente. Néanmoins, s'ils ont des établissements distincts, chacun d'eux doit payer sa patente. »

Art. 16.
« Les patentes sont personnelles et ne peuvent servir qu'à ceux à qui elles sont délivrées; en conséquence, les associés en nom collectif sont assujettis à la patente. »

« L'associé principal paie le droit fixe en entier, les autres associés ne paient que demi droit. »

Loi de 1850,
art. 23.
« Les associés habituellement employés comme simples ouvriers dans les travaux de l'association ne paient que le vingtième du droit fixe payé par l'associé principal. »

» Les compagnies anonymes payent un seul droit fixe.

« Les gérants sociétaires, actionnaires des compagnies anonymes, des sociétés en commandite et des associés solidaires payent également les droits de patente pour les industries particulières qu'ils exercent. »   Art. 24.

« La contribution des patentes est due pour l'année entière par tous les individus exerçant au mois de janvier une profession imposable. »   Loi de 1844, art. 23.

« En cas de cession d'établissement la patente sera, sur la demande du cédant, transférée à son successeur, par arrêté du préfet. »

« Ceux qui entreprennent après le mois de janvier ne doivent la contribution qu'à partir du 1er du mois dans lequel ils ont commencé. Mais, si par sa nature, la profession ne peut pas être exercée l'année entière, la contribution sera due pour toute l'année. »

« Les patentés qui entreprennent une profession d'une classe plus élevée ou qui s'établissent dans une commune d'une plus forte population paieront au prorata un supplément de droit fixe, à compter du premier du mois dans lequel le changement a eu lieu. »

« Il sera établi un rôle supplémentaire tant pour les deux cas ci-dessus prévus que pour les individus omis aux rôles primitifs. Dans tous les cas, les douzièmes échus ne sont pas immédiatement exigibles, le recouvrement en est fait par portions égales, en même temps que celui des douzièmes non échus. »   Loi de 1858, art. 13.

« Les formules de patentes sont affranchies du droit de timbre, lequel est remplacé par quatre centimes additionnels au principal de la contribution des patentes. »

« Il est ajouté au principal des droits cinq centimes par franc pour couvrir les décharges et modérations d'impôts ainsi que   Loi de 1844, art. 32.

l'impression des formules de patente. En cas d'insuffisance, le déficit est prélevé sur le principal des rôles. Il est en outre prélevé sur le principal huit centimes dont le produit est versé dans la caisse municipale.

Loi de 1844.
art. 5.

» Pour les professions dont le droit fixe varie suivant la population, ce droit sera établi d'après le dernier recensement.

Des droits proportionnels.

Art. 8.

« Le droit proportionnel est fixé au vingtième de la valeur locative sauf les exceptions énumérées à la présente loi.

Art. 9.

» Il est établi sur la valeur locative tant de la maison d'habitation que des magasins, boutiques, usines, ateliers, hangars, remises, chantiers et autres locaux servant à l'exercice des professions imposables, il est dû lors même que le logement et les locaux occupés sont concédés à titre gratuit.

» La valeur locative est déterminée, soit au moyen de baux authentiques, soit par comparaison avec d'autres locaux dont le loyer aura été régulièrement constaté, ou sera notoirement connu et à défaut de ces bases par voie d'appréciation. Pour les usines et établissements industriels leur valeur locative est prise dans leur ensemble et munis de tous leurs moyens matériels de production (1).

---

(1) Sans tenir compte des prescriptions et des règles déterminées par cet article pour arriver à fixer la valeur locative des usines, l'administration des contributions directes s'était efforcée de maintenir une évaluation locative évidemment exagérée contre laquelle réclamait Mme veuve Monier, meunière à Lillers. Une expertise contradictoire eut lieu. L'expert de l'administration divisa ses opérations en deux parties; il estima d'abord les bâtiments, la chute d'eau, les blocs de maçonnerie de l'avant-bassin, et dn bassin et fit ensuite une estimation séparée des mouvants, tels que machines, meules, rouages, etc..., et, pour déterminer la valeur locative, il

» Le droit proportionnel est payé dans toutes les communes
où sont situés les établissements sujets à la patente.

» Si, outre la maison où il fait sa résidence habituelle, le
patentable possède d'autres maisons d'habitation, il ne paie le
droit proportionnel que pour la maison qui sert à l'exercice
de sa profession. Si l'industrie pour laquelle il paie patente ne
constitue pas sa profession principale, ou s'il ne l'exerce pas
par lui-même, il ne paie le droit proportionnel que sur l'habitation de son agent ou représentant.

» Le patentable qui exerce dans un même local ou dans des
locaux non distincts plusieurs industries passibles d'un droit
proportionnel différent, paie ce droit d'après le taux applicable
à la profession pour laquelle il est assujetti au droit fixe. Dans
le cas où les locaux sont distincts, il ne paie pour chaque
local que le droit proportionnel attribué à l'industrie ou à la
profession qui y est spécialement exercée; néanmoins, il paie
également pour sa maison d'habitation.

---

supposa sur l'importance de la première estimation un produit de cinq
pour cent et sur l'importance de la deuxième estimation un produit de dix
pour cent. De ce système bizarre surgit un loyer de dix-sept cents francs,
tandis que celui fixé par moi, en ma qualité d'expert de la dame Monier,
ne s'élevait qu'à sept cent soixante francs. A la suite du rapport des
experts, le Conseil de préfecture maintint la valeur estimative de seize
cents francs sur laquelle était imposé le moulin. Devant le Conseil d'Etat
la dame Monier a invoqué le texte et l'esprit de l'article 9 de la loi de
1844, a fourni un bail qui à la vérité était résilié, mais n'était pas encore
expiré, des attestations du maire, des répartiteurs et du précédent propriétaire. Sur le vu de toutes ces pièces et sans avoir égard au système d'évaluation adopté par l'administration des contributions directes, le Conseil
d'Etat (séance du 4 décembre 1862, décret du 31 du même mois) considérant qu'il résulte de l'instruction que la valeur locative de seize cents
francs, attribuée au moulin de la requérante, est exagérée, décide qu'elle
doit être fixée à neuf cents francs.

Art. 12.

« Dans les communes d'une population inférieure à 20,000 âmes, qui passent dans la catégorie des communes de 20,000 âmes et au-dessus, les patentables des septième et huitième classes ne seront soumis au droit proportionnel que dans le cas où une seconde ordonnance de dénombrement aura maintenu ces communes dans la même catégorie »

Art. 16.

» En ce qui concerne les associés en nom collectif ou compagnies anonymes, le droit proportionnel, est établi sur la maison d'habitation de l'associé principal ou du gérant, et sur tous les locaux qui servent à la société ou la compagnie pour l'exercice de leur industrie. »

» La maison de chacun des autres associés ou sociétaires et intéressés, est affranchie du droit proportionnel à moins qu'elle ne serve à l'exercice de l'industrie sociale.

Art. 23 6e alinéa, et art. 13 loi de 1858.

» Il est également dû, au prorata, un supplément de droit proportionnel par les patentables qui prennent des maisons et établissements d'une valeur locative supérieure aux précédents, pour lesquels ils sont imposés, et par les patentables qui entreprennent une profession payant un droit plus élevé.

» Ces suppléments sont dûs à compter du premier du mois dans lequel les changements ont eu lieu. »

Mode d'établissement des droits.

Loi de 1844, art. 20.

« Les contrôleurs des contributions directes procéderont annuellement au recensement des imposables et à la formation des matrices de patentes; le maire en sera prévenu et pourra assister le contrôleur dans cette opération, ou se faire représenter par un délégué. En cas de dissentiment, les observations contradictoires de ces derniers seront consignés dans une colonne spéciale. La matrice dressée par le contrôleur sera déposé pendant dix jours au secrétariat de la mairie, afin que les intéressés puissent en prendre connaissance, et remettre au maire leurs observations. A l'expiration d'un second délai de dix jours, le maire, après avoir consigné ses observations, l'adressera au sous-préfet; celui-ci émargera également ses observations sur la matrice et la transmettra au directeur des contributions directes qui établira les taxes conformément à la loi, pour tous les articles non contestés; à l'égard des articles sur lesquels le maire et le Sous-Préfet ne seront pas d'accord avec le contrôleur, le directeur soumettra les contestations au Préfet avec son avis motivé; si le Préfet ne croit pas devoir adopter les propositions du directeur, il en sera référé au ministre des finances.

» Le préfet arrête les rôles et les rend exécutoires.

» A Paris l'examen de la matrice des patentes sera fait pour chaque arrondissement municipal, par le maire, assisté soit de l'un des membres de la commission des contributions, soit de l'un des agents attachés à cette commission, désigné à cet effet par le préfet.

» Les matrices revêtues des observations du maire de chaque arrondissement seront centralisées à la commission des contributions qui, après y avoir aussi consigné ses observations, les transmettra au directeur des contributions comme il est dit au cinquième paragraphe de l'article ci-dessus.

Loi de 1850, art. 21.

» Les patentés seront admis à appuyer leurs réclamations, par la présentation d'actes de société légalement publiés, de journaux et livres de commerce régulièrement tenus et par tous autres documents.

Loi de 1844, art. 21.

» Les réclamations en décharge ou réduction d'impôts et les demandes en remises ou modérations seront communiquées aux maires. Elles seront présentées, instruites et jugées dans les formes et délais prescrits pour les autres contributions directes.

Art. 22.

Exceptions :

» Ne sont pas assujettis à la patente :

Loi de 1844, art. 13.

47

» 1° Les fonctionnaires et employés salariés soit par l'Etat, soit par les administrations départementales et communales en raison de ces fonctions (la loi de 1850 a grevé de la patente diverses professions libérales, entre autres : les architectes, les agents d'affaires, syndics aux faillites, courtiers, experts pour les partages, greffiers, huissiers, agréés près les tribunaux de commerce, avocats, avoués, notaires, médecins, chirurgiens, vétérinaires, commissaires-priseurs, ingénieurs civils, chefs d'institution etc., etc....)

» 2° Les peintres, sculpteurs, graveurs, dessinateurs, considérés comme artistes et ne vendant que le produit de leur art. »

Les éditeurs des feuilles périodiques.

Les artistes dramatiques.

» 3° Les laboureurs, seulement pour la vente et manipulation des récoltes et fruits provenant de terrains qui leur appartiennent ou par eux exploités et pour le bétail qu'ils y élèvent ou engraissent *(ne sont pas considérées comme donnant lieu à cette exemption les manipulations pratiquées au moyen d'agents chimiques, de machines ou ustensiles autres que ceux qui servent habituellement aux travaux de l'agriculture, art. 18 de la loi du 15 mai 1850).*

» 4° Les concessionnaires de mines pour l'extraction et la vente des matières par eux extraites.

» 5° Les propriétaires ou fermiers de marais salans.

» 6° Les propriétaires ou locataires louant accidentellement une partie de leur habitation personnelle.

» 7° Les pêcheurs, même lorsque la barque qu'ils montent leur appartient.

» 8° Les associés en commandite, les caisses d'épargne et de prévoyance administrées gratuitement, les assurances mutuelles régulièrement autorisées.

» 9° Les capitaines de navires de commerce ne naviguant pas pour leur compte.

» 10° Les cantiniers attachés à l'armée.

» 11° Les écrivains publics.

» 12° Les commis et toutes les personnes travaillant à gages, à façon, à la journée dans les maisons, ateliers et boutiques, ainsi que les ouvriers travaillant chez eux ou chez les particuliers pour leur propre compte avec des matières à eux appartenant, sans compagnon, lors même qu'ils auraient enseigne ou boutique. Ne sont pas considérés comme compagnons ou apprentis la femme travaillant avec son mari, ni les enfants non-mariés travaillant avec leurs père et mère, ni le simple manœuvre dont le concours est indispensable à l'exercice de la profession. *Loi de 1844, 23 juin 1862, art 1 de la loi de 1858.*

» 13° Les personnes qui vendent en ambulance dans les rues, dans les lieux de passage et dans les marchés soit des fleurs, de l'amadou, des balais, des statues et figures en plâtre, soit des fruits, des légumes, des poissons, du beurre, des œufs, du fromage et autres menus comestibles ; les savetiers, les chiffonniers au crochet, les porteurs d'eau à la bretelle ou avec voiture à bras, les remouleurs ambulants, les gardes-malades.

NOTE : Pour faciliter l'intelligence des expressions de la loi relatives à l'importance des droits fixes dus pour chaque industrie exercée par le patenté, il convient de faire observer que la nomenclature des professions imposables se trouve placée dans quatre chapitres improprement désignés sous les titres de tableau A, tableau B, tableau C et tableau D, ainsi qu'on le verra à la page 737.

Le tableau qui figure à la page suivante indique les droits fixes à payer, proportionnellement à la population de la commune où ils exercent leurs industries) par les patentés dont les professions, divisées en huit classes se trouvent indiquées dans le chapitre titré tableau A.

(Voir pour le classement et la liste de professions imposées le Bulletin des lois qui doit se trouver au secrétariat de chaque municipalité.)

TARIF SPÉCIAL DES PROFESSIONS IMPOSÉES, eu égard à la population, suivant le tableau A

CLASSES.	De 100,000 âmes et au-dessus	De 50,000 âmes à 100,000	De 30,000 âmes à 50,000	De 20.000 âmes à 30,000	De 10,000 âmes à 20,000	De 5,000 âmes à 10,000	De 2,000 âmes à 5,000	De 2,000 âmes et au-dessous	DROITS proportionnels
	fr. c.	fr. c.	fr. c	fr. c.	fr. c.	fr. c.	fr. c.	fr. c.	au quinzième pour la 1ᵉ classe.
Première.	300 »	240 »	180 »	120 »	80 »	60 »	45 »	35 »	
Deuxième.	150 »	120 »	90 »	60 »	45 »	40 »	30 »	25 »	Suivant l'art. 8 de la loi de
Troisième.	100 »	80 »	60 »	40 »	30 »	25 »	22 »	18 »	1844. Droit proportionnel au
Quatrième.	75 »	60 »	45 »	30 »	25 »	20 »	18 »	12 »	vingtième de la valeur locative, pour les
Cinquième	50 »	40 »	30 »	20 »	15 »	12 »	9 »	7 »	2, 3, 4, 5, 6, classe.
Sixième.	40 »	32 »	24 »	16 »	10 »	8 »	6 »	4 »	Droit proportionnel au qua-
Septième	20 »	16 »	12 »	8 »	† 6 »	† 5 »	† 4 »	† 3 »	rantième seulement dans
Huitième	12 »	10 »	8 »	6 »	† 5 »	† 4 »	† 3 »	† 2 »	les localités de 20,000 âmes et au-dessus.

† Ce signe signifie exemption du droit proportionnel. Dans la première classe, les marchands de bois en gros et les marchands de charbon de bois en gros ne paient que le trentième.— Dans la deuxième classe, les marchands de charbon de terre en gros ne paient aussi que le trentième.

Perception.

» La contribution des patentes est payable par douzième; Loi de 1844, art. 24. le recouvrement a lieu comme pour les autres impôts directs; néanmoins les marchands forains, les colporteurs, les directeurs de troupes ambulantes, les entrepreneurs d'amusements et jeux publics non sédentaires et tous autres patentables dont la profession n'est pas exercée à demeure fixe sont tenus d'acquitter l'importance de leur cote, au moment où la patente leur est délivrée.

» Dans le cas où le rôle de la patente n'est émis que postérieurement au 1er mars, les douzièmes échus ne sont exigibles que par portions égales, en même temps que les douzièmes non échus.

» En cas de déménagement hors du ressort de la percep- Art. 25. tion, comme en cas de vente volontaire ou forcée, l'impôt est exigible immédiatement en totalité. — Les propriétaires et à leur place, les principaux locataires qui n'auront pas, un mois avant le terme fixé par le bail ou par la convention verbale, donné avis au percepteur du déménagement de leur locataire seront responsables des sommes dues par ceux-ci pour la contribution des patentes.

» Dans le cas de déménagement furtif les propriétaires et, à leur place, les principaux locataires deviendront responsables de la contribution de leurs locataires, s'ils n'ont pas dans les trois jours donné avis du déménagement au percepteur.

› La part de la contribution laissée à la charge des propriétaires ou principaux locataires par les paragraphes précédents, comprendra seulement le dernier douzième échu et le douzième courant.

» En cas de fermeture de magasins, boutiques et ateliers, Art. 23, 3e aliéna. par suite de décès ou de faillites déclarées, les droits ne seront dus que pour le passé et le mois courant. Il sera accordé décharge du surplus de la taxe sur la réclamation des parties intéressées.

Production de patente.

Art, 27. » Tout patentable est tenu d'exhiber sa patente lorsqu'il en est requis par les maires, juges de paix et autres officiers ou agents de police judiciaire.

Art. 28. » Les marchandises mises en vente par des individus non munis de patente et vendant hors leur domicile seront saisies ou séquestrées aux frais du vendeur, à moins de caution suffisante, jusqu'à la représentation de la patente ou de la preuve que la patente a été délivrée. Si l'individu non patenté exerce au lieu de son domicile, il sera dressé procès-verbal qui sera transmis immédiatement aux agents des contributions directes.

» Pour aider à distinguer la catégorie dans laquelle doivent figurer les commerçants, en raison de l'importance de leurs établissements, la loi du 15 mai 1850 indique : 1° Comme marchands en gros, ceux qui vendent habituellement à d'autres marchands; 2° comme marchands en demi-gros, ceux qui vendent habituellement aux détaillants et aux consommateurs; 3° comme marchands en détails ceux qui ne vendent habituellement qu'aux consommateurs.

» Les diverses professions sujettes à la patente sont divisées d'abord en huit classes, qui toutes paient le droit fixe indiqué au tarif établi au tableau qui précède. Ces huit classes font partie du tableau A. les marchands en gros sont généralement compris dans la 1re classe; — La plupart des marchands en demi-gros sont compris dans la 2me classe. — La 3me classe comprend les marchands en gros, demi-gros d'objets moins importants et certains marchands en détail; — La 4me classe comprend, en général, les marchands en détail; les autres classes se composent d'une foule d'industries d'un ordre secondaire.

» Les industries comprises dans le tableau B paient (outre un droit fixe spécial à chaque industrie, eu égard à la population), un droit proportionnel au quinzième de la valeur locative.

» Les industries comprises dans le tableau C paient (outre un droit fixe spécial à chaque industrie sans avoir égard à la population), savoir : celles comprises dans la 1re partie, un droit proportionnel au quinzième de la valeur locative; celles comprises dans la 2me partie, un droit proportionnel au vingtième sur l'habitation, les magasins séparés de l'habitation et au vingt-cinquième sur l'établissement industriel; celles comprises dans la 3me partie, un droit proportionnel au vingtième sur l'habitation et sur les magasins séparés et au quarantième sur l'établissement industriel. Celles comprises dans la 4me partie paient un droit proportionnel au vingtième sur l'habitation et les magasins séparés, et au cinquantième sur l'établissement industriel; et enfin celles comprises dans la 5me partie paient un droit proportionnel au quinzième de la valeur locative de la maison d'habitation seulement.

§ V. — CENTIMES ADDITIONNELS.

» Il sera comme précédemment imposé cinq centimes au principal de la contribution foncière, personnelle et mobilière pour subvenir aux dépenses des communes, à l'exception de celles qui auront déclaré que cette contribution leur est inutile.

> *Lois du 15 16. mai 1818, art. 31*

» Dans le cas où, les cinq centimes additionnels imposés pour les dépenses des communes étant épuisés, une commune aurait à pourvoir à une dépense *véritablement urgente*, le maire, sur l'autorisation du Préfet, convoquera le conseil municipal et les plus forts contribuables aux rôles de la commune, en nombre égal à celui des membres de ce conseil, pour reconnaître l'ur-

> *Art. 30.*

gence de la dépense, l'insuffisance des revenus et des cinq centimes ordinaires pour y pourvoir.

Art. 40. » Lorsque les plus forts imposés seront absents, ils seront remplacés en nombre égal par les plus forts contribuables portés après eux sur les rôles.

Art. 41. » Le conseil municipal auquel, aux termes de l'art. 39, auront été adjoints les plus forts contribuables, votera sur les centimes extraordinaires proposés. Dans le cas où ils seraient consentis, la délibération sera adressée au Préfet, qui, après l'avoir revêtue de son autorisation, la transmettra au ministre secrétaire d'Etat de l'intérieur pour y être définitivement statué par une ordonnance du chef de l'Etat.

» Il sera pourvu, dans les formes prescrites précédemment, aux dépenses extraordinaires communes à plusieurs municipalités du département et dans leur intérêt. La répartition en sera faite d'après les délibérations des conseils municipaux, formés comme ci-dessus par l'adjonction des plus forts contribuables. Ces opérations seront approuvées par le Préfet, et, sur le rapport du ministre de l'intérieur, elles seront sanctionnées par une ordonnance ou décret du chef de l'Etat.

§. VI. — PRIVILÉGES DU TRÉSOR POUR LE RECOUVREMENT DES IMPÔTS.

La loi du 11 brumaire an VII (1er novembre 1798) accordait un privilége sur les immeubles pour une année échue et pour l'année courante de la contribution foncière. La loi du 12-21 novembre 1808 a fait cesser cet état de choses, en établissant le privilége du trésor d'une manière plus générale.

Loi du 21 novembre 1808.

Cette loi distingue deux catégories de contributions directes : l'une qui comprend la contribution foncière, l'autre qui embrasse la contribution mobilière, celle des portes et fenêtres, des patentes et tous autres impôts directs et personnels.

Art. 1er, 1er alinéa. » Le privilége de la contribution foncière s'exerce pour l'année échue et pour l'année courante sur les récoltes, fruits, loyers et revenus des biens immeubles sujets à cet impôt.

» Le privilége pour le recouvrement des impôts de la deuxième catégorie s'exerce pour l'année échue et pour l'année courante sur tous les meubles et autres effets mobiliers appartenant aux redevables, en quelque lieu qu'ils se trouvent. Art. 1er, 2e alinéa.

» Pour l'une comme pour l'autre catégorie, tous fermiers, locataires, receveurs, économes, notaires, commissaires-priseurs et autres dépositaires et débiteurs des deniers provenant du chef des redevables et affectés au privilége du Trésor public, seront tenus, sur la demande qui leur en sera faite, de payer en l'acquit des redevables et sur le montant des fonds qu'ils doivent ou qui sont dans leurs mains, jusqu'à concurrence de tout ou partie des contributions dues par ces derniers; les quittances des percepteurs pour les sommes légitimement dues leur seront allouées en compte. Art. 2.

» Le privilége attribué au trésor public pour le recouvrement des contributions directes ne préjudicie point aux autres droits qu'il pourrait exercer sur les biens des redevables, comme tout autre créancier. Art. 3.

» Lorsque, dans le cas de saisie de meubles et autres effets mobiliers pour le paiement des contributions, il s'élève une demande en revendication de tout ou partie desdits meubles et effets, elle ne pourra être portée devant les tribunaux ordinaires qu'après avoir été soumise à l'autorité administrative, qui, aux termes de la loi du 5 novembre 1790, doit statuer dans le mois du jour où le mémoire lui a été présenté. Après ce délai, le demandeur pourra sans autres formalités se pourvoir devant les tribunaux ordinaires.

» Ainsi le privilége est général sur tous les meubles dans cette dernière catégorie, et il est particulier sur certains biens meubles dans la première catégorie. Il découle de ce privilége un droit de suite, non sur l'immeuble même, mais seulement sur le produit, droit qui permet au trésor de recouvrer l'impôt foncier, même entre les mains du tiers auquel aurait été vendu l'immeuble dont les revenus et les fruits sont affectés au privilége. Toutefois pour que le privilège puisse s'exercer en ce qui concerne la deuxième catégorie, il faut, d'après les termes de la loi même, que les meubles appartiennent encore au redevable et n'aient pas cessé de lui appartenir.

(Cassat. 17 août 1847) (Dalloz 47, 1, 311 ; dev. 47,1, 641, j. p. 1847, t. 11, p. 591.)

Sur tous les autres points, il y a similitude parfaite entre le privilége créé pour le recouvrement des impôts de la première et de la deuxième catégorie.

Ni l'un ni l'autre n'affecte les immeubles des redevables. La loi ne dit ni explicitement ni implicitement que les immeubles sont grevés du privilége ; l'exposé des motifs dit précisément le contraire.

« Le gouvernement, dit M. Jaubert, a voulu établir des règles
» qui, en même temps qu'elles seraient claires et précises,
» n'entraînassent que les formes les plus simples et les moins
» dommageables pour les débiteurs et les tiers. C'est dans
» cette vue que le projet rejette toute idée de privilége sur les
» immeubles ; il pourrait y avoir du danger à laisser aux per-
» cepteurs la faculté de vexer les redevables, en intentant des
» procédures en expropriation forcée, ce qui pourrait arriver
» si le privilége s'étendait sur les immeubles ; ainsi un des points
» fondamentaux du projet, c'est que le privilège ne s'étendra
» pas sur les immeubles. »

Dans une ouverture d'ordre, le privilége du trésor public pour le recouvrement des impôts directs doit être colloqué de la manière suivante :

» 1° Pour l'impôt foncier : en deuxième ordre, après les frais de justice, sur les récoltes et les revenus des immeubles sur lesquels était assis l'impôt.

» 2° Pour les contributions mobilières, portes et fenêtres, patentes : en deuxième ordre aussi sur les meubles garnissant la maison, effets mobiliers et ustensiles servant à l'exploitation et sur les cautionnements et gages. »

SECTION XII.

Attributions des Conseils de préfecture.

» Le Préfet assiste au conseil de préfecture et le préside. En cas de partage, il a voix prépondérante.

Loi du 28 pluviôse an 8, (16 février 1800).

» Un secrétaire-général de préfecture aura la garde des papiers et signera les expéditions.

» Les conseils de préfecture sont chargés de prononcer sur la plupart des difficultés administratives, entre autres :

» Sur les demandes des particuliers tendant à obtenir la décharge ou la réduction de leur rôle de contributions directes ;

» Sur les difficultés qui pourraient s'élever entre les entrepreneurs de travaux publics et l'administration, concernant le sens et l'exécution des clauses de leurs marchés ;

» Sur les réclamations des particuliers qui se plaindraient de torts et dommages procédant du fait personnel des entrepreneurs et non du fait des administrations ;

» Sur les demandes et contestations concernant les indemnités dues aux particuliers, pour élargissement et redressement des rues, voies publiques, chemins vicinaux, occupations temporaires de terrains et en raison des terrains pris ou fouillés pour la confection des chemins, canaux et autres ouvrages publics ;

» Sur les difficultés qui pourraient s'élever en matière de grande voirie, telles que canaux, fleuves, chemins de halage, règlements sur le mode de curage des rivières, entretien des digues;

» Sur les poursuites en repression de délits commis en violation des règlements pour la conservation des chemins de l'État et des canaux et rivières;

» Sur les difficultés relatives aux cours d'eau sur lesquels existent des moulins et manufactures, et sur la hauteur des déversoirs ;

» Sur les difficultés qui s'élèvent lors de l'établissement d'industries dangereuses, insalubres ou incommodes;

» Sur les demandes qui peuvent être présentées par les communes pour être autorisées à plaider;

» Sur le contentieux des domaines nationaux relativement à la grande voirie.

Consulter en outre les lois des 5 nivôse an vi (25 décembre 1797), 28 germinal an vi (17 avril 1798), 26 floréal an x (18 mai 1802), les décrets des 28 août 1808, 16 décembre 1811, 10 avril 1812 et 29 août 1813; et, en ce qui concerne les forêts et bois de l'Etat, les bois et forêts des communes et des établissements publics, (voir le code forestier du 21 mai 1827, page 675).

» Les administrations des établissements de charité ont besoin de l'autorisation du conseil de préfecture pour plaider, lorsque le fond du droit est contesté. Cette disposition est une conséquence de l'article 4 de la loi du 28 pluviôse et a été formellement prescrite par les articles 11, 12 et 13 d'un arrêté du gouvernement du 7 messidor an ix.

» La même disposition est applicable à tous autres établissements publics.

» Les adjudications des travaux des ponts et chaussées pour le compte de l'Etat sont faites par le Préfet en conseil de préfecture (*arrêté du gouvernement du 19 ventôse an* ii.)

» Le conseil de Préfecture est investi par l'article 21 de l'arrêté du 9 thermidor an VIII de la faculté de statuer sur les contestations qui pourraient naître relativement à la fourniture des effets, habillements et équipements de troupes.

» C'est en conseil de préfecture que le Préfet doit arrêter définitivement les comptes des receveurs des hôpitaux et autres établissements de charité.

Ord. du 21 mars 1816.

» Les comptes des percepteurs qui touchent les revenus des communes et qui, n'étant pas soumis à la Cour des comptes, n'auraient pas été jusqu'à ce jour définitivement arrêtés, seront réglés par arrêté du Préfet, séant en conseil de préfecture.

Ord. du 28 janvier 1815.

» Suivant les articles 186, 187, 192, 203 et 204 de la loi de 1816, c'est en conseil de préfecture que le Préfet doit régler diverses dispositions relatives à la culture, à la livraison et au prix du tabac.

Loi du 28 avril 1816.

» Les cultivateurs sont autorisés pendant un mois à porter devant le conseil de préfecture leurs réclamations contre le résultat de leur décompte; le conseil de Préfecture devra prononcer dans les deux mois.

» En cas de contestation entre les employés des contributions indirectes et les débitants de boissons, relativement à l'exactitude de la délibération du prix de vente, il en est référé au maire de la commune, lequel prononce sur le différend, sauf le recours de part et d'autre au Préfet, en conseil de Préfecture, qui statue définitivement dans la huitaine, après avoir pris l'avis du Sous-Préfet et du directeur des contributions indirectes.

Art. 9.

» Un avis du conseil d'Etat du 16 thermidor an XII (4 août 1804) et un décret du 21 juin 1813 consacrent en principe que le droit de réformer les décisions des conseils de Préfecture n'appartient qu'à l'autorité supérieure.

Décrêt du 22
juillet 1806.
Art. 11.

» Ce décret détermine la manière de procéder dans les affaires contentieuses portées au conseil d'Etat.

» L'article 11 porte que le recours au conseil d'Etat contre la décision d'une autorité qui en ressort ne sera plus recevable après trois mois du jour où cette décision aura été notifiée. Après ce terme, les pourvois peuvent être rejetés par une fin de non recevoir.

Arrêté du 19
fructictor, an 9.

» Cet arrêté porte que les conseils de Préfecture ne pourront prendre aucune délibération, si les membres ne sont au moins au nombre de trois y compris le Préfet.

» NOTA. — Les experts désignés ou admis par le conseil de Préfecture doivent, à peine de nullité, se rendre ensemble sur les lieux, et, après avoir prêté serment, ès-mains du juge de paix, faire contradictoirement leurs opérations : néanmoins, ils peuvent présenter isolément leurs rapports.

§. II. — DÉPARTEMENT DU NORD. — CONSEIL DE PRÉFECTURE.

Règlement préfectoral en conformité du décret du 30 décembre 1862.

Titre Ier. — *Introduction d'instances.*

« Art. 1er. Les affaires portées devant le conseil de préfecture seront introduites par requêtes sur timbre. Elles exposeront les faits, les moyens, les conclusions, les noms, demeures des parties, et l'énonciation des pièces qui seront jointes. — Les réclamations relatives aux élections et celles qui concernent les contributions directes, dont la cote est inférieure à trente francs, ne sont pas soumises au timbre. »

« Art. 2. Les requêtes et, en général, toutes les productions des parties seront adressées ou déposées directement au greffe ; elles y seront inscrites sur un registre qui contiendra les numéros d'ordre, la date de la remise au greffe, les noms des parties, l'inventaire des pièces, les avertissements, communications, oppositions et la date des décisions. »

Titre 2. — *De l'instruction et du rôle.*

« Art. 3. Chaque semaine, le secrétaire-greffier remettra au Préfet le bordereau des nouvelles affaires pour qu'il soit procédé par ce fonctionnaire à la désignation du conseiller rapporteur, lequel prendra les pièces et préparera l'instruction. »

« Art. 4. Les actes d'instruction préparatoire seront ordonnés par le Préfet sur la proposition du rapporteur, ou, selon que les circonstances l'exigeront, ils seront suivis directement par le conseil. »

» S'il leur est ordonné communication, les parties devront fournir leur contredit sur timbre, dans le délai indiqué; à l'expiration de ce délai il sera passé outre au rapport.

» Il ne pourra y avoir plus de deux requêtes de la part de chaque partie, y compris la requête introductive.

» Les demandes de pièces, les mises en cause et tous les autres actes d'instruction seront délibérés en chambre du conseil. »

« Art. 5. Les communications de pièces auront lieu sans déplacement, au greffe ou dans les bureaux des Sous-Préfectures, et la notification des arrêtés prescrivant ces communications sera faite par la voie administrative. Il en sera de même de la signification des autres arrêtés interlocutoires. Un récépissé sera retiré de la partie elle-même et, à son défaut, du maire de sa résidence. »

« Art. 6. Aussitôt que l'instruction d'une affaire sera terminée, le rapporteur la fera inscrire au rôle, et, si elle présente un caractère contentieux, le dossier qui la concerne sera déposé au greffe pour être mis à la disposition du commissaire du gouvernement. »

« Art. 7. Un rôle sera dressé pour les affaires à juger en séance publique, un autre pour les affaires non contentieuses.

» Un rôle spécial comprendra les affaires de contributions. »

« Art. 8. Le rôle des affaires à juger en séance publique sera arrêté par le Préfet, sur la proposition du commissaire du gouvernement, et la partie qui devra être entendue sera prévenue par avis émanant du greffe, au moins cinq jours avant la séance où son affaire sera appelée. »

« Art. 9. Les affaires à juger en séance publique seront appelées selon leur tour de rôle. Le Préfet décidera, en désignant le rapporteur, si l'affaire comporte un rapport écrit ou verbal. Mais le rapporteur devra toujours rédiger un projet de décision qui sera communiqué avec le dossier au commissaire du gouvernement. »

« Art. 10. Immédiatement après le rapport du conseiller, les parties pourront présenter sur les questions posées, leurs observations sommaires soit en personne, soit par mandataire. Le commissaire du gouvernement donnera ses conclusions, puis l'affaire sera mise en délibération en chambre du conseil. »

« Art. 11. A défaut de la présence des parties, le mandat sera donné sur papier timbré; il indiquera sommairement l'affaire qu'il concerne, et la signature du mandant sera légalisée par le maire de sa résidence. »

« Art. 12. Les articles 88 et suivants du code de procédure C. seront applicables à la tenue des séances publiques du conseil (1). »

« Art. 13. En l'absence du Préfet, la présidence appartiendra au conseiller désigné par ce fonctionnaire. Le secrétaire-général absent sera remplacé dans ses fonctions de commissaire du gouvernement par le dernier conseiller nommé *(Ordonnance du 29 mars 1821).* »

. (1) Ces articles sont relatifs à la police des débats et au respect dû aux magistrats.

» Art. 14. Sauf les cas urgents, les audiences du conseil de Préfecture pourront être suspendues pendant la tournée du conseil de révision, mais elles ne pourront vaquer à aucune autre époque. »

Titre 3. — *Décisions du Conseil de préfecture.*

« Art. 15. Les décisions relatives aux affaires contentieuses seront prononcées en séances publiques; elles contiendront les noms et qualités des parties, leurs conclusions, le vu des principales pièces et des lois et règlements appliqués. »

« Art. 16. Elle seront prises comme pour toutes les autres affaires, en chambre du conseil, après délibéré, à la majorité des voix; en cas de partage, la voix du Préfet sera prépondérante. »

« Art. 17. Aucune décision ne pourra être prise, s'il n'y a au moins trois membres présents ayant assisté à la séance où l'affaire aura été discutée; ceux non présents à ladite séance ne seront pas admis à prendre part au délibéré. »

« Art. 18. En cas d'insuffisance du nombre des membres nécessaires pour délibérer, il y sera pourvu conformément à l'arrêté du 17 fructidor an IX (3 septembre 1801), et au décret du 16 juin 1808.

« Art. 19. Toutes les décisions du conseil de préfecture seront transcrites sur un registre coté et paraphé par le préfet, qui relatera, pour chaque affaire, le numéro d'ordre sous lequel elle aura été portée au registre d'instruction, et contiendra en marge les noms, qualités et demeures des parties. Chacun des arrêtés qui y aura été inscrit sera signé par les membres qui auront délibéré. »

« Art. 20. Les expéditions des décisions du conseil seront préparées par le secrétaire-greffier; elles seront signées et certifiées par le secrétaire-général de la Préfecture. »

48

Titre 4. — *Des oppositions et incidents.*

« Art. 21. Les oppositions aux arrêtés par défaut, les demandes incidentes et en général tous les actes qui peuvent
survenir pendant l'instruction seront faits au greffe par requête
sur papier timbré qui contiendra les moyens des parties, et il
y sera, à la diligence du conseil, donné telle suite que de
droit. »

« Art. 22. Il sera statué sur les frais et dépens en même
temps que sur le fonds de l'affaire qui les aura occasionnés,
et, s'il y a lieu, la liquidation en sera faite par le même arrêté
conformément aux lois et règlements sur la matière. »

« Arrêté à Lille le 3 mars 1863 et approuvé par le ministre
le 30 mars 1863.

DÉPARTEMENT DU PAS-DE-CALAIS.

Règlement pour l'exécution du décret du 30 décembre 1862.

Titre 1er. — *Introduction de l'instance.*

Arrêté du 19
mai 1863.

« Art. 1er. Toute réclamation ou requête ayant trait à une
affaire contentieuse de la nature de celles qui doivent être
portées devant le conseil de Préfecture, est déposée au greffe
dudit conseil ou expédiée en franchise au Préfet.

» Les instances continuent à être instruites et jugées d'après
les lois et règlements particuliers à chaque matière ; au cas
où il n'existerait pas de formes spéciales, la procédure est
régie par les dispositions qui suivent. »

« Art. 2. Les requêtes sont rédigées sur papier timbré ;
elles contiennent : 1º Les nom, prénoms, profession et demeure du réclamant ou de son mandataire ; 2º l'exposé des
faits et moyens ; 3º les conclusions. Les pièces dont la partie
entend se servir sont annexées à la requête et leur énonciation est faite sur un bordereau joint au dossier ; à la demande
de la partie, le greffier peut délivrer récépissé de la requête et
des pièces.

» Les réclamations en matière électorale et celles en décharges d'impôts, lorsque la cote ne dépasse pas trente francs, ne sont pas soumises à l'obligation du timbre. »

« Art. 3. Le secrétaire-greffier, établi près le conseil, tient un registre de mouvement sur lequel sont inscrites toutes les affaires dans l'ordre de leur présentation. »

« Art. 4. Après l'enregistrement de l'affaire au livre d'entrée, le secrétaire-greffier prend immédiatement les ordres du Préfet ou du conseiller délégué par lui pour présider, lequel désigne le rapporteur. »

Titre 2. — *Instruction des affaires.*

« Art. 5. Dans les quatre jours de la remise du dossier au rapporteur, celui-ci présente au Préfet une note indiquant le délai dans lequel la partie intéressée devra fournir ses moyens de défense. Sur cette note, le Préfet rend l'ordonnance de *soit communiqué*, qui est signifiée avec la requête introductive d'instance. Cette ordonnance fixe le délai pour produire les réponses. »

« Art. 6. Ce délai court du jour de la notification de l'ordonnance de *soit communiqué*. »

« Art. 7. La requête en réponse est rédigée dans les mêmes formes que la requête introductive d'instance. »

« Art. 8. L'instruction se fait par écrit et d'une manière contradictoire. Chaque partie ne peut présenter plus d'une requête, à moins qu'il n'ait été ordonné des suppléments d'instruction. »

« Art. 9. L'instruction est dirigée par le rapporteur. A cet effet, il indique, par des notes datées et signées de lui, les avertissements, demandes, significations, communications ou réclamations de pièces à faire aux parties; il détermine les délais dans lesquels les actes de l'instruction doivent être terminés. »

« Art. 10. La mise à exécution de ces actes préparatoires est ordonnée par le Préfet, et il y est pourvu en tant que besoin par la division compétente. »

« Art. 11. Toutes les fois qu'il y a lieu à un *avant faire droit*, il est statué par le conseil, après avoir entendu le rapporteur, les parties et le commissaire du gouvernement. »

« Art. 12. Les remises ne peuvent être accordées qu'à l'audience et dans la forme déterminée par l'article précédent. »

« Art. 13. Lorsque le rapporteur juge l'affaire en état, il dépose le dossier au greffe, et invite, par une note, le secrétaire-greffier à prévenir les parties que, dans un délai déterminé, elles pourront en prendre connaissance sans déplacement, soit au greffe même, soit à la Sous-Préfecture. — Les déplacements de pièces ne peuvent être autorisés que par le Préfet. »

« Art. 14. A l'expiration du délai fixé en l'article précédent, le dossier de l'affaire est remis par le secrétaire-greffier au rapporteur, lequel prépare les éléments de son rapport et rédige un projet de décision. »

« Art. 15. Suivant la nature et l'importance de l'affaire appréciée par le rapporteur, le rapport est verbal ou écrit : il présente l'exposé sommaire de la procédure, résume les points de fait et de droit, les moyens et les conclusions des parties et indique les questions à résoudre. »

« Art. 16. Le dossier et le projet de décision, avec le rapport, s'il est écrit, sont communiqués au commissaire du gouvernement par le greffier. »

« Art. 17. Le rôle de chaque séance est arrêté par le Préfet de concert avec le commissaire du gouvernement. Une copie du rôle est affichée, huit jours au moins avant la séance, au greffe, dans la salle d'audience et dans un tableau grillé placé en dehors de la porte des bureaux de la Préfecture. »

« Article 18. Quand l'ordre du jour d'une séance est réglé, le secrétaire greffier donne avertissement aux parties du jour où l'affaire sera jugée. L'avertissement se fait par lettre non-affranchie. »

« Article 19. Il n'est rien changé dans la procédure concernant les réclamations contentieuses en matière de contributions directes ou de taxes assimilées à des contributions. Toutefois, quand il y a contradiction entre la demande et les avis exprimés, les parties sont, comme en matière ordinaire, avisées du jour de l'audience, ainsi qu'il est dit à l'article précédent.

» Il est dressé un rôle spécial pour le jugement des réclamations de cette nature. »

« Article 20. Tout procès-verbal de contravention, en matière de grande voierie, est, dès son arrivée à la préfecture, notifié à la requête du préfet soit au contrevenant, soit à ses représentants ou fermiers, soit à ceux qui ont la responsabilité légale de la contravention. Le contrevenant est mis en demeure de produire, dans le délai légal, ses moyens de défense. Passé ce délai, le procès-verbal est transmis à la préfecture avec ou sans les moyens de défense et les avis des ingénieurs; et, huit jours à l'avance, les parties sont invitées à se présenter à l'audience. »

« Article 21. Les demandes incidentes, interventions, inscriptions de faux, suspensions et reprises d'instances, désaveux, oppositions et toutes actions extraordinaires sont introduites et suivies d'après les règles observées pour ces cas devant le Conseil d'Etat »

Titre 3. — *Tenue des séances.*

« Article 22. Les séances publiques du Conseil de préfecture ont lieu le lundi de chaque semaine, de une heure à quatre heures, à l'exception des lundis fériés; indépendamment de ces sé ces, le préfet peut indiquer des audiences extraordinaires, lorsque la nature, le nombre ou l'urgence des affaires l'exige. Sauf les cas urgents, les séances publiques sont suspendues pendant la tournée de révision.

» Les membres du Conseil siégent en uniforme.

« Article 23. Les séances publiques sont présidées par le préfet, ou, en cas d'empêchément, par celui des membres du Conseil qu'il désigne. Les fonctions du commissaire du gouvernement sont remplies par le secrétaire général de la préfecture, et, en cas d'absence ou d'empêchement, par le conseiller de préfecture dernier nommé.

« Article 24. Toute personne qui se présente devant le Conseil de préfecture, à titre de mandataire, doit justifier d'un pouvoir qui peut être donné sous forme de simple déclaration et dont la signature a été légalisée par le maire. Sauf le cas où le timbre n'est pas obligatoire, comme en matière électorale (*probablement aussi pour réclamation d'impôts lorsque la côte est en-dessous de trente francs*) , ce pouvoir doit être établi sur papier timbré.

« Article 25. A l'ouverture de l'audience, le secrétaire greffier fait successivement l'appel des affaires portées au rôle. Le président donne la parole au rapporteur qui résume l'affaire ou à son mandataire qui fournit oralement et d'une manière sommaire ses observations, enfin au commissaire du gouvernement qui formule ses conclusions. »

« Article 26. Les parties qui n'ont pas produit de défense écrite sont considérées comme faisant défaut, alors même qu'elles comparaîtraient à l'audience en personne ou par mandataire. Dans ce cas, le Conseil statue sur les pièces du dossier, le rapporteur et le commissaire du gouvernement entendus.

En matière de contraventions, il n'y a pas lieu à prononcer

défaut contre le prévenu qui n'a pas fourni de moyens de défense, s'il se présente à l'audience.

» Tout contrevenant peut prendre la parole en dernier lieu. Le défaut est relevé dans les formes ordinaires de droit. L'affaire qui revient par suite d'opposition suit la même marche que la demande introductive d'instance et vient à son nouveau rang. »

« Article 27. Toutes les fois que les parties, dans leurs observations orales, modifient les conclusions de leurs requêtes, elles doivent consigner ces modifications dans de nouvelles conclusions écrites et signées. »

« Article 28. Les débats terminés, l'affaire est mise en délibéré : la décision est prononcée après le délibéré ou ajournée à une audience ultérieure qui est publiquement indiquée. »

« Article 29. Les conseillers qui n'ont pas assisté au rapport et aux observations, s'il y en a eu, ne peuvent prendre part au délibéré. L'arrêt mentionne le nom des conseillers qui ont connu de l'affaire. Il constate que le commissaire du gouvernement a été entendu. La minute signée des membres du Conseil est déposée au greffe. »

« Article 30. Le secrétaire-greffier tient un procès-verbal sommaire de la séance, lequel est signé par les membres qui y ont assisté. »

Titre 4. — *Dispositions générales.*

« Article 31. Le secrétaire-greffier transcrit, suivant l'ordre de leur date, les arrêtés du Conseil de préfecture, sur un registre spécial, coté et paraphé par le préfet, et contenant, pour chaque affaire, le numéro d'ordre sous lequel elle aura été inscrite à son entrée au greffe. Toutefois, ne sont pas transcrites les décisions en matière de contributions directes ou de taxes assimilées qui restent jointes aux dossiers, ni les décisions concernant les contraventions, dont les minutes sont classées par le secrétaire-greffier pour la formation d'un registre spécial. »

« Article 32. Le secrétaire-greffier prépare les expéditions qui doivent être certifiées conformes par le secrétaire-général de la préfecture. Il prépare également, lorsqu'il y a lieu, les états de frais qui sont arrêtés par le rapporteur et soumis au préfet qui les rend exécutoires. »

« Article 33. Les notifications des décisions du Conseil de préfecture ont lieu, autant que possible, par la voie administrative. »

« Article 34. Un huissier de la préfecture est chargé du service de l'audience. »

« Article 35. Sont observées, quant à la police des audiences, les dispositions du Code de procédure civile, articles 88 et suivants, relatifs à la police des audiences. »

Arras, ce 19 mai, 1863.

CONCLUSIONS.

Les lieux dépendants de la châtellenie de Lillers, de l'advouerie de Béthune, de la principauté d'Epinoy, du pays de
l'Alœu et du bailliage de Lens, à cause de la conformité de
leurs habitudes avec les localités des bailliages d'Hesdin, de
St-Omer et d'Aire, résultat immédiat de la nature du sol et
des mœurs des habitants, sont présumés avoir suivi les dispositions des coutumes de ces bailliages, qui sont visiblement
rédigées dans le même esprit en ce qui a rapport aux objets
qui ont été traités dans les divers titres ci-dessus. Cette
présomption est au surplus conforme aux affirmations des
personnes compétentes en ces matières et aux titres anciens
qui constatent des travaux ou des plantations faits à des
époques éloignées (1).

Les autres localités de l'Artois qui étaient de la dépen-
dance directe des diverses juridictions établies à Arras, du
bailliage d'Aubigny-le-Comte, d'Aubigny-la-Marche, de
celui d'Avesnes-le-Comte, de celui de Bapaume et du comté
d'Oisy, suivaient également, d'après les renseignements
fournis par des hommes de loi et aussi d'après les arpenteurs
et les praticiens du pays, la coutume d'Hesdin à défaut de

---

(1) On trouve sur plusieurs propriétés des bornes placées en dehors des
haies qui indiquent que, à l'époque de leurs plantations, on avait laissé, du
côté du levant et du midi, deux pieds et demi pour le rejet desdites haies.
A ma connaissance, M. Castelin, maire de Cauchy-à-la-Tour, arrondissement de Béthune, ancien comté de St-Pol, possède une propriété qui se
trouve dans ces conditions.

leurs coutumes particulières; ce qui est du reste assez indif-
férent, puisque la coutume du Boulenais et celles d'Hesdin, de
St-Omer et d'Aire prescrivent les mêmes distances pour les
plantations, et contiennent, en général, les mêmes dispositions
à l'égard de toutes les autres matières pour lesquelles le Code
civil renvoie à l'usage des lieux. Enfin, en se réglant sur le
principe du droit coutumier, qu'à défaut de dispositions sur
un cas quelconque dans la coutume locale on suivait les
coutumes des pays voisins dont les usages avaient le plus
d'analogie avec cette localité, et, au moyen de quelques
recherches comparatives et de la composition des anciens
bailliages que j'ai donnée ci-devant, il sera facile de résoudre
la plupart des difficultés qu'entraînent l'application des articles de lois, coutumes et règlements qui sont cités dans cet
ouvrage.

TABLE ANALYTIQUE

FIN

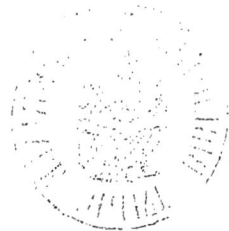

LISTE

DES SOUSCRIPTEURS

ARRONDISSEMENT D'ARRAS

Arras. MM. Levert, Préfet ; Saint-Amour, directeur de l'enregistrement ; Dorlencourt, juge ; Wattebled, conseiller général ; Wartelle, idem ; Plichon, maire ; Lecesne, adjoint ; Parenty, conseiller de Préfecture ; Montfet, curé de Saint-Vaast ;. Vahé, Wartelle, juges-de-Paix ; Furnes, ancien notaire ; .Vaillant, Bruneau, Fresson, Planquette, Vasselle, Lemaire, notaires ; Caron, Cabuil, Blondel, Plaisant, avoués ; Billet, avocat ; Cavroy, agent-voyer en chef, Carré, architecte ; Harbaville, ancien conseiller de Préfecture ; Thilloy, agent principal du Phénix ; Lesueur, propriétaire à Luisans.

ARRONDISSEMENT DE BÉTHUNE

Béthune. Tabary, président ; Enlart de Guemy, Boulet, juges ; . Leroux de Bretagne, procureur impérial ; Lorel, substitut ; Cathoire, juge-depaix ; Deleliste, maire ; Hanon-Sénéchal, négociant ; le marquis de Baisnat, Mont-Brun-Flageollet, Damour, propriétaires ; Marche, agent-voyer principal ; Herreng, propriétaire ; Hurtrel, notaire ; Fremeaux, avocat ; Verheylewegen, avoué ; de Baillencourt, architecte ; le marquis de Bassecourt ; Coupé, conducteur des Ponts-et-Chaussées.

Beuvry. Merlin, maire ; Delohelle-Réant, propriétaire, père et fils.

Norrent. Glachon, clerc de notaire ; Leflon, Gourdin, notaires ; Cantrainne, propriétaire ; Rolin, Boulanger. Roussel, cultivateur au Locon ; Dancoisne, notaire à Hénid-Liétart ; Becquart, id. à Richebourg ; Lesur, cultivateur à la Beuvrière ; Lemoisne, Martel, à Ham ; Hanotel, à Cauchy ; Raoul, à Ferfaye ; Crepin, à Rely ; Sergent, à Marles : Cossart, à Ames ; Guesquière-Réant, Crespel, à la Bassée ; Degruson, à Merville ; Delecourt, à Haisne ; Podevin, maire d'Allouaque.

Lillers. Le comte de Fouler ; Ad. Berode ; Coubronne ; Gerard-Berode ; Laversin-Salmon ; Laversin, Félix ; Robitaille ; Monnier ; Monnier veuve ; Théry ; Alphonse, Louis ; Hullen, notaire ; Thilloy, huissier ; Lancial, greffier ; Bailly ; maire ; veuve Scossa ; Derminghem, fabricant de sucre ; This ; Collette ; Thullier, brasseur ; Decroix-Roussel ; Marcel ; Lugez ; Warembourg ; Courquin, Bossard, Selin, Poupard ; Deletaille-Bailly, Joseph chef d'institution ; Toffart, médecin ; Macaire, Henri.

Bourecq. Vendeuse, chef d'institution ; de Saint-Laurent, maire ; l'abbé Robert, curé de Robecq. Breton, maire de Courrières.

Saint-Venant. Denisselle, Guerbrand, négociants ; Lissacq, notaire.

Busnes. Cocud, Thullier, propriétaires ; Breton, maire de Courières ; Blondel d'Aubers, conseiller général ; Thoumain, curé de Verquin ; Villy, curé de Fouquières.

ARRONDISSEMENT DE BOULOGNE

Boulogne. Le baron de Farincourt, sous-préfet; Lorel, président; Morand, juge; Adam, conseiller général; Livois, maire; Gosselin, ancien maire; Haignerée, archiviste; Gérard, Duflos, Merlin, Lagache, Madaré, Baudelocque, avocats; Sergent, Bogaert, Dutertre, avoués; Delye, juge-de-paix; Sauvage, notaire; Blondel, Quersin, négociants; Bouchard, directeur de l'abbatoire.

Calais. Noël, juge-de-paix; Derheims, bibliothécaire; Lelièvre-Dubreuil, notaire; Verlingues; Darras; Le Beau, avocat; Bonnière, notaire à Licques; Fasquel, huissier à Calais.

ARRONDISSEMENT DE DUNKERQUE

Dunkerque. Le vicomte Sessaint, sous-préfet; le maire de la ville; Delelis, adjoint; Lucas, juge: Cousin, ancien magistrat; Derode, propriétaire; Lebleu, commandant du génie; Beck, ancien notaire; Morel-Agie; négociant; Hovelt, de Baecque, Montigny, Choquet, Deman, Delval, notaires; Bonvarlet; Delhomme; Lebleu, avoué.

Bergues. L. Joos, maire; de Laroière, notaire honoraire; Delport, Guilbert, Dequeker, notaires, de Rochecave, propriétaire; Baillieu, curé de Millam; Vanbockstaele, maire de Bambecque,

ARRONDISSEMENT D'HAZEBROUCK

Hazebrouck. Le Sous-Préfet; Quenson, juge honoraire; Lespagnol, juge; Denniaux, substitut; de Maindreville, procureur impérial; Vandempel; Bateman; Vanderwaelle; Smagghe, notaire; Verheylewegen; Biewal, juge-de-paix; Deroo, commissaire-priseur; Pruyssen, avoué; Rousselle, notaire à Renescure. Quenson, fils, juge.

ARRONDISSEMENT DE LILLE

Lille. Vallon, préfet; Richebé, maire; Chombard, conseiller général; Dorémieux, conseiller municipal; Deplanque, archiviste du département; Bulteau, avoué; Chon, professeur d'histoire; Desrousseaux, Herlin, Piat, Lebigre, Leclercq, notaires; Verly père, propriétaire; Roussel; Van Reusquwère; Testelin, Fremont, conseillers municipaux; le proviseur du Lycée, de Coussemaker, juge; Labre, notaire à Roncq.

Armentières. Laceret, négociant.

ARRONDISSEMENT DE MONTREUIL

Montreuil. Delhomel, maire; Desmoutier, président; Hibon, Moleux, juges; Honoré, procureur impérial; Depoutre, substitut; Capelle, Campagne, Cachelou, notaires; Dubourg, Aubry, Tabar, Widehen, avoués; Hennequier, avocat; Delannoy, Zennenger, négociants, Milvaux, notaire à Verton.

Hesdin. Leureuil, Leducq, notaires; Dovergne, suppléant de juge-de-paix; le Bibliothécaire.

Fruges. Le Lièvre du Breuil, receveur de l'enregistrement; Boulanger, notaire.

ARRONDISSEMENT DE SAINT-POL

Saint-Pol. Danvin, notaire; Danvin, bibliothécaire; Geoffroy, avoué; Hue, notaire à Heuchin, le comte de Tramecourt, à Givenchy,

Pernes Leclercq, Carré, notaires, Trousel-Bocquet.

Avesnes-le-Comte. Desruelles, juge-de-paix.

Saint-Omer. Quenson, Président; Butor, Boistel, juges; Wattringue, vice-président honoraire; de Monecove, maire; le baron de Monecove; le baron de Colbert; Delmotte, Poillon, Devaux, Evrard, Cadet, avocats, Hamy, Hedde, Tible, Devillers, avoués; Vandenbroucq, Lecomte, Lesur, Grehan, Bret, Hermary, Moreau, notaires; O. Pley; Machart; Legrand Albert et Alexandre; Caullet Albert; Cafflerie, banquier; Duhamel, agent d'assurances; Ivain, principal clerc de notaire.

Aire. Waringhem, maire, le baron Olivier; Dassenoy, avocat; Labitte, Vigoureux, Imbona, notaires; Auguste Cappe, propriétaire.

ARRONDISSEMENT D'AVESNES

Maubeuge. Walrand, maire et notaire; Ouverlaux; Herbecq, Bottiau, notaires; Beugnies, libraire, Delfosse, juge-de-paix.

Solre-le-Château. Rouez, maire, Braure, juge-de-paix, Huriaux, Zéphirin; Douchet, clerc de notaire; Mathieu, directeur des mines de Douchy; Goffart, notaire au Quesnoy; Meurice, notaire à Landrecies; Martin, maire de Coulsovre.

Lieux divers. Guille, propriétaire; Preux, avocat-général; Asselin, ancien maire; Lemaire-Delattre, avocat; Crepin, libraire; tous à Douai; Delbecq, le marquis d'Avrincourt, le baron d'Herlincourt, députés; Hermand à Anicourt; Copin, greffier à Saint-Amand; Legentil, employé au chemin de fer d'Orléans; Vilain, maire à Anzin; le Bret, directeur des mines d'Anzin (Nord); Wilbert, président de la société d'émulation de Cambrai. Mathieu, directeur des houillères de Douchy.

LILLE. — IMPRIMERIE LEFEBVRE-DUCROCQ, RUE ESQUERMOISE, 57.

ENSEIGNEMENTS UTILES

POUR LA

DIRECTION DES AFFAIRES PUBLIQUES

ET PRIVÉES

Par F^{ois} BERODE

Ancien Notaire à Lillers

⁓⁓⁓

LILLE

IMPRIMERIE DE LEFEBVRE-DUCROCQ

Rue Esquermoise, 57

1865

TABLE DES MATIÈRES

SECTION Ire.

SECTION II.

Système décimal comparé avec les anciennes mesures.

SECTION III.

Extraits de diverses lois utiles aux commerçants.

SECTION IV.

SECTION V.

Mesures de longueur.

SECTION VI.

Mesures agraires de superficie.

SECTION Irc

Calcul des intérêts par les nombres.

Pour faire l'application du tableau qui suit et tout à la fois pour établir un compte commercial, il faut connaître la quantité de *nombres* que produit une somme quelconque. Pour cela, il suffit de multiplier cette somme par le nombre de jours d'intérêts dus, et d'en diviser le produit par 100, c'est-à-dire de retrancher de ce produit les deux derniers chiffres.

Ainsi, la somme de 2,463 francs pour 140 jours d'intérêts produira 3448.20 ou 3448 1/5 *nombres*. Ces nombres divisés par 6, après avoir retranché le dernier chiffre, produisent 57 fr. 47 représentant l'intérêt à 6 p. %.

En faisant usage du tableau on trouve sur la même ligne que 3400 nombres, à la colonne 6 p. %. . . . 56.66 ²/₃

Sur la ligne 48 nombres 0.80

Et sur la ligne 1 nombre 1ᶜ 2/3 dont le 5ᵐᵉ. . . ¹/₃

Même résultat. 57.47

Ce tableau est particulièrement utile pour trouver les intérêts à tous autres taux.

Exemple : Au modèle du deuxième compte, page 12, Babin doit les intérêts de 5 p. % sur 3967 nombres. Pour établir ces intérêts au moyen de ce tableau ; on trouve sur la ligne 3900 nombres, à la colonne 5 p. %. . . 54.16 ²/₃

Et sur la ligne 67 nombres . . . . . . 93 ¹/₁₈

Total. 55.10

La base de ce système est le nombre 36. C'est pour

l'utiliser à établir les intérêts à 6 p. °/° que les banquiers ont admis 360 jours pour l'année commerciale quoique l'année soit de 365 jours et même de 366 dans les années bissextiles.

On a trouvé que 360 jours produisant 360 nombres pour un capital de 100 francs, il suffisait de diviser ces nombres par 6, après en avoir retranché le dernier chiffre, pour obtenir l'intérêt à 6 °/°.

Il importe de remarquer qu'avec ce système, le créancier reçoit pour 365 jours 6 fr. 08 d'intérêts au taux de 6 p. °/° au lieu de 6 francs ; et 5 fr. 07 d'intérêts au taux de 5 p. °/° au lieu de 5 francs, ce qui lui fait un bénéfice de 1 franc 36 par 100 francs d'intérêts à 6 p. °/° et un bénéfice de 1 franc 40 par 100 francs d'intérêts à 5 p. °/°.

1ᵉʳ Tableau de réduction de nombres en intérêts

Nombres	2 1/2 p. °/°	3 p. °/°	3 1/2 p. °/°	4 p. °/°	4 1/2 p. °/°	5 p. °/°	5 1/2 p. °/°	6 p.
	f c	f c	f c	f c	f c	f c	f c	f c
1	» » 6/91	» » 5/6	» 01	» 01 1/9	» 01 2/9	» 01 7/18	» 01 9/18	» 01
2	» 01 7/18	» 01 2/3	» 02 1/18	» 02 2/9	» 02 1/2	» 02 7/9	» 03 1/18	» 03
3	» 02 1/9	» 02 3/6	» 02 8/9	» 03 3/9	» 03 7/9	» 04 3/18	» 04 5/9	» 05
4	» 02 7/9	» 03 1/3	» 03 8/9	» 04 4/9	» 05	» 05 5/9	» 06 1/9	» 06
5	» 03 4/9	» 04 1/6	» 04 8/9	» 05 5/9	» 06 4/9	» 06 17/18	» 07 2/3	» 08
6	» 04 1/6	» 05	» 05 15/18	» 06 2/3	» 07 1/2	» 08 1/3	» 09 1/6	» 10
7	» 04 8/9	» 05 5/6	» 06 7/9	» 07 7/9	» 08 7/9	» 09 13/18	» 10 2/3	» 11
8	» 05 5/9	» 06 2/3	» 07 7/9	» 08 8/9	» 10	» 11 1/9	» 12 2/9	» 13
9	» 06 1/4	» 07 1/2	» 08 3/4	» 10	» 11 3/12	» 12 3/6	» 13 3/4	» 15
10	» 06 17/18	» 08 1/3	» 09 13/18	» 11 1/9	» 12 1/2	» 13 8/9	» 15 5/9	» 16
11	» 07 2/3	» 09 1/6	» 10 2/3	» 12 2/9	» 13 2/3	» 15 5/18	» 16 7/9	» 18
12	« 08 1/3	» 10	» 11 2/3	» 13 1/3	» 15	» 16 2/3	» 18 1/3	» 20
13	» 09	» 10 5/6	» 12 2/3	» 14 4/9	» 16 2/9	» 18 1/18	» 19 8/9	» 21
14	» 09 13/18	» 11 2/3	» 13 11/18	» 15 5/9	» 17 1/2	» 19 4/9	» 21 7/9	» 23
15	» 10 5/10	» 12 1/2	» 14 5/9	» 16 2/3	» 18 7/9	» 20 15/18	» 22 8/9	» 25
16	» 11 1/9	» 13 1/3	» 15 5/9	» 17 7/9	» 20	» 22 2/9	» 24 4/9	» 26

2ᵉ Tableau de réduction des nombres en intérêts.

Nombres	2 1/2 p.⁰/₀		3 p. ⁰/₀		3 1/2 p.⁰/₀		4 p. ⁰/₀		4 1/2 p.⁰/₀		5 p. ⁰/₀		5 1/2 p.⁰/₀		6 p. ⁰/₀	
	f	c	f	c	f	c	f	c	f	c	f	c	f	c	f	c
17	» 11	7/9	» 14	1/6	» 16	9/18	» 18	8/9	» 21	2/9	» 23	11/18	» 26		» 28	1/3
18	» 12	1/2	» 15		» 17	1/2	» 20		» 22	1/2	» 25		» 27	1/2	» 30	
19	» 13	2/9	» 15	5/6	» 18	1/2	» 21	1/9	» 23	7/9	» 26	7/18	» 29		» 31	2/3
20	» 13	8/9	» 16	2/3	» 19	4/9	» 22	2/9	» 25		» 27	7/9	» 30	5/9	» 33	1/3
21	» 14	2/3	» 17	1/2	» 20	4/9	» 23	3/9	» 26	2/9	» 29	1/6	» 32	1/9	» 35	
22	» 15	5/18	» 18	1/3	» 21	7/9	» 24	4/9	» 27	1/2	» 30	5/9	» 33	11/18	» 36	2/3
23	» 16		» 19	1/6	» 22	2/3	» 25	5/9	» 28	7/9	» 31	17/18	» 35	2/9	» 38	1/3
24	» 16	2/3	» 20		» 23	1/3	» 26	2/3	» 30		» 33	1/3	» 36	2/3	» 40	
25	» 17	1/3	» 20	5/6	» 24	1/3	» 27	7/9	» 31	2/9	» 34	13/18	» 38	1/6	» 41	2/3
26	» 18		» 21	2/3	» 25	1/3	» 28	8/9	» 32	4/9	» 36	1/9	» 39	6/9	» 43	1/3
27	» 18	2/3	» 22	1/2	» 26	1/3	» 30		» 33	6/9	» 37	9/18	» 41	3/18	» 45	
28	» 19	1/3	» 23	1/3	» 27	2/9	» 31	1/9	» 35		» 38	8/9	» 42	7/9	» 46	2/3
29	» 20	1/9	» 24	1/6	» 28	2/9	» 32	2/9	» 36	2/9	» 40	5/18	» 44	3/9	» 48	1/3
30	» 20	7/9	» 25		» 29	1/9	» 33	1/3	» 37	5/9	» 41	12/18	» 45	8/9	» 50	
31	» 21	1/2	» 25	5/6	» 30	5/18	» 34	4/9	» 38	5/9	» 43	1/18	» 47	2/3	» 51	2/3
32	» 22	2/9	» 26	2/3	» 31	1/9	» 35	5/9	» 40		» 44	4/9	» 48	8/9	» 53	1/3
33	» 22	8/9	» 27	1/2	» 32	1/9	» 36	2/3	» 41	2/9	» 45	5/6	» 50	5/12	» 55	
34	» 23	5/9	» 28	1/3	» 33		» 37	7/9	» 42	4/9	» 47	2/9	» 52		» 56	2/3
35	« 24	2/9	» 29	1/6	» 34		» 38	8/9	» 43	2/3	» 48	11/18	» 53	1/2	» 58	1/3
36	» 25		» 30		» 35		» 40		» 45		» 50		» 55		» 60	
37	» 25	2/3	» 30	5/6	» 36		» 41	1/9	» 46	2/9	» 51	7/18	» 56	1/2	» 61	2/3
38	» 26	4/9	» 31	2/3	» 37		» 42	2/9	» 47	5/9	» 52	7/9	» 58		» 63	1/3
39	» 27	1/9	» 32	1/2	» 38		» 43	1/3	» 48	7/9	» 54	1/6	» 59	1/2	» 65	
40	» 27	7/9	» 33	1/3	» 38	8/9	» 44	4/9	» 50		» 55	5/9	» 61		» 66	2/3
41	» 28	4/9	» 34	1/6	» 39	8/9	» 45	5/9	» 51	2/9	» 56	17/18	» 62	1/2	» 68	1/3
42	» 29	1/9	» 35		» 40	8/9	» 46	2/3	» 52	4/9	» 58	1/3	» 64	1/6	» 70	
43	» 29	7/9	» 35	5/6	» 41	7/9	» 47	7/9	» 53	7/9	» 59	13/18	» 65	2/3	» 71	2/3
44	» 30	5/9	» 36	2/3	» 42	7/9	» 48	7/9	» 55		» 61	1/9	» 67	2/9	» 73	1/3
45	» 31	2/9	» 37	1/2	» 43	3/4	» 50		» 56	2/9	» 62	1/2	» 68	1/2	» 75	
46	» 32		» 38	1/3	» 44	2/3	» 51	1/9	» 57	5/9	» 63	8/9	» 70	5/9	» 76	2/3
47	» 32	2/3	» 39	1/6	» 45	2/3	» 52	2/9	» 58	2/3	» 65	5/18	» 71	2/3	» 78	1/3
48	» 33	1/3	» 40		» 46	2/3	» 53	1/3	» 60		» 66	2/3	» 73	1/2	» 80	
49	» 34		» 40	5/6	» 47	2/3	» 54	4/9	» 61	2/9	» 68	1/18	» 74	5/9	» 81	2/3
50	» 34	2/3	» 41	2/3	» 48	2/3	» 55	5/9	» 62	4/9	» 69	4/9	» 76	1/6	» 83	1/3
51	» 35	4/9	» 42	1/2	» 49	5/9	» 56	2/3	» 63	7/9	» 70	15/18	» 77	8/9	» 85	
52	» 36	1/9	» 43	1/3	» 50	2/3	» 57	7/9	» 65		» 72	2/9	» 79	4/9	» 86	2/3
53	» 36	7/9	» 44	1/6	» 51	2/3	» 58	8/9	» 66	2/9	» 73	11/18	» 81		» 88	1/3
54	» 37	1/2	» 45		» 52	1/8	» 60		» 67	1/2	» 75		» 82	1/2	» 90	

3° Tableau de réduction des nombres en intérêts

Nombres	2 1/2 p.%	3 p.%	3 1/2 p.%	4 p.%	4 1/2 p.%	5 p.%	5 1/2 p.%	6 p.%
	f c	f c	f c	f c	f c	f c	f c	f c
55	» 38 3/18	» 45 5/6	» 53 1/2	» 61 1/9	» 68 2/3	» 76 7/13	» 84	» 91 2/3
56	» 38 2/3	» 46 2/3	v 54 4/9	» 62 2/9	» 70	» 77 7/9	» 85 5/9	» 93 1/3
57	» 39 5/9	» 47 1/2	» 55 7/18	» 63 1/3	» 71 5/18	» 79 3/18	» 87	» 95
58	» 40 5/18	» 48 1/3	» 56 7/18	» 64 4/9	» 72 1/2	» 80 5/9	» 88 11/18	» 96 2/3
59	» 41	» 49 1/6	» 57 1/3	» 65 5/9	» 73 7/9	» 81 17/18	» 90 1/9	» 98 1/3
60	» 41 2/3	» 50	» 58 1/2	» 66 2/3	» 75	» 83 1/3	» 91 2/3	1 »
61	» 42 1/3	» 50 5/6	» 59 2/3	» 67 7/9	» 76 2/9	» 84 13/18	» 93 2/9	1 01 2/3
62	» 43	» 51 2/3	» 60 5/9	» 68 8/9	» 77 2/9	» 86 1/9	» 95	1 03 1/3
63	» 43 3/4	» 52 1/2	» 61 1/4	» 70	» 78 3/4	» 87 1/2	» 96 1/4	1 05
64	» 44 4/9	» 53 1/3	» 62 2/9	» 71 1/9	» 80	» 88 8/9	» 97 7/9	1 06 2/3
65	» 45 1/9	» 54 1/6	» 63 2/9	» 72 2/9	» 81 7/18	» 90 5/18	» 99 5/18	1 08 1/3
66	» 45 5/6	» 55	» 64 1/6	» 73 1/3	» 82 1/2	» 91 2/3	1 » 5/6	1 10
67	» 46 1/2	» 55 5/6	» 65 1/9	» 74 4/9	» 83 7/9	» 93 1/18	1 02 2/3	1 11 2/3
68	» 47 2/9	» 56 2/3	» 66 1/9	» 75 5/9	» 85	» 94 4/9	1 03 8/9	1 13 1/3
69	» 47 8/9	» 57 1/2	» 67 1/9	» 76 2/3	» 86 2/9	» 95 5/6	1 05 4/9	1 15
70	» 48 5/9	» 58 2/6	» 68 1/18	» 77 7/9	» 87 1/2	» 97 2/9	1 07	1 16 2/3
71	» 49 7/9	» 59 1/6	» 69	» 78 8/9	» 88 7/9	» 98 11/18	1 08 1/2	1 18 1/3
72	» 50	» 60	» 70	» 80	» 90	1 »	1 10	1 20
73	» 50 2/3	» 60 5/6	» 71	» 81 1/9	» 91 1/4	1 01 7/18	1 11 1/2	1 21 2/3
74	» 51 7/18	» 61 2/3	» 72	» 82 2/9	» 92 1/2	1 02 7/9	1 13 1/18	1 23 1/3
75	» 52 1/9	» 62 1/2	» 72 8/9	» 83 1/3	» 93 3/4	1 04 1/6	1 14 5/9	1 25
76	» 52 7/9	» 63 1/3	» 73 8/9	» 84 4/9	» 95	1 05 5/9	1 16 2/9	1 26 2/3
77	» 53 1/2	» 64 1/6	» 74 8/9	» 85 5/9	» 96 1/4	1 06 17/18	1 17 2/3	1 28 1/3
78	» 54 1/6	» 65	» 75 5/6	» 86 2/3	» 97 1/2	1 08 1/3	1 19 1/6	1 30
79	» 54 8/9	» 65 5/6	» 76 7/9	» 87 7/9	» 98 1/9	1 09 13/18	1 21	1 31 2/3
80	» 55 1/2	» 66 2/3	» 77 7/9	» 88 8/9	1 »	1 11 1/9	1 22 4/9	1 33 1/3
81	» 56 1/4	» 67 1/2	» 78 3/4	» 90	1 01 1/4	1 12 1/2	1 23 3/4	1 35
82	» 56 8/9	» 68 1/3	» 79 7/9	» 91 1/9	1 02 4/9	1 13 16/18	1 25	1 36 2/3
83	» 57 5/9	» 69 1/6	» 80 7/9	» 92 2/9	1 03 6/9	1 15 5/16	1 26 1/2	1 38 1/3
84	» 58 2/9	» 70	» 81 7/9	» 93 1/3	1 04 8/9	1 16 2/3	1 28 1/3	1 40
85	» 59	» 70 5/6	» 82 2/3	» 94 4/9	1 06 1/4	1 18 1/8	1 29 8/9	1 41 2/3
86	» 59 2/3	» 71 2/3	» 83 11/18	» 95 5/9	1 07 1/2	1 19 4/9	1 31 7/9	1 43 2/6
87	» 60 1/3	» 72 1/2	» 84 10/18	» 96 2/3	1 08 13/18	1 20 5/6	1 33 5/18	1 45
88	» 61 1/9	» 73 1/3	» 85 5/9	» 97 7/9	1 10	1 22 2/9	1 34 7/9	1 46 2/3
89	» 61 7/9	» 74 1/6	» 86 5/9	» 98 8/9	1 11 2/9	1 23 11/18	1 36	1 48 1/3
90	» 62 1/2	» 75	» 87 1/2	1 »	1 12 1/2	1 25	1 37 1/2	1 50
91	» 63 3/18	» 75 5/6	» 88 1/2	1 01 1/9	1 13 13/18	1 26 7/18	1 39	1 51 2/3
92	» 64	» 76 2/3	» 89 1/3	1 02 2/9	1 15 1/9	1 27 7/9	1 40 1/2	1 53 1/3

4ᵉ Tableau de réduction des nombres en intérêts.

Nombres	2 1/2p. % f c	3 p. % f c	3 1/2p. % f c	4 p. % f c	4 1/2p. % f c	5 p. % f c	5 1/2p. % f c	6 p. % f c
93	» 64 2/3	» 77 1/2	» 90 1/3	1 03 1/3	1 16 1/3	1 29 1/6	1 42	1 55
94	» 65 1/3	» 78 1/3	» 91 1/3	1 04 4/9	1 17 1/2	1 30 5/9	1 43 5/9	1 56 2/3
95	» 66	» 79 1/6	» 92 1/3	1 05 5/9	1 18 3/4	1 31 17/18	1 45 1/9	1 58 1/3
96	» 66	» 80	» 93 1/3	1 06 2/3	1 20	1 33 1/3	1 46 2/3	1 60
97	» 67 2/3	» 80 5/6	» 94 1/3	1 07 7/9	1 21 2/9	1 34 13/18	1 48 1/9	1 61 2/3
98	» 68	» 81 2/3	» 95 1/3	1 08 8/9	1 22 4/9	1 36 1/9	1 49 1/2	1 63 1/3
99	» 68 3/4	» 82 1/2	» 96 1/4	1 10	1 23 3/4	1 37 1/2	1 51 1/4	1 65
100	» 69 1/3	» 83 1/3	» 97 1/9	1 11 1/9	1 25 5/9	1 38 16/18	1 52 7/9	1 66 2/3
200	1 38 2/3	1 66 2/3	1 94 2/3	2 22 2/9	2 49 7/9	2 77 7/9	3 05 5/9	3 33 1/3
300	2 08	2 50	2 92	3 33 1/3	3 74 6/9	4 16 2/3	4 58 1/3	5 »
400	2 77 1/3	3 33 1/2	3 89 1/3	4 44 4/9	4 99 6/9	5 55 5/9	6 11 1/9	6 66 2/3
500	3 46 2/3	4 16 2/3	4 86 1/9	5 55 5/9	6 25 2/9	6 94 4/9	7 63 8/9	8 33 1/3
600	4 16	5 »	5 83 1/3	6 66 2/3	7 50 1/3	8 33 1/3	9 16 2/3	10 »
700	4 86 1/2	5 83 1/3	6 81 5/9	7 77 7/9	8 75	9 72 2/9	10 69 5/9	11 66 2/3
800	5 54 2/3	6 66 2/3	7 78	8 88 8/9	9 99 1/9	11 11 1/9	12 22 2/9	13 33 1/3
900	6 25	7 50	8 75	10 »	11 25	12 50	13 75	15 »
1000	6 94 4/9	8 33 1/3	9 72 2/9	11 11 1/9	12 50 4/9	13 88 8/9	15 27 7/9	16 66 2/3
1100	7 63 1/3	9 16 2/3	10 69 1/3	12 22 2/9	13 76 1/3	15 27 7/9	16 80 5/9	18 33 1/3
1200	8 33 1/3	10 »	11 66 2/3	13 33 1/3	15 »	16 66 2/3	18 33 1/3	20 »
1300	9 02 7/9	10 83 1/3	12 63 8/9	14 44 4/9	16 25	18 05 5/9	19 86 1/9	21 66 2/3
1400	9 72	11 66 2/3	13 61	15 55 5/9	17 50 8/9	19 44 4/9	21 38 8/9	23 33 1/3
1500	10 41 2/3	12 50	14 58 1/3	16 66 2/3	18 75	20 83 1/3	22 91 2/3	25 »
1600	11 11 1/2	13 33 1/3	15 55 1/2	17 77 7/9	20 »	22 22 2/9	24 44 4/9	26 66 2/3
1700	11 80 5/9	14 16 2/3	16 52 1/9	18 88 8/9	21 25	23 61 1/9	25 97 2/9	28 33 1/3
1800	12 50	15 »	17 50	20 »	22 50	25 »	27 50	30 »
1900	13 19 4/9	15 83 1/3	18 47 2/9	21 11	23 75	26 38 8/9	29 02 7/9	31 66 2/3
2000	13 88 8/9	16 66 2/3	19 44 4/9	22 22 2/9	25 »	27 77 7/9	30 55 5/9	33 33 1/3
2100	14 58 1/3	17 50	20 41 2/3	23 33 3/9	26 25	29 16 2/3	32 08 1/3	35 »
2200	15 27 7/9	18 33 1/3	21 38 8/9	24 44 4/9	27 50	30 55 5/9	33 61 1/9	36 66 2/3
2300	15 97 2/9	19 16 2/3	22 36 2/9	25 55 5/9	28 75	31 94 4/4	35 13 8/9	38 33 1/3
2400	16 66 2/3	20 »	23 33 1/3	26 66 2/3	30 »	33 83 1/3	36 66 2/3	40 »
2500	17 36 1/9	20 83 1/3	24 30 5/9	27 77 7/9	31 25	34 72 2/9	38 19 4/9	41 66 2/3
2600	18 05 5/9	21 66 2/3	25 27 7/9	28 88 8/9	32 50	36 11 1/9	39 72 2/9	43 33 1/3
2700	18 75	22 50	26 25	30 00	33 75	37 50	41 25	45 »
2800	19 44	23 33 1/3	27 22 1/9	31 11 1/9	35 »	38 88 8/9	42 77 7/9	46 66 2/3
2900	20 13 8/9	24 16 2/3	28 19 4/9	32 22 2/9	36 25	40 27 7/9	44 30 5/9	48 33 1/3
3000	20 83 1/3	25 »	29 16 2/3	33 33 1/3	37 50	41 66 2/3	45 83 1/3	50 »
3100	21 53	25 83 1/3	30 14	34 44 4/9	38 75	43 05 5/9	47 36 1/9	51 66 2/3

5ᵉ Tableau de réduction des nombres en intérêts

Nombres	2 1/2 p. o/o		3 p. o/o		3 1/2 p. o/o		4 p. o/o		4 1/2 p. o/o		5 p. o/o		5 1/2 p. o/o		6 p. o/o	
	f	c	f	c	f	c	f	c	f	c	f	c	f	c	f	c
3200	22	22 2/9	26	66 2/3	31	11 1/9	35	55 5/9	40	»	44	44 4/9	48	88 8/9	53	33 1/3
3300	22	91 2/3	27	50	32	08 1/3	36	66 2/3	41	25	45	83 1/3	50	41 2/3	55	»
3400	23	61 1/9	28	33 1/3	33	05 5/9	37	77 7/9	42	50	47	22 2/9	51	94 4/9	56	66 2/3
3500	24	30 5/9	29	16 2/3	34	02 7/9	38	88 8/9	43	75	48	61 1/9	53	47 2/0	58	33 1/3
3600	25	»	30	»	35	»	40	»	45	»	50	»	55	»	60	»
3700	25	69 4/9	30	83 1/3	35	97 2/9	41	11 1/9	46	25	51	38 8/9	56	52 7/9	61	66 2/3
3800	26	38 8/9	31	66 2/3	36	94 8/9	42	22 2/9	47	50	52	77 7/9	58	05 5/9	63	33 1/3
3900	27	08 1/3	32	50	37	91 2/3	43	33 1/3	48	75	54	16 2/3	59	58 1/3	65	»
4000	27	77 7/9	33	33 1/3	38	88 8/9	44	44 4/9	50	»	55	55 5/9	61	11 1/9	66	66 2/3
4100	28	47 2/9	34	16 2/3	39	86 1/9	45	55 5/9	51	25	56	94 4/9	62	63 8/9	68	33 1/3
4200	29	16 2/3	35	»	40	83 1/3	46	66 2/3	52	50	58	33 1/3	64	16 2/3	70	»
3040	29	86	35	83 1/3	41	80 5/9	47	77 7/9	53	75	59	72 2/9	65	69 4/9	71	66 2/3
4400	30	55 5/9	36	66 2/3	42	77 8/9	48	89 1/9	55	»	61	11 1/9	67	22 9/9	73	33 1/3
4500	31	25	37	50	43	75	50	»	56	25	62	50	68	75	75	»
4600	31	94 1/3	38	33 1/3	44	72 1/9	51	11 1/9	57	50	63	88 8/9	70	27 7/9	76	66 2/3
4700	32	63 8/9	39	16 2/3	45	69 4/9	52	22 2/9	58	75	65	27 7/9	71	80 5/9	78	33 1/3
4800	33	33 1/3	40	»	46	66 2/3	53	33 1/3	60	»	66	66 2/3	73	33 1/3	80	»
4900	34	02 7/9	40	83 1/3	47	63 8/9	54	44 4/9	61	25	68	05 5/9	74	86 1/2	81	66 2/3
5000	34	72 2/9	41	66 2/3	48	61 1/9	55	55 5/9	62	50	69	44 4/9	76	38 8/9	83	33 1/3
5100	35	41 2/3	42	50	49	58 1/3	56	66 2/3	63	75	70	83 1/3	77	91 2/3	85	»
5200	36	11 1/9	43	33 1/3	50	55 5/9	57	77 7/9	65	»	72	22 2/9	79	44 4/9	86	66 2/3
5300	36	80 5/9	44	16 2/3	51	52 7/9	58	88 8/9	66	25	73	61 1/9	80	97 2/9	88	33 1/3
5400	37	50	45	»	52	50	60	»	67	50	75	»	82	50	90	»
5500	38	20	45	83 1/3	53	47 2/9	61	11 1/9	68	75	76	38 8/9	84	02 7/9	91	66 2/3
5600	38	88 8/9	46	66 2/3	54	44 4/9	62	22 2/9	70	»	77	77 7/9	85	55 5/9	93	33 1/3
5700	39	58 1/3	47	50	55	41 2/3	63	23 1/3	71	25	79	16 2/9	87	08 1/3	95	»
5800	40	27 7/9	48	33 1/3	56	38 4/9	64	44 4/9	72	50	80	55 5/9	88	61 1/9	96	66 2/3
5900	40	97 2/9	49	16 2/3	57	36 1/9	65	55 5/9	73	75	81	94 4/9	90	13 8/9	98	33 1/3
6000	41	66 2/3	50	»	58	33 1/3	66	66 2/3	75	»	83	33 1/3	91	66 2/3	100	»
6100	42	36 1/9	50	83 1/3	59	30 2/9	67	77 1/9	76	25	84	72 2/9	93	19 4/9	101	66 2/3
6200	43	05 5/9	51	66 2/3	60	27 7/9	68	88 8/9	77	50	86	11 1/9	94	72 2/9	103	33 1/3
6300	43	75	52	50	61	25	70	»	78	75	87	50	96	25	105	»
6400	44	44 4/9	53	33 1/3	62	22 2/9	71	11 1/9	80	»	88	88 8/9	97	77 7/9	106	66 2/3
6500	45	13 8/9	54	16 2/3	63	19 4/9	72	22 2/9	81	25	90	27 7/9	99	30 5/9	108	33 1/3
6600	45	83 1/3	55	»	64	16 2/8	73	33 1/3	82	50	91	66 2/3	100	83 1/3	110	»
6700	46	52 7/9	55	83 1/3	65	13 8/9	74	44 4/9	83	75	93	05 5/9	102	36 1/9	111	66 2/3
6800	47	22 2/9	56	66 2/3	66	11 1/9	75	55 5/9	85	»	94	44 4/9	103	89	113	33 1/3
6900	47	91 2/3	57	50	67	08 1/3	76	66 2/3	86	25	95	83 1/3	105	42 2/3	115	»

TABLE DE MULTIPLICATION

1	2	3	4	5	6	7	8	9
2	4	6	8	10	12	14	16	18
3	6	9	12	15	18	21	24	27
4	8	12	16	20	24	28	32	36
5	10	15	20	25	30	35	40	45
6	12	18	24	30	36	42	48	54
7	14	21	28	35	42	49	56	63
8	16	24	32	40	48	56	64	72
9	18	27	36	45	54	63	72	81

1er TABLEAU D

1er COMPTE : Entre commerçants qui se tiennent réciproquement con
toujours débiteur envers son banq

M. Boniface, banquier à Avignon, chez M. .

1859.　DOIT

MOIS	DATE	MOTIFS DES PAIEMENTS	CAPITAUX	JOURS	NOMBRES	
					Nombres	Centièmes
Janvier.	22	L'importance de son mandat.	1,560 »	160	2,496	»
Février.	6	Suivant son ordre.	1,775 50	145	2,574	47
Mars.	4	A lui-même en espèces . .	6,005 »	119	7,145	95
Id.	13	Suivant son ordre.	3,875 50	110	4,263	05
Avril.	1er	A lui-même en espèces . .	5,966 »	91	5,429	06
Juillet.	1er	Doit intérêts à 6 p. % sur 2,817 nombres	» »			
		Résultat de la balance des nombres.	46 95			
			19,228 95		21,908	5
		Solde débiteur. . 1,538 45				

2e COMPTE : Entre toutes personnes non commerçantes qui se tien
lorsque l'emprunteur est toujours débiteur en

M. Eugène Babin, Notaire à Mirecourt, chez M. Joseph

1859.　DOIT

MOIS	DATE	MOTIFS DES PAIEMENTS	CAPITAUX	JOURS	NOMBRES	
Mai.	21	Achat du répertoire de juris-prudence	210 50	181	381	
Id.	27	Achat de rente 5 p. %. , .	3,460 »	175	6,055	
Juin.	10	Payé son mandat de. . . .	1,805 »	161	2,906	0
Id	22	La facture de N..., miroitier.	1,250 »	149	1,862	5
Juillet.	13	Remise en espèces	2,700 50	128	3,456	
Novem.	18	Doit intérêts à 5 p. % sur 3,967 nombres	55 10			
		Balance des capitaux . . .	1,389 90			
			10,871 »		14,660	5

ODÈLES DE COMPTES.

—

1 même taux d'intérêts (6 p. 0/0, cours légal), ou lorsque l'emprunteur est
squ'au moment du règlement.

nquier à Paris (arrêté du 1er juillet 1859).

1859.   AVOIR.

MOIS	DATE	MOTIFS DES CRÉANCES	CAPITAUX	JOURS	NOMBRES	
					Nombres	Centièmes
'évrier.	2	Encaissé son billet sur Barois.	2,550 »	149	3,799	50
Mars.	8	Encaissé sa créance sur Bodin	1,800 »	115	2,070	»
Id,	15	Encaissé sa disposition sur				
		Martin	3,050 »	108	3,294	54
Id.	22	Produit de ses obligations				
		d'Orléans	5,625 »	101	5,681	25
Avril.	1er	Sa remise en espèces . . .	4.665 50	91	4,245	55
		Balance des nombres . . .	. . . . .	. . .	2,817	69
		Intérêts à 6 p. o/o sur 2,817				
		nombres . . . 46 95 }				
		Balance sur capi- }	1 538 45			
		taux 1,491 50)				
			19,228 95		21,908	53

iproquement compte du même intérêt (5 p. 0/0, cours légal), ou
prêteur jusqu'au moment du règlement.

mt d'affaires à Paris. (arrêté le 18 novembre 1859).

1859.   AVOIR.

MOIS	DATE	MOTIFS DES CRÉANCES	CAPITAUX	JOURS	NOMBRES	
uillet.	31	Sa remise en espèces . . .	4,500 50	110	4,950	55
oût.	10	Produit de ses obligations du				
		Nord	3,750 »	100	3,750	»
eptem.	6	Encaissement sur le Crédit				
		mobilier	2,620 50	73	1,992	96
		Balance des nombres . . .	. . . . .	. . .	3,967	04
			10,871 »		14,660	55
		Solde créditeur au profit de				
		M. Rabin . . . 1,389 90				

SECTION II.

Système décimal.

§ 1er — *Mesures de capacité.*

MESURES		CONCORDANCE du nouveau système avec l'ancien			OBSERVATIONS
DÉNOMINATION	VALEUR	ANCIEN	NOUV.	MESURES	
	litres.		l d c		
L'hectolitre.	100	Le pot.	2 00	Le double litre.	
Le 1/2 hectol.	50	Le 1/2 pot	1 00	Le litre.	
Le 5me d'hect	20	La pinte.	» 50	Le demi litre.	
Le décalitre ou 10me.	10	La 1/2 pint.	» 25	Le double décilitre avec le demi décilitre.	
Le 1/2 déca. ou 20me.	5				
Le double litre	2l. »c.	La potée.	» 12 1⁄2	Le décil. , le double décil. et moitié d'un centilitre.	
Le litre.	1 »				
Le 1/2 litre.	» 50	La 1/2 pot.	» 6 1⁄4	Le demi décilitre avec le centilitre.	
Le double déc.	» 20				
Le décilitre.	» 10	La collette.	» 3	Le double centilitre avec le centilitre.	
Le 1/2 décil.	» 5				
Le doubl. cent.	» 2	La 1/2 coll.	» 1 1⁄2	Le centilitre avec sa moitié.	
Le centilitre.	» 1				

La vérification des mesures de capacité est facile : un litre d'eau distillée ou bien limpide correspond à un 1 kilog.

Dans le commerce, on vérifie certains liquides par le poids qui leur est reconnu par l'expérience, ayant égard à la température. Ainsi, pour les huiles :

	CENT LITRES donnent en poids	
	Colzas	Œillettes
Pendant les chaleurs (juillet, août) . . .	90k	91k
— les chaleurs tempérées (sept., octob., etc.)	90k 5h	91k 5h
— l'hiver, sans gelée (novem.,décem.,janv.)	91k	99k
En hiver, pendant les gelées.	91k 5h	99k 5h

ANCIENNES MESURES AUX GRAINS.	
DÉNOMINATION.	CONCORDANCE AVEC LE SYSTÈME DÉCIMAL.

Rasière.
1/2 Rasière.
Quartier.
1/2 quartier.
16me.
32me.
	La rasière d'Aire correspondait à 1 hectol. 8 lit. 6 décil.
	Id. d'Arras id. à 8 décal. 6 lit. 3 décil.
	Id. de Bapaume id. à 8 décal. 4 lit. 9 décil.
	Id. de Béthune id. à 7 décal. 8 lit. 9 décil.
	La rasière de Béthune, pour les grains de mars correspondait à 1 hectol. 1 décal. 14 décilitres.
	    Cette différence pour les graines de mars existait aussi à Arras, où elle était pour les œillettes de 1 hectolitre 8 litres 7 décilitres. Le boisseau de Paris à 13 litres 1 centilitre; 10 boisseaux à 130 litres 8 centilitres.
	    La rasière de Comines (Nord) correspondait à 75 lit; on vend actuellement par sacs contenant 150 lit.; se divisant par six demi-boîtes d'une contenance de 25 litres.

§ 2. — *Mesures de solidité pour les bois de chauffage.*

ANCIENNES MESURES			
DÉNOMINATION	LOCALITÉS où elles étaient en usage	Leur concordance avec le système décimal	OBSERVATIONS
		Stères. Centistères.	
La corde.	Arras, Aubigny.	2 43	La corde de Béthune contient 40 faisceaux.
La corde.	Bapaume.	3 84	
La corde.	Béthune.	2 85	
10 sommes.	Calais.	2 57	La somme de Calais contient 61 marques.
10 sommes.	Guines et Boulogne	3 28	
La corde.	Hesdin, Montreuil.	3 23	La corde de Lillers contient 100 faisceaux.
La corde.	Lillers.	2 09	
La somme.	Saint-Omer.	3 45	
La 1/2 corde.	Saint-Pol.	3 08	

Le stère doit toujours avoir un mètre à sa base; la hauteur des membrures ou montants est réglée sur le plus ou moins de longueur des bûches (morceaux de bois divisés pour le chauffage) conformément au tableau suivant.

| LONGUEUR DES BUCHES | | HAUTEUR des membrures | LONGUEUR des bûches | HAUTEUR des membrures | Le mètre cube est une masse solide, terminée par six faces égales au mètre carré; c'est-à-dire ayant un mètre de longueur et un mètre de largeur. |
PIEDS de 12 pouces	MÈTRES				
Pieds Pouces	Mètre. Millim.	Mètre. Cent.	Mètre. Cent.	Mètre. Cent.	
3 1	1 001 1/2	1 00	0 90	1 11	
3 2	1 028 1/2	0 97	0 92	1 09	
3 4	1 082 1/2	0 52	0 94	1 06	
3 6	1 137	0 88	0 96	1 04	
3 8	1 191	0 84	0 98	1 02	
3 10	1 245	0 80	1 00	1 00	
4 0	1 299	0 77	1 10	0 91	

§ 3. — Mesures de longueur.

Les mesures usitées pour la vente des tissus se nommaient *aunes* ; elles différaient de longueur dans plusieurs localités de l'Artois ; ainsi :

L'aune employée à Aire, Saint-Omer, Ardres, Hesdin et Montreuil, correspondait à 71 centimètres.

Celle en usage à Arras, Aubigny, Béthune, Bapaume, Carvin, Frévent, Fruges, Lens, Lillers, Oisy, Saint-Venant et Saint-Pol, concordait à 70 centimètres.

Celle d'Auxi-la-Réunion dite d'Abbeville correspondait à 82 centimètres.

Celle de Boulogne et Samer concordait à 73 centimètres.

Celle de Tournehem correspondait à 72 centimètres.

Et l'aune de Paris correspondait à 1 mètre 19 centim.

Actuellement, dans la pratique, on considère l'aune de Paris, dite aune de France, comme correspondant à 1 mètre 20 centimètres, et l'aune d'Artois, dite petite aune, comme correspondant à 70 centimètres.

§ 4. — *Mesures de pesanteur.*

Dénomination des poids	Valeur des poids						
	Kilogr.	Hectogr.	Décagr.	Gramme.	Décigr.	Centigr.	Milligr.
le kilog.	1	0	0	0	0	0	0
le 1/2 kilo.	0	5	0	0	0	0	0
le doub hec	0	2	0	0	0	0	0
l'hectogram.	0	1	0	0	0	0	0
le 1/2 hectog	0	0	5	0	0	0	0
le doub dé.	0	0	2	0	0	0	0
le décagram.	0	0	1	0	0	0	0
le 1/2 décag.	0	0	0	5	0	0	0
le double gr.	0	0	0	2	0	0	0
le gramme	0	0	0	1	0	0	0
le décigram.	0	0	0	0	1	0	0
le 1/2 décig	0	0	0	0	0	5	0

Ce dernier poids est le plus petit qui soit en usage dans le commerce d'or.

CONCORDANCE DES ANCIENS POIDS avec les nouveaux

Anciens	Nouveaux.	Kilogr.	Hectogr.	Décagr.	Gramme.	Décigr.	Centigr.
2 livres.	Un kilo.	1	0	0	0	0	0
la livre.	Le 1/2 kilo.	0	5	0	0	0	0
la 1/2 livre (8 onces).	Le doub.hect. et le 1/2 hect.	0	2	5	0	0	0
le 1/4 de l. (4 onces).	L'hectogr. Le doub déca. Le 1/2 déca.	0	1	2	5	0	0
2 onces.	Le 1/2 hect. Le décagr. Le doub. gr. 5 décigr.	0	0	6	2	5	0
1 once (8 g.)	Le doub déca. Le décagr. Le gr. 2 décigr. 1/2.	0	0	3	1	2	5
1/2 once (4 gros).	Le décagr. Le 1/2 déca. 6 décigr.	0	0	1	5	6	2 1/2
1 gros (7 1/2 grains).	Le doub. gr. Le gramme. 9 décigr.	0	0	0	3	9	0

Aussitôt après la promulgation de la loi qui a remplacé l'ancien système par le système décimal, les détaillants et les consommateurs adoptèrent le kilo au lieu du poids de 2 livres (à 16 onces pour 1 livre), ce qui n'était pas absolument exact, puisqu'il faut ajouter 10 grammes 5 décigrammes à la livre pour concorder avec 500 grammes; de sorte qu'il faut 2 livres 5 gros 25 grains pour représenter 1 kilogramme.

Ceci est démontré par les deux tableaux qui suivent:

2

Livres (ou 16 onces)	Onces (ou 8 gros)	Gros (ou 72 grains)	Grains.	Kilogr.	Hectogr.	Décagr.	Gramme.	Décigr.	Centigr.	Milligr.	Kilogr.	Hectogr.	Décagr.	Gramme.	Décigr.	Centigr.	Milligr.	Livres.	Onces.	Gros.	Grains.	Centigr.
0	0	0	2	0	0	0	0	1	0	6	0	0	0	0	0	0	5	0	0	0	0	9
0	0	0	10	0	0	0	0	5	3	2	0	0	0	0	0	0	0	0	0	0	0	0
0	0	0	12	0	0	0	0	6	3	7	0	0	0	5	0	0	0	0	0	0	9	41
0	0	0	24	0	0	0	1	2	7	5	0	0	0	9	0	0	0	0	0	2	25	44
0	0	0	36	0	0	0	1	9	1	2	0	0	8	0	0	0	0	0	2	4	66	17
0	0	1	0	0	0	0	3	8	2	4	0	4	0	0	0	0	0	0	13	0	42	86
0	0	2	0	0	0	0	7	6	4	9	0	4	8	9	5	0	5	1	0	0	0	0
0	0	4	0	0	0	1	5	2	9	7												
0	1	0	0	0	0	3	0	5	9	4												
0	2	0	0	0	0	6	1	1	8	8	Pour balancer la livre avec le 1/2 kilo il faut ajouter :											
0	4	0	0	0	1	2	2	3	7	6	0	0	0	7	6	4	9	0	0	2	0	0
0	8	0	0	0	2	4	4	7	5	3	0	0	0	2	8	5	1	0	0	0	53	75
1	0	0	0	0	4	8	9	5	0	5	0	5	0	0	0	0	5	1	0	2	53	75

§ 5. — *Notions d'arpentage et de cubage.*

PRINCIPE GÉNÉRAL.

Le mètre cube est une masse solide terminée par six faces égales au mètre carré : c'est-à-dire ayant un mètre de longueur et un mètre de largeur. La surface d'un mètre carré se compose de cent décimètres carrés, mais pour l'intelligence des opérations ci-après je les désignerai sous la dénomination de centièmes.

Le mode de réduction en mètre cube est fort simple ;... il faut d'abord multiplier la hauteur et la largeur de la face ou la longueur et la largeur de la surface l'un par l'autre et multiplier ensuite le résultat de cette première opération par l'épaisseur.

1er EXEMPLE. — *Maçonneries, blocs, etc.* — Un mur se trouve avoir une face de 5 mètres 50 centimètres de haut sur 6 mètres 10 centimètres de large et 35 centimètres d'épaisseur, il faut multiplier la hauteur 5.50

par la largeur. 6.10

    Cette 1re opération donne 33 mètres   55.00

55 centièmes carrés de surface. . .   33.00

     En multipliant ce résultat par   33.55

l'épaisseur 00.35

                 167.75

                 1006.5

on obtiendra 11 m. 74 centièmes 25 cubes   11=74.25

    S'il y avait un triangle, il faudrait opérer de l'une des manières suivantes :

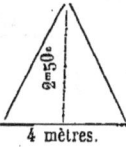

        Multiplier la moitié de la hauteur. . . . .   1^{m}25^c

par la largeur. . . .   4

ce qui donne 5 m. carrés   5^{m}00^c

ou multiplier la hauteur. .   2^{m}50^c

par la moitié de la largeur   2

ce qui donne également 5 mètres carrés. .   5^{m}00^c

et finir par multiplier ces 5 mètres par l'épaisseur.

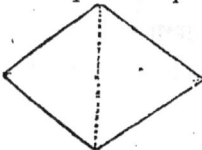

     S'il y avait un losange, il faudrait le diviser en deux triangles et opérer comme ci-dessus :

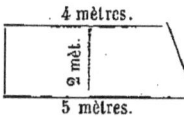

     S'il y avait un trapèze, il faudrait additionner la ligne 4^m avec celle 5^m, ce qui donnerait 9^m dont la moyenne serait de 4^m 50^c, lesquels étant multipliés par la largeur 2^m, produiraient une surface de 9^m carrés, à multiplier par l'épaisseur pour connaître le nombre de mètres cubes.

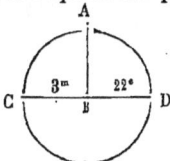

     La ligne A. B. se nomme le rayon, la ligne C. D. se nomme le diamètre. Ce dernier est à la circonférence comme 7 est à 22 (le 1/3 et le 7me ou 3,142857). Pour connaître la surface en mètres carrés, il faut multiplier la longueur de la circonférence par la moitié du rayon.

Pour trouver la longueur de la circonférence, il faut multiplier le diamètre 3ᵐ22 par 3,142857 ou 3 1/7ᶜ

$$
\begin{array}{r}
3.22 \\
\underline{3\ 1/7} \\
9.66 \\
46 \\
\underline{\hspace{1.5cm}}
\end{array}
$$

Le septième de 3ᵐ22

On obtient une circonférence de 10ᵐ12   10.12 (*)

En effet : En 3ᵐ22 il y a 46 fois 7; en multipliant 46 par 22 (puisqu'il faut 22ᶜ de circonférence pour 7ᶜ de diamètre), on trouve également 10ᵐ12ᶜ. 10.12

à multiplier par 80ᶜ 5ᵐ, moitié du rayon. .   80.5

$$
\begin{array}{r}
50.60 \\
8.0960 \\
\hline
\end{array}
$$

Ce qui donne une surface de 8ᵐ14ᶜ66   8—14,660

carrés, qu'il faut ensuite multiplier par la hauteur ou la longueur de la colonne ou tout autre bloc pour connaître le nombre de mètres cubes.

2ᵉ EXEMPLE. — *Terrassements.* — Pour connaître la quantité de terre enlevée au mètre cube, il faut opérer de la même manière; c'est-à-dire multiplier la longueur et la largeur de la surface l'un par l'autre et finir par multiplier le résultat de cette première opération par la profondeur de l'excavation.

3ᵉ EXEMPLE. — *Bois de charpente et bois sciés.*

	PIÈCES DE BOIS A CUBER.				NOMBRE de MÈTRES CUBES.
Nos	Nombre.	Longueur.	Largeur.	Epaisseur.	
1	20	3 70	0 20	0 15	2 22
2	40	4 50	0 30	0 10	5 40
				Total.	7 62

(*) Il est plus exact de multiplier le diamètre par 3,1416, au moyen de ce système; la circonférence du cercle ci-dessus serait de 10 mèt. 11 centim. 595, attendu que la base de 7 à 22 approche moins de la vérité.

Pour arriver à ce résultat, il faut d'abord multiplier la longueur des pièces par leur nombre; ainsi, pour le numéro 1, multiplier 3^{m}70^c par 20 ; ce qui donnera une longueur totale de 74^m. Ces 74^m, multipliés par la largeur 20^c, donnent 14^{m}80^c carrés de surface; lesquels étant multipliés par l'épaisseur 15^c, produisent 2^{m}22^c cubes.

Preuve de l'exactitude des résultats ci-dessus :

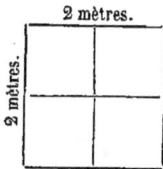

Un corps de 2^m de haut sur 2^m de large et 25^c d'épaisseur, divisé en quatre parties égales superposées l'une sur l'autre, formeront 1^m cube. En effet, en multipliant la hauteur par la largeur, on obtient 4^m carrés, qui, multipliés par l'épaisseur, donnent 1^m cube.

NOTA. Pour payer des ouvriers qui ont travaillé au mètre carré, ou pour mesurer la surface d'une pièce de terre, on aura à opérer comme ci-dessus, en supprimant toutefois la multiplication de la surface par l'épaisseur. (Se reporter à la page 55 et suivantes pour les mesures agraires.)

ENSEIGNEMENTS.

Coutumes.

Ham, art. 11.
Lilliers, art. 12.
Lallœu, art. 5.
Pays de Langle, art. 51.
Richebourg-St.-Vaast, art. 20.

MM. les arpenteurs-géomètres chargés d'un mesurage et bornage doivent avoir soin de comprendre dans leurs opérations la moitié des fossés ou la totalité, suivant qu'ils sont ou qu'ils ne sont pas mitoyens; ainsi que la moitié des chemins s'ils divisent deux héritages, ou la totalité s'ils traversent un seul héritage, attendu qu'autrefois les chemins et les fossés étaient censés faire partie des terrains contigus. Ce droit de propriété était généralement pratiqué par les propriétaires riverains qui étaient en possession, soit de temps immémorial, soit en certains lieux, en vertu des coutumes écrites, du droit de planter sur les chemins chacun vis-à-vis de leur héritage à la charge d'entretenir ces chemins, de relever et de curer les fossés. L'opinion que les fossés, rues et chemins faisaient partie des terres adjacentes est positivement exprimée par

MM. Bayart et de Cauchy, avocats à Arras, en un délibéré du 25 avril 1769. Toutefois, il est très-probable qu'il y avait exception à cette règle générale à l'égard des routes royales, aujourd'hui routes impériales, lesquelles n'étaient pas mesurées avec les terrains limitrophes. Quelques coutumes du comté de Flandre, dont je donne les dispositions ci-après, consacraient cette exception.

Ordonnance
de police
du pays du Franc,
6 mai 1682.

« Article 55. Un grand chemin doit être large d'une verge et demie et deux pieds.

» Un chemin pour les maisons ou pour les champs, de chacun une verge. Un chemin pour une église ou une pied-sente, quatre pieds. La chaussée d'un ruisseau arrêté ou bouché, sept pieds. Un égout, quatorze pouces, et à l'avenant de ce on les mesurera, prisera, et retranchera de la terre où ils passent par-dedans ou par-dessus, et comme des fossés qui sont dans ledit pays, savoir : par lesquels quelque métairie ou fief tous entiers sont enfermés qui suivent lesdits métairies ou fief, contre d'autres terres et héritages ; mais jusqu'à l'autre côté de la chaussée et tout ce qui est sur la chaussée jusque dans le fossé de l'autre côté ; ce qui croît dans la dernière extrémité du bord et qui y prend racine, suivra ladite métairie et le fief ; mais des fossés qui sont entre les métairies et les fiefs, ou entre les héritages de pareille nature et qualité, on les mesurera en prenant la moitié à chacun côté et pareillement des fossés qui sont le long des grands chemins. »

« Article 56. C'est à savoir que les chemins de maisons, d'église et de terres qui passent par-dessus les terres de quelqu'un, sont réputés pour demi-terre en vente, baux ou échanges.

Alost, rub. X,
art. 9.

« Article 9. Tous les chemins et les rues ne concernent pas les terres, c'est pourquoi dans les ventes et les livraisons ils sont défalqués de la mesure.

« Article 21. Dans les mesures des terres, des bois et des prairies vendus et estimés, l'on a coutume de déduire la largeur d'un chemin commun ou pas de l'homme qui est au moins de trois pieds pour le moindre chemin. Pour un chemin commun à l'église, de conduite au marché, cinq pieds. Pour un chemin de conduite par où l'on mène une vache par la laisse (lien) ou par lequel un cheval de selle passe, dix pieds. Pour le chemin d'un pont ou d'une porte-cochère, vingt-un pieds. Pour un grand chemin d'un village à un autre, quarante-deux pieds. Pour une porte commune par où l'on puisse passer avec des fruits en gerbes, quatorze pieds, quelquefois plus, jamais moins. Pour le moindre fossé où l'eau courre que le bailli ne visite pas, trois pieds. Pour un fossé dont l'eau courre et dont le bailli a connaissance et qu'il faut nettoyer, cinq pieds. Pour tous ruisseaux par lesquels il y a dans le pays des moulins qui tournent, dix pieds; et du moulin jusqu'à la vanne pour détourner l'eau, vingt pieds. »

Audenarde, rub. XIV, art. 21.

Le bornage ne peut avoir lieu qu'entre deux propriétés contiguës, mais non séparées par une rivière navigable ou flottable, un chemin ou tout autre objet du domaine public.

Les fossés, ravins, arbres, haies, épines, sentiers ne limitent les bornages qu'autant qu'ils constatent une possession entraînant la prescription légale. A défaut de prescription ces objets doivent être compris dans le mesurage, soit qu'ils entourent, soit qu'ils côtoient ou traversent les terrains à borner.

A l'égard des rideaux ou crocs, on les attribue jusqu'à jambes pendantes au propriétaire du terrain supérieur, le surplus appartient au fonds inférieur. Il est également avéré que dans les provinces des pays réunis à la France les chemins, autres que les routes de l'Etat, étaient compris dans la contenance des héritages limitrophes.

Opérations pour cuber un arbre ou tronçon d'arbre recouvert de son écorce et d'une longueur de 8 mètres.

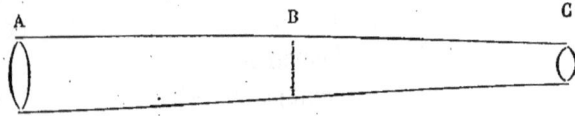

NOTA. Après avoir pris la circonférence, il convient de déduire 2 0/0 pour l'épaisseur de l'écorce.

La circonférence A, écorce déduite est de   2m30c12

Le diamètre A est de . . . 73.c22

La circonférence C, écorce déduite est de. 1m21c88

Le diamètre C est de. . . 38.c78

                        112.00   3m52c00

le terme moyen se trouve donc être de 56.00 et de 1.76.

Pour atteindre ce résultat, c'est-à-dire pour avoir le diamètre, il faut diviser la circonférence par 22, et multiplier le résultat de cette opération par 7.

Le milieu de l'arbre donnant à peu près la moitié des deux extrémités, il suffira d'opérer sur ce terme moyen.

Exemple :

Le milieu de ce tronc d'arbre qu'on suppose d'une grosseur régulière, (sur cette longueur de 8 mètres) se trouve avoir 1m76c de circonférence à diviser par 22. 1m76c :: 22 = 0m08c.

Cette première opération donne 8 centimètres qu'il faut multiplier par 7,

la ligne A B se nomme diamètre,

la ligne C D se nomme rayon.

0.08c

7

————

0.56c

ce qui donne un diamètre de 56 centimètres.

Il est nécessaire de connaître ce diamètre puisque, pour avoir la surface en mètres carrés, il faut multiplier la circonférence par la moitié du rayon qui se trouve être, dans cette hypothèse, de 14 centimètres.

Ainsi la circonférence étant de . . .   1.76
et la moitié du rayon étant de. 0.14

On trouve une surface de 24 centièmes 64   704
de mètre carré (1). (En d'autres termes 24   176
décimètres 64 centimètres carrés.) . . .   0.2464
qu'il faut multiplier par 8 mètres . . .   8
longueur du tronçon d'arbre.   1.97.12

ce qui donne pour dernier résultat 1 mètre 97 centièmes 12 cubes. (En d'autres termes 1ᵐ971 décimètres cubes.)

Pour connaître la quantité de mètres cubes que contient un arbre non scié, il suffit de multiplier la surface indiquée au tableau qui suit par la longueur de l'arbre.

Circonférence prise au milieu de l'arbre.		Surface à multiplier par la longueur de l'arbre.		
mèt.	centième		mètre.	centième. fraction
0	50	Cette circonférence donne une surface de	0	01 99
0	52	..................Id....................	0	02 15
0	54	..................Id....................	0	02 32
0	56	..................Id....................	0	02 49
0	58	..................Id....................	0	02 68
0	60	..................Id....................	0	02 86
0	62	..................Id....................	0	03 06
0	64	..................Id....................	0	03 26
0	66	..................Id....................	0	03 465
0	68	..................Id....................	0	03 68
0	70	..................Id....................	0	03 90
0	72	..................Id....................	0	04 12
0	74	..................Id....................	0	04 36
0	76	..................Id....................	0	04 60
0	78	..................Id....................	0	04 84

(Ce tableau est continué jusqu'à la page 27.)

(1) Un décimètre carré égalant la centième partie du mètre carré, je continue à l'indiquer sous la dénomination de centième.

Circonférence prise au milieu de l'arbre		Surface à multiplier par la longueur de l'arbre		
mèt.	centième	mètre.	centième.	fraction.
0	80	Cette circonférence donne une surface de		
		0	05	09
0	82	....................Id....................	0	05	35
0	84	....................Id....................	0	05	61
0	86	....................Id....................	0	05	88
0	88	....................Id....................	0	06	16
0	90	....................Id....................	0	06	44
0	92	....................Id....................	0	06	73
0	94	....................Id....................	0	07	29
0	96	....................Id....................	0	07	33
0	98	....................Id....................	0	07	64
1	00	....................Id....................	0	07	954
1	02	....................Id....................	0	08	275
1	04	....................Id....................	0	08	60
1	06	....................Id....................	0	08	94
1	08	....................Id....................	0	09	28
1	10	....................Id....................	0	09	62
1	12	....................Id....................	0	09	98
1	14	....................Id....................	0	10	34
1	16	....................Id....................	0	10	70
1	18	....................Id....................	0	11	08
1	20	....................Id....................	0	11	45
1	22	....................Id....................	0	11	84
1	24	....................Id....................	0	12	23
1	26	....................Id....................	0	12	63
1	28	....................Id....................	0	13	03
1	30	....................Id....................	0	13	44
1	32	....................Id....................	0	13	86
1	34	....................Id....................	0	14	28
1	36	....................Id....................	0	14	67
1	38	....................Id....................	0	15	15
1	40	....................Id....................	0	15	59
1	42	....................Id....................	0	16	04
1	44	....................Id....................	0	16	50
1	46	....................Id....................	0	16	96
1	48	....................Id....................	0	17	42
1	50	....................Id....................	0	17	90
1	52	....................Id....................	0	18	28
1	54	....................Id....................	0	18	865
1	56	....................Id....................	0	19	36
1	58	....................Id....................	0	19	85
1	60	....................Id....................	0	20	36
1	62	....................Id....................	0	20	88
1	64	....................Id....................	0	21	39
1	66	....................Id....................	0	21	92
1	68	....................Id....................	0	22	45
1	70	....................Id....................	0	23	00
1	72	....................Id....................	0	23	53
1	74	....................Id....................	0	24	09
1	76	....................Id....................	0	24	64
1	78	....................Id....................	0	25	21

Circonférence prise au milieu de l'arbre		Surface à multiplier par la longueur de l'arbre		
mèt. centième.		mètre.	centième.	fraction.
1 80	Cette circonférence donne une surface de	0	25	77
1 82	..................Id....................	0	26	35
1 84	..................Id....................	0	26	93
1 86	..................Id....................	0	27	52
1 88	..................Id....................	0	28	11
1 90	..................Id....................	0	28	72
1 92	..................Id....................	0	29	32
1 94	..................Id....................	0	29	94
1 96	..................Id....................	0	30	56
1 98	..................Id....................	0	31	19
2 00	..................Id....................	0	31	82
2 02	..................Id....................	0	32	46
2 04	..................Id....................	0	33	10
2 06	..................Id....................	0	33	76
2 08	..................Id....................	0	34	41
2 10	..................Id....................	0	35	08
2 12	..................Id....................	0	35	75
2 14	..................Id....................	0	36	43
2 16	..................Id....................	0	37	11
2 18	..................Id....................	0	37	81
2 20	..................Id....................	0	38	50
2 22	..................Id....................	0	39	21
2 24	..................Id....................	0	39	91
2 26	..................Id....................	0	40	63
2 28	..................Id....................	0	41	35
2 30	..................Id....................	0	42	08

Emploi de ce tableau.

Pour que les calculs qui vont suivre servent de preuve de l'exactitude des chiffres indiqués dans le tableau qui précède, je prends pour exemple un tronçon d'arbre d'une longueur de 8 mètres dont la grosseur se maintient régulièrement. Je lui trouve, comme celui qui a servi de sujet à l'opération qui précède le tableau : 1 mètre 76 centimètres (1) de circonfé-

---

(1) Il est entendu que l'épaisseur présumée de l'écorce (2 pour 100 environ) a été déduite de la circonférence, qui se trouve être nette de 1 mètre 76 centimètres.

rence prise à pareille distance des deux extrémités.... En faisant l'application du tableau, je trouve que cette circonférence de 1m76c donne une surface carrée de 0.24c64, que je multiplie par 8m, longueur de l'arbre . . . 0.24c64

En retranchant les quatre chiffres de droite, $\underline{8}$
nombre égal aux centièmes et fractions, j'obtiens 1.9712
(1m 971 décimètres cubes.)

SECTION III.

Pour éviter la peine de rechercher les décisions législatives dont l'application est d'un usage fréquent, l'auteur de cet ouvrage a cru devoir donner un extrait résumé de diverses lois dont la connaissance est indispensable dans le commerce.

§ 1er — *Droits sur les voitures publiques.*

Services réguliers.

Loi du 17 juillet 1819.

Le droit est : 1o du dixième du prix des places, sous la déduction pour les places vides, d'un tiers du prix total des places.

Décision ministérielle : « Lorsque les entrepreneurs » déclarent que la somme exigée des voyageurs comprend le » pour-boire du conducteur ou postillon, on retranche un » dixième pour ce pour-boire sur le produit brut de la » somme représentant la totalité des places déclarées, et le » restant, après déduction de la remise accordée pour les » places vides, sera seul passible du droit du dixième. »

2o Du dixième du prix reçu pour transports de marchandises et autres objets.

3o Il sera perçu en sus un décime par franc sur l'importance de ces droits.

Le paiement desdits droits pourra être exigé tous les dix jours.

Services d'occasion ou à volonté.

Art. 8.
Loi du 28 juin
1833.

Par voiture, quel que soit le nombre de roues.

Les droits sont :

De 1 à 2 places . . . 10 fr. » c. par trimestre.
à 3 places . . . 15 » id.
à 4 places . . . 20 » id.
à 5 places . . . 24 » id.
à 6 places . . . 27 50 id.
Pour chaque place au-dessus de ce nombre. 2 50 id.
En sus, un décime par franc.

Ce droit sera exigible par trimestre et d'avance; il sera toujours dû pour un trimestre entier à quelque époque que commence le service.

Sont considérées comme partant d'occasion ou à volonté les voitures qui, dans leur service habituel d'un point fixe à un autre, ne sortent pas d'une même ville ou d'un rayon de quinze kilomètres de ses limites, pourvu qu'il n'y ait pas *continuité immédiate* de service pour un point plus éloigné, même après changement de voiture.

§ 2. — *Timbres pour effets de commerce.*

Loi des 7-22 mars
et 5 juin 1850.

Art. 1er.

Le droit de timbre proportionnel pour tous effets négociables ou de commerce est fixé, savoir :

De 0 f. à 100 f. inclus.	De 100 f. à 200 inclus.	De 200 f. à 300 inclus.	De 300 f. à 400 inclus.	De 400 f. à 500 inclus.	De 500 fr. à 1,000 inclus.	De 1,000 fr. à 2,000 inclus.	De 2,000 fr. à 3,000 inclus.	De 3,000 fr. à 4,000 inclus.
c. » 05	c. » 10	c. » 15	c. » 20	c. » 25	c. » 50	fr. c. 1 »	fr. c. 1 50	fr. c. 2 »

Au-dessus de 4,000 fr., 50 cent. par 1,000 fr. sans fraction.

NOTA. — *Décret du 18 janvier 1860 :* « Il sera établi » des timbres mobiles dont le prix et l'emploi sont fixés par

Remplace l'art. 3.

» l'article 1er de la loi du 5 juin 1850. Ils seront collés sur
» les effets venant de l'étranger, des îles ou des colonies,
» avant leur usage en France, savoir : avant les endosse-
» ments si l'effet n'a pas été négocié, et après le dernier
» endossement souscrit en pays étranger s'il a été négocié.

» Le signataire de l'acceptation, de l'aval, de l'endos-
» sement et de l'acquit, après avoir apposé le timbre,
» inscrira la date de l'apposition de sa signature.

» Ces timbres ne seront pas apposés aux effets de plus
» de 20,000 francs, qui continuent à être soumis au *visa*
» pour timbre. »

Art. 2.
—
Visa pour timbre.

Un effet non timbré doit être visé pour timbre dans les
quinze jours de sa date ; celui qui le reçoit doit le faire viser
pour timbre dans tous les cas avant sa négociation. Le
droit sera de 15 centimes par 100 francs ou fraction de
100 francs, qui sera réuni au montant de l'effet nonobstant
toute stipulation contraire.

Art. 4.

Amendes

En cas de contravention aux prescriptions qui précèdent,
articles 1, 2, 3, le souscripteur, l'accepteur, le bénéficiaire
ou premier endosseur de l'effet non-timbré, paieront chacun
une amende de 6 pour 100.— A l'égard des effets provenant
de l'étranger, outre l'application des amendes prescrites par
le paragraphe qui précède, le premier endosseur résidant en
France, à son défaut le porteur, sera passible d'une amende
de 6 pour 100. — Si la contravention résulte de l'emploi
d'un timbre inférieur à celui qui devait être employé, l'amende
ne portera que sur la somme pour laquelle le droit de timbre
n'aura pas été payé.

Art. 5.

Le porteur d'une lettre de change non-timbrée ou non-
visée n'aura d'action, en cas de non acceptation, que contre
le tireur; en cas d'acceptation, il aura seulement action contre
l'accepteur et contre le tireur si ce dernier ne justifie pas

qu'il y avait provision à l'échéance. — Le porteur de tout autre effet sujet au timbre et non-timbré n'aura d'action que contre le souscripteur. Toutes stipulations contraires seront nulles.

Les contrevenants sont solidaires pour le paiement des droits de timbre et amendes ; le porteur en fera l'avance, sauf son recours contre ceux qui en étaient passibles. *Art. 6.*

Toutes personnes, sociétés ou établissements publics qui font encaisser des effets non-timbrés ou non-visés sont passibles d'une amende de 6 pour 100 du montant des effets. *Art. 7.*

Toute mention de retour sans frais est nulle, si elle est relative à des effets non-timbrés ou non-visés pour timbre. *Art. 8*

La présente loi est applicable aux effets de commerce souscrits en France et payables hors de France. *Art. 9.*

L'exemption du timbre accordée par l'article 6 de la loi du 1er mai 1822 aux duplicata de lettres de change est maintenue. Toutefois, si la première, timbrée ou visée pour timbre, n'est pas jointe à celle mise en circulation et destinée à recevoir les endossements, le timbre ou visa pour timbre devra toujours être apposé sur cette dernière, sous les peines prescrites par la présente loi, qui n'est applicable qu'aux effets souscrits à partir du 1er octobre 1850. *Art. 10.*

§ 3. — Diverses dispositions légales.

Conditions essentielles pour la validité des conventions, billets à ordre et autres actes commerciaux.

Quatre conditions sont essentielles pour la validité d'une convention : *Art. 1108 du code c.*

1° Le consentement de la partie qui s'oblige ;

2° Sa capacité de contracter (les incapables sont : les mineurs, les interdits, les femmes mariées et autres personnes dans les cas exprimés par la loi) ;

3º Un objet certain qui forme la matière de l'engagement;

4º Une cause licite dans l'obligation.

« 1325 C. c. Le sous-seing privé par lequel les parties s'engagent réciproquement doit être fait en autant d'originaux qu'il y a de parties ayant un intérêt distinct. Il suffit d'un pour tous ceux qui ont le même intérêt.

» Chaque original doit contenir la mention du nombre d'originaux qui a été fait.

1328 code c.

» L'acte sous seing-privé n'a de date certaine contre le tiers que du jour où il est enregistré, ou que l'un des signataires est mort, ou que cet acte est constaté dans un acte publique.

Loi du 13 brumaire an VII.

Art. 12.

» Les actes sous seing-privé, le double des comptes de recettes ou gestions particulières, et généralement tous actes et écritures privés devant ou pouvant faire titre, sont assujettis au timbre.

Art. 16.

» Sont exceptés de la formalité du timbre toutes quittances entre particuliers pour une somme non excédant 10 fr., quand il ne s'agit pas d'un compte ou d'une quittance finale sur une plus forte somme. »

De la forme de la lettre de change et du billet à ordre.

1º La lettre de change est tirée d'un lieu sur un autre;

2º Elle est datée;

3º Elle énonce la somme à payer;

4º Elle indique le nom de celui qui doit payer *(le billet à ordre énonce en outre le nom de celui à l'ordre de qui il est souscrit);*

5º L'époque et le lieu du paiement;

6º La valeur fournie en espèces, en marchandises, en compte ou de toute autre manière;

7º Elle est à l'ordre d'un tiers ou du tireur lui-même;

8º Si elle est par première, deuxième, troisième, quatrième, etc., elle l'exprime.

Le billet ou la promesse sous seing-privé, par lequel on s'engage à payer une somme d'argent, doit être écrit en entier de la main de celui qui s'oblige, ou il faut, qu'outre sa signature, il écrive un bon portant en toutes lettres la somme due.

La signature seule suffit à l'égard des marchands, artisans, laboureurs, vignerons, gens de journée et de service. — Lorsque la somme exprimée en l'acte est différente de celle exprimée au bas de l'obligation, elle est présumée n'être que la somme moindre, à moins qu'il ne soit prouvé de quel côté est l'erreur.

La signature des femmes et des filles non négociantes ou marchandes publiques, sur lettre de change, ne vaut, à leur égard, que comme simple promesse; celles des mineurs non négociants sont nulles à leur égard, à moins qu'il ne soit prouvé que ce qui a été payé a tourné à leur profit. (1)

1326 c. c.

1327 c. c.

Code de com. 113.

1312 c. c.

114. Code de com.

---

(1) Quiconque aura volontairement brûlé ou détruit d'une manière quelconque des registres, minutes ou actes originaux de l'autorité publique, des titres, billets, lettres de change, effets de commerce ou de banque contenant ou opérant obligation, disposition ou décharge, sera puni ainsi qu'il suit :

Si les pièces détruites sont des actes de l'autorité publique ou des effets de commerce ou de banque, la peine sera de la réclusion (article 21 C. p., cinq à dix ans). S'il s'agit de toute autre pièce, le coupable sera puni d'un emprisonnement de deux à cinq ans et d'une amende de 100 à 300 fr.

Tout pillage, tout dégât de denrées ou marchandises, effets et propriétés mobilières, commis en réunion ou en bandes et à force ouverte, sera puni des travaux forcés à temps. (Article 19 C. p., cinq à vingt ans.) Chacun des coupables sera de plus condamné à une amende de 200 à 5,000 fr.

Néanmoins, ceux qui prouveront avoir été entraînés, par des provocations ou sollicitations, à prendre part à ces violences, ne pourront être punis que de la réclusion (cinq à dix ans).

Si les denrées pillées ou détruites sont des grains, grenailles, farines,

439, code p.

440, c. p.

441, c. p.

442, c. p.

3

De l'endossement.

Code de com.

136, 137 et 139.

La propriété d'une lettre de change se transmet par la voie de l'endossement qui doit être daté, exprimer la valeur fournie et énoncer le nom de celui à l'ordre de qui il est passé. Défense d'antidater les ordres, à peine de faux.

De l'acceptation.

118 et 119.

Le tireur et les endosseurs d'une lettre de change sont garants solidaires de l'acceptation et du paiement à l'échéance.

— Le refus d'acceptation est constaté par un protêt faute d'acceptation.

121 et 122.

L'acceptation d'une lettre de change (qui peut être restreinte quant à la somme) est exprimée par le mot ACCEPTÉ. Elle doit être signée et entraîne l'obligation d'en payer le montant, quand même le tireur aurait failli à son insu. — Elle est datée, si la lettre est à un ou plusieurs jours ou mois de vue.

125, 140 et 143.

Elle doit être acceptée dans les vingt-quatre heures de sa présentation. Celui qui ne l'a pas rendue après ce délai est passible de dommages-intérêts envers le porteur. — Lorsque l'acceptation est restreinte, le porteur doit faire protester pour le surplus. — Tous ceux qui ont signé, accepté ou endossé une lettre de change, sont tenus à la garantie solidaire envers le porteur. — Elle doit être payée dans la valeur qu'elle indique.

Du paiement.

161.

Le paiement doit être réclamé le jour de l'échéance.

133.

Néanmoins, la lettre de change, payable en foire, est échue la veille de la clôture de cette foire ou le jour de la foire; si

---

substances farineuses, pains, vins ou autres boissons, la peine que subiront les chefs, instigateurs ou provocateurs, sera le maximum des travaux forcés et l'amende de 500 fr.

elle ne dure qu'un jour. Elle est également payable la veille, si l'échéance est un jour férié légal.

Le refus de paiement doit être constaté le lendemain de l'échéance par un protêt ; si ce jour est un jour férié légal, le protêt est fait le jour suivant. 162, code com

« Un débiteur qui a refusé le paiement le jour de l'échéance » ne peut se libérer le lendemain qu'en offrant, outre l'impor- » tance du billet, les frais du protêt commencé, attendu que » c'est par suite de son retard que ces frais sont venus » augmenter la dette. » Arrêt de cass. 21 août 1860

Lorsqu'une quittance ne porte aucune imputation, le paie- ment doit être imputé sur la dette que le débiteur avait le plus d'intérêt à acquitter, entre celles qui sont pareillement échues... 1256, c. c.

Si les dettes sont d'égales natures, l'imputation se fait sur la plus ancienne, toutes choses égales ; elle se fait propor- tionnellement.

Le paiement fait sur capital et intérêts s'impute d'abord les intérêts. 1254 c. c.

Forme du rechange et du compte de retour.

Le rechange s'effectue par une retraite (qui est une nou- velle lettre de change), au moyen de laquelle le porteur se rembourse, sur le tireur ou sur l'un des endosseurs du prin- cipal de l'effet protesté, de ses frais et du nouveau change qu'il paie.

Le rechange se règle, à l'égard du tireur, par le cours du change du lieu où l'effet était payable sur le lieu d'où il a été tiré ; et, à l'égard des endosseurs, par le cours du change du lieu où l'effet a été remis ou négocié par eux, sur le lieu où le remboursement s'effectue.

Cette retraite est accompagnée d'un compte de retour, lequel est certifié par un agent de change, et s'il n'y en a pas, par deux commerçants.

Ce compte :

Comprend le principal de l'effet protesté, les frais du protêt, commission de banque, courtage, timbres, ports de lettres et autres frais légitimes *(Le retour est remboursé d'endosseur à endosseur respectivement et définitivement par le tireur)*;

Enonce le nom de celui sur qui la retraite est faite, ainsi que le prix du change de sa négociation;

Est accompagné de l'effet protesté, du protêt, et en outre *(si la retraite est faite sur l'un des endosseurs)* d'un certificat qui constate le cours du change du lieu de l'exigibilité sur le lieu d'où il est tiré.

Les rechanges ne peuvent être cumulés; chaque endosseur, ainsi que le tireur, n'en supportent qu'un seul. Dans tous les cas, il ne peut être fait plusieurs comptes de retour sur une même lettre de change, et il n'est pas même dû de rechange si les pièces ne sont pas accompagnées du certificat de l'agent de change ou de deux commerçants ci-dessus prescrits.

L'intérêt du principal est dû du jour du protêt; celui des frais n'est dû que du jour de la demande en justice.

Contrainte par corps.

Loi du 17-19 avril 1832. Art. 1er.

La contrainte par corps (sauf les exceptions ci-après) sera prononcée pour dettes commerciales de 200 fr. et au-dessus.

Sont exceptés :

Art. 2.

1° Les femmes et les filles non légalement réputées marchandes publiques;

2° Les mineurs non-commerçants, ou qui ne sont pas réputés majeurs pour fait de leur commerce;

3° Les veuves et héritiers justiciables des tribunaux de commerce, assignés devant ces tribunaux en reprise d'instance ou par action nouvelle;

4° Les marins qui sont à bord ou se rendent à bord, les militaires en activité de service;

Les individus non-négociants pour des signatures apposées soit à des lettres de change, soit à des billets à ordre, à moins que ces signatures aient eu pour cause des opérations de commerce, trafic, change, banque et courtage ;

Les débiteurs qui auront commencé leur soixante-dixième année. Pour ceux qui se trouveraient en prison, l'emprisonnement cessera du jour où aura commencé leur soixante-dixième année.

Art. 4.

L'emprisonnement cesse de plein droit après un an, lorsque le montant de la condamnation principale ne s'élève pas à 500 fr.; — après deux ans, lorsqu'elle ne s'élève pas à 1,000 fr.; — après trois ans, lorsqu'elle ne s'élève pas à 3,000 fr.; — après quatre ans, lorsqu'elle ne s'élève pas à 4,000 fr.; — après cinq ans, lorsqu'elle ne s'élève pas à 5,000 fr.

De la prescription.

La prescription des actions relatives aux lettres de change et aux billets à ordre souscrits par des négociants, marchands ou banquiers, ou pour faits de commerce, est acquise par cinq ans à compter du protêt ou des dernières poursuites, s'il n'y a eu condamnation ou reconnaissance par acte séparé.

Les débiteurs peuvent être requis d'affirmer sous serment qu'ils ne sont plus redevables, et leurs veuves ou ayant-causes qu'ils estiment de bonne foi qu'il n'est plus rien dû.

Apposition d'affiches.

Pour obtenir l'autorisation de placer sur la voie publique des affiches peintes, soit sur les murs, soit sur les vitrines des maisons, il faut, aux termes d'un décret du 25 août 1852, adresser une demande à la mairie, accompagnée d'une déclaration dûment enregistrée, laquelle déclaration contiendra :

1° Le texte de l'affiche ; 2° les nom, prénoms, profession et domicile de la personne intéressée ; 3° la dimension de l'affiche ; 4° le nombre d'affiches ; 5° la désignation de la rue.

Toutes ces pièces seront adressées à la préfecture et retournées ensuite à la mairie.

Pétitions aux autorités.

Loi du 13 brumaire au VII.

Art. 12.
Art. 26.

L'article 12 de la loi du 13 brumaire an VII assujettit aux droits de timbre, suivant la dimension du papier employé, les pétitions et mémoires, même en forme de lettres, présentés ou adressés au chef de l'Etat, aux ministres et aux autorités constituées, généralement à toutes les administrations et établissements publics, sous peine d'une amende de 30 fr. outre les droits de timbre.

Sont exceptées :

1° Les pétitions adressées directement au Sénat ;

2° Les demandes en congés et de secours pour les anciens soldats ou militaires au service ;

3° Les pétitions des déportés ou réfugiés aux colonies ;

4° Les observations des propriétaires relatives au classement du cadastre, pourvu qu'elles soient remises par le maire ;

5° Les réclamations en décharge ou réduction d'impôts directs, pourvu que la cote soit au-dessous de 30 fr.;

6° Les réclamations sur les rôles des rétributions mensuelles aux écoles primaires ;

7° Les réclamations relatives aux listes du jury et des élections ;

8° Les mémoires adressés au gouvernement, à l'administration des domaines, par les Chambres de commerce ;

9° Enfin les réclamations contre les frais de vérification des poids et mesures.

Caisses d'épargne — Changement de domicile.

Pour faire parvenir l'importance de leurs dépôts à la caisse de leur nouvelle résidence, les déposants devront se présenter au bureau de la caisse de cette résidence, exhiber leurs livrets et demander le transfert de leurs dépôts. Alors il leur est remis en double un imprimé sur lequel ils transcrivent les annotations inscrites au livret. Cette pièce doit être signée par eux et leur signature légalisée par le maire. Cette pièce est ensuite adressée au bureau du premier versement, avec demande de transfert à la caisse du bureau de leur nouvelle résidence.

Si le livret était perdu, il y aurait à remplir les mêmes formalités en indiquant, autant que possible, le numéro du livret, la date approximative du premier dépôt et le montant total des versements.

Ventes.— Actes sous seings-privés.

Une circulaire ministérielle de 1860 rappelle que, bien que la loi laisse à tous la faculté de faire des ventes sous seing-privé, elle ne permet pas toutefois de faire précéder ces ventes des publications et des formes solennelles réservées aux seules ventes publiques faites par le ministère d'officiers ministériels. Aussi les affiches, placards, convocations, réunions, etc., dans un lieu quelconque, sont interdits à toutes personnes non officiers ministériels. Pour compléter ces dispositions, il est défendu aux débitants de boissons et à tout chef d'établissement placé sous le régime du décret du 20 décembre 1851, de recevoir des réunions du genre dont il s'agit, sous peine de voir leurs établissements fermés et des autres pénalités que cette contravention entraînerait.

Assistance judiciaire.

Toute personne qui réclame l'assistance judiciaire adresse sa demande au procureur près le tribunal de première instance de son arrondissement. Loi du 21 janvie 1851.

L'admission est prononcée par un bureau spécial établi auprès de chaque tribunal civil.

Quiconque demande à être admis à l'assistance judiciaire doit fournir :

1° Un extrait du rôle de ses contributions ou un certificat du percepteur de son domicile constatant qu'il n'est pas imposé ;

2° Une déclaration attestant qu'il est, à raison de son indigence, dans l'impossibilité d'exercer ses droits en justice, et contenant l'énumération détaillée de ses moyens d'existence, quels qu'ils soient.

3° Le réclamant affirme la sincérité de sa déclaration devant le maire de la commune de son domicile. Le maire lui en donne acte au bas de sa déclaration.

SECTION VI.

Plus on s'éloigne de l'époque (1789 ou 1790) où les anciennes lois et coutumes, ainsi que les anciens poids, mesures et monnaies, qui étaient diversement en usage dans les différentes provinces du royaume de France, furent remplacés par de nouvelles lois et un nouveau système de poids, mesures et monnaies uniformes dans toute la France, moins il y a de personnes qui ont souvenance de cet état de choses.

Cette considération me fait entreprendre un travail qui permettra de relier le passé avec le présent pour les matières ou sujets qui doivent encore être mis en pratique, aux termes des lois actuelles.

§ 1er — Des monnaies.
Observations préliminaires.

La dénomination de la monnaie fut d'abord prise de son poids : ainsi une livre pesait une livre.

Les métaux ayant changé de prix, on a conservé les mêmes dénominations, quoiqu'en diminuant le poids des pièces. Les monnaies d'or et d'argent étant ordinairement alliées avec une certaine quantité de cuivre, il faut distinguer la valeur réelle de la valeur numéraire. — La valeur réelle est la quantité d'or ou d'argent pur qui se trouve dans les monnaies ; la valeur numéraire est celle que le gouvernement du pays lui donne.

Par le nombre de karats on distingue le degré de pureté de l'or : ainsi l'or à 24 karats est le plus fin; le karat se divise par demi, quart, huitième, seizième et trente-deuxième.

Par le nombre de deniers on indique le degré de pureté de l'argent, chaque denier se divise en 24 grains; ainsi l'argent à 12 deniers est le plus fin, celui à 11 deniers 23 grains ne contient qu'un grain d'alliage.

On appelait deniers parisis la monnaie qui était battue par l'autorité de l'évêque de Paris ;

Deniers tournois celle qui était faite à Tours par l'autorité de l'archevêque.

La monnaie forte ou monnaie parisis était plus forte en alloi ou en titre que la monnaie tournois; celle-là était plus forte d'un quart en sus ou d'un cinquième au total, de sorte que la livre parisis valait 25 sous tournois et le sou parisis 15 deniers tournois. Le florin ou franc parisis, qui était de 16 sols, valait 20 sols tournois.

§ 2. — *Remboursement d'anciennes rentes.*

Art. 1911 c. c.

La rente constituée en perpétuelle est essentiellement rachetable :

« Deux principes fort simples doivent diriger les parties dans cette circonstance : *le premier* est que, pour éteindre une rente, il faut rembourser une somme égale à celle qu'on a reçue; *le second*, que dans l'argent on ne considère pas la matière, mais la valeur publique. Exemple : le prêt était d'une

Merlin, avocat au Parlement de Flandre.

somme de 6,000 livres en écus , dont la valeur est portée dans la suite à 6 livres chaque ; au lieu de rembourser 2,000 écus, le débiteur pourra se libérer au moyen de 1,000 écus représentant la valeur des 6,000 livres empruntées.

» De même que si le prêt a été de 2,000 écus non-appréciés par livres, et que, par la suite, la valeur de ces écus soit doublée, le débiteur pourra également se libérer en rendant 1,000 écus représentant 6,000 livres , valeur qu'avaient les 2,000 écus au moment du prêt. »

Depuis l'ordonnance de 1667, on ne pouvait plus stipuler en France que la livre tournois , de sorte que toutes stipulations de sols ou livres dans les actes postérieurs à cette ordonnance doivent s'entendre sols ou livres tournois.

Ordonnance du 17 juillet 1684.

Aux termes d'un arrêt du Conseil d'Etat du 17 juillet 1684, les redevances et rentes foncières créées avant février 1679 dans les bailliages d'Aire et de St-Omer et leurs dépendances (réservés par le traité des Pyrénées du 7 novembre 1659, cédés depuis à la France par celui de Nimègue du 17 septembre 1678), doivent être payées et remboursées en monnaie de France (livre tournois) avec l'augmentation d'un cinquième pour les proportionner avec la monnaie de Flandre, parce que l'usage était, avant 1679, de donner 16 patards de 15 deniers tournois pour la livre d'Artois.

Remboursement de rente en Artois cédé et en Artois réservé.

Mais dans l'Artois cédé par ce même traité des Pyrénées, lorsque la dette a été créée durant la domination de la maison d'Autriche, il faut distinguer si elle a été créée en monnaie de Flandre ou en monnaie d'Artois. Dans le premier cas, elle doit être acquittée en monnaie de Flandre à 25 sols tournois, par le principe que *convenances vainquaient alors la loi.*

Maillart sur l'Artois.

Dans le second cas, quand même on aurait usé des mots de florins, de florins carolus d'or, de florins de 20 patars, la créance doit être éteinte en monnaie de 20 sols tournois pour livre ou florins Artois; parce que les noms de florins ou de carolus ont été donnés indifféremment à la livre, et que jamais les princes du pays n'ont reconnu d'autres monnaies en Artois que la livre de 20 sols tournois et le sol de 12 deniers.

Par un usage constant et uniforme dans l'Artois cédé, le parisis n'est que d'un huitième en sus. Exemple : l'amende de 60 sols parisis correspondait à 3 livres 7 sols 6 deniers et non de 3 livres 15 sols comme à Paris. Dans l'Artois réservé, le parisis est le huitième en sus de la monnaie de Flandre; de sorte que l'amende de 60 sols parisis correspondait à 3 livres 7 sols 9 deniers, obole tournois.

La rente constituée soit pour le prix de la cession d'un immeuble, soit pour représenter les intérêts d'un capital aliéné à perpétuité, étant essentiellement rachetable (article 530 et 1911 du Code civil) il est indispensable de connaître la concordance de la valeur de la monnaie stipulée dans le contrat de constitution de rente, avec la monnaie actuelle de France.

Les tableaux contenus dans le paragraphe suivant serviront tout à la fois pour déterminer la valeur actuelle de la rente constituée, et pour fixer l'importance du capital en cas de remboursement.

Le Code civil n'indiquant pas comment se détermine le capital des rentes déclarées rachetables par lesdits articles 530 et 1911 du Code civil, on est obligé de faire l'application du numéro 9 de l'article 14 de la loi sur l'enregistrement du 22 frimaire an VII, qui porte que le capital se forme de vingt fois la rente constituée en perpétuelle.

§ 3.

Dénomination des monnaies, leur valeur et concordance avec les monnaies actuelles.

DÉNOMINATION des MONNAIES	VALEUR en livres tournois			DÉNOMINATION des MONNAIES	VALEUR du PAYS	VALEUR EN FRANCE					
						ANCIEN système			NOUVEAU système		
	livres.	sous.	den.			livres.	sous.	den.	francs	cent.	mil.
Royaume de FRANCE				**AMSTERDAM (Hollande)**							
				Or.							
Le double louis d'or.	48	0	0	Le severin.....	14 florins.	31	3	11	30	81	
Le louis d'or...	24	0	0	Le reyder.....		29	18	6	29	55	6
Le 1/2 louis d'or.	12	0	0	Le ducaton....	15 livres 15 sols.	33	13	3	33	24	7
Argent				La livre de gros..	6 livres.	12	17	6	12	71	6
Le gros écu....	6	0	0	Le ducat.....	5 livres 5 sous.	11	4	5	11	8	3
Le petit écu....	3	0	0	*Argent.*							
La pièce de 24 sous.	1	4	0	Le gros écu ou écu de gros.....	3 florins,	6	8	3	6	33	3
La pièce de 12 sous.	0	12	0	L'écu au lion....		4	3	4	4	11	5
La pièce de 6 sous.	0	6	0	Le richstale (ducaton d'argent)....	2 livres 10 sous.	5	6 10		5	27	5
Cuivre ou alliage.				Le daller ou thaler (1/2 écu de gros)..	1 livre 10 sous. (1 florin 1/2).	3	4	1	3	16	5
La pièce de 2 sous.	0	2	0								
La pièce de 6 liards ou grisé.	0	1	6	Le florin.....	1 livre ou 20 sous communs.	2	2	9	2	11	1
La pièce d'un sou.	0	1	0	Le 1/2 florin...	10 sous.	1	1	4 1/2	1	5	5
La pièce de 2 liards.	0	0	6	Le schellin (ou 1 sou de gros)....	6 sous.	0	12 10		0	63	4
Le liard.....	0	0	3	Le mauvais schellin.	5 sous 6 deniers.	0	11	5	0	56	4
Le denier.....	0	0	1	La pièce de 2 sous.	2 sous.	0	4	3	2	10	
Monnaies idéales.				*Cuivre.*					dix pièc.		
La pistole....	10	0	0	Le sou commun ou le stuver....	1 sou	0	2	1 3/4	1	5	
La livre.....	0	0	0	Le denier de gros ou 1/2 stuver....	6 deniers.	0	1	0 7/8	dix pièc. 0	52	75
Le sou.....	0	0	12	Le denier commun.	1 denier.	0	0	2 1/7	dix pièc. 0	8	79
				Le fénin.....		0	0	1 3/5	dix pièc. 0	6	6

SUITE DU § 3.

DÉNOMINATION des MONNAIES	VALEUR du PAYS	ANCIEN système			NOUVEAU système		
		livres.	sous.	deniers.	francs.	cent.	mill.
ANVERS (Flandre belge).							
Or.							
La livre de gros	6 liv. ou 20 s. de gros.	12	17	6	12	71	6
La rixdale	48 sous.	5	6	10	5	27	5
Argent.							
Le sou ou patard.		0	2	6	0	12	4
Le florin	20 sous communs.	2	2	9	2	11	1
Le schellin ou sou de gros .	12 deniers de gros.	0	12	10	0	63	4
Cuivre.							
Le sou commun . . .	1 sou.	0	2	13¼	dix pièces. 1 05 5		
Le 1/2 sou commun ou den. de gros.	1 denier de gros.	0	1	0⅞	dix pièces. 0 52 75		
Le denier commun	1 denier commun.	0	0	24⁄7	dix pièces. 0 8 79		
Le fenin		0	0	13⅗	dix pièces. 0 0 66		
LILLE (Flandre française), PAYS-BAS, BELGIQUE, ARTOIS.							
Or.							
La livre flamande ou livre de gros	6 liv. (20 sous de gros).	12	17	6	12	71	6
Argent.							
Le patagon	1 écu.	3	0	0	2	96	3
La couronne	6 livres tournois.	6	0	0	5	92	6
Le florin	20 patards.	1	5	0	1	23	5
Cuivre.							
Le schellin		0	7	6	0	37	1
Le grisé	6 liards.	0	1	6	dix pièces. 0 74 1		
Le patar ou patard . . .	5 liards.	0	1	3	dix pièces 0 61 75		
La mastoc	2 sous tournois.	0	2	0	0	9	9
Le sou commun	1 sou tournois.	0	1	0	0	0	49

PRIX D'ACHAT DES VALEURS D'OR ET D'ARGENT. (Paris, 25 janvier 1860.)

Louis d'or . { Louis XV . . 3,085 fr. le kilo.
{ Louis XVI . . 3,105 —

Argent . { Vieux Paris . . 217 fr. » le kilo.
{ Ecus de 6 livres. 206 50 —
{ Deuxième titre . 178 » —

La livre d'Artois avait la même valeur que la livre tournois.

Le florin de Flandre valait 25 sols tournois.

La livre de Flandre valait (10 patards) 12 sols 6 deniers tournois.

Le marc d'argent se divisait en 8 écus de 60 sols : piastre, réal de Plata ou patagon, chacune de ces monnaies valait 2 florins 8 patards.

Le florin courant de Liége valait 15 sols de France.

Celui, argent de Brabant de Liége valait 25 sols.

(Voir le placard du 25 juin 1601 sur les monnaies des Pays-Bas).

NOTA. — Arrêts du 5 février 1609 et du 4 mars 1617 qui réduit les arrérages d'une rente de six-vingt écus pistolets, monnaie d'Espagne, sur le pied de 348 livres à raison de 58 sous valeur du pistolet au temps du contrat quoique depuis cette monnaie eût été portée à 3 livres 12 sous.

CONCORDANCE de la livre avec le franc		TABLEAU DE LA DÉPRÉCIATION DES ASSIGNATS arrêté par l'administration du département du Pas-de-Calais, le 1er fructidor an V, (17 août 1797).									
LIVRE tournois	SYSTÈME décimal	VALEUR DE 100 LIVRES ASSIGNATS PENDANT LES ANNÉES									
		Mois	1791			1792			1793		
			Tournois			Tournois			Tournois		
Deniers.	francs. cent. mil.		livres.	sous.	den.	livres.	sous.	den.	livres.	sous.	den.
1	0 00 4	Janvier. . .	93	10	0	74	10	0	55	0	0
2	0 00 8	Février. . .	93	10	0	59	0	0	55	5	0
3	0 01 2	Mars. . . .	92	10	0	59	0	0	52	10	0
4	0 01 6	Avril. . . .	91	10	0	66	0	0	45	0	0
5	0 02 1	Mai	85	10	0	58	15	0	43	0	0
10	0 04 1	Juin	85	15	0	60	10	0	37	0	0
11	0 04 5	Juillet . . .	87	0	0	62	15	0	35	10	0
		Août	82	0	0	59	0	0	37	10	0
Sous.		Septembre. .	84	0	0	69	0	0	29	15	0
		Octobre . .	84	10	0	73	0	0	32	10	0
1	0 04 9	Novembre . .	82	0	0	74	05	0	70	0	0
2	0 09 9	Décembre . .	77	10	0	70	0	0	51	10	0

SUITE DU TABLEAU PRÉCÉDENT

CONCORDANCE de la livre avec le franc		TABLEAU DE LA DÉPRÉCIATION DES ASSIGNATS Arrêté par l'administration du département du Pas-de-Calais, le 1er fructidor an V (17 août 1797).		
LIVRE tournois	SYSTÈME décimal	VALEUR DE 100 LIVRES ASSIGNATS PENDANT LES ANNÉES		
		Mois.	1794.	1795.

Sous.	francs. cent. mil.		Tournois livres. sous. den.	Tournois livres. sous. den.
3	0 14 8	Janvier . . .	42 0 0	19 0 0
4	0 19 8	Février . . .	48 0 0	18 0 0
5	0 24 7	Mars	37 15 0	14 0 0
10	0 49 4	Avril	37 15 0	Pour les vingt premiers
19	0 98 9	Mai	35 10 0	jours du mois de mars.
		Juin	31 5 0	La loi du 29 messidor
Livres.		Juillet . . .	35 10 0	an IV ayant été promul-
		Août	32 10 0	guée le 7 thermidor an IV
1	0 98 8	Septembre . .	29 10 0	(25 juillet 1796).
2	1 97 5	Octobre . . .	28 0 0	Il paraîtrait qu'après les
3	2 96 3	Novembre . .	25 5 0	vingt premiers jours du mois de mars il n'a plus
4	3 95 1	Décembre . .	21 0 0	été possible de fixer une valeur en numéraire aux as-
5	4 93 9			signats.
10	9 87 7			

NOUVELLES MONNAIES

Etablies d'après les principes du décret de la Constituante du 22 août 1790.

LEUR TITRE

Sous.	francs. cent. mil.
15	14 81 5
20	19 75 3
25	24 69 1
30	29 63 0
35	34 56 8
40	39 50 6
45	44 44 5
50	49 38 3
60	59 25 9
70	69 13 6
80	79 01 2

Les pièces d'or. ainsi que celles d'argent, contiendront 9/10es de métal pur et 1/10e d'alliage. L'unité monétaire est le franc. (A)

LEUR POIDS

			Gram.	Déc.	Cen	Gros.	Grains.	Cen
Or	La pièce	de 40 fr.	12	9	6	3	28	»
	Id.	de 20 fr.	6	4	8	1	50	»
	Id.	de 10 fr.	3	2	4	»	61	»
	Id.	de 5 fr.	1	6	2	»	30	50
Argent	La pièce	de 5 fr.	25	»	»	6	43	50
	Id.	de 2 fr.	10	»	»	2	44	20
	Id.	de 1 fr.	5	»	»	1	22	10
	Id.	de 0,50 c.	2	5	»	»	47	5
Billon.	La pièce	de 10 c.	10	»	»	2	44	20
	Id.	de 5 c.	5	»	»	1	22	10
	Id.	de 2 c.	2	»	»	»	37	64
	Id.	de 1 c.	1	»	»	»	18	82

Left concordance column continued:

Sous.	francs. cent. mil.
90	88 88 9
100	98 76 5
200	197 53 1
300	296 29 6
400	395 06 2
500	493 82 7
1000	987 65 4

(A) Le Corps législatif a modifié par son vote du 3 mai 1864, les dispositions de la loi de 1790, de la manière suivante :
« Les pièces de 50 et de 20 centimes au lieu d'être au titre 9/10 de métal pur, seront « au titre de 835 millièmes. »
« Entre particuliers ces pièces de 50 et de 20 centimes ne pourront être employés dans « les paiements que pour vingt francs et au-dessous.

Toujours dirigé par l'idée de relier le passé au présent, et pour mettre mes lecteurs à même d'apprécier la valeur des monnaies et les besoins du pays en 1789, en faisant la comparaison de ces besoins avec les exigences des charges actuelles de l'Etat, ce qui peut jusqu'à un certain point déterminer la dépréciation des monnaies, j'ai pensé qu'il était utile de donner ici l'état des finances du royaume de France et de son budget en 1789 :

BUDGET DE 1789.

Les revenus fixes du royaume s'élevaient à quatre cent soixante-quinze millions deux cent quatre-vingt-quatorze mille francs . . . . 475,294,000 ᶠ

Dépenses fixes.

1º La maison du Roi, celle du Dauphin, de Madame Elisabeth, etc.	25,000,000 ᶠ
2º Maison du comte d'Artois, etc.	8,240,000
3º Ministre des affaires étrangères	7,480,000
4º Département de la guerre.	99,160,000
5º Marine et colonies.	40,500,000
6º Ponts-et-chaussées	5,680,000
7º Rentes perpétuelles et viagères . .	162,486,000
Intérêts d'effets publics, etc. . .	44,300,000
Gages de charges représentant l'intérêt de la finance	14,692,000
Intérêts et frais de recouvrement de billets	4,900,000
Emprunts par anticipation pour balancer 1789	10,900,000
8º Ministère de la justice.	29,560,000
9º Toutes les autres dépenses	78,546,000
	531,444,000 ᶠ

(Dette publique, 237,278,000 fr.)

Le déficit entre les ressources et les dépenses étaient de 56,150,000

PREUVE. . . . 475,294,000 ᶠ

On a de la peine à comprendre de nos jours qu'un si mince déficit ait pu embarrasser sérieusement le gouvernement de 1789, et soulever des difficultés dont les résultats furent si désastreux pour la monarchie.

CONCORDANCE DU CALENDRIER RÉPUBLICAIN AVEC CELUI GRÉGORIEN (1)

CONCORDANCE DES JOURS						CONCORDANCE des ANNÉES
Ans 2, 3, 5, 6 et 7		Ans 4, 8, 9, 10, 11 13 et 14		An 12		
Vendém.	Septembre	Vendém.	Septembre	Vendém.	Septembre	An II,
1er	22	1er	23	1er	24	Le 1er vendémiaire
9	30	8	30	7	30	correspond
	Octobre.		Octobre.		Octobre.	au 22 septemb. 1793.
20	11	20	12	20	13	Le 12 nivôse
30	21	30	22	30	23	correspond
Brumaire.	Octobre.	Brumaire.	Octobre.	Brumaire.	Octobre.	au 1er janvier 1794.
1er	22	1er	23	1er	24	An III,
10	31	9	31	8	31	Le 1er vendémiaire
	Novembre		Novembre.		Novembre.	correspond
11	1er	20	11	20	12	au 22 septemb. 1794.
20	10	30	21	30	22	Le 12 nivôse
30	20					correspond
Frimaire	Novembre.	Frimaire	Novembre.	Frimaire	Novembre.	au 1er janvier 1795.
1er	21	1er	22	1er	23	An IV,
10	30.	9	30	8	30	Le 1er vendémiaire
	Décembre		Décembre.		Décembre.	correspond
20	10	20	11	20	12	au 23 septemb. 1795
30	20	30	21	30	22	Le 11 nivôse
Nivôse.	Décembre	Nivôse.	Décembre.	Nivôse.	Décembre.	correspond
1er	21	1er	22	1er	23	au 1er janvier 1796.
11	31	10	31	9	31	An V,
	Janvier.		Janvier.		Janvier.	Le 1er vendémiaire
20	9	20	10	20	11	correspond
30	19	30	20	30	21	au 22 septemb. 1796
Pluviôse.	Janvier.	Pluviôse.	Janvier.	Pluviôse.	Janvier.	Le 12 nivôse
1er	20	1er	21	1er	22	correspond
12	31	11	31	10	31	au 1er janvier 1797.
	Février.		Février.		Février.	An VI,
20	8	20	9	20	10	Le 1er vendémiaire
30	18	30	19	30	20	correspond
Ventôse.	Février.	Ventôse.	Février.	Ventôse.	Février.	au 22 septemb. 1797.
1er	19	1er	20	1er	21	Le 12 nivôse
10	28	10	29	9	29	correspond
	Mars.		Mars.		Mars.	au 1er janvier 1798
20	10	20	10	20	11	An VII,
30	20	30	20	30	21	Le 1er vendémiaire
Germinal	Mars.	Germinal	Mars.	Germinal	Mars.	correspond
1er	21	1er	21	1er	22	au 22 septemb. 1798.
11	31	11	31	10	31	Le 12 nivôse
	Avril.		Avril.		Avril.	correspond
20	9	20	9	20	10	au 1er janvier 1799.
30	19	30	19	30	20	An VIII,
						Le 1er vendémiaire

(1) Edit de Charles IX de janvier 1563, qui ordonne que l'année commencera en France le 1er janvier. Exécuté dans le Pays-Bas le 1er janvier 1575.

SUITE DU TABLEAU PRÉCÉDENT

CONCORDANCE DES JOURS						CONCORDANCE des ANNÉES
Ans 2, 3, 5, 6 et 7		Ans 4, 8, 9, 10, 11, 13 et 14		An 12		
Floréal.	Avril.	Floréal.	Avril.	Floréal.	Avril.	correspond
1er	20	1er	20	1er	21	au 23 septemb. 1799.
11	30	11	30	10	30	Le 11 nivôse
	Mai.		Mai.		Mai.	correspond
20	9	20	9	20	10	au 1er janvier 1800.
30	19	30	19	30	20	An IX,
Prairial.	Mai.	Prairial.	Mai.	Prairial.	Mai.	Le 1er vendémiaire
1er	20	1er	20	1er	21	correspond
12	31	12	31	11	31	au 23 septemb. 1800.
	Juin.		Juin.		Juin.	Le 11 nivôse
20	8	20	8	20	9	correspond
30	18	30	18	30	19	an 1er janvier 1801.
Messidor	Juin	Messidor	Juin.	Messidor	Juin	An X,
1er	19	1er	19	1er	20	Le 1er vendémiaire
12	30	12	30	11	30	correspond
	Juillet.		Juillet.		Juillet.	au 23 septemb. 1801.
20	8	20	7	20	9	Le 11 nivôse
30	18	30	18	30	19	correspond
Thermidor	Juillet.	Thermidor.	Juillet.	Thermidor	Juillet.	au 1er janvier 1802.
1er	19	1er	19	1er	20	An XI,
13	31	13	31	12	31	Le 1er vendémiaire
	Août		Août.		Août.	correspond
20	7	20	7	20	8	au 23 septemb. 1802.
30	17	30	17	30	18	Le 11 nivôse
Fructidor.	Août.	Fructidor.	Août.	Fructidor.	Août.	correspond
1er	18	1er	18	1er	19	au 1er janvier 1803.
14	31	6	23	13	31	An XII,
		14	31			Le 1er vendémiaire
	Septembre		Septembre		Septembre	correspond
20	6	20	6	20	7	au 24 septemb. 1803.
30	16	30	16	30	17	Le 10 nivôse
						correspond
Jours complémentaires.		Jours complémentaires.		Jours complémentaires.		au 1er janvier 1804.
1	17	1	17	1	18	An XIII,
2	18	2	18	2	19	Le 1er vendémiaire
3	19	3	19	3	20	correspond
4	20	4	20	4	21	au 23 septemb. 1804.
5	21	5	21	5	22	Le 11 nivôse
6	22	6	22			correspond
						au 1er janvier 1805.
Pour l'an 2, 5 et 6, cinq jours.		Pour les ans 4, 8, 9, 10, 13 et 14, cinq jours.		Pour l'an 12, cinq jours.		An XIV, Le 1er vendémiaire correspond
Six jours pour l'an 3 et l'an 7.		Six jours pour l'an 11.				au 23 septemb. 1805. Le 11 nivôse correspond au 1er janvier 1806.

SECTION V.

Mesures de longueur.

---

§ 1er — *Principes généraux.*

Le nouveau système se nomme métrique-décimal parce que toutes les mesures dérivent du mètre et qu'elles sont de dix en dix fois plus grandes ou plus petites les unes que les autres.

Le mètre représente la dix-millionième partie du quart du méridien, c'est-à-dire de la distance du pôle à l'équateur, calculé sur le méridien de Paris.

L'unité est le mètre, ses multiples sont : le décamètre, l'hectomètre, le kilomètre, le myriamètre. Ses sous-multiples sont : le décimètre, le centimètre, le millimètre.... Ainsi un décamètre vaut dix mètres, un hectomètre, cent mètres, un kilomètre, mille mètres, un myriamètre, dix mille mètres.

Le mètre carré est une surface plane dont chaque côté a un mètre. L'are est également une surface plane carrée, dont chaque côté a dix mètres de longueur. L'hectare, une surface plane carrée, dont chaque côté a dix ares (cent mètres) de longueur. Ainsi l'are se compose de cent mètres carrés, l'hectare se compose de cent ares carrés (10,000 mètres carrés).

Dans les dénominations, il faut distinguer les mesures qui sont des instruments pour mesurer de celles qui sont le résultat du mesurage, exemple : le mètre est l'instrument avec lequel on mesure, l'are est le résultat du mesurage : c'est par ce motif que cette dernière se nomme mesure idéale.

§ 2. — Concordance des anciennes mesures de longueur avec celles du système métrique décimal.

1er Tableau.—*Lieues marines, lieues communes et lieues de poste.*

LIEUES.	LIEUES MARINES. Nouveau système. (Myri. Kilo. Hecto. Déca. Mètre.)	LIEUES COMMUNES Nouveau système. (Myri. Kilo. Hecto. Déca. Mètre.)	LIEUES DE POSTE. Nouveau système. (Myri. Kilo. Hecto. Déca. Mètre.)	OBSERVATIONS.
1/4	0 1 3 8 8	0 1 1 1 1	0 0 9 7 4 1|2	La lieue marine de 20 au degré vaut 2,850 toises 41 cent.
1/2	0 2 7 7 7	0 2 2 2 2	0 1 9 4 9	La lieue commune de 25 au degré vaut 2,280 toises 33 cent.
3/4	0 4 1 6 5	0 3 3 3 3	0 2 9 2 3 1|2	La lieue de poste vaut 2,000 toises.
1	0 5 5 5 5	0 4 4 4 4 1|2	0 3 8 9 8	Un arrêt du Conseil du 7 août 1775 indique 2,200 toises comme étant la longueur de la lieue commune, c'est un 10e de plus que la lieue de poste.
2	1 1 1 1 1	0 8 8 8 9	0 7 7 9 6	Les lieues de Flandres étaient un 5e plus fortes
3	1 6 6 6 6	1 3 3 3 3	1 1 6 9 4	
4	2 2 2 2 2	1 7 7 7 8	1 5 5 9 2	
5	2 7 7 7 7	2 2 2 2 2	1 9 4 9 0	
6	3 3 4 3 3	2 6 6 6 6	2 3 3 8 8	
7	3 8 8 8 9	3 1 1 1 1	2 7 2 8 6	
8	4 4 4 4 4	3 5 5 5 5 1|2	3 1 0 8 4	
9	5 0 0 0 0	4 0 0 0 0	3 4 9 8 2	
10	5 5 5 5 5	4 4 4 4 4 1|2	3 8 9 8 0	

2e Tableau.— *Toises, pieds, pouces.* (La toise avait 6 pieds de 12 pouces.)

NOMBRES.	PIEDS de 12 pouces. Nouveau système (Mètre. Décim. Centim. Millim. Dixmill.)	PIEDS de 11 pouces. Nouveau système	PIEDS de 10 pouces. Nouv. système	POUCES. Nouveau système.	LIGNES. Nouveau système.
1	0 3 2 4 8 1/2	0 2 9 7 7 2/3	0 2 7 0 7	0 0 2 7 0 7	0 0 0 2 2 5
2	0 6 4 9 7	0 5 9 5 5 1/3	0 5 4 1 4	0 0 5 4 1 4	0 0 0 4 5
3	0 9 7 4 5 1/2	0 8 9 3 3	0 8 1 2 1	0 0 8 1 2 1	0 0 0 6 7 6
4	1 2 9 9 4	1 1 9 1 1	1 0 8 2 8	0 1 0 8 2 8	0 0 0 9 0 2
5	1 6 2 4 2	1 4 8 8 8 2/3	1 3 5 3 5	0 1 3 5 3 5	0 0 1 1 2 8
6	1 9 4 9 0	1 7 8 6 6	1 6 2 4 2	0 1 6 2 4 2	0 0 1 3 5 3
7	2 2 7 3 9	2 0 8 4 4	1 8 9 4 9	0 1 8 9 5	0 0 1 5 8
8	2 5 9 8 8	2 3 8 2 2	2 1 6 5 6	0 2 1 6 5 6	0 0 1 8 0 4
9	2 9 2 3 5 1/2	2 6 8 0 0	2 4 3 6 3	0 2 4 3 6 3	0 0 2 0 3
10	3 2 4 8 4	2 9 7 7 7	2 7 0 7 0	0 2 7 0 7	0 0 2 2 5 6
11	3 5 7 3 3	3 2 7 5 5	2 9 7 7 7	0 2 9 7 7 8	0 0 2 4 8 1
12	3 8 9 8 0	3 5 7 3 2	3 2 4 8 4	0 3 2 4 8 4	0 0 2 7 0 5

SECTION VI.

Mesures de superficie.

---

§ 1ᵉʳ — *Explications préliminaires.*

Le but que le législateur se proposait, au moyen de l'application rigoureuse de la loi du 4 juillet 1837, n'a pas été atteint en ce qui concerne les mesures agraires. On est parvenu sans difficultés à faire adopter les nouvelles mesures de pesanteur, de capacité, de solidité et de longueur en détruisant les instruments qui servaient à l'usage des anciennes mesures; mais il n'était pas aussi facile de faire disparaître l'usage de la mesure idéale de superficie connue, suivant les localités, sous la dénomination d'arpent, mesure, rasière, bonnier, mencaudée, etc.

Le bon vouloir du législateur s'est heurté contre un obstacle matériel insurmontable; cet obstacle, c'est la division des terrains agricoles, lesquels sont divisés par rangs correspondant partout avec les anciennes dénominations. Ces rangs sont, pour la plupart, d'une mesure, de trois quartiers et demi, de trois quartiers, d'une demi-mesure, etc.

Les propriétaires ou les fermiers désignent les corps de terre, à leurs ouvriers, sous les anciennes dénominations : Les neuf quartiers à.... (situation) les 60 à... les treize quartiers à... Ils ne diront jamais les 99 ares 74 centiares... les 26 hectares 59 ares 80 centiares... l'hectare 66 ares 14 centiares... Il en est de même pour l'appréciation des valeurs en location ou en vente... Les prix continuent à se calculer sur l'ancienne mesure, et pour les indiquer à l'hectare, il faut en faire la conversion... C'est si vrai que dans toutes les ventes publiques, il faut toujours indiquer de vive voix la contenance d'après les anciennes mesures.

Dans un tel état de choses, il serait à désirer que l'on revînt à permettre l'indication, dans les actes publics, à titre de renseignements, de la contenance des corps de terre suivant les anciennes dénominations ; cette tolérance éviterait les erreurs involontaires, mais inévitables qui se glissent dans la désignation des pièces de terre, et dont les suites entraînent de si graves inconvénients, notamment lorsqu'il y a des mesurages judiciaires.

Dans l'état actuel de la législation, il est indispensable de bien connaître les concordances qui existent entre les anciennes mesures locales et la mesure métrique décimale. Les tableaux qui suivent ont été dressés avec le plus grand soin pour atteindre ce but.

—

§ 2.

Concordance des anciennes mesures avec les nouvelles.

La mesure, l'arpent, la mencaudée, la rasière, le bonnier, le journal, le boitelée, se composaient généralement de cent perches ou verges de contenances différentes ; ainsi :

	Pieds	pouces		centiar.	mill.	dixmill. d'are.
La perche ou verge représentée par une surface plane carrée ayant de chaque côté une longueur de...	22 de 12	....	51	0	73
	22 de 11	....	42	91	45
	20 de 12	....	42	20	83
	14 de 10	concordent	14	36	258
	20 de 11	avec....	35	46	65
	18 de 12	....	34	19	0
	10 de 11	....	08	86	66
	18 4 pouces 1/2 de 11..		30	18	0

	Pieds	pouc.	lig.	pouces		centim.	mill	dixmill.
	18	0	0	de 11	....	28	72	81
	18	02	0	de 12	....	34	82	34
	18	02	09	de 12	....	35	06	345
	16	09	04	de 12	....	29	70	30
	16	09	05	de 10	....	21	03	24
La perche,	16	09	05	de 11	....	25	19	25
verge ou vergelle	16	10	0	de 12	....	29	90	0
représentée par	19 1/2	0	de 11	concordant		33	71	60
une surface pla-	18 1/2	0	de 11	avec....		30	34	50
ne carrée ayant	19	0	0	de 11	....	32	0	96
de chaque côté	17	08	10	de 12	....	33	19	40
une longueur de	17	10	06	de 12	....	33	71	60
	17	08	08	de 12	....	33	14	20
	19	0	0	de 12	....	38	09	20
	19 1/2	0	de 12		....	40	12	40
	19 1/2	0	de 10		....	27	81	00
	18 1/2	0	de 12		....	36	11	30

Les concordances qui précèdent sont exactes, elles ont été vérifiées et rectifiées, de sorte qu'elles peuvent servir de bases pour les conversions des anciennes mesures en nouvelles.

Quant à la manière de procéder au mesurage d'une pièce de terre, les personnes qui désireront vérifier la contenance d'un terrain quelconque, n'auront qu'à se reporter aux pages 18 et suivantes; elles y trouveront l'indication des opérations à faire pour connaître la surface d'un objet quelconque, et comme elles ont déjà vu qu'une surface plane de 100 carrés correspond à un are, elles trouveront, en multipliant la longueur par la largeur, qu'une pièce de terre qui a 32 mètres de long sur 10 mètres de large, contient 320 mètres carrés ou 3 ares 20 centiares, attendu qu'un mètre carré représente un centiare, et qu'il faut 100 centiares pour faire 1 are.

Si la pièce de terre est d'une forme irrégulière, il faut d'abord former un carré, diviser les parcelles qui en restent en triangles et opérer comme il est indiqué auxdites pages 18 et suivantes, pour connaître la surface.

§ 3. — Tables des communes avec les contenances des anciennes mesures.

DÉPARTEMENT DU PAS-DE-CALAIS

LOCALITÉS	ARRONDIS-SEMENT	ANCIENNES MESURES			Concordance avec le système métrique			OBSERVATIONS
		Dénomination	Contenance					
			verg.	pieds.	pouc.	ares.	centiar.	
Aire . . . Arques . . .	St-Omer .	Mesure. .	100 de 20 de		11	85	46 67	
Ardres . . .	St-Omer .	Id.	100 / 100	20 / 20	12 / 11	42 / 85	20 » / 46 67	
Arras . . .	Arras . .							
Aubigny . .								
Avesnes . .	St-Pol .	Id.	100	22	11	42	91 47	
Auxi-le-Château .								
Audruick (1). .	St-Omer .	Id.	300	14	10	43	08 77	(1) Dite du pays de l'Angle.
Bomy . . .	St-Omer .	Id.	100 / 100	22 / 20	11 / 11	42 / 35	91 47 / 46 67	
Boulogne. .	Boulogne	Id.	100 / 100	22 / 20	11 / 12	42 / 42	91 47 / 20 83	
Béthune . .	Béthune.	Id. (2 3)	400 / 450	10 / 10	11 / 11	35 / 39	46 67 / 90 »	(2) Dite à l'ancienne loi.
Biez . . .	Boulogne	Id.	100 / 100	20 / 22	12 / 11	42 / 42	20 83 / 91 47	(3) Dite à la nouvelle loi.
Bourthes. .	Montreuil	Id.	100	20	12	42	20 83	
Beaumetz . .	Arras	Id.	100	22	11	42	91 47	
Berneville . .								(4) Correspond à 5/4 de la mesure de St-Pol.
Blangy . .	St-Pol	Id.	100	22	11	42	91 47	
Bapaume (4) .	Arras	Mencaudée	125	22	11	53	64 33	
		Id.	125	22	11	53	64 33	
Cagnicourt .	Arras	Mesure. (5)	127 1/2 20		11	45	22 »	(5) Dite d'Ostrevant en usage dans le canton de Vitry.
		Id.	100	22	11	42	91 47	
		Id.	100	20	11	35	46 67	
Carvin . .	Béthune.	Id.	100 / 100	22 / 20	11 / 11	42 / 35	91 47 / 46 67	
Campagne . .		Id.	100 / 100	20 / 22	12 / 11	42 / 42	20 83 / 91 47	(6) Dite à la nouvelle loi.
Cambrin . .	Béthune.	Id. (6 7)	100 / 450 / 444 / 400	22 / 10 / 10 / 10	11 / 11 / 11 / 11	42 / 39 / 39 / 35	91 47 / 90 » / 36 80 / 46 67	(7) Dite de Beuvry, en usage dans le canton de Cambrin.
Condette. .	Boulogne	Id.	100 / 100	22 / 20	11 / 12	42 / 42	91 47 / 20 83	
Courcelles (8)	Arras. .	Id.	100	22	11	42	91 47	(8) La mencaudée contient 5/4 de la mesure.
Croisilles .		Mencaudée	125	22	11	53	64 33	
Calais . .	Boulogne	Mesure. .	100	20	12	42	20 83	
Capelle . .		Id.	100	22	11	42	91 47	
Coullemont .	St-Pol	Id.	100	22	11	42	91 47	

LOCALITÉS	ARRONDIS-SEMENT	Dénomina-tion	verg.	pieds.	pouc	ares.	centiar.	OBSERVATIONS
Courcelles-l-Lens.	Béthune.	Mesure.	112 1/2	20	11	39	90 »	(1) Dite de Bucquoi en usage dans les environs de Courcelles (A).
Desvres	Boulogne	Id.	100	20	12	42	20 83	
			100	22	11	42	91 47	
Etaples . . .	Montreuil	Id.	100	20	12	42	20 83	
			100	22	11	42	91 47	
Esquerdes . . .	St-Omer.	Id.	100	20	11	35	46 67	(2) Canton de Pas.
Fauquembergues .	St-Omer.	Id.	100	22	11	42	91 47	
			100	20	11	35	46 67	
Fruges.	Montreuil	Id.	100	20	11	35	46 67	
			100	22	11	42	91 47	(3) Dite de nouvelle loi en usage dans le canton d'Hersin.
Fleury. / Frévent / Framecourt .	St-Pol.	Id.	100	22	11	42	91 47	
Foncquevillers (2)	Arras .	Mencaudée	125	22	11	53	64 33	
		Mesure.	100	22	11	42	91 47	(4) Au bailliage d'Hesdin, un journal contenait 62 verges 1/2.
Frévilllers . .	St-Pol .	Mencaudée	125	22	11	53	64 33	
Guînes . . .	Boulogne	Mesure.	100	20	12	42	20 83	
Grevillers (B) .	Arras.	Id.	100	22	11	42	91 47	
Henneveux . . .	Boulogne	Id.	100	20	12	42	20 83	
			100	20	11	35	46 67	(5) Dite de la nouvelle loi en usage dans le canton de Béthune.
Hucqueliers. / Hardinghem .	Montreuil	Id.	100	20	12	42	20 83	
Hersin.	Béthune.	Id. (3)	100	22	11	42	91 47	
			450	10	11	39	90 »	
Hénin-Liétard . / Hesdin (4) . . / Heuchin . . .	Béthune. / Montreuil / St-Pol.	Id.	100	22	11	42	91 47	(6) Est la plus nombreuse.
Houdain . . .	Béthune.	Id.	100	22	11	42	91 47	(7) Dite de nouvelle loi en petite quantité.
			450	10	11	39	90 »	
Haplincourt. .	Arras.	Menc. (5)	125	22	11	53	64 33	
Lillers. . . .	Béthune.	Mesure(6 7)	500	10	11	44	33 33	
			450	10	11	39	90 »	
Ligny-lez-Aire (8)	Béthune.	Id.	100	22	11	42	91 47	(8) En usage dans les communes environnantes.
Lambres . . .	Béthune.	Id.	400	10	11	35	46 67	
Liettres . . . / La Couture . . / Laventie . .	Béthune.	Id. (9)	400	10	11	35	46 67	(9) Dite d'ancienne loi en usage dans le canton de Laventie.
Licques . . .	Boulogne	Id.	100	20	12	42	20 83	
Lens	Béthune.	Id.	100	22	11	42	91 47	
Metz-en-Couture .	Arras.	Mencaudée	125	22	11	53	64 23	
		Mesure	100	22	11	42	91 47	
		Id.	100	20	11	35	46 67	
Moulle. . . .	St-Omer.	Id.	100	20	11	35	46 67	
Marquise . . .	Boulogne	Id.	100	20	12	42	20 83	
Montreuil . . .	Montreuil	Id.	100	20	12	42	20 83	

(A) Un tableau dressé par M. Lamy, en 1803, désignait cette mesure à 48 ares 27 cent. 90; mais à moins qu'elle soit de plus de 112 verges 1/2 de 20 pieds de 11 pouces, elle ne doit représenter que 39 ares 90 centiares.

(B) Grevillers a aussi une mesure de 125 verges de 22 pieds de 11 pouces correspondant à 53 ares 64 centiares 33.

LOCALITÉS	ARRONDIS-SEMENT	ANCIENNES MESURES		Concordance avec le système métrique	OBSERVATIONS
		Dénomina-tion	Contenance		
			verg. pieds. pouc.	ares. centiar.	
Magnicourt - sur - Canche . . .	Saint-Pol.	Mesure . .	100 de 22 de 11	42 91 47	
Monchy-Breton .					
Mont-Cavrel . .	Montreuil.	id.	100 22 11	42 91 47	
Mont-Bernenchon.	Béthune .	id.	450 10 11	39 90	
Neuville-l-Montr.	Montreuil	id.	100 20 12 42 20 83		
			100 22 11 42 91 47		
Nouvelle-Eglise .	St-Omer .	id.	100 20 12 42 20 83		
			100 22 11 42 91 47		
Norrent-Font. (1)	Béthune .	id.	500 10 11 44 33 33		(1) Ainsi que les
			100 20 11 35 46 67		communes de ce
Oisy	Arras. .	id.	100 22 11 42 91 47		canton dans le Bas
Oppy	Arras. .	id.	100 22 11 42 91 47		Pays.
Peuplingues . .	Boulogne.	id.	100 20 12 42 20 83		
Pas	Arras. .	id.	100 22 11 42 91 47		
Pernes . . .	Saint-Pol.	id.	100 22 11 42 91 47		
Rumingbem . .	St-Omer .	id.	300 14 10 43 08 76		
Rœux. . . .	Arras. .	id.	100 22 11 42 91 47		
Robecq . . .	Béthune .	id.	500 10 11 44 33 33		
			400 10 11 35 46 67		
Saint-Omer . .	St-Omer .				
Saint-Venant . .	Béthune .	id.	100 20 11 35 46 67		
Seningbem . .	St-Omer .				
St-Josse-sur Mer.	Montreuil.				
St-Martin-Boulog.		id.	100 20 12 42 20 83		
St-Pierre-l.-Calais	Boulogne				
Samer . . .					
Saint-Pol. . .	Saint-Pol	id.	100 22 11 42 91 47		(2) Dite du pays
Saint-Folquin. (2)	St Omer .	id.	300 14 10 43 08 76		de l'Angle en usa-
Thérouanne . .	St-Omer	id.	100 20 11 35 46 67		ge dans le canton
Tournehem . .	St-Omer .	id.			d'Audruick. (A)
Vaulx			100 20 11 35 46 67		
Vaulx. . . .	Croisilles	Mencaudée.	125 22 11 53 64 33		(3) Dite d'Ostre-
Vimy. . . .	Arras. .	Mesure.	100 22 11 42 91 47		vant en usage aussi
			1271/2 20 11 45 22		dans les environs
Vitry. . . .	Arras. .	id (3)	100 22 11 42 91 47		de Cagnicourt et de
Wismes . . .	St-Omer .	id.	100 20 11 35 46 67		Douai en deçà de la
			100 22 11 42 91 47		Scarpe est de 127
Waben . . .	Montreuil,	id.	100 20 12 42 20		verges 1/2 de 20
Wail	Saint-Pol.	id.	100 22 11 42 91 47		pieds de 11 pouces
			100 20 12 42 20 83		

NOTA. — En général, les lieux ci-dessus indiqués sont les localités centrales, c'est-à-dire que la plupart des communes qui les entourent avaient la même mesure.

(A) Il est probable que cette mesure de 300 verges de 14 pieds de 10 pouces qui est la même que celle de l'arrondissement de Dunkerque dont Bourbourg fait partie, tire son origine de ce que ce pays de l'Angle faisait autrefois partie de la châtellenie dudit Bourbourg.

DÉPARTEMENT DU NORD.

Avant de dresser le tableau des mesures agraires de ce département je crois utile de donner le texte d'une déclaration faite en 1448 par Fiérart de Portugal, mesureur de terres, de la contenance, à cette époque, de la mesure des terres de Douai et des environs. Je dois la communication de ce document à l'obligeance de M. Demons, notaire à Douai. Voici cet extrait :

1. La rasière doit avoir 127 verges 1/2 de 20 pieds carrés au pied de Douai (pied de 11 pouces) [1].

Il doit y avoir 17 quarantaines chacune de 7 verges 1/2 telle que 20 pieds carrés qui valent 400 pieds carrés [2].

En chacune quarantaine, 7 verges 1/2 (3000 pieds carrés).

2. La rasière doit avoir 680 vergelles [3].

Une coupe doit avoir 170 vergelles.

Un quarel de terre doit avoir 42 vergelles et demi.

Un demi quarel doit avoir 21 vergelles 1/4.

Une vergelle a 8 pieds 2/3 en carré (*il est probable*

---

(1) Une verge de 22 pieds de 11 pouces représente une surface plane ayant de chaque côté 22 pieds de 11 pouces, correspondant à 35 centiares 46,678. Ce qui donne 45 ares 22 centiares par rasière de 127 verges 1/2.

(2) En multipliant 400 pieds carrés qui représentent la surface d'une verge par 7 verges 1/2 on trouve 3000 pieds carrés, et en multipliant 17 par 7 1/2, on trouve la rasière entière de 127 verges 1/2.

Une quarantaine représente 7 v. 1/2 (2 ares 66 c. et une fraction).

17 quarantaines correspondent à 45 ares 22 centiares (127 v. 1/2).

(3) La vergelle de 8 pieds 23 de 11 pouces sur chaque face correspond à 6 centiares 6594275442, ce qui donnerait 45 a. 28 c. pour 680 vergelles.

La coupe est de 170 vergelles (1/4 de rasière) ou 11 ares 32 c.

Le quarel est de 42 vergelles 1/2 (1/4 de la coupe) 2 ares 83 c.

Le demi quarel a 21 vergelles 1/4, soit 1 are 42 c. 5.

que par cette expression, en carré, Fiérart entend 8 pieds 23 sur chaque face).

Ladite mesure douaisienne ne dure que par deçà l'eau de Scarpe en allant à Marchiennes et dure jusqu'au bas du Bencheul par deçà l'eau en venant à Arleux en Paluel, et l'écluse par deçà l'eau et à Vitry, à Wazières et à Quéry en revenant à Esquerchin ; le tout par deçà l'eau.

Le bonnier de terre ou de bois doit avoir 51 quarantaines, ce qui correspond à trois rasières (1).

---

(1) 3 rasières ou 51 quarantaines sont la même chose, ils représentent 1 hectare 35 ares 84 c. Toutefois je n'ai pas trouvé dans la Flandre gallicane ni dans les autres parties du département du Nord , un bonnier de 1 hectare 35 ares 84 centiares, ou de 1 h. 35 a. 60 c.

Nota. La rasière se divise en quatre coupes ou en huit carreaux.

Le bonnier de 1600 vergelles carrés se divise en quatre parties qui se nomment suivant les lieux, quartiers, rasières mesures ou journels. En certains endroits il se divisent en cinq mencaudées. Trois journels font un bonnier.

Le dictionnaire des communes de la Cour d'appel, imprimé par de Regnaucourt, attribue la rasière de Douai aux communes situées entre la Sensée et la Scarpe; ce qui s'accorde avec les indications de Fiérart de Portugal.

Arrondissement d'Avesnes.

LOCALITÉS	CANTONS	ANCIENNES MESURES		Concordance avec le système métrique	OBSERVATIONS
		Dénomination	Contenance		
			verg. pied. pᶜᵉ. lig. pᶜᵉ.	ares cent.	
Aubin, (St).....	Avesnes.	Rasière ..		31 43 04	Suivant le tableau de l'arrondissement, du président de la Chambre des Notaires.
		Journel ..	.....	47 14 56	
		Bonnier ..		1 41 43 68	
Avesnelles	Id.	Rasière ..		27 55 24	
Avesnes, ville et banlieue	Id.	Id.		27 55 24	
Beaurepaire	Id.	Id.		27 55 24	
Beugnies......	Id.	Id.		27 55 24	
Boulogne	Id.	Id.		27 55 24	
Cartignies......	Id.	Id.		27 55 24	
Dompierre	Id.	Id.		27 55 24	
Dourlers	Id.	Id.		31 43 04	
		Journel ..		47 14 56	
		Bonnier ..		1 41 43 68	
Etrœungt	Id.	Rasière ..		27 55 24	
Fayt petit et grᵈ.	Id.	Id.		27 55 24	
Felleries	Id.	Id.		27 55 24	
Flaumont	Id.	Id.		27 55 24	
Floursies	Id.	Id.		27 55 24	
Floyon.........	Id.	Id.		33 33 84	
Hilaire , (St) et Larouillies ...	Id.	Id.		27 55 24	
Marbaix	Id.	Id.		36	
Ramousies, Sains et Semeries.	Id.	Id.		27 45 24	
Semousies......	Id.	Rasière ..		34 43	
		Journel ..		47 11 56	
		Bonnier ..		1 43 68	
Taisnières......	Id.	Rasière ..		35 26	
Wandrechies ...	Id.	Id.		27 55 23	
Avesnes, ville..:	Id.	Journel ..	144 de 17 8 10 de 12	47 81	Tableau de Mᵉ Dé-mont, Nᵣᵉ à Douai.
		Rasière...	80 de 18 de 12	27 86	
Amfroipret	Bavai.	Mencaudée	90 de 19, 5 de	29 56	.....
Audignies......	Id.	Huitelée , ou boite-lée .	89 de 20 de	30 73	.....
Bavai..........	Id.	Id,	89 de 20 de	30 73	
Bellignies......	Id.	Id,	100 de 18, 4 1/2 de	29 42	
Bermeries.....:	Id.	Mencaudée	90 de 19, 5 de	29 56	
Bettrechies.....	Id.	Boitelée ou huite-lée		23 45	Huitelée ou boite-lée.
Id.	Id.		80 de 18, 4 1/2 de	23 30	Suivant le notaire de Bavai.
Bréangis , ha-meau de Bel-lignies.......	Id.	Id.	100 de 20 de	30 73 / 34 57	Suivant un notaire de Bavai.

NOTA. En général dans l'arrondissement d'Avesnes, le boiteau correspond au quart de la mencaudée. La pinte est le quart du boiteau. La coupe correspond au quart de la rasière.

LOCALITÉS	CANTONS	ANCIENNES MESURES		Concordance avec le système métrique	OBSERVATIONS
		Dénomination	Contenance		
			verg. pied. p.ᶜᵉ lig. p.ᶜᵉ	ares cent.	
Buvignies, hameau de Louvignies	Bavai.	Mencaudée	96 de 18, 5 de		*Suivant le tableau du président de la Chambre des Notaires.*
	Id.	Boitelée, ou huite-lée		28 50	
Feignies	Id.	Journel...		45 70	Suivant un notaire de Bavai.
Id.	Id.	Id.	144 de 19, 2 de	45 78	
Flamengrïe (la).	Id.	Boitelée ..	80	23 45	
Gussignies	Id.	Id.		29 30	
Id, ...	Id.	Id.	100 de 18, 2 de	28 80	
Hon-Hergies ...	Id.	Journel ..	144 de 18, 4 1/2 de	42 77	
Houdain	Id.	Boitelée .	96 de 18, 5 de	28 50	
La Longueville..	Id.	Journel ..	144 de 18, 4 1/2 de	42 77	
Louvignies-lez-Bavai.......	Id.	Boitelée .		28 50	
Id, ...	Id.	Id.	96 de 18 de	28 24	Suivant un notaire de Bavai.
Mecquignies....	Id.	Id.	89 de 20 de	30 73	
Neufmesnil.....	Id.	Journel..	144 de 18, 4 1/2 de	42 77	
Obies..........	Id.	Boitelée .	89 de 20 de	30 73	
Saint-Waast....	Id.	Id,		33 33	
Id, ...	Id.	Id,	96 de 20 de	33 19	Suivant un notaire de Bavai.
Taisnières-Sur-Hon	Id.	Journel ..	144 de 18. 4 1/2 de	42 77	
Bavai, ville.....	Bavai.	Mencaudée	80 de 18,2 de 12	27 86	*Tableau de M. Demons, notaire à Douai.*
Id, ...	Id.	Boitelée ..	89 de 18,2 de 12	30 97	
Bellignies et Bér-meries.	Id.	Id,	100 de 16,9, 4 de 12	29 70	
Bettrechies.....	Id.	Id,		23 77	
Bréangis.......	Id.	Id,	89 de 18,2 de 12	30 97	{ Hameau de Bellignies.
Id, ...	Id.	Mencaudée	80 de 18 de 12	27 86	
Buvignies	Id.	Boitelée ..	89 de 18,2 de 12	30 97	Hameau de Louvignies.
Id, ...	Id.	Mencaud..	80 de 18,2 de 12	27 86	
Gussignies	Id.	Boitelée ..	100 de 16,9, 4 de 12	27 70 03	
Hon-Hergies....	Id.	Id,	96 de 16,9, 4 de 12	28 51 48	
Id, ...	Id.	Journel ..	144 de 16,9, 4 de 12	42 77	
Houdain	Id.	Boitelée ..	96 de 16,10 de 12	28 70 04	Le boitelée est la même mesure que le huitelée.
Mecquignies....	Id.	Id,	89 de 18,2 de 12	30 97	
Obies..........	Id.	Id,	89 de 18,2 de 12	30 97	
Taisnières......	Id.	Id.	96 de 16,9, 4 de 12	28 51 48	
Id, ...	Id.	Journel...	144 de 16,9, 4 de 12	42 77	
Aulnoy	Berlaimont	Rasière...		33 17	
		Journel...		49 59 43	
		Bonnier...		1 48 78 28	
Aimeries.......	Id.	Rasière...		30 65	*Tab. du prés.ᵗ de la Ch. des N.ʳˢ*
Bachant........		Id,	90 de 19 1/2 de	29 56	{ Mesure du Quesnoy.
Berlaimont.....	Id.	Id,	90 de 19 1/2 de	29 56	
Boussières et Ecuelin......	Id.			27 55 24	
Hargnies.......	Id.			31 43	
Leval..........	Id.	Rasière...		33 17	

LOCALITÉS	CANTONS	ANCIENNES MESURES		Concordance avec le système métrique	OBSERVATIONS
		Dénomination	Contenance		
			verg. pieds. p' lig. p'.	ares cent.	
Leval..........	Berlaimont	Journel...		49 59 43	Tab. du prés' de la Ch. des Nres.
Id...........	Id.	Bonnier ..		1 68 78 28	
Monceau-Saint-Waast.......	Id.	Rasière...		33 17	
		Journel...		47 49 53	
		Bonnier ..		1 48 78 28	
Noyelles	Id.	Rasière...		35 72	
Pont-Sur-Sambre..........	Id. Id.	Id.	90 de 19 1/2 de	29 56	Mesure du Quesnoy.
St-Remichaussée	Id.	Id.		27 35	
Vieux-Mesnil...	Id.	Id.		28 13	
Sassegnies	Id.	Id.		27 64	
Bousies	Id.	Mencaudée		39 10	Tableau de la Chambre des Notaires. Mesure de Solesmes.
Croix..........	Landrecies	Id.	99 de 19 1/2 de	32 50	
Id, ...	Id.	Journel...		27 89 68	
Id, ...	Id.	Bonnier ..		1 00 53 72	
Favril	Id.	Mencaudée		39 10	
Fontaine-aux-Bois.........	Id. Id.	Id.		39 10	
Forest.........	Id.	Journel...		27 89 68	
		Mencaudée	99 de 19 1/2 de	32 50	Mesure de Solesmes.
		Bonnier ..		1 11 88 72	
Landrecies.....	Id.	Mencaudée	110 1/4 de 20, ou 441 verg. de 10 p. de 11	39 10	
Maroilles.......	Id.	Journel...		53 70	
		Rasière...		35 96	
Prisches	Id.	Mencaudée		35 19	
		Rasière...		28 15	
Preux-au-Bois..	Id.	Mencaudée	99 de 19 1/2 de	29 56	Mesure de Solesmes.
Robersart	Id.	Id.		29 56	
Favril	Id.	Id.	100 de 22 de 11	42 92	Tableau du prés' de la Chambre des Notaires d'Avesnes. D'après le tableau de Regnaucourt.
Assevent	Meubeuge.	Journel...		1 47 50	
		Bonnier ..		1 41 50	
				47 50	
Beaufort et Bersillies	Id. Id.	Journel...		1 41 50	
		Bonnier ..			
Bettignies......	Id.	Journel...		42 20	
Id, ...	Id.	Bonnier ..		1 26 61	
Boussois, Cerfontaine, Colleret	Id. Id.	Journel...		47 14	
		Bonnier ..		1 41 42	
Damousies et Eclaibes	Id. Id.	Journel...		45 92	
		Rasière...		27 55 24	
		Bonnier ..		1 37 76	
Elesmes	Id.	Id.		1 41 68	
Ferrière-La-Gde.	Id.	Journel...		47 14	
		Bonnier ..		1 41 68	
Ferrière-La-Pte.	Id.	Journel...		47 14	
		Bonnier ..		1 41 68	

LOCALITÉS	CANTONS	ANCIENNES MESURES		Concordance avec le système métrique	OBSERVATIONS
		Dénomination	Contenance		
			verg. pieds. p⁴ lig. p⁴.	ares cent.	
Gognies-Chaus-sée..........	Maubeuge	Journel...		42 20	
		Bonnier ..		1 26 61	
Hautmont......	Id.	Journel...		44 44	
Id.	Id.	Rasière...		27 55 24	
Id.	Id.	Bonnier ..		1 37 76	
Jeumont.......	Id.	Journel...		32 20	
Id.	Id.	Bonnier ..		96 62	
Lameries.......	Id.	Journel...		39 06	
		Bonnier ..		1 17 17	
Limont-Fontaine	Id.	Journel...		45 92	
		Rasière ..		27 55	
		Bonnier ..		1 37 76	
Louvroil	Id.	Journel...		47 50	
Mairieux.......	Id.	Journel...		47 64	
		Bonnier ..		1 41 64	
Marpent	Id.	Journel...		32 20	
		Bonnier ..		96 62	
Maubeuge......	Id.	Journel...		47 14	
		Bonnier ..		1 41 63	
Obrechies......	Id.	Journel...		45 92	
		Bonnier ..		1 37 76	
Ostregnies	Id.	Journel...		40 17	
		Bonnier ..		1 20 41	
Quiévelon......	Id.	Journel...		44 42	
		Bonnier ..		1 33 26	
Pecquignies	Id.	Journel...		42 20	
		Bonnier ..		1 26 61	
St-Remi, Malbâti	Id.	Journel...		45 92	
		Rasière...		27 55 24	
		Bonnier ..		1 37 76	
Rocq et Rousies.	Id.	Journel...		47 14	
		Bonnier ..		1 41 63	
Vieuxrengt.....	Id.	Journel...		36 16	
		Bonnier ..		1 08 50	
Villers-Sire-Ni-cole	Id.	Journel...		37 97	
		Bonnier ..		1 13 91	
Wattignies.....	Id.	Journel...		42 91	
		Bonnier ..		1 37 76	
Maubeuge......	Id.	Journel...	144 de 17 8 8 de 12	47 72	Tabl. de Mᵉ Démons
Baudignies.....	Le Quesnoy	Mencaudée	90 de 19 1/2 de	29 56	Mesure de Quesnoy
Bry	Id.	Id.		23 44	
Englefontaine ..	Id.	Id.	90 de 19 1/2 de	29 56	Id.
Eth	Id.	Id.		23 44	
Frasnoy........	Id.	Id.	90 de 19 1/2 de	29 56	Id.
		Bonnier ..		1 30 96 20	
Gommegnies ...	Id.	Mencaudée	90 de 19 1/2 de	29 56	Id.
Ghissignies.....	Id.	Id.	90 de 19 1/2 de	29 56	Id.

Tableau du Président de la Chambre des Notaires d'Avesnes

LOCALITÉS	CANTONS	ANCIENNES MESURES		Concordance avec le système métrique	OBSERVATIONS
		Dénomination	Contenance		
			verg. pieds p°. lig. p°.	ares. centi	
Hecq	LeQuesnoy	Mencaudée	90 de 19 1/2 . de	29 56	Mes. du Quesnoy.
Jenlain	Id.	Id.	80 de 18 de 11	22 98 24	Mesure de Valenc.
Jolimetz	Id.	Id.	80 de 18 de 11	22 98 24	Id.
Locquignol	Id.	Journel...		34 44 06	
	Id.	Bonnier ..		1 37 76 10	
Louvignies	Id.	Mencaudée	90 de 19 1/2 de	29 56	Mes. du Quesnoy.
Maresches	Id.	Id.	80 de 18 de 11	22 98	Mesure de Valenc.
Neuville	Id.	Journel...	99 de 19 1/2 de	32 50	Mesure de Solesme
		Bonnier...		85 43 39]	
Orsinval	Id.	Mencaudée	} 90 de 19 1/2 de {	29 56	} Mes. du Quesnoy.
Poix	Id.	Id.		29 56	
Potelles	Id.	Rasière...	} 90 de 19 1/2 de	29 56	} Id.
Preuxausart	Id.	Mencaudée		29 56	
Quesnoy (le)	Id.	Id.	90 de 19 1/2 de 11	29 56	
Raucourt			}	26 27	Au lieu dit cantrainne.
	Id.	Id.		29 56	
Ruesnes	Id.	Id.	} 90 de 19 1/2 de	29 56	Mes. du Quesnoy.
Salesches	Id.	Id.		29 56	
Sepmeries	Id.	Id.	80 de 18 de 11	22 98	
Vendegies-au-Bois	Id.	Id.	99 de 19 1/2 de	32 52	Mesure de Solesme au pied de 11 p.
Villereau	Id.	Id.		29 56	33 a. 37,80.
Villerspol	Id.	Id.	} 90 de 19 1/2 de	29 56	} Mes. du Quesnoy.
Wargnies-le-Gd	Id.	Id.		29 56	
Wargnies-le-Pt	Id.	Id.		29 56	
Bry	Id.	Id.	80 de 16,7, 7 de 12	23 35	Suivant Démons,
Aibes	Id.	Mencaudée		42 20	Not. à Douai..
Beaurieux	Solre-le-Château.	Journel...		45 92	
Berelles	Id.	Id.		37 19	
Bousignies	Id.	Id.		47 51	
Consolre	Id.	Id.		47 51	
Choisies	Id.	Id.		47 51	
Clerfayt	Id.	Id.		47 51	
Dimont	Id.	Id.		44 64	
Dimechaux	Id.	Id.		44 64	
Eccles	Id.	Id.		37 19	
Hestrud	Id.	Id.		40 48	
Les Fontaines	Id.	Id.		45 92	
Liessies	Id.	Rasière...		27 55 24	Pour pâture.
		Id.		21 66	Pour terre à labour
Sarspoteries	Id.	Journel...		41 64	
Solre-le-Château	Id.	Id.		45 92	
Solrinnes	Id.	Id.		46 28	
Anor	Id.	Id.		41 67 30	
Baives	Trélon.	Id.		41 67 30	
Eppesauvage	Id.	Id.		41 67 30	
Feron	Id.	Id.		27 55 24	
Fourmies	Id.	Rasière...		27 55 24	
Glageon	Id.	Id.		21 67 10	

LOCALITÉS	CANTONS	ANCIENNES MESURES		Concordance avec le système métrique	OBSERVATIONS
		Dénomination	Contenance		
			verg. pieds p. lig. p.	ares. centi	
Moustiers	Trélon.	Journel...		41 67 30	
Ohain	Id.	Id.		41 67 30	
		Bonnier ..		1 35 18 84	
Trélon .,......	Id.	Journel...		41 67 30	Pour les pâtures.
		Rasière...		21 67 24	
		Bonnier ..		87 18 34	
Wallers	Id.	Journel...		41 67 30	
		Bonnier ..		87 18	
Wignehies	Id.	Rasière...		27 55 30	
Rainsars	Id.	Id.		27 55 30	

Arrondissement de Cambrai.

LOCALITÉS	CANTONS	Dénomination	Contenance	Concordance	OBSERVATIONS
Beaurain.......	Solesme.	Mencaudée	80 de 17,10, 6 de 12	26 97 13	
Cambrai	Chef-lieu.	Id.	100 de 20 de 11	35 46	
Id.	Id.	Id.	110 1/4 de 20 de 11	39 10	
Id.	Id.	Rasière...	150 de 20 de 11	53 20	
Haussy.........	Solesme.	Mencaudée	99 de 19 1/2 de	32 53	Mesuré de Solesme
Id.	Id.	Id.		26 98	au pied de 11
Iwuy	Cambrai est	Id.	374 1/2 de 10 de 11	33 20	pouces ce serait
Id.	Id.	Id.	383 de 10 de 11	34 00	33 ares 37,80.
Id.	Id.	Rasière...	496 1/4 de 10 de 11	44 00	
Le Cateau, ville.	Chef-lieu.	Mesure ...	100 de 20 { ou 400 de 10 } de 11	35 46	Au nord de la chaussée Brunehault.
Id.	Id.	Mencaudée		39 10	Au levant de ladite chaussée.
Romeries	Solesme.	Id.	99 de 18 1/2 de 12	35 75	
			99 de 19 1/2 de	32 53	Mesure de Solesme
				33 38	A Vertigneul, ham.
St-Pithon	Id.	Journel...	95 de 16,10 de 12	28 40 15	de Romeries.
Solesme, bourg.	Chef-lieu.	Mencaudée	99 de 19 1/2 de	32 53	Au pied de 12
Id.	Id.	Id.		33 38	pouces ce serait
Vertaing	Solesme.	Id.	99 de 19 1/2 de	32 53	35,15, au pied
Villers-Cauchy..	Carnière.	Id.	90 de 19 1/2 de	29 37 15	de 11 p. 30,34.

Arrondissement de Douai.

LOCALITÉS	CANTONS	Dénomination	Contenance	Concordance	OBSERVATIONS
Anhiers........	Douai ouest	Rasière...	133 1/2 de 20 de 11	47 28	
Auby	Id.	Mesure ...	100 de 22 de 11	42 91 45	Cette comm^ne était de l'Artois.
Cuincy.........	Id.	Id.	100 de 22 de 11	42 91 45	Id.
Douai	Chef-lieu.	Rasière...	127 1/2 de 20 de 11	45 22	Ainsi que toutes les communes entre la Scarpe et la Sensée.
Flers-sur-l'Escrebieux	Douai ouest	Mesure ...	100 de 22 de 11	42 91 45	Cette comm^ne était de l'Artois.
Gœulzin........	Arleux.	Rasière...	127 1/2 de 20 de 11	45 22	

LOCALITÉS	CANTONS	ANCIENNES MESURES		Concordance avec le système métrique	OBSERVATIONS
		Dénomina-tion	Contenance		
			verg. pieds. p. lig. p.	ares cent.	
Lambres	Douai ouest	Mesure ...	100 de 22 de 11	42 91 45	Les commnes voisines provenant aussi de Al'rtois ont cette mesure
Lauwin-Planques	Id.	Id.	100 de 22 de 11	42 91 45	Cette commne était de l'Artois.
Marchiennes, ville	Chef-lieu.	Bonnier ..	1600 de 10 de 11	1 41 87	
Orchies	Id.	Id.	1600 de 10 de 11	1 41 87	
Id, ...	Id.	Id.		1 53 86	Suivant un recueil publié par de Regnaucourt.
Roost-Warendin.	Douai ouest	Mesure ...	100 de 22 de 11	42 91 45	Cette commne était de l'Artois.
Raimbeaucourt .	Id.	Rasière...	133 1/2 de 20 de 11	47 28	

Arrondissement de Dunkerque.

LOCALITÉS	CANTONS	ANCIENNES MESURES		Concordance avec le système métrique	OBSERVATIONS
Bourbourg......	Chef-lieu.	Mesure ...	300 de 14 de 10	43 08 76	Sur les tableaux des notaires de Dunkerque cette mesure figure pour 44 ares 04 quoique la concordance exacte soit de 43,08,76
Bergues........	Id.	Id.	300 de 14 de 10	43 08 76	Même observation. Cette mesure a été convertie dans le pays de l'Angle par 43, 08, 76.
Dunkerque	Id.	Id.	300 de 14 de 10	43 08 76 / 43 90	
Id, ...	Id.	Id.	300 de 14 de 10	44 04	Cette mesure est celle en usage chez les notaires
Gravelines......	Id.	Id.	300 de 14 de 10	43 08 76	Comme à Bergues mais dans le pays on compte 44 04 c. pour une mesure.
Hondschoote....	Id.	Id.	300 de 14 de 10	43 08 76	Même observation

LOCALITÉS	CANTONS	ANCIENNES MESURES		Concordance avec le système métrique	OBSERVATIONS
		Dénomination	Contenance		
			verg. pieds. p. lig. p.	ares. cent.	
Herzeele	Wormboudt.	Mesure ...	300 de 14 de 10	43 08 76	Même observation.
Ledringhem	Id.	Id.	425 de 10 de 11	37 67 09	Morel de Loobergue prétend 37, 38, de Laroière, ancien notaire, 37,50, la conversion exacte est 37,67.
Wormhoudt et Esquelbeck...	Chef-lieu.	Id.	400 de 10 ⎫ ou ⎬ de 11 100 de 20 ⎭	35 46 44	La plus grande partie de ce canton avait cette mesure, probablement parce qu'Esquelbeck tenait au féodal de Faubembergue, bailliage de Saint-Omer.

Arrondissement d'Hazebrouck

LOCALITÉS	CANTONS	Dénomination	Contenance	Concordance	OBSERVATIONS
Cassel, ville.....	Chef-lieu.	Mesure ...	100 ⎫ de de 400 ⎭	35 28	C'est le quart du bonnier de Merville.
Estaires	Merville.	Bonnier ..	1600 de de	1 41 12	Morel, arpenteur à Loobergue, indique 35 a. 26. Si les vergelles étaient de 10 pieds de 11 p. le bonnier serait de 1 h. 41 a. 86,68 ce qui ferait 35 a. 46,67 pour une mesure Suivant de Regnaucourt.
		Mesure ...	400 de de	35 28	
Hazebrouck.....	Chef-lieu.	Id.		35 42	
Merville........	Id.	Bonnier ..	1600 de de	1 41 12	
			400 de de	35 28	
Steenvorde	Id.	Mesure ...		35 30	
Id.	Id.	Id.		35 42	Morel, arpenteur à Loobergue, prétend que dans le canton la mesure est de 35 a. 26.
				35 26	

Arrondissement de Lille

LOCALITÉS	CANTONS	Dénomination	Contenance	Concordance	OBSERVATIONS
Comines........	Quesnoy-sur-Deûle.	Bonnier ..	1600 de 10 de 11	1 41 87	La vergelle vaut 8 c. 86,67; le cent, 8 a. 86 c. 67; les 1600 vergelles, 1 h. 41 a. 87.

LOCALITÉS	CANTONS	ANCIENNES MESURES		Concordance avec le système métrique	OBSERVATIONS
		Dénomination	Contenance		
			verg. pieds. p. lig. p.	ares. cent.	
Forest	Lannoy.	Mencaudée		32 54	Suivant le recueil de Regnaucourt.
Lille...........	Chef-lieu.	Bonnier ..	1600 de 10 de 11	1 41 87	

NOTA — Les 1600 vergelles de 10 pieds de 11 p. représentent exactement 1 h. 41 a. 87 c.
Le dictionnaire des communes de la cour d'appel de Douai, édité par M. de Regnaucourt, donne au bonnier de Lille une contenance de 1 h 42 a. 46 c..... Est-ce une erreur de conversion?
Dans tous les cas le bonnier se divise en quatre parties qu'on nomme mesure ou journal, ou en cinq parties qu'on nomme mencaudée, tout cela dépend des habitudes et des pays.

Arrondissement de Valenciennes

LOCALITÉS	CANTONS	Dénomination	Contenance	Concordance	OBSERVATIONS
Anzin..........	Valenc. nord	Mencaudée	80 de 18 de 11	22 98 24	Mencaudée.. 22,98,24
Artres	Id. sud				Le boiteau.. 5,74,56
Aulnoy.........	Id. id.				La pinte ... 1,43,64
					Le journal, 100 verg. 28,72,80
					La rasière ou mencaudée et 1/2.... 34,47,36
					Le bonnier ou 5 men- caudées. 1,14,91,20
					Le muid ou 8 mencau- dées. ,. 1,83,85,91
					La verge car- rée..... 0,00,28,73
					(Mes. de Valenc.)
Aubry ......,.	Valen. nord	Id.	99 de 19 1/2 de 11	33 37 80	Mencaudée.. 33,37,86
					Le boiteau.. 8,34,46
					La pinte ... 2,08,61
					La mesure ou 18 v.. 6,06,88
					La rasière 1 m. 1/2. 50,06,75
					Le muid, 8 menc. 2,67,02,67
					La verge car- rée..... 0,33,72
					(Mes. d'Ostrevant)
Abscon	Bouchain.	Rasière...			La coupe ... 11,30,50
					La 40e ou 7 v 1/2.... 2,66,00
					Le carreau.. 2,82,62
			127 1/2 de 20 de 11	45 22	Le bonnier ou 3 ras. 1,35,66,00
					La verge car- rée...... 00,35,47
					(Mesure de Douai)
Azincourt et Vi- coignette	Id.	Id.			Cne de Merchicourt
Avesnes-le-Sec..	Id.	Mencaudée	92 de 20 de 11	32 62 93	Le boiteau . 8,15,73
					La pinte.... 2,03,93
					La rasière m. 1/2... 48,94,40
					Le muid, 8 menc. 2,61,03,45
					La verge car- rée...... 0,35,47
					(Mesure d'Ywy)

LOCALITÉS	CANTONS	ANCIENNES MESURES		Concordance avec le système métrique	OBSERVATIONS
		Dénomination	Contenance		
			verg. pieds. p. lig. p.	ares. cent.	
Beuvrages	Valen. nord	} Mencaudée	80 de 18 ... de 11	22 98 24	(Mes. de Valenc.)
Bruay..........	Id.				
Bellaing........	Id.	} Id.	99 de 19 1/2 ... de 11	33 37 80	(Mes. d'Ostrevant)
Bousignies	St-Amand r. g.	} Bonnier ..	400 de 18, 4 1/2 de 11	1 20 72 94	Le quart ou 100 verg. 30,18,23
Brillon.........	Id.				Le cent ou 25 verges. 7,54,59
	Id.				Le tiers cheval 40,24,31
					La mencand. ou 80 v. .. 24,14,59
					La verge carrée...... 0,30,18
Bruille-lez-Mortagne	St-Amand	Id.	400 de 19,1 ... de 11	1 29 38 50	Mes. de St-Amand Le quart ou 100 verg 32,34,65
					Le cent ou 25 verges. 8,08,66
					Le bonnier 400 v.. 1,29,38,59
					La verge carrée...... 0,32,35
					(Mes. de Mortagne)
Bouchain.......	Chef-lieu.	Rasière...	127 1/2 de 20 ... de 11	45 22	(Mesure de Douai)
Curgies	Valenc. est.	Mencaudée	80 de 18 ... de 11	22 98 24	(Mes. de Valenc.)
Château-l'Abbaye	St-Amand r. d.	Bonnier ..	400 de 19,1 ... de 11	1 29 38 50	(Mes. de Mortagne)
Crespin et Chapelle St-Albert, à droite du hameau	Condé	Mencaudée	80 de 18, 4 1/2 de 11	24 14 59	Le q. ou boiteau ... 6,03,56
					La pinte.... 1,50,91
					Le journel , 100 verg. 30,18,23
					La rasière ou 1 m. 1/2. 36,21,88
					Le bonnier 400 v. 1,20,72,94
					Le muid , 8 menc. 1,93,16,70
					La verge carrée...... 0,30,18
Condé, ville	Chef-lieu.	Journel...	100 de 18 1/2 ... de 11	30 34 62	Mes. de St-Amand Le bonnier 400 v. 1,21,38,446
					La menc. ou 80 v..... 24,27,69
					La verge carrée...... 0,30,35
					(Mesure de Condé)
Denain........	Bouchain.	Mencaudée	99 de 19 1/2 ... de 11	33 37 83	(Mes. d'Ostrevant)

LOCALITÉS	CANTONS	ANCIENNES MESURES		Concordance avec le système métrique	OBSERVATIONS
		Dénomina-tion	Contenance		
			verg. pieds. p. lig. p.	ares. cent.	
Douchy	Bouchain.	Mencaudée	80 de 19 1/2 de	29 57 50	Le 1/4 ou boiteau .. 7,39,4 La pinte... 1,84,3 La mesure 18 verges. 5,91,5 La rasière ou 1 m. 1/2 44,36,2 Le muid, 8 menc. 2,36,59,9 La verge car. 0,32,8 (Mes. du Quesnoy Si le pied du Quesno était de 11 p, il aurait une erreur d conversion car a pied de 11 p. verge serait. 33,7 et le mencaud de.... 26,97,6
Etrœux	Valenc. est	Id.	80 de 18 de 11	22 98 24	Mes. de Valenc.
Emerchicourt ...	Bouchain.	Rasière...	127 1/2 de 20 de 11	45 22	Mesure de Douai
Escaudain	Id.	Mencaudée	99 de 19 1/2 de 11	33 37 83	Mes. d'Ostrevant
Escaupont	Condé.	Journel...	100 de 18 1/2 de 11	30 34 62	Mesure de Condé
Famars	Valenc. sud	Mencaudée	80 de 18 de 11	22 98 24	Mes. de Valenc.
Fline-lez-Morta-gne	St.-Amand r. d.	Bonnier ..	400 de 19,1 de 11	1 29 38 59	Mes. de Mortagne
Forêts de Rais-mes	St-Amand r. d.	Mencaudée	80 de 18 1/2 de 11	24 27 69	Mesure de Condé
Petite-Forêts ...	St-Amand.	Id.	80 de 18 1/2 de 99	24 27 69	Id.
Fresnes-Sur-l'Es-caut	Condé.	Id.	80 de 18 de 11	22 98 24	Mes. de Valenc.
Haulchin	Valenc. sud	Id.	99 de 19 1/2 de 11	33 37 80	Mes. d'Ostrevant
Herrin	Id.	Id.	99 de 19 1/2 de 11	33 37 80	Id.
Hasnon	St.-Amand r d.	Bonnier ..	400 de 18, 4 1/2 de	1 20 72 94	Mes. de St-Aman
Hordain	Bouchain.	Mencaudée	92 de 20 de 11	32 62 93	Mesure d'Iwy.
Haveluy	Id.	Id.	99 de 19 1/2 de 11	33 37 83	Mes. d'Ostrevant
Hélesmes.......	Id.	Id.	99 de 19 1/2 de 11	33 37 83	Id.
Haspres	Id.	Id.	90 de 19 1/2 de	29 57 50	Mes. du Quesnoy
Hergnies	Condé.	Journel...	100 de 19 de 11	32 00 87	Le ceut ou 25. ..... 8,00,9 Le bonnier de 400 v. 1,28,03,4 La verge car-rée...... 0,32,6
Lecelle.........	St.-Amand r. g.	Bonnier ..	400 de 18,4 1/2 de 11	1 20 72 94	Mes. de St-Aman
Lourches	Bouchain.	Mencaudée	99 de 19 1/2 de 11	33 37 83	(Mes. d'Ostreven
Lieu St-Amand..	Id.	Id.	99 de 19 1/2 de	32 53 24	Le 1/4 ou boiteau .. 8,13, La pinte.... 2,03, La mesure 18 verges. 5,91,

| LOCALITÉS | CANTONS | ANCIENNES MESURES | | Concordance avec le système métrique | OBSERVATIONS |
		Dénomination	Contenance		
			verg. pieds p. lig. p.	ares. centi.	La rasière ou 1 m. 1/2 48,79,87 Le muid, 8 menc. 2,60,25.96 La verge carrée.. ..... 32,86 Mes. de Solesmes
Marly.........	Valenc. est	Mencaudée	80 de 18 de 11	22 98 24	Mes. de Valenc.
Maing	Valenc. sud	Id.	90 de 19 1/2 de	29 57 50	Mes. du Quesnoy.
Moncheaux	Id.	Id.	90 de 19 1/2 de	29 57 50	au pied de 11 pouces serait 30 a. 34.
Maulde........	St-Amand r. g.	Bonnier ..	400 de 18, 4 1/2 de 11	1 20 72 94	Mes. de St-Amand
Millon-Fosse....	Id. Id.	Id.	400 de 18, 4 1/2 de 11	1 20 72 94	Id.
Mortagne.......	St-Amand r. d.	Id.	400 de 19,1 de 11	1 29 38 59	Mes. de Mortagne.
Marquette	Bouchain	Rasière...	127 1/2 de 20 de 11	45 22	Mesure de Douai.
Mastaing	Id.	Id.	127 1/2 de 20 de 11	45 22	Id.
Nivelle.........	St-Amand r. g.	Bonnier ..	400 de 18,4 1/2 de 11	1 20 72 94	Mes. de St Amand
Neuville-sur-Escaut........	Bouchain	Mencaudée	99 de 19 1/2 de	32 53 24	Mes. de Solesmes
Noyelle-sur-Selle	Id.	Id.	90 de 19 1/2 de	29 57 50	Mes. du Quesnoy.
Onnaing	Valenc. est	Id.	80 de 18 de 11	22 98 24	Mesure de Valenc.
Oisy	Valenc. sud	Id.	99 de 19 1/2 de 11	33 37 80	Mes. d'Ostrevant.
Odomez........	Condé	Id.	80 de 18 de 11	22 98 24	Mesure de Valenc.
Préseau........	Valenc. est	Id.	80 de 18 de 11	22 98 24	Id.
Prouvy........	Valenc. sud	Id.	99 de 19 1/2 de 11	33 37 80	Mes. d'Ostrevant.
Quarouble , (dans le bois d'Amblise	Valenc. est	Id.	80 de 18 de 11	22 98 24	Mesure de Valenc.
Quarouble , (le bois d'Amblise défriché).....	Id.	Id.	80 de 18, 4 1/2 de 11	24 14 59	Mes. de St-Amand
Quérenaing aux Hayettes	Valenc. sud	Id.	80 de 18 de 11	22 98 24	Mesure de Valenc.
Quérenaing, au-delà des Hayettes	Id.	Id.	90 de 19 1/2 de	29 57 50	Mes. du Quesnoy.
Quiévrechain ...	Valenc. est	Id.	80 de 18 de 11	22 98 24	Mesure de Valenc.
Rombies et Marchipont	Id.	Id.	80 de 18 de 11	22 98 24	Id.
Rouvignies			99 de 19 1/2 de 11	33 37 80	Mes. d'Ostrevant.
Rosult	St-Amand r. g.	Bonnier ..	400 de 18, 4, 1/2 de 11	1 20 72 94	Mes. de St-Amand
Rumegies	Id. Id.	Id.	400 de 18, 4, 1/2 de 11	1 20 72 94	Id.
Raismes, excepté les bois	St-Amand r. d.	Mencaudée	80 de 18 de 11	22 98 24	Mesure de Valenc.

LOCALITÉS	CANTONS	ANCIENNES MESURES		Concordance avec le système métrique	OBSERVATIONS
		Dénomina-tion	Contenance		
			verg. pieds. p. lig. p.	ares. cent.	
La forêt de Rais-mes	St-Amand. r. d.	Mencaudée	80 de 18 1/2 de 11	24 27 69	Le journal, 100 verg. 30,34,62 Le bonnier 400 v.. 1,21,38,46 La verge car-rée...... 0,30,55 (Mes. de Condé)
Rœulx	Bouchain .	Id.	99 de 19 1/2 de 11	33 37 83	Mes. d'Ostrevant.
Saultain, Sebourg et Sebourquiau.	Valenc. est	Id.	80 de 18 de 11	22 98 24	Mesure de Valenc.
St-Saulve.......	Valen. nord	Id.	80 de 18 de 11	22 .8 24	Mesure de Valenc.
Sars et Rosière..	St-Amand. r. g.	Bonnier ..	400 de 18, 4 1/2 de 11	1 20 72 94	Mes. de St-Amand
St-Amand	Chef-lieu.	Id.	400 de 18, 4 1/2 de 11	1 20 72 94	Id.
Trith, à gauche de l'Escaut...	Valenc. sud	Mencaudée	99 de 19 1/2 de 11	33 37 80	Mes. d'Ostrevant.
Trith, à droite de l'Escaut......	Id.	Id.	90 de 19 1/2 de	29 57 50	Mes. du Quesnoy.
Thiant........	Id.	Id.	90 de 19 1/2 de	29 57 50	Id.
Thun	St-Amand r. g.	Bonnier ..	400 de 18, 4 1/2 de 11	1 20 72 94	Mes. de St-Amand
Thivencelle, droi-te du Honneau	Condé.	Mencaudée	80 de 18. 4 1/2 de 11	24 14 59	Id.
Thivencelle, à gau-che du Honneau	Id.	Id.	80 de 18 de 11	22 98 24	Mesure de Valenc.
Valenciennes ...	Chef-lieu.	Id.	80 de 18 de 11	22 98 24	Id.
Verchain et le ham. de Meaugré	Valen. sud	Id.	90 de 19 1/2 de	29 57 50	Mes. du Quesnoy, au pied de 11 pouces ce serait 30 a. 34.
Vicq	Condé.	Id.	80 de 18 de 11	22 98 24	Mesure de Valenc.
Vieux-Condé....	Id.	Id.	80 de 18 de 11	22 98 24	Id.
Wallers	Valen. nord	Id.	99 de 19 1/2 de 11	33 37 80	Mes. d'Ostrevant.
Wasne-au-Bac...	Bouchain.	Rasière...	127 1/2 de 20 de 11	45 22	Mesure de Douai.
Wavrechain-Ss-Faulx.......	Id.	Id.	127 1/2 de 20 de 11	45 22	Id.
Wavrechain-Ss-Denain	Id.	Bouchain	99 de 19 1/2 de 11	33 37 83	Mes. d'Ostrevant.
			perches. pieds. pouces.	ares cent.	
Orléans........	(Le Septerée)	Arpent ...	100 20 12	42 80 83	
Dunois (2)......		Id.	100 20 12	42 80 83	(2) Dans le Dunois en Beauce
Marchennoir.... Freteval.......	}	Id.	100 22 12	51 07 38	
Le Maine.......		Id.	100 22 12	51 07 38	
Normandie		Id.	100 22 12	51 07 38	
Id.		Acre (3) ..	160 22 12	81 71 57	(3) L'acre se di-vise en 4 vergées de 40 perches chaque.
Paris et environs.	Dép. de la Seine.	Arpent ...	100 22 12	51 07 38	
		Id.	100 18 12	34 18 09	
Montargis		Id.	100 cordes de 20 pieds de 12 pouces.	42 20 83	

L'article 14 du titre VII de l'ordonnance des eaux et forêts, de 1669, exige que la mesure des bois soit d'un arpent de 100 perches de 22 pieds de 12 pouces (à 12 lignes pour pouce), mais elle n'empêchait pas les particuliers de vendre à d'autres mesures.

D'APRÈS LA COUTUME GÉNÉRALE DU BAILLIAGE ET COMTÉ DE CLERMONT EN BEAUVAISIS.

	ANCIENNE MESURE.			NOUV. MESURE.		
	verges.	pieds.	pouces.	ares.	centiares.	
Clermont et environs : Chaque mine contient.	60 de	22 de	11	25	74 8	Art. 234 de cette coutume.
Dans la seigneurie de Sacy : au Grand-Gournay, à la Neuville, au Hez, à Milly, } 1 mine.	60	22	11	25	74 8	12 mines font un muid. Art. 238, id.
En la châtellenie de Bulles : Chaque mine contient.	50	24	11	25	53 5	Art. 236, id.
Dans la seigneurie de Conty : Chaque journeux contient.	100	24	11	51	07	Art. 237, id.
Dans la seigneurie de Remy : La mine est de . . .	80	22 1/3	11	35	38	Art. 239, id.
Bois, vignes, jardins et prés se mesurent communément par arpents de . . .	100	26	11	59	94	Chaque verge est de 44 centiares 225. Art. 241.
Il y a lieux où l'arpent est de	72	26	11	43	15 68	Chaque verge est de 59 centiares 94.

	ANCIENNE MESURE.			NOUV. MESURE.		
	perch.	pieds.	pouces.	ares.	centiares.	
En Bourgogne : Pour les bois, l'arpent a	440	9 1/2	12	41	90 3	Chaque perche a 9 centiares 523.
Pour les terres, vignes, prés, le journal a . .	360	9 1/2	12	34	28 42	
Dans le Bourbonnais : Pour les bois, l'arpent a	40 toises de 6 pieds de tous côtés.			60	77 76	La toise est de 6 pieds de 12 pouces.
La contenance pour les terres est arbitraire en ce sens qu'elle se compte d'après la quantité de grains qu'on y sème.						
En Touraine, arpent de.	100	25	12	65	94 74	
En Nivernais, arpent .	400 toises.			15	19 44	Chaque toise a 3 centiares 79,86.
En Poitou, arpent de .	6400 pas de 5 pieds ou 80 pas sur chaque côté.			1 h.68	83 20	Chaque pas de 5 pieds de 12 pouces contient 2 centiares 638.
Le Perche, la septerée .	100 p. 24 p. 13 p.			71	33	Il y a quatre boisselées par septerée.
En Bretagne, le journal.	20 cordes de 20 p. ou longueur sur 4 en largeur.			33	76 77	Chaque corde contient 42 centiares 20 839.
En Lorraine, le journal.	250 toises carrées de 10 pieds de 10 pouces.			18	32	Chaque toise a centiares 32,78.
Le pas géométrique vaut 5 pieds de roi. — Le pas commun en vaut						

FIN